# द लॉज़ ऑफ़ ह्यूमन नेचर

# द लॉज़ ऑफ़ ह्यूमन नेचर

(संक्षिप्त संस्करण)

रॉबर्ट ग्रीन

अनुवाद : मदन सोनी

मंजुल पब्लिशिंग हाउस

**मंजुल पब्लिशिंग हाउस**

*कॉरपोरेट एवं संपादकीय कार्यालय*

• द्वितीय तल, उषा प्रीत कॉम्प्लेक्स, 42 मालवीय नगर, भोपाल-462 003

*विक्रय एवं विपणन कार्यालय*

• सी-16, सेक्टर 3, नोएडा, उत्तर प्रदेश, 201301

वेबसाइट : www.manjulindia.com

*वितरण केन्द्र*

अहमदाबाद, बेंगलुरू, कोच्चि, कोलकाता, चेन्नई,
हैदराबाद, मुम्बई, नई दिल्ली, पुणे

रॉबर्ट ग्रीन द्वारा लिखित मूल अंग्रेजी पुस्तक
*द लॉज़ ऑफ़ ह्यूमन नेचर* का हिन्दी अनुवाद

*The Concise Laws of Human Nature* by Robert Greene – Hindi edition



यह हिन्दी संस्करण 2024 में पहली बार प्रकाशित
6वीं आवृत्ति 2026

**ISBN 978-93-5543-392-3**

अनुवाद : मदन सोनी

मुद्रण व जिल्दसाज़ी : थॉमसन प्रेस (इंडिया) प्राइवेट लिमिटेड

# विषय–सूची

# भूमिका

—— ✧ ——

> अगर छिछोरपन या बेवकूफ़ी के किसी ख़ास लक्षण से आपका सामना होता है तो... आपको इस बात का ध्यान रखना चाहिए कि वह आपको परेशान या दुखी नहीं करे, और आप उसे अपने ज्ञान में एक और योग की तरह देखें – मनुष्यता के चरित्र के अध्ययन में विचारणीय एक नए तथ्य की तरह। उसके प्रति आपका रुख़ उस खनिज-विज्ञानी की तरह होगा, जिसे अचानक-से कोई अनूठा खनिज हाथ लग गया हो।
>
> *–आर्थर शोपेनहॉवर*

हमें अपने पूरे जीवन के दौरान अपरिहार्य रूप से ऐसे भाँति-भाँति के व्यक्तियों से बरतना होता है, जो परेशानियाँ पैदा करते हैं और हमारी ज़िन्दगी को मुश्किल और दुखदायी बना देते हैं। इनमें से कुछ व्यक्ति लीडर या बॉस होते हैं, कुछ साथ काम करने वाले होते हैं, और कुछ दोस्त होते हैं। वे आक्रामक या परोक्षत: आक्रामक हो सकते हैं, लेकिन वे आम तौर से हमारे जज़्बातों से खिलवाड़ करने में माहिर होते हैं। वे अक्सर आकर्षक और स्फूर्तिदायक ढंग से आत्मविश्वासपूर्ण होते हैं, सूझबूझ और उत्साह से भरपूर, और हम उनके सम्मोहन के शिकार हो जाते हैं। जब तक हमें पता चलता

है कि उनका आत्मविश्वास तर्कहीन और उनके आदर्श खोखले हैं, तब तक काफ़ी देर हो चुकी होती है। हमारे साथ काम करने वालों के बीच, ये वे लोग हो सकते हैं, जो अन्दरूनी ईर्ष्या के चलते हमारे काम या करियर के साथ भितरघात करते हैं, हमें नीचे गिराने के लिए उत्तेजित होते हैं। या वे ऐसे सहकर्मी या नए-नए भर्ती किए गए कर्मचारी हो सकते हैं, जिनके बारे में हमें दर्दनाक ढंग से पता चलता है कि वे पूरी तरह स्वार्थी हैं और हमें पायदान की तरह इस्तेमाल कर रहे हैं।

इन स्थितियों में अपरिहार्य रूप से यह होता है कि हम हक्के-बक्के रह जाते हैं, क्योंकि हमने ऐसे व्यवहार की उम्मीद नहीं की होती है। अक्सर इस तरह के लोग अपने कृत्यों को सही ठहराने के लिए लम्बे-चौड़े क़िस्से गढ़ देते हैं, या फिर आसानी-से किन्हीं दूसरों को बलि का बकरा बनाकर सारा दोष उनके मत्थे मढ़ देते हैं। वे जानते हैं कि वे किस तरह हमें भ्रमित कर उस नाटक में घसीट ले जा सकते हैं, जिसे वे नियन्त्रित कर रहे होते हैं। हम विरोध जता सकते हैं या नाराज़ हो सकते हैं, लेकिन अन्त में हम असहाय महसूस करने लगते हैं – जो नुक़सान होना था, वह हो चुका होता है। फिर हमारी ज़िन्दगी में इसी क़िस्म का कोई दूसरा व्यक्ति आता है, और वही क़िस्सा दोहराया जाने लगता है।

भ्रम और असहायता का बिलकुल ऐसा ही अहसास हमें अक्सर तब होता है, जब मामला हमसे और हमारे व्यवहार से ताल्लुक़ रखता है। उदाहरण के लिए हम अचानक ऐसी कोई बात कह देते हैं, जिससे हमारे बॉस या सहकर्मी या दोस्त को चोट पहुँचती है – हमें मालूम नहीं होता कि वह बात कहाँ से आ गयी होती है, लेकिन हमें यह जानकर हताशा होती है कि हमारे भीतर का कोई गुस्सा या तनाव कुछ इस तरह बाहर आ गया होता है कि हमें पछतावा होने लगता है। या फिर हम पूरे उत्साह के साथ अपना

पूरा ज़ोर किसी काम या योजना में झोंक देते हैं, और फिर बाद में हमें अहसास होता है कि यह तो समय की निहायत ही मूर्खतापूर्ण और भयानक बरबादी थी। या शायद हमें किसी ऐसे व्यक्ति से इश्क़ हो जाता है, जो हमारे सन्दर्भ में बिलकुल ग़लत क़िस्म का व्यक्ति होता है और हम यह बात जानते हैं, लेकिन हमारा वश नहीं चलता। यह हमें क्या हो गया है? – हम चौंककर सोचने लगते हैं।

ऐसी परिस्थितियों में हम ख़ुद को व्यवहार के आत्म-विनाशकारी तरीक़ों का शिकार हुआ पाते हैं, जिनपर हमारा वश चलता प्रतीत नहीं होता। मानो हम अपने भीतर किसी ऐसे अजनबी को, किसी ऐसे छोटे-से दैत्य को पनाह दिए होते हैं, जो हमारी इच्छा-शक्ति से स्वतन्त्र आचरण कर रहा होता है और हमें ग़लत कामों की ओर धकेल रहा होता है। और हमारे भीतर बैठा हुआ यह अजनबी निहायत ही विचित्र क़िस्म का होता है, या कम-से-कम उससे ज़्यादा विचित्र होता है, जितना हम अपने बारे में सोचते हैं।

हम इन दो चीज़ों के बारे में – लोगों के घिनौने कृत्यों और कभी-कभी हमारे अपने आश्चर्यजनक व्यवहार के बारे में – यही कह सकते हैं कि हमें आम तौर से ज़रा भी अनुमान नहीं होता कि इनके पीछे क्या वजह होती है। हम किन्हीं सरल-सी कैफ़ियतों का दामन थाम ले सकते हैं : ''वह व्यक्ति शैतान है, मनोरोगी है'' या ''मुझ पर कोई जुनून सवार हो गया था, मैं अपने आपे में नहीं रह गया था।'' लेकिन इस तरह के सतही बहाने किसी समझदारी की ओर नहीं ले जाते या उसी तरह की चीज़ों को फिर-से होने से नहीं रोकते। सच्चाई यह है कि हम इन्सान सतह पर रहते हैं, लोगों की बातों और कृत्यों पर जज़्बाती ढंग से प्रतिक्रिया करते हैं। हम दूसरों के बारे में और अपने बारे में ऐसी धारणाएँ गढ़ लेते हैं, जो निहायत ही सरलीकृत होती हैं। हम ख़ुद के लिए सबसे आसान और सबसे ज़्यादा सुविधाजनक क़िस्सा गढ़कर सन्तोष कर लेते हैं।

लेकिन उस स्थिति में क्या होगा अगर हम सतह को हिलाएँ और अन्दर गहराई में झाँककर देखें, उन वास्तविक जड़ों के क़रीब जाएँ, जो इन्सान के व्यवहार को निर्धारित करती हैं? उस स्थिति में क्या होगा अगर हम इस बात को समझ सकें कि कुछ लोग ईर्ष्यालु क्यों हो जाते हैं और हमारे किए-धरे के साथ भितरघात क्यों करने लगते हैं, या क्या कारण है कि वे अपने अनर्गल आत्मविश्वास की वजह से ख़ुद को देवता-तुल्य और अचूक मान बैठते हैं? उस स्थिति में क्या होगा अगर हम सचमुच इस बात की थाह ले सकें कि लोग अचानक बेहूदा व्यवहार क्यों करने लगते हैं और अपने चरित्र के स्याह पक्ष को क्यों उजागर करने लगते हैं, या क्या वजह है कि वे हमेशा अपने आचरण को तर्कसंगत ठहराने को तैयार बने रहते हैं, या हम लगातार ऐसे नेतृत्वकर्ताओं की ओर क्यों मुड़ते रहते हैं, जो हमारे भीतर के सबसे बुरे पक्ष को आकर्षित करते हैं? उस स्थिति में क्या होगा अगर हम लोगों के चरित्र की गहराई में झाँक कर उसे परख सकें और ऐसे निजी रिश्तों से बच सकें, जो हमें बहुत अधिक भावनात्मक क्षति पहुँचाते हैं?

अगर हम मानव आचरण की जड़ों को समझ लें, तो विध्वंसक क़िस्म के लोगों को बहुत मुश्किल होगा कि वे लगातार कुकृत्य करते हुए बच निकलते रहें। तब हम इतनी आसानी-से उनके बहकावे में आने और गुमराह होने से बच सकेंगे। तब हम उनके घिनौने और चालाकीपूर्ण हथकण्डों का पूर्वानुमान कर पाएँगे और उनके उन क़िस्सों की असलियत को समझ लेंगे, जिनका इस्तेमाल वे अपने कारनामों को ढँकने के लिए करते हैं। तब हम उनके नाटकों में घसीट लिए जाने से बच सकेंगे, क्योंकि हमें पहले से मालूम होगा कि वे अपने नियन्त्रण के लिए हमारे हित पर निर्भर करते हैं। अन्ततः हम उनके चरित्र की गहराई में झाँककर देख सकने की अपनी क़ाबिलियत के सहारे उनसे उनकी ताक़त छीन लेंगे।

इसी तरह, उस स्थिति में क्या होगा अगर हम अपने भीतर झाँककर अपनी तकलीफ़देह भावनाओं के स्रोत को देख सकें और यह समझ सकें कि क्या वजह है कि वे हमारे व्यवहार को अक्सर हमारी ही इच्छाओं के ख़िलाफ़ ले जाती हैं? उस स्थिति में क्या होगा अगर हम इस बात को समझ सकें कि क्या वजह है कि हम उन चीज़ों के प्रति बहुत लालायित होते हैं, जो दूसरों के पास होती हैं, या किसी समूह के साथ कुछ इस क़दर अपना तादात्म्य स्थापित कर लेते हैं कि जो लोग उस समूह के बाहर होते हैं, उनके प्रति हम हिकारत महसूस करने लगते हैं? उस स्थिति में क्या होगा, अगर हम उस चीज़ का पता लगा सकें, जो हमें अपनी वास्तविकता के बारे में झूठ बोलने को मजबूर करती है, या जो हमें अनजाने ही लोगों को परे धकेलने को मजबूर करती है?

अगर हम अपने भीतर बैठे उस अजनबी को ज़्यादा साफ़ तौर पर समझ सकें, तो हमें इस अहसास में मदद मिल सकेगी कि वह अजनबी दरअसल अजनबी क़तई नहीं है, बल्कि हमारा ही एक अंश है, और दरअसल हम उससे कहीं ज़्यादा रहस्यमय, पेचीदा और दिलचस्प हैं, जितनी हमने अपने बारे में कल्पना कर रखी थी। और इस बोध के साथ हम अपनी ज़िन्दगी के नकारात्मक पैटर्नों को तोड़ सकेंगे, अपने बारे में बहाने गढ़ना बन्द कर सकेंगे, और अपने कृत्यों पर तथा अपने साथ होने वाली चीज़ों पर बेहतर ढंग से नियन्त्रण पा सकेंगे।

अपने तथा दूसरों के बारे में इस तरह की स्पष्टता कई रूपों में हमारे जीवन की दिशा बदल सकती है, लेकिन पहले हमें एक आम ग़लतफ़हमी को दूर कर लेना ज़रूरी है : हम अपने आचरण को व्यापक तौर पर एक सचेतन और इच्छित आचरण की तरह देखने की ओर प्रवृत्त होते हैं। यह कल्पना अपने में बहुत डरावनी है कि अपने कृत्यों पर हमेशा हमारा नियन्त्रण नहीं होता, *लेकिन दरअसल*

*यह एक वास्तविकता है।* हम अपनी अन्दरूनी गहराइयों में मौजूद उन ताक़तों के अधीन होते हैं जो हमारे आचरण को परिचालित करती हैं और जो हमारी चेतना के स्तर के नीचे सक्रिय होती हैं। हम नतीजे देखते हैं – अपने विचार, मनःस्थितियाँ, और कृत्य – लेकिन जो चीज़ हमारी भावनाओं को संचालित करती है और जो हमें किन्हीं ख़ास तरीक़ों से आचरण करने को विवश करती है, उस तक हमारी जागरूक पहुँच नहीं के बराबर होती है।

हम इन शक्तियों के समुच्चय को समझने की कोशिश करते हैं, जो *मानव स्वभाव* की अन्दरूनी गहराइयों से हमें धकेलती और खींचती हैं। मानव स्वभाव हमारे मस्तिष्कों की एक ख़ास वायरिंग का, हमारी तन्त्रिका प्रणाली के विन्यास का, और भावनाओं को प्रॉसेस करने के हम मनुष्यों के ढंग का नतीजा होता है। ये सब पिछले पचास लाख वर्षों में एक प्रजाति के रूप में हुए हमारे विकास के दौरान विकसित और प्रकट हुए हैं। हम अपने स्वभाव के अनेक पक्षों का श्रेय उन विभिन्न ढंगों को दे सकते हैं, जिनके माध्यम से हम अपनी उत्तरजीविता को सुनिश्चित करने के लिए एक सामाजिक प्राणी के रूप में विकसित हुए हैं – दूसरों के साथ सहयोग करना सीखना, उच्च स्तर पर अपने कृत्यों का समूह के साथ सामंजस्य बिठाना, सम्प्रेषण के अनूठे रूप और सामूहिक अनुशासन बनाए रखने के तरीक़े गढ़ना। विकास की यह आरम्भिक स्थिति हमारे भीतर बरकरार रही है और वह आज भी, हमारी आधुनिक परिष्कृत दुनिया में हमारे आचरण को निर्धारित करती है।

एक उदाहरण के तौर पर, मनुष्य की भावना के विकास पर नज़र डालें। जब भाषा का आविष्कार नहीं हुआ था तब हमारे एकदम आरम्भिक पूर्वजों का जीवित बने रहना एक-दूसरे के साथ संवाद स्थापित करने की उनकी क़ाबिलियत पर निर्भर करता था। उन्होंने नयी और जटिल भावनाओं को विकसित किया था –

आनन्द, लज्जा, कृतज्ञता, असन्तोष इत्यादि। इन भावनाओं के संकेत तत्काल उनके चेहरों पर पढ़े जा सकते थे, जिनके सहारे वे अपनी मन:स्थितियों को तुरन्त और प्रभावशाली ढंग से दूसरों तक सम्प्रेषित कर देते थे। वे समूह को ज़्यादा-से-ज़्यादा एकजुट रखने के लिए दूसरों की भावनाओं को समझने की दृष्टि से अत्यन्त संवेदनशील हो गए थे। वे दूसरे के आनन्द या दुख को अपने आनन्द या दुख की तरह अनुभव करते थे, या ख़तरे का सामना होने पर एकजुट बने रहते थे।

हम मनुष्य आज भी अपने आसपास के लोगों की मन:स्थितियों और भावनाओं के प्रति अत्यन्त संवेदनशील बने हुए हैं, जिसके चलते हम तमाम तरह के आचरण करने को बाध्य होते हैं - अनजाने ही दूसरों की नक़ल करते हैं, उन चीज़ों की चाहना करते हैं, जो दूसरों के पास होती हैं, क्रोध या रोष की संक्रामक भावनाओं के वशीभूत हो जाते हैं। हमें लगता है कि हम अपनी स्वतन्त्र इच्छा से वैसा आचरण कर रहे हैं, क्योंकि हमें इस बात का अहसास ही नहीं होता कि यह दूसरों की भावनाओं के प्रति हमारी गहरी संवेदनशीलता है, जो हमारे आचरण और प्रतिक्रियाओं को प्रभावित कर रही है।

हम ऐसी दूसरी शक्तियों को भी पहचान सकते हैं, जो इस सुदूर अतीत से उभरकर आयी हैं और जो इसी तरह हमारे रोज़मर्रा आचरण को गढ़ती रहती हैं। उदाहरण के लिए, अपनी हैसियत के माध्यम से लगातार ख़ुद को किसी श्रेणी में रखने और अपने महत्त्व की पैमाइश करते रहने की हमारी ज़रूरत एक ऐसा लक्षण है, जिसे शिकारी-संग्रहकर्ताओं की तमाम संस्कृतियों में लक्ष्य किया जा सकता है, यहाँ तक कि उसे चिम्पांज़ियों तक में देखा जा सकता है। उसी तरह हमारी आदिम प्रवृत्तियाँ हैं, जिनकी वजह से हम लोगों को समाज के अन्दर के और समाज के बाहर के लोगों के रूप में

बाँटते रहते हैं। हम इन आदिम लक्षणों में ऐसे मुखौटे धारण करने की अपनी ज़रूरत को भी शामिल कर सकते हैं, जिनका उद्देश्य ऐसे किसी भी आचरण को छिपाने का होता है, जिसे क़बीले ने अस्वीकार कर रखा होता है, और जिसके नतीजे में वह छायामय व्यक्तित्व तैयार होता है, जो हमारी तमाम स्याह दमित आकांक्षाओं से निर्मित होता है। हमारे पूर्वज इस छाया और उसके ख़तरे को समझते थे, और उन्होंने कल्पना कर रखी थी कि वह उन प्रेतात्माओं और पिशाचों की देन थी, जिनका झाड़-फूँक के माध्यम से निवारण करना ज़रूरी था। हम एक अलग मिथक पर भरोसा करते हैं - ''मुझ पर किसी चीज़ ने प्रभाव डाला है।''

जैसे ही हमारे भीतर का यह आदिम करेण्ट या बल चेतना के स्तर पर पहुँचता है, हमें उस पर प्रतिक्रिया करना ज़रूरी हो जाता है, और यह प्रतिक्रिया हम अपनी निजी भावना और परिस्थितियों पर निर्भर होकर करते हैं, आम तौर से उसे समझे बिना सतही तौर पर उसकी जैसी-तैसी व्याख्या कर उससे छुट्टी पा लेते हैं। हम जिस तरह विकसित हुए हैं, ठीक उसी वजह से मानव स्वभाव के इन बलों की संख्या सीमित है, और ठीक उसी वजह से वे उन आचरणों का सबब बनते हैं, जिनका ज़िक्र ऊपर किया गया है - ईर्ष्या, आडम्बर, कुतर्क, अदूरदर्शिता, स्वीकार, आक्रामकता, और अकर्मक आक्रामकता आदि। वे सहानुभूति और मानव आचरण के अन्य सकारात्मक रूपों के सबब भी बनते हैं।

हज़ारों सालों से, हमारी यह नियति बनी रही है कि जब भी ख़ुद को और अपने स्वभाव को समझने का सवाल उठता है, हम व्यापक तौर पर अँधेरे में टटोलते रहते हैं। हम मानव प्राणी के बारे में बहुत सारे भ्रमों के शिकार रहे हैं - हम कल्पना कर लेते हैं कि हम किसी दैवीय स्रोत से जादुई ढंग से अवतरित हुए हैं, आदि वानर की बजाय किन्हीं देवदूतों के वंशज हैं। हमें अपनी आदिम प्रकृति और

अपनी पाशविक जड़ों के किसी भी तरह के संकेत बेहद तकलीफ़देह लगते रहे हैं, हम उनसे इंकार करते रहे हैं, उनका दमन करते रहे हैं। हम अपने स्याह संवेगों को तमाम तरह के बहानों और तर्कों से ढँकते–मूँदते रहे हैं, जिससे कुछ लोगों को अत्यन्त बुरे आचरणों से बच निकलना आसान हो जाता है। लेकिन अन्ततः हम उस बिन्दु पर हैं, जहाँ हमने मानव स्वभाव के बारे में जो भी ज्ञान एकत्र किया है उसके सहारे हम अपनी असलियत की सच्चाई का प्रतिरोध करने पर क़ाबू पा सकते हैं।

*मानव स्वभाव के नियम को*, एक तरह से, लोगों के आचरणों– साधारण, विचित्र, विध्वंसक आदि तमाम तरह के आचरणों– को समझने की एक कोड–बुक की तरह देखें। इसका हर अध्याय मानव स्वभाव के किसी ख़ास पक्ष या नियम पर केन्द्रित है। हम उन्हें इस अर्थ में नियम कह सकते हैं कि इन बुनियादी बलों के प्रभाव के अधीन हम इन्सान अपेक्षाकृत पूर्वानुमेय ढंग से प्रतिक्रिया करते हैं। हर अध्याय में ऐसे विचार और युक्तियाँ हैं, जो यह बताती हैं कि इस नियम के प्रभाव के अधीन अपने साथ और दूसरों के साथ किस तरह व्यवहार किया जाए। हर अध्याय का अन्त इस बात के साथ होता है कि इस बुनियादी मानवीय बल को किसी अधिक सकारात्मक और फलदायक चीज़ में कैसे बदला जाए, ताकि हम मानव स्वभाव के निष्क्रिय गुलाम बनकर नहीं रह जाएँ, बल्कि उसे सक्रिय ढंग से रूपान्तरित कर सकें।

हो सकता है कि आपके मन में यह सोचने का लालच जागे कि यह जानकारी किंचित पुराने ढंग की है। आप तर्क दे सकते हैं कि आख़िरकार अब हम पर्याप्त परिष्कृत हो चुके हैं, तकनीकी दृष्टि से काफ़ी तरक्की कर चुके हैं, पर्याप्त प्रगतिशील और प्रबुद्ध हो चुके हैं; हम अपनी आदिम जड़ों को काफ़ी पीछे छोड़ आए हैं; अब हम अपने स्वभाव का नए सिरे से लेखन करने की प्रक्रिया में

हैं। लेकिन सच्चाई दरअसल इसके विपरीत है – हम मानव स्वभाव और उसकी विध्वंसक सम्भावना के जितने गुलाम आज हैं, उतने कभी नहीं रहे हैं। और अगर हम इस तथ्य को नज़रअन्दाज़ करते हैं तो हम आग से खेल रहे हैं।

ज़रा इस पर नज़र डालिए कि सोशल मीडिया के माध्यम से हमारी भावनाओं की भेद्यता किस तरह केवल बढ़ी है, जहाँ संक्रामक प्रभाव हम पर आसानी-से सफलता पा लेते हैं और जहाँ अत्यन्त चालबाज़ लीडर हमारा शोषण करने और हम पर नियन्त्रण करने में सक्षम हैं। उस आक्रामकता पर नज़र डालिए जो आभासी दुनिया में आज खुलेआम प्रदर्शित है, जहाँ हमारे अँधेरे पहलुओं का निष्पादन बेहद आसान हो गया है। ध्यान दें कि किस तरह ढेरों लोगों के साथ त्वरित सम्प्रेषण कर लेने की हमारी क़ाबिलियत के बढ़ने के साथ दूसरों के साथ ख़ुद की तुलना करने, ईर्ष्या महसूस करने, और दूसरों का ध्यान खींचकर अपनी हैसियत तलाशने की हमारी प्रवृत्तियाँ और भी तीव्र हुई हैं। और अन्त में, हमारी आदिम प्रवृत्तियों की ओर नज़र डालिए और देखिए कि किस तरह उन्हें सक्रिय होने के लिए अब एकदम सही माध्यम उपलब्ध हो गया है – हम अपना तादात्म्य स्थापित करने के लिए कोई समूह हासिल कर सकते हैं, आभासी इको-चैम्बर में अपनी आदिम धारणाओं के लिए समर्थन जुटा सकते हैं, और किसी भी बाहरी व्यक्ति को दैत्य ठहराकर उसे भीड़ की धमकियों के हवाले कर सकते हैं। हमारे आदिम पक्ष से उभरते उत्पात की सम्भावनाएँ सिर्फ़ बढ़ी ही हैं।

यह सरल-सी बात है : मानव स्वभाव किसी भी व्यक्ति, किसी भी संस्था या प्रौद्योगिकीय (टेक्नोलॉजिकल) आविष्कार के मुक़ाबले ज़्यादा मज़बूत होता है। हम जो कुछ भी रचते हैं, उसमें अन्ततः वह ख़ुद को और अपनी आदिम जड़ों को ही प्रतिबिम्बित करता है। वह हमें प्यादों की तरह चलता रहता है।

अगर आप इन नियमों की उपेक्षा करते हैं तो इसके ख़तरों से सावधान रहें। अगर आप मानव स्वभाव के साथ तालमेल बिठाने से इंकार करते हैं, तो इसका सीधा-सा मतलब है कि आप ख़ुद को उन आदतों और उस विभ्रम तथा असहायता की अनुभूतियों के हाथों बरबाद होने के लिए छोड़ दे रहे हैं, जो आपके नियन्त्रण से बाहर हैं।

*मानव स्वभाव के नियम का* आकल्पन इस तरह किया गया है कि आप मानव व्यवहार के सारे पहलुओं में तल्लीन हो सकें और उसके मूलभूत कारक उजागर हो सकें। अगर आप इस पुस्तक को अपना मार्गदर्शन करने की अनुमति देंगे, तो यह लोगों को जानने-समझने के आपके ढंग और उनके साथ बरतने के आपके नज़रिए को आमूल-चूल बदल देगी। यह ख़ुद को देखने के आपके तरीक़े को भी आमूल-चूल बदल देगी। यह आपके दृष्टिकोण में ये बदलाव नीचे अंकित तरीक़ों से लाएगी :

- *सबसे पहले, ये नियम आपको लोगों के एक शान्त और अधिक तर्कसंगत पर्यवेक्षक में बदल देगी, ताकि आप उस सारे भावनात्मक नाटक से मुक्त हो सकें, जो आपको अनावश्यक रूप से निचोड़ देता है।*
- *दूसरे, ये नियम आपको लोगों द्वारा निरन्तर छोड़े जाने वाले संकेतों के एक अनुभवी व्याख्याकार में बदल देंगे, और इस तरह वे आपको उन्हें परख़ने की अधिक बड़ी क़ाबिलियत प्रदान करेंगे।*
- *तीसरे, ये नियम आपको उन विषाक्त क़िस्म के लोगों का मुक़ाबला करने और उनके विचारों को मात देने के लिए सशक्त बनाएँगे, जिनसे आपका अपरिहार्य रूपसे*

*सामना होता रहता है और जो आपको दीर्घकालीन भावनात्मक क्षति पहुँचाने को प्रवृत्त होते हैं।*

- *चौथे, ये नियम आपको लोगों को प्रेरित और प्रभावित करने के सच्चे साधनों की शिक्षा देंगे, जिससे जीवन का आपका मार्ग अधिक आसान होगा।*
- *पाँचवें, ये नियम आपको इस बात का अहसास कराएँगे कि मानव स्वभाव की शक्तियाँ आपके अन्दर कितने गहरे काम करती हैं और इस तरह वे आपको आपकी नकारात्मक आदतों को बदलने की क्षमता प्रदान करती हैं।*
- *छठवें, ये नियम आपको एक अधिक सहानुभूतिशील व्यक्ति में बदल देंगे और आपके आसपास के लोगों के साथ आपके अधिक गहरे और अधिक सन्तोषजनक सम्बन्ध बनाएँगे।*
- *अन्त में, ये नियम आपकी सम्भावनाओं को देखने के आपके ढंग को बदलकर, आपको आपके अन्दर मौजूद उस उच्चतर, आदर्श स्वत्व के प्रति जागरूक बनाएँगे, जिसे आप बाहर लाना चाहेंगे।*

इस पुस्तक के बारे में नीचे अंकित ढंग से सोचिए : आप मानव स्वभाव के प्रशिक्षण की शुरुआत करने जा रहे हैं। आप कुछ दक्षताएँ विकसित कर रहे होंगे – अपने साथ के इन्सानों के चरित्र को किस तरह देखा और आकलन किया जाए और किस तरह अपने अन्दर की गहराइयों में झाँककर देखा जाए। आप अपने उच्चतर स्वत्व को बाहर लाने के लिए काम करेंगे। और अभ्यास करते हुए आप इस कला में इस तरह माहिर हो जाएँगे कि आप उन चीज़ों को रोक सकेंगे, जो दूसरे लोग आप पर फेंकना चाहेंगे और ख़ुद को

अधिक विवेकशील, आत्मसजग और फलप्रद व्यक्ति के रूप में ढाल पाएँगे।

> मनुष्य केवल तभी बेहतर बन पाएगा जब आप उसे यह दिखा सकेंगे कि वह किस तरह का प्राणी है।
>
> *–अन्तोन चेख़व*

# 1

# अपने भावनात्मक स्वत्व को नियन्त्रित कीजिए

—— ✧ ——

## *अविवेक का नियम*

*आप कल्पना करना चाहते हैं कि आपकी नियति आपके वश में है और आप पूरी सजगता के साथ भरसक सर्वश्रेष्ठ ढंग से अपने जीवन के सिलसिले को सुनियोजित करते हैं। लेकिन आप व्यापक तौर पर इस बात के प्रति बेख़बर होते हैं कि आपकी भावनाएँ कितने गहरे ढंग से आप पर अपना वर्चस्व स्थापित किए होती हैं। वे आपको उन विचारों की ओर मुड़ने को विवश कर देती हैं, जो आपके अहं को तुष्ट करते हैं। वे आपको उस सबूत को तलाशने के लिए प्रेरित करती हैं, जो उस चीज़ की पुष्टि कर सके, जिसमें आप पहले से विश्वास करते हैं। वे आपको वही देखने को प्रेरित करती हैं, जो आप तत्कालीन मन:स्थिति में देखना चाहते हैं, और वास्तविकता से यह अलगाव उन बुरे फ़ैसलों और नकारात्मक आदतों का स्रोत होता है, जो आपकी ज़िन्दगी पर प्रेतबाधा की तरह मँडराते रहते हैं। विवेकशीलता इन भावनात्मक प्रभावों को अवरोध देने की क़ाबिलियत है, प्रतिक्रिया करने की बजाय सोचने की, और*

*अपनी अनुभूतियों के विपरीत उस चीज़ के प्रति अपने दिमाग़ को खुला रखने की क़ाबिलियत जो वास्तव में हो रहा है। यह विवेक स्वाभाविक ढंग से पैदा नहीं होता; इस शक्ति को हमें उत्पन्न करना होता है, लेकिन ऐसा करते हुए हम अपनी श्रेष्ठतम सम्भावनाओं को चरितार्थ करते हैं।*

> यह कुछ ऐसा है, जैसे व्यक्ति का दूसरा स्वत्व उसके बग़ल में खड़ा हो; व्यक्ति बुद्धिमान और विवेकशील है, लेकिन उसका वह दूसरा स्वत्व कोई नितान्त मूर्खतापूर्ण, और कभी-कभी बहुत हास्यास्पद हरकत करने पर आमादा है; और सहसा आप लक्ष्य करते हैं कि ख़ुदा जाने क्यों आप वह हास्यास्पद काम करने के लिए लालायित हो रहे हैं; यानी मानो आप अपनी इच्छा के विरुद्ध वह करना चाहते हों; हालाँकि आप उसके विरुद्ध अपनी पूरी सामर्थ्य भर संघर्ष करते हैं।
>
> –*फ़्योदोर दोस्तोएव्स्की*, अ रॉ यूथ

## मानव स्वभाव का रहस्य

विवेकशील बनने की दिशा में पहला क़दम अपनी *बुनियादी अविवेकशीलता* को समझना है। दो कारक हैं, जो इसे हमारे अहं के लिए अधिक स्वीकार्य बनाते होंगे : दिमाग़ पर भावनाओं के अनिवार्य प्रभाव से कोई भी, यहाँ तक कि हमारे बीच मौजूद सबसे ज़्यादा बुद्धिमान व्यक्ति भी, मुक्त नहीं है; और किसी हद तक अविवेक हमारे मस्तिष्क की संरचना का एक कार्य है और वह हमारे स्वभाव से उस प्रक्रिया के सहारे जुड़ा हुआ है, जिससे हम भावनाओं को प्रॉसेस करते हैं। अविवेकशील होना लगभग हमारे

वश के बाहर है। इसे समझने के लिए, हमें स्वयं भावनाओं की विकास-प्रक्रिया पर नज़र डालनी चाहिए।

लाखों वर्षों तक प्राणी जीवित बने रहने के लिए उन सहज प्रवृत्तियों पर निर्भर करते रहे थे, जिनके तार अच्छे से मिले हुए थे। एक सेकेण्ड से भी कम समय में कोई सर्प वातावरण में मौजूद ख़तरे को भाँप लेता था और उसपर प्रतिक्रिया करता हुआ वहाँ से तत्काल भाग जाता था। संवेग और क्रिया के बीच कोई अलगाव नहीं था। फिर धीरे-धीरे, कुछ प्राणियों में इस संवेदन ने एक बड़ी और दीर्घ चीज़ का रूप ले लिया। यह चीज़ थी, भय की अनुभूति। शुरू में इस भय में सिर्फ़ एक उच्च स्तरीय उत्तेजना होती थी जिसके साथ कुछ ख़ास क़िस्म के रसायन पैदा होते थे, जो प्राणी को सम्भावित ख़तरे के प्रति चौकन्ना कर देते थे। इस उत्तेजना और उसके साथ पैदा होने वाली सावधानी के साथ प्राणी महज़ एक तरीक़े की बजाय कई तरीक़ों से प्रतिक्रिया कर सकता था। वह पर्यावरण के प्रति ज़्यादा संवेदनशील हो सकता था और उससे सीख सकता था। उसके जीवित बने रहने की सम्भावनाएँ बेहतर होती थीं, क्योंकि उसके विकल्प व्यापक थे। भय का यह संवेदन कुछ सेकेण्ड या उससे भी कम समय का होता था, क्योंकि रफ़्तार निर्णायक महत्त्व रखती थी।

एक सामाजिक प्राणी के लिए, ये उत्तेजनाएँ एक अधिक गहरी और ज़्यादा महत्त्वपूर्ण भूमिका निभाती थीं : वे सम्प्रेषण का एक निर्णायक रूप ले लेती थीं। बुरी आवाज़ें या रोंगटों का खड़ा हो जाना गुस्से का प्रदर्शन हो सकता था, जो शत्रु से बचाव कर सकता था या ख़तरे का संकेत दे सकता था; कुछ ख़ास मुद्राएँ या गन्ध कामेच्छा या सम्भोग के लिए तत्पर होने को उजागर करती थीं; कुछ मुद्राएँ और भंगिमाएँ खेलने की इच्छा का संकेत देती थीं; कम आयु के प्राणियों की कुछ पुकारें गहरी बेचैनी और माँ के वापस

लौटने की ज़रूरत को उजागर करती थीं। वानरों के साथ, यह चीज़ और भी विस्तृत और जटिल होती गयी। ऐसा दर्शाया गया है कि चिम्पांज़ी दूसरी भावनाओं के साथ-साथ ईर्ष्या और प्रतिशोध की भावना को महसूस कर सकते हैं। यह विकास सैकड़ों लाखों वर्षों के दौरान हुआ था। काफ़ी कुछ हाल के समय में, पशुओं और मनुष्यों में ज्ञानात्मक क्षमताओं का विकास हुआ, जिसकी पूर्णाहुति भाषा के आविष्कार और अमूर्त चिन्तन में हुई।

जैसी कि बहुत-से स्नायुविज्ञानियों ने पुष्टि की है, इस विकास के नतीजे में स्तनधारियों के तीन हिस्से में विभाजित मस्तिष्क की रचना हुई। इनमें से सबसे प्राचीन मस्तिष्क का सरिसृपीय (रेप्टेलियन) हिस्सा है, जो शरीर का नियमन करने वाली सारी स्वत:स्फूर्त प्रतिक्रियाओं को नियन्त्रित करता है। यह सहज प्रवृत्तिपरक (इन्सटिंक्टिव) हिस्सा है। इसके ऊपर प्राचीन स्तनधारीय या अवयवपरक (लिम्बिक) मस्तिष्क होता है, जो अनुभूतियों और भावनाओं को नियन्त्रित करता है। और सबसे ऊपर नियोकॉर्टेक्स है, जो संज्ञान और, मनुष्यों में, भाषा को नियन्त्रित करता है।

जैसे ही हमारा ध्यान खींचने और अपने आसपास की किसी चीज़ को लक्ष्य करने के लिए शारीरिक उत्तेजना होती है, भावनाओं का उदय होता है। उनकी शुरुआत रासायनिक प्रतिक्रियाओं और संवेदनों के रूप में होती है, बाद में जिन्हें समझने की कोशिश करने के लिए हमें उनका शब्दों में रूपान्तरण करना होता है। लेकिन चूँकि वे मस्तिष्क की भाषा और चिन्तन से भिन्न हिस्से में प्रॉसेस हुए होते हैं, इसलिए यह रूपान्तरण अक्सर अस्थिर और अशुद्ध होता है। उदाहरण के लिए, हम क व्यक्ति के प्रति क्रोध महसूस करते हैं, जबकि इसका वास्तविक स्रोत ईर्ष्या हो सकता है; सचेतन स्तर के नीचे हम ख़ुद को X से हीन महसूस करते हैं और चाहते हैं कि उसके पास जो कुछ है, वह हमें मिल जाए। लेकिन ईर्ष्या की

अनुभूति के साथ हम हमेशा सहज महसूस नहीं करते, और इसलिए हम अक्सर उसे क्रोध, अरुचि, असन्तोष जैसी किसी अपेक्षाकृत स्वीकार्य अनुभूति में रूपान्तरित कर लेते हैं।

दूसरे शब्दों में, अपनी भावनाओं और उनसे उत्पन्न मन:स्थितियों के मूल रूप तक हमारी सचेतन पहुँच नहीं होती। जैसे ही हम उन्हें महसूस करते हैं, हम केवल भावना की व्याख्या करने की, उसे भाषा में रूपान्तरित करने की कोशिश भर कर सकते हैं। लेकिन सामान्यत: हम यहाँ ग़लत कर बैठते हैं। हम उस व्याख्या से चिपककर रह जाते हैं, जो सरल होती है और हमें भाती है। भावनाओं के इस अचेतन पक्ष का यह मतलब भी है कि बन्धनकारी आचरण को रोकने के लिए हमें उनसे कुछ सीख पाना मुश्किल होता है।

भावनाओं का विकास संज्ञान (कॉग्नीशन) से भिन्न क्षेत्र में हुआ है। दुनिया के साथ सम्बन्ध बनाने के ये दोनों रूप हमारे मस्तिष्क में आपस में अखण्ड रूप से जुड़े हुए नहीं हैं। जिन प्राणियों पर भौतिक संवेदनों को अमूर्त भाषा में रूपान्तरित करने की ज़रूरत का दबाव नहीं होता, उनके यहाँ भावनाएँ सहज ढंग से, बिना किसी रुकावट के काम करती हैं, जैसा करने के लिए वे बनी हैं। हमारे सन्दर्भ में, हमारी भावनाओं और संज्ञान के बीच की दरार निरन्तर आन्तरिक टकराव का स्रोत होती है, जो हमारे भीतर एक अन्य भावनात्मक स्वत्व समाविष्ट कर देती है, जो हमारी इच्छा-शक्ति से परे काम करता है। जानवर बहुत संक्षिप्त-से समय के लिए भय महसूस करते हैं, और फिर वह भय ख़त्म हो जाता है। हम अपने भय में बने रहते हैं, उसे घनीभूत करते रहते हैं और ख़तरा टल जाने के बाद भी देर तक उसे बनाए रखते हैं, यहाँ तक कि उसे उस बिन्दु तक खींचते चले जाते हैं जहाँ हम लगातार उद्विग्नता महसूस करते रहते हैं।

बहुत-से लोग होंगे, जिनके मन में यह कल्पना करने का लोभ जागता होगा कि हमने अपनी सारी बौद्धिक और प्रौद्योगिक प्रगति के सहारे इस भावनात्मक स्वत्व को अपने क़ाबू में कर लिया है। आख़िरकार, हम अपने पूर्वजों की तरह हिंसक या उत्तेजित या अन्धविश्वासी दिखायी नहीं देते; लेकिन यह एक भ्रम है। प्रगति और प्रौद्योगिकी ने हमारे अन्दरूनी तन्त्र को बदल नहीं दिया है; उन्होंने केवल हमारी भावनाओं के रूपों और उनके साथ पैदा होने वाले अविवेक की क़िस्म को रूपान्तरित भर कर दिया है। उदाहरण के लिए, मीडिया के नए रूपों ने हमारी भावनाओं के साथ खिलवाड़ करने की नेतृत्वकर्ता और दूसरे लोगों की युगों पुरानी क़ाबिलियत को बढ़ाया ही है; अब वे यह खिलवाड़ अधिक सूक्ष्म और परिष्कृत ढंग से करते हैं। विज्ञापनकर्ता हम पर अत्यन्त प्रभावशाली ढंग से ख़ुफ़िया सन्देशों की बौछार करते रहते हैं। सोशल मीडिया के साथ हमारा निरन्तर जुड़ाव हमें संक्रामक (वायरल) भावनात्मक प्रभावों के नए रूपों के प्रति संवेदनशील बनाता है। उनकी निरन्तर उपस्थिति से हमारे पास क़दम वापस मोड़ने और सोचने की कम-से-कम मानसिक जगह बचती है।

स्पष्ट ही *विवेकपूर्ण (रेशनल)* और *अविवेकपूर्ण (इर्रेशनल)* शब्द ख़ासे भारी-भरकम हो सकते हैं। लोग हमेशा उन्हें ''अविवेकी'' कहते रहते हैं, जो उनसे सहमत नहीं होते। हमें एक ऐसी सरल परिभाषा की ज़रूरत है, जो परख़ने के एक ढंग के रूप में भरसक सटीकता के साथ दोनों के बीच भेद करने के लिए लागू की जा सके। नीचे अंकित परिभाषा एक मापदण्ड के रूप में हमारे काम आ सकती है : हम निरन्तर भावनाएँ महसूस करते हैं, और वे निरन्तर हमारी विचार-प्रक्रिया को कुछ इस तरह प्रभावित करती रहती हैं कि हम ऐसे विचारों की ओर रुख़ करते रहते हैं, जो हमें ख़ुश करते हैं और हमारे अहं को सहलाते हैं। यह असम्भव है कि हमारी विचार-प्रक्रिया

हमारे रुझानों और अनुभूतियों से अछूती रह पाती हो। विवेकशील लोग इस बात के प्रति जागरूक होते हैं, और अन्तरावलोकन तथा उद्यम के माध्यम से वे किसी हद तक अपने विचारों से अपनी भावनाओं को अलग कर पाते हैं और उन भावनाओं के प्रभाव को अवरोध दे पाते हैं। अविवेकी लोगों में ऐसी जागरूकता नहीं होती। वे पेचीदगियों और परिणामों पर सावधानीपूर्वक विचार किए बिना ही तत्काल अपने कृत्यों में लग जाते हैं।

लोग जो निर्णय लेते हैं और जो कार्य करते हैं, उनके और उन निर्णयों तथा कार्यों के बीच के फ़र्क़ को देख सकते हैं। विवेकशील लोग धीरे-धीरे यह सिद्ध कर देते हैं कि वे किसी कार्ययोजना को पूरा करने में, अपने लक्ष्यों को पा लेने में, किसी टीम के साथ कारगर ढंग से काम करने में, और स्थायी महत्त्व की कोई चीज़ रचने में सक्षम हैं। अविवेकी लोगों के जीवन में नकारात्मक पैटर्न उजागर होते हैं - बार-बार दोहरायी जाती ग़लतियाँ, हर कहीं अनावश्यक टकराव, ऐसे सपने और कार्य-योजनाएँ जो कभी साकार नहीं होते, गुस्सा और ऐसे बदलावों की आकांक्षा जो कभी ठोस कार्रवाइयों में रूपान्तरित नहीं होतीं। वे भावुक और प्रतिक्रियाशील होते हैं और उन्हें इन बातों का कभी अहसास नहीं होता। अविवेकपूर्ण निर्णय लेने में हर कोई सक्षम होता है, जिनमें से कुछ निर्णय ऐसी परिस्थितियों की देन होते हैं जिन पर हमारा वश नहीं होता। और अत्यन्त भावुक क़िस्म के लोगों के मन में भी पल भर के लिए महान विचार पैदा हो सकते हैं और वे अपने दुस्साहस की वजह से कामयाब हो सकते हैं। इसलिए यह धीरे-धीरे परख़ने की बात होती है कि कोई व्यक्ति विवेकशील है या अविवेकी। क्या वे कामयाबी को थामे रख पाते हैं और कई अच्छी युक्तियाँ विचार सकते हैं? क्या वे नाकामयाबियों के साथ सामंजस्य बिठा सकते हैं और उनसे सीख ले सकते हैं?

तमाम मामलों में, जागरूकता का स्तर फ़र्क़ को दर्शाता है। विवेकशील लोग अपनी अविवेकपूर्ण प्रवृत्तियों और भविष्य में चौकन्ना रहने की ज़रूरत को तत्परता के साथ स्वीकार कर सकते हैं। दूसरी ओर, जब अविवेकी लोगों के फ़ैसलों की भावनात्मक जड़ों पर आपत्ति उठायी जाती है, तो वे अत्यन्त भावुक हो उठते हैं। वे अन्तरावलोकन करने और सीख लेने में अक्षम होते हैं। उनकी ग़लतियाँ उन्हें बेहद आत्मरक्षात्मक बना देती हैं।

सौभाग्य से, विवेकशीलता हासिल करना मुश्किल काम नहीं है। इसके लिए सिर्फ़ एक त्रि-स्तरीय प्रक्रिया को समझने और उससे गुज़रने की ज़रूरत होती है। सबसे पहले, हमें उस चीज़ के प्रति जागरूक होना चाहिए, जिसे हम *निम्न स्तर की अविवेकशीलता (लो-ग्रेड इर्रेशनेलिटी)* कहते हैं। यह उन नित्य मन:स्थितियों और अनुभूतियों का एक कार्य है, जिन्हें हम अपनी ज़िन्दगी में चेतना के स्तर के नीचे, अनुभव करते हैं। जब हम योजना बनाते हैं और निर्णय लेते हैं, तब हम इस बात के प्रति सजग नहीं होते कि ये मन:स्थितियाँ और अनुभूतियाँ हमारी चिन्तन-प्रक्रिया को कितने गहरे प्रभावित करेंगी। वे हमारी चिन्तन-प्रक्रिया में वे स्पष्ट पूर्वाग्रह पैदा कर देती हैं, जो हमारे भीतर इतने गहरे जड़ें जमाए होते हैं कि उनके प्रमाण हमें सारी संस्कृतियों और इतिहास के हर दौर में दिखायी देते हैं। ये पूर्वाग्रह, वास्तविकता को विकृत कर उन ग़लतियों और अनुपयोगी निर्णयों का सबब बनते हैं, जो हमारी ज़िन्दगियों को त्रास से भर देते हैं। उनके प्रति सजग होकर हम उनके प्रभावों का बराबर बल के साथ प्रतिकार कर सकते हैं।

दूसरे, हमें उस चीज़ की प्रकृति को समझना चाहिए जिसे हम *उच्च-स्तरीय अविवेकशीलता (हाई-ग्रेड इर्रेशनेलिटि)* कह सकते हैं। यह तब पैदा होती है, जब हमारी भावनाएँ, सामान्य तौर पर किन्हीं

ख़ास दबावों की वजह से, भड़क उठी होती हैं। जब हम अपने क्रोध, उत्तेजना, असन्तोष या सन्देह के बारे में सोचते हैं, तो वह घनीभूत होकर प्रतिक्रियात्मक अवस्था में पहुँच जाता है – हम जो कुछ भी देखते या सुनते हैं, वह इस भावना के चश्मे से व्याख्यायित होने लगता है। हम दूसरी भावनात्मक प्रतिक्रियाओं के प्रति अधिक संवेदनशील और वेध्य हो जाते हैं। अधैर्य और असन्तोष क्रोध और गहरे अविश्वास का रूप ले लेते हैं। यही प्रतिक्रियात्मक अवस्थाएँ लोगों को हिंसा की, उन्मादपूर्ण जुनून की, अनियन्त्रणीय लालच, या दूसरे व्यक्ति को नियन्त्रित करने की आकांक्षा की दिशा में ले जाती हैं। अविवेक का यह रूप अत्यन्त गम्भीर समस्याओं, जैसे कि घोर विपत्तियों, टकरावों, और विनाशकारी फ़ैसलों का स्रोत होता है। अगर हम इस बात को समझ लेते हैं कि इस क़िस्म की अविवेकशीलता किस तरह काम करती है, तो हम प्रतिक्रियात्मक अवस्था को उसके उत्पन्न होने के ही क्षण में पहचान सकते हैं और इसके पहले कि हम कुछ ऐसा कर बैठें, जिससे बाद में पछतावा हो, हम अपने क़दम वापस मोड़ सकते हैं।

तीसरे, हमें कुछ ऐसी युक्तियों और अभ्यासों की ज़रूरत है जो मस्तिष्क के चिन्तनशील हिस्से को मज़बूत कर सकें और अपनी भावनाओं के साथ हमारे आन्तरिक संघर्ष में उसे और अधिक शक्ति प्रदान कर सकें।

आगे अंकित तीन क़दम विवेकशीलता के मार्ग की दिशा में जाने में आपकी मदद करेंगे। यह अक़्लमन्दी होगी कि आप इन तीनों को मानव स्वभाव के अपने अध्ययन और अभ्यास में समाविष्ट कर लें।

## पहला क़दम : पूर्वाग्रहों को पहचानें

भावनाएँ हमारी चिन्तन-प्रक्रिया और निर्णयों को हमारी सजगता के स्तर के नीचे निरन्तर प्रभावित कर रही हैं। और इन सब में सबसे ज़्यादा आम भावना है आनन्द प्राप्त करने और पीड़ा से बचने की आकांक्षा। हमारे विचार लगभग अपरिहार्य रूप से इसी आकांक्षा के इर्दगिर्द चक्कर काटते रहते हैं; हम ऐसे विचारों से सहज ही विकर्षित होते हैं, जो हमारे लिए अप्रिय या दुख पहुँचाने वाले होते हैं। हम सोचते हैं कि हम सत्य की तलाश कर रहे हैं, या वास्तविकता के प्रति सजग हो रहे हैं, जबकि हम ऐसे विचारों को थामे होते हैं जो हमें तनाव से मुक्ति प्रदान करते हैं और हमारे अहं को तृप्त करते हैं, और इस तरह हम में श्रेष्ठता की भावना जगाते हैं। विचार-प्रक्रिया से जुड़ा *आनन्द का यह सिद्धान्त* हमारे सारे मानसिक पूर्वाग्रहों का स्रोत है। अगर आपका ऐसा विश्वास है कि आप पर नीचे अंकित पूर्वाग्रहों में से किसी भी पूर्वाग्रह का कोई असर नहीं होता, तो यह सीधे-सीधे इस बात का दृष्टान्त है कि आनन्द का सिद्धान्त क्रियाशील है। इसकी बजाय, यह उत्तम होगा कि आप उन्हें खोजें और देखें कि वे किस तरह आपके भीतर काम कर रहे हैं, साथ ही यह भी समझें कि दूसरों में इस तरह के अविवेक को कैसे पहचाना जाए।

### *पुष्टि का पूर्वाग्रह*

कोई धारणा बनाने और ख़ुद को यह विश्वास दिलाने कि हम उस तक विवेकपूर्ण ढंग से पहुँचे हैं, हम ऐसे सबूत की तलाश में लग जाते हैं, जो हमारे दृष्टिकोण का समर्थन कर सके। इससे ज़्यादा वस्तुपरक और वैज्ञानिक और क्या हो सकता है? लेकिन आनन्द के सिद्धान्त और उसके अचेतन प्रभाव की वजह से हम किसी तरह

ऐसा सबूत जुटा लेते हैं, जो उस चीज़ की पुष्टि करता है, जिसमें हम विश्वास करना *चाहते* हैं। इसे पुष्टि के *पूर्वाग्रह* के नाम से जाना जाता है।

दुनिया में पुष्टि के पूर्वाग्रह की पड़ताल करते हुए उन सिद्धान्तों पर एक नज़र डालिए, जो इतने अच्छे लगते हैं कि उनकी सच्चाई पर सन्देह होता है। आपकी पहली प्रेरणा हमेशा उस सबूत को खोजने की होनी चाहिए, जो आपके और दूसरों के सर्वाधिक प्रिय विश्वासों की पुष्टि करने से इंकार करता हो।

### *दृढ़ विश्वास का पूर्वाग्रह*

हम किसी ऐसे विचार को पकड़े रहते हैं, जो गुप्त ढंग से हमें ख़ुश करता रहता है, लेकिन अन्दर कहीं गहरे में उसकी सच्चाई को लेकर हमें कोई सन्देह हो सकता है, और इसलिए हम ख़ुद को विश्वास दिलाने कुछ अतिरिक्त प्रयत्न करते हैं – हम भरपूर उत्साह के साथ उसमें विश्वास करना चाहते हैं और अगर कोई हमें चुनौती देता है, तो हम उसका ज़ोरदार ढंग से खण्डन करना चाहते हैं। हम ख़ुद से कहते हैं, आख़िर हमारा वह विचार सच क्यों नहीं हो सकता, अगर वह अपने बचाव के लिए हमारे भीतर इतनी ऊर्जा फूँकता है? यह सशक्त अनुभूति इस बात का सबूत है कि पुष्टि का पूर्वाग्रह क्रियाशील है।

### *प्रकटन का पूर्वाग्रह*

हम लोगों को उस रूप में नहीं देखते जैसे वे होते हैं, बल्कि उस रूप में देखते हैं, जिस रूप में वे प्रकट होते हैं। और ये प्रकट रूप आम तौर से गुमराह करने वाले होते हैं। प्रथमतः, लोगों ने ख़ुद को सामाजिक स्थितियों में कुछ इस तरह प्रशिक्षित किया होता है कि

ताकि उनका वह मुखड़ा प्रस्तुत हो सके जो फबता हो और जिसे सकारात्मक फ़ैसला दिया जा सके। दूसरे, हमारी प्रवृत्ति *हेलो इफ़ैक्ट* से प्रभावित होने की होती है – जब हम किसी व्यक्ति में कुछ ख़ास नकारात्मक या सकारात्मक लक्षण (सामाजिक बेढंगापन, बुद्धिमत्ता) देखते हैं, तो दूसरे ऐसे सकारात्मक या नकारात्मक गुण उनमें अभिप्रेत होते हैं, जो इसके साथ फ़िट बैठते हैं।

### *समूह का पूर्वाग्रह*

हम स्वभाव से सामाजिक प्राणी हैं। अलगाव का अहसास, समूह से भिन्न होने का अहसास अवसाद जगाने वाला और डरावना होता है। हमें उस वक़्त भारी राहत मिलती है, जब हमें ऐसे लोग मिल जाते हैं, जो ठीक उसी तरह सोचते हैं, जैसे हम सोचते हैं। दरअसल, हम विचारों और मतों को स्वीकार करने को प्रेरित होते हैं, *क्योंकि* वे हमें यह राहत पहुँचाते हैं। हम इस खिंचाव से बेख़बर होते हैं और इसलिए यह कल्पना कर बैठते हैं कि उन ख़ास विचारों तक हम पूरी तरह अपने ही स्तर पर पहुँचे हैं।

### *दोषारोपण का पूर्वाग्रह*

ग़लतियों और नाकामयाबियों की वजह से स्पष्टीकरण देना ज़रूरी हो जाता है। हम सीख लेना चाहते हैं और उसी अनुभव को दोहराना नहीं चाहते। लेकिन वास्तव में, हम अपने किए-धरे को क़रीब से देखना नहीं चाहते; हमारा अन्तरावलोकन सीमित होता है। हमारी स्वाभाविक प्रतिक्रिया दूसरों पर, परिस्थितियों पर या परखने में हुई पल भर की चूक पर दोषारोपण करने की होती है। इस पूर्वाग्रह की वजह यह होती है कि अपनी ग़लतियों की ओर देखना अक्सर बहुत तकलीफ़देह होता है।

### *श्रेष्ठता का पूर्वाग्रह*

हम अपने विवेकशील, भले और नैतिक होने की कल्पना से बहुत ज़्यादा आकर्षित होते हैं। ये वे गुण हैं, जिन्हें संस्कृति में बहुत ऊँचा दर्ज़ा दिया जाता है। इनसे भिन्न लक्षणों के संकेत देने में अस्वीकृत कर दिए जाने का बहुत बड़ा जोख़िम होता है। अगर यह सब सच होता – अगर लोग विवेकशील और नैतिक रूप से श्रेष्ठ होते – तो दुनिया भलाई और शान्ति से भरी होती। लेकिन, हम वास्तविकता को जानते हैं, और कुछ लोग, सम्भवतः हम सब, महज़ ख़ुद को धोखा दे रहे होते हैं। विवेकशीलता और नैतिक गुणों को आत्मसजगता और उद्यम से हासिल किया जाना ज़रूरी होता है। वे स्वाभाविक ढंग से नहीं आ जाते। वे परिपक्वता हासिल करने की प्रक्रिया से आते हैं।

## दूसरा क़दम : भड़काने वाले कारकों से सावधान रहें

निम्न–स्तरीय भावनाएँ हमारी चिन्तन–प्रक्रिया को निरन्तर प्रभावित करती हैं, और स्वयं हमारे अपने संवेगों – उदाहरण के लिए, हमें ख़ुश करने और राहत देने वाले विचारों की आकांक्षा – से उत्पन्न होती हैं। लेकिन उच्च–स्तरीय भावनाएँ किन्हीं ख़ास क्षणों में पैदा होती हैं, एक विस्फोटक सीमा तक पहुँचती हैं, और सामान्यतः किसी बाहरी चीज़ से – किसी ऐसे व्यक्ति से जो हमें बहुत आकर्षित करता है, या किन्हीं ख़ास परिस्थितियों से – उत्प्रेरित होती हैं। उत्तेजना का स्तर बहुत ऊँचा होता है और हमारा ध्यान पूरी तरह जकड़ लिया गया होता है। हम इन भावनाओं के बारे में जितना ही अधिक सोचते हैं, वे उतनी ही प्रबल होती जाती हैं, जिसकी वजह से हम उन पर और अधिक ध्यान देने को विवश

होते हैं, इत्यादि। हमारे दिमाग़ भावना को कुरेदते हैं, और हर चीज़ हमें हमारे रोष या उत्तेजना की याद दिलाती है। हम प्रतिक्रियात्मक हो उठते हैं। चूँकि इससे जो तनाव पैदा होता है, उसे सहने में हम असमर्थ होते हैं, इसलिए उच्च-स्तरीय भावनाओं का समापन किसी विवेकहीन प्रतिक्रिया में होता है, जिसके विनाशकारी परिणाम होते हैं। इस तरह के आघात के दरम्यान हम एक तरह की अधीनता महसूस करते हैं, मानो किसी दूसरे, आवयविक स्वत्व ने हम पर क़ब्ज़ा कर लिया हो।

अच्छा हो अगर आप इन कारकों के प्रति सजग रहें ताकि आप दिमाग़ को सुरंग खोदने से और ऐसे कृत्यों को उत्पन्न करने से रोक सकें, जिनको लेकर आपको हमेशा पछताना पड़ता है। आपको दूसरों की उच्च-स्तरीय अविवेकशीलता के प्रति भी जागरूक रहना चाहिए, ताकि आप उनके रास्ते से हट सकें या उन्हें वास्तविकता की ओर वापस मोड़ा जा सके। प्रस्तुत हैं पाँच प्रमुख भड़काऊ कारक :

### *आरम्भिक बचपन के उत्प्रेरक बिन्दु*

बचपन के एकदम शुरुआती दौर में हम अत्यन्त संवेदनशील और वेध्य होते हैं। हम समय में जितना ही पीछे जाते हैं, हम पाते हैं कि हमारे माँ-बाप के साथ हमारे सम्बन्धों का हम पर बहुत ज़्यादा प्रभाव होता है। ये वेध्यताएँ और ज़ख़्म हमारे दिमाग़ में गहरे दफ़न रहते हैं। बाद के जीवन में, कोई व्यक्ति या घटना इस सकारात्मक या नकारात्मक अनुभव की स्मृति को जगा देती है, और उसी के साथ स्मृति से जुड़े सशक्त रसायन या हॉर्मोन निःसृत होते हैं।

अपने भीतर और दूसरों में इसे पहचानने का तरीक़ा उस व्यवहार पर ध्यान देना है, जो अपनी उत्कटता में अचानक बचकाना और चरित्र-बाह्य प्रतीत होता है। इस तरह के आघात के बीचों-बीच, हमें ख़ुद को निस्संग बनाने का संघर्ष और उन

सम्भावित स्रोतों – आरम्भिक बचपन के ज़ख़्म – और पैटर्नों पर चिन्तन करना चाहिए, जिनमें उसने हमें बन्द कर दिया है।

### *आकस्मिक लाभ या नुक़सान*

आकस्मिक सफलता या जीतें बहुत ख़तरनाक हो सकती हैं। स्नायुपरक स्तर पर मस्तिष्क में ऐसे रसायन रिसते हैं, जो उत्तेजना और ऊर्जा का ज़बरदस्त झटका देते हैं, जिसके नतीजे में इस अनुभव के दोहराव की आकांक्षा पैदा होती है। यह किसी भी तरह की लत और उन्मादपूर्ण व्यवहार की शुरुआत हो सकती है।

अनपेक्षित नुक़सान या नुक़सानों का सिलसिला भी समान रूप से अविवेकपूर्ण प्रतिक्रियाओं को जन्म देते हैं। हम कल्पना करने लगते हैं कि हम दुर्भाग्य के लिए अभिशप्त हैं और यह प्रक्रिया अनिश्चित काल तक जारी रहेगी।

समाधान बहुत आसान-सा है : जब भी कभी आपको असामान्य नफ़ा या नुक़सान हो, समझ लें कि वह क़दम वापस मोड़ने और कुछ ज़रूरी नैराश्य या आशा से उनका प्रतिकार करने का सही समय है।

### *बढ़ता हुआ दबाव*

तनाव या कैसे भी ख़तरे की हालत में, मस्तिष्क के सर्वाधिक आदिम हिस्से उत्तेजित और प्रवृत्त होते हैं, और वे लोगों की तर्क-शक्तियों को अपने वश में कर लेते हैं। दरअसल, दबाव या तनाव लोगों की उन त्रुटियों को उजागर कर सकते हैं, जो उन्होंने बहुत सावधानीपूर्वक छिपा रखे होते हैं। लोगों को इस तरह के क्षणों में ग़ौर से देखना अक्सर अच्छा होता है, ख़ास तौर से इसलिए कि ऐसे क्षणों में ही उनके सच्चे चरित्र की परख होती है।

जब भी कभी आप अपने जीवन में दबाव और तनाव के स्तरों को ऊपर उठता पाएँ, तब आपको ख़ुद पर सावधान निगाह रखनी चाहिए। ऐसे किन्हीं भी संकेतों पर निगाह रखनी चाहिए, जो असामान्य भंगुरता या संवेदनशीलता, आकस्मिक सन्देहों, और परिस्थितियों के विषमानुपात में पैदा भय की ओर इशारा करते हों। अकेले होने के लिए समय और स्थान की खोज कर जितनी मुमकिन हो, उतनी निस्संगता के साथ इन्हें देखें।

### *भड़काने वाले व्यक्ति*

दुनिया में ऐसे लोग हैं, जो अपने स्वभाव से ही हर मिलने वाले व्यक्ति में प्रबल भावनाएँ जगाते हैं। इन भावनाओं में प्रेम, घृणा, आत्मविश्वास, और अविश्वास की पराकाष्ठाएँ शामिल होती हैं।

ये भड़काऊ लोग सिर्फ़ आपको ही नहीं, बल्कि दूसरों को भी किस तरह प्रभावित करते हैं, इसे पहचान लेना अच्छा है। कोई भी व्यक्ति इनसे उदासीन नहीं रह सकता। इनकी उपस्थिति में लोग तर्क करने या उनसे कोई दूरी बनाए रखने में ख़ुद को अक्षम पाते हैं। वे आपको विवश करते हैं कि जब वे उपस्थित नहीं हों, तब भी आप लगातार उनके बारे में सोचते रहें। उनमें एक ख़ब्त का गुण होता है और वे आपको एक अन्धभक्त या कट्टर शत्रु के रूप में अतिवादी कर्म करने को बाध्य कर सकते हैं। परिदृश्य के – आकर्षण या विकर्षण के – किसी भी सिरे पर आप अविवेकशीलता की ओर प्रवृत्त होंगे और आपको दूरी बनाने की बेतहाशा ज़रूरत होगी। अच्छी युक्ति यह है कि आप उनके उस पहलू का देखें जो वे आपके सामने पेश करते हैं। वे अनिवार्यत: एक असामान्य रूप से प्रभावशाली छवि प्रस्तुत करने की कोशिश करते हैं; लेकिन दरअसल उनमें मनुष्य की सारी कमज़ोरियाँ होती हैं, वे पूरी तरह वैसी ही आशंकाओं और कमज़ोरियों के शिकार होते हैं, जो हम

सब में होती हैं। इन अत्यन्त मानवीय लक्षणों को पहचानने की और उनका मिथक भंग करने की कोशिश कीजिए।

### *समूह का प्रभाव*

यह *समूहपरक पूर्वाग्रह* की उत्कृष्ट क़िस्म है। जब हम पर्याप्त बड़े आकार के समूह में होते हैं, तो हम भिन्न रूप ले लेते हैं। सामूहिक खेल के किसी कार्यक्रम में, धार्मिक या राजनैतिक जमावड़े में ख़ुद को और दूसरों को लक्ष्य करने की कोशिश कीजिए। यह नामुमकिन है कि आप ख़ुद को सामूहिक भावनाओं में डूबा हुआ नहीं पाएँ।

सामूहिक भावनाओं का एक बहुत आनन्दित करने वाला, सकारात्मक पक्ष भी होता है। लेकिन अगर आप देखें कि अपील द्वेषपूर्ण भावनाओं, जैसे कि दूसरों के प्रति नफ़रत, उग्र देशभक्ति, आक्रामकता, या अतिरंजित विश्वदृष्टियों की है, तो ज़रूरी है कि आप उसके संक्रमण से अपना बचाव कर लें और उस शक्तिशाली आकर्षण को पहचान लें। सबसे अच्छा तो यही है कि आप अपनी तर्कशक्ति को क़ायम रखने के लिए समूहपरक स्थितियों से दूर रहने की कोशिश करें, या अगर उनमें शामिल होना ज़रूरी ही हो तो अधिकतम सन्देह के भाव के साथ ही उनमें शामिल हों।

मानव स्वभाव की अविवेकशीलता के बारे में एक अन्तिम बात : इस तरह का ख़याल मन से निकाल दें कि अतिवादी क़िस्म के अविवेक पर प्रगति और ज्ञानोदय के सहारे विजय पायी जा चुकी है। हम देखते हैं कि समूचे इतिहास के दौरान अविवेक के उत्थान और पतन का चक्र जारी रहा है। अविवेक केवल अपनी शक्ल और सज-धज को बदलता रहता है।

जब तक मनुष्य हैं, अविवेक को अपना स्वर और अपने प्रसार के साधन मिलते रहेंगे। विवेकशीलता एक ऐसी चीज़ है,

जिसे व्यक्तियों को अर्जित करना होता है, वह जन-आन्दोलनों या प्रौद्योगिकीय प्रगति से नहीं आती। ख़ुद को श्रेष्ठ और उससे ऊपर महसूस करना, इस बात का निश्चित संकेत है कि अविवेक क्रियाशील है।

## तीसरा क़दम : विवेकशील स्वत्व को प्रकट करने की युक्तियाँ

हमारी सुस्पष्ट अविवेकपूर्ण प्रवृत्तियों के बावजूद, दो तथ्य ऐसे हैं, जो हमें निश्चित रूप से सारी उम्मीद बँधाते हैं। इनमें पहला और सर्वोपरि तथ्य समूचे इतिहास और तमाम संस्कृतियों के दौरान अत्यन्त विवेकशील लोगों की मौजूदगी का है, ऐसे लोगों की मौजूदगी जिन्होंने प्रगति को सम्भव किया है। इस तरह के लोगों में कुछ लक्षण समान होते हैं - अपना और अपनी कमज़ोरियों का यथार्थसम्मत मूल्यांकन; सत्य और यथार्थ के प्रति समर्पण; लोगों के प्रति सहिष्णुता की प्रवृत्ति; और अपने लिए निर्धारित किए गए लक्ष्यों तक पहुँचने की क़ाबिलियत।

दूसरा तथ्य यह है कि लगभग हम सभी ने अपनी ज़िन्दगी के किसी-न-किसी मुकाम पर उच्चतर विवेक के क्षणों को अनुभव किया होता है। यह अक्सर उस चीज़ के साथ आता है, जिसे हम रचयिता की दिमाग़ी बनावट कहेंगे। हमारे सामने एक कार्य-योजना है, जिसे पूरा किया जाना है, जिसकी शायद एक समय-सीमा है। हम केवल एक ही भाव व्यक्त कर सकते हैं और वह है उत्तेजना और ऊर्जा का भाव। दूसरे भावों पर एकाग्र होना असम्भव होता है। चूँकि हमें नतीजों की दरकार होती है, हम असामान्य रूप से व्यावहारिक हो जाते हैं। हम काम पर ध्यान केन्द्रित करते हैं - हमारा दिमाग़ शान्त होता है, हमारा अहं दख़लन्दाज़ी नहीं करता।

अगर लोग व्यवधान डालने या हमें भावनाओं से प्रभावित करने की कोशिश करते हैं, हम उस पर असन्तोष जताते हैं। ये पल – कुछ हफ़्तों या कुछ घण्टों जैसे अस्थायी ये पल – उस विवेकशील स्वत्व को उजागर करते हैं, जो बाहर आने की प्रतीक्षा कर रहा होता है। उसके लिए सिर्फ़ कुछ सजगता की और कुछ अभ्यास की ज़रूरत होती है।

इस विवेकशील स्वत्व को बाहर लाने में मदद के लिए नीचे अंकित युक्तियाँ तैयार की गयी हैं :

**ख़ुद को पूरी तरह जानिए :** भावनात्मक स्वत्व अज्ञान पर फलता-फूलता है। जिस क्षण आप उसके काम करने और आप पर वर्चस्व स्थापित करने के ढंग के प्रति सजग हो उठते हैं, उसी क्षण आप पर उसकी पकड़ ढीली पड़ जाती है और उसे अपने वश में किया जा सकता है। इसलिए विवेक की दिशा में आपका पहला क़दम अन्दर की दिशा में होता है। आपको इस पर विचार करना चाहिए कि आप तनाव की अवस्था में किस तरह काम करते हैं। अपने फ़ैसलों को देखिए, अपनी क्षमता की जाँच कीजिए, और पहचानिए कि वह क्या चीज़ है, जो आपको दूसरे लोगों से भिन्न बनाती है।

**अपनी भावनाओं का उनकी जड़ों तक जाकर परीक्षण कीजिए :** आप गुस्से में हैं। इस अनुभूति को अन्दर से स्थिर होने दीजिए, और उसके बारे में सोचिए। क्या यह गुस्सा किसी मामूली या तुच्छ-सी बात पर पैदा हुआ था? यह इस बात का पक्का संकेत है कि उसके पीछे कोई चीज़ या कोई व्यक्ति है। किन्हीं भी संवेदनशील परिस्थितियों की गहराई में जाइए ताकि आप यह जान सकें कि उनकी शुरुआत कहाँ से हुई थी। इस निमित्त, यह अक़्लमन्दी हो सकती है कि आप डायरी का इस्तेमाल करें, जिसमें

आप निर्मम वस्तुपरकता के साथ अपने आत्ममूल्यांकन को दर्ज़ कर सकें। कोई ऐसी तटस्थ जगह खोजिए जहाँ से आप, किंचित निस्संगता और मुमकिन हो तो किंचित विनोदपूर्ण ढंग से, अपनी गतिविधियों पर बारीक़ नज़र रख सकें।

**अपनी प्रतिक्रिया के समय को बढ़ाइए। यह शक्ति अभ्यास और दोहराव से आती है :** आपको ख़ुद को कुछ इस तरह प्रशिक्षित करना चाहिए कि जब कोई घटना या अन्तर्क्रिया प्रतिक्रिया की माँग करे, तो आप अपने क़दम पीछे की ओर हटा सकें। इसका मतलब यह हो सकता है कि आप ख़ुद को शारीरिक रूप से एक ऐसी जगह हटा सकें जहाँ आप अकेले हो सकें और जहाँ आप प्रतिक्रिया करने के लिए कोई दबाव अनुभव नहीं करें। या इसका मतलब यह भी हो सकता है कि आप गुस्से से भरा ईमेल लिखें, लेकिन उसे भेजें नहीं। आप जितना ही ज़्यादा समय ले सकें उतना ही बेहतर होगा, क्योंकि परिप्रेक्ष्य समय गुज़रने के साथ आता है।

**लोगों को तथ्यों की तरह स्वीकार करें :** लोगों के साथ परस्पर व्यवहार भावनात्मक उथल-पुथल का सबसे बड़ा स्रोत है, लेकिन इसका उस तरह होना ज़रूरी नहीं है। समस्या यह है कि हम निरन्तर लोगों को परख़ते रहते हैं, इस आकांक्षा के साथ कि काश! वे वह होते जो वे नहीं हैं। हम उन्हें बदलना चाहते हैं। और क्योंकि यह मुमकिन नहीं है, क्योंकि हर व्यक्ति भिन्न है, हम निरन्तर कुण्ठित और परेशान बने रहते हैं। इसकी बजाय, दूसरे लोगों को चीज़ों की तरह देखिए, उस तरह की भाव-शून्य चीज़ों की तरह जैसे धूमकेतु या ग्रह होते हैं। उनका अस्तित्व भर होता है। उनका प्रतिरोध करने या उन्हें बदलने की बजाय, वे आपको जो भी देते हैं, उससे काम चलाइए। लोगों को समझने को एक मज़ेदार खेल बनाइए, जैसे आप कोई पहेली हल कर रहे हों। यह मानवीय कॉमेडी का हिस्सा है।

**चिन्तन और भावना के बीच सर्वोत्तम सन्तुलन खोजें :** सन्देह और जिज्ञासा के बीच एक सही सन्तुलन क़ायम रखने की कोशिश करें। इस तरह आप अपने और दूसरों के जोश के प्रति शंकालु होते हैं। आप लोगों की कैफ़ियतों को और "सबूतों" के उनके इस्तेमाल को उनके प्रत्यक्ष मूल्य पर स्वीकार नहीं करें। आप उनके कृत्यों के परिणामों को देखें, ना कि उसे जो वे अपनी प्रेरणाओं के बारे में कहते हैं। लेकिन यदि आप इसे अति के स्तर तक ले जाते हैं, तो आपका दिमाग़ असामान्य विचारों के प्रति, उत्तेजक अनुमानों के प्रति, स्वयं जिज्ञासा के प्रति कुन्द हो जाएगा। आपको अपने मन के उस लचीलेपन को बनाए रखना ज़रूरी है, जो आपके बचपन में था। एक ओर आपको हर चीज़ में रुचि रखना ज़रूरी है, वहीं दूसरी ओर सारे विचारों और विश्वासों को जाँचने-परख़ने की सख़्त ज़रूरत को बरकरार रखना भी ज़रूरी है।

**विवेकशीलता से प्रेम करें :** यह महत्त्वपूर्ण है कि आप विवेक के मार्ग को किसी तकलीफ़देह और तपस्या जैसे मार्ग की तरह नहीं देखें। दरअसल, यह ऐसी शक्तियाँ उत्पन्न करता है, जो अपरिमित रूप से सन्तोषप्रद और आनन्ददायी होती हैं, उस उन्मादपूर्ण आनन्द से कहीं ज़्यादा प्रगाढ़ आनन्द देने वाली जो दुनिया हमें उपलब्ध कराने की कोशिश करती है। अगर हम भावनात्मक स्वत्व को वश में करने में सक्षम होते हैं, तो हम सम्पूर्ण प्रशान्ति और प्रांजलता की ओर बढ़ सकते हैं। आपको एक गहरे अर्थ में आत्मसंयम का अपरिमित सन्तोष प्राप्त होता है।

> "अपनी अनुभूतियों पर भरोसा कीजिए!" लेकिन अनुभूतियाँ अन्तिम और मौलिक क़तई नहीं हैं; अनुभूतियों के पीछे वे फ़ैसले और मूल्यांकन होते हैं, जिन्हें हम... रुचियों और विरक्तियों के रूप में विरासत में प्राप्त करते

हैं। अनुभूति से जन्मी उत्प्रेरणा फ़ैसले की – और अक्सर ग़लत फ़ैसले की! – पोती है और किसी भी सूरत में आपकी अपनी बेटी नहीं है! अपनी अनुभूतियों पर भरोसा करने का मतलब है – अपने दादा या दादी और उनके भी दादा–दादी के प्रति अतिरिक्त सम्मान प्रदर्शित करना, बजाय उन देवताओं के जो हमारे भीतर मौजूद हैं : हमारा विवेक और अनुभव।

*–फ़्रेड्रिक नीत्शे*

# 2

# आत्ममोह को सहानुभूति में रूपान्तरित कीजिए

## *आत्ममोह का नियम*

*हम सभी के पास लोगों से जुड़ने और सामाजिक शक्ति हासिल करने का सबसे महत्त्वपूर्ण औज़ार है - सहानुभूति। जब उसे विकसित किया जाता है और उपयोग में लाया जाता है, तो उससे हमें दूसरों की मन:स्थितियों और दिमाग़ में झाँककर देखने की गुंजाइश मिलती है, और हमें लोगों के कृत्यों का पूर्वानुमान करने तथा उनके प्रतिरोध को शिष्टतापूर्वक कम करने की शक्ति मिल जाती है। लेकिन, यह उपकरण हमारी आदतन आत्मलीनता के हाथों भोथरा हो जाता है। हम सभी नार्सिसिस्ट (आत्ममोह के शिकार) हैं, कुछ ज़्यादा गहराई में कुछ कम गहराई में। हमारे जीवन का लक्ष्य इस आत्ममोह से निपटने का और यह सीखने का है कि किस तरह हम अपनी संवेदना को अन्दर की ओर मोड़ने की बजाय बाहर की ओर, दूसरों की ओर मोड़ें। इसी के साथ-साथ, इसके पहले कि हम अपने बीच मौजूद आत्ममोह से ग्रस्त लोगों के नाटकों में उलझें और उनकी ईर्ष्या के ज़हर के शिकार हों, हमें उनको पहचान लेना चाहिए।*

## आत्ममोहपरक वर्ण-पट

अपने पैदा होने के क्षण से हम इन्सान ध्यान दिए जाने की ऐसी ज़रूरत महसूस करते हैं, जिसका कभी अन्त नहीं होता। हम अत्यन्त सामाजिक प्राणी हैं। हमारे जीवित बने रहने की सम्भावना और हमारा सुख दूसरों के साथ बनाए गए हमारे रिश्तों पर निर्भर करता है। अगर लोग हमारी तरफ़ ध्यान नहीं देते, तो हम उनके साथ किसी भी स्तर पर जुड़ नहीं सकते। इसमें से कुछ तो विशुद्ध भौतिक है - हम ख़ुद को जीवित महसूस कर सकें इसके लिए हमें ऐसे लोगों की अनिवार्य ज़रूरत होती है, जो हमारी ओर ध्यान दें। जिन लोगों ने लम्बे-लम्बे समय के लिए अलगाव को भोगा है, वे इस बात की ताईद कर सकते हैं कि आँख-से-आँख के सम्पर्क के बिना हम अपने वजूद पर ही सन्देह करने लग जाते हैं और गहरे अवसाद की अवस्था में पहुँच जाते हैं। लेकिन यह ज़रूरत गहरे स्तर पर मानसिक भी होती है : दूसरों द्वारा ध्यान दिए जाने से हमें अहसास होता है कि हमारी वास्तविकता को पहचाना और स्वीकारा जा रहा है। यह अहसास कि हमारा अपना भी कोई मूल्य है, इस पर निर्भर करता है। चूँकि यह चीज़ मानव-प्राणी के लिए बहुत महत्त्वपूर्ण होती है, लोग अपनी ओर ध्यान आकर्षित करने के लिए कुछ भी करने को तैयार होते हैं, जिसमें अपराध करना या आत्महत्या की कोशिश करना तक शामिल होता है। आप किसी भी कृत्य के पीछे झाँककर देखिए, आप इस ज़रूरत को प्राथमिक उत्प्रेरणा के रूप में पाएँगे।

लेकिन ध्यानाकर्षण की भूख मिटाने की कोशिश में, हम एक अपरिहार्य समस्या का सामना करते हैं : उसकी मात्रा बहुत कम होती है। परिवार में, हमें अपने भाई-बहनों के साथ स्पर्धा करनी होती है; स्कूल में सहपाठियों से; जहाँ हम काम करते हैं, वहाँ साथ काम करने वालों से। जिन पलों में हम पहचाने और स्वीकारे जा रहे होते हैं, वे क्षणभंगुर होते हैं। लोग सामान्य तौर पर हमारी नियति

के प्रति उदासीन हो सकते हैं, क्योंकि उनकी अपनी समस्याएँ होती हैं, जिनसे उन्हें निपटना होता है। यहाँ तक कि कुछ ऐसे भी लोग होते हैं, जो हमारे प्रति वैमनस्य और अनादर का भाव रखते हैं। हम उन पलों से कैसे निपटें जब हम मानसिक तौर पर अकेला, या तज दिया गया तक महसूस करते हैं? हम ध्यान खींचने और लक्ष्य किए जाने के लिए अपनी कोशिशों को दोगुना कर सकते हैं, लेकिन इससे हमारी ऊर्जा समाप्त हो जा सकती है और इसका अक्सर उल्टा असर हो सकता है – जो लोग बहुत ज़्यादा कोशिश करते हैं, वे हताश लगने लगते हैं और लोगों का जो ध्यान वे आकर्षित करना चाहते हैं, उसे विकर्षित करने लगते हैं। सीधी-सी बात है कि हम प्रमाण-पत्र पाने के लिए दूसरों पर निर्भर नहीं कर सकते, और तब भी हम उसके लिए लालायित रहते हैं।

इस कशमकश का बचपन से ही सामना करते हुए, हममें से ज़्यादातर लोग एक ऐसा हल निकाल लेते हैं, जो ख़ासा कारगर होता है : हम एक स्वत्व (सेल्फ़) रच लेते हैं, अपनी एक ऐसी छवि जो हमें तसल्ली देती है और जिसकी वजह से हम *अन्दर से* ऐसा महसूस करते हैं कि हमारी अहमियत को समझ लिया गया है। यह स्वत्व हमारी अभिरुचियों से, हमारी धारणाओं से, दुनिया के बारे में हमारे नज़रिए से, और उन चीज़ों से मिलकर बना होता है, जिन्हें हम मूल्यवान मानते हैं। इस आत्म-छवि को गढ़ने की प्रक्रिया में, हम अपने सकारात्मक गुणों पर ज़ोर देते हैं और अपने अवगुणों को झुठलाते हैं। हम इस दिशा में बहुत दूर तक नहीं जा सकते, क्योंकि अगर हमारी आत्म-छवि वास्तविकता से बहुत ज़्यादा असम्बद्ध होगी, तो दूसरे लोग इस विसंगति की ओर हमारा ध्यान खींचेंगे और हमें ख़ुद पर सन्देह होने लगेगा। लेकिन अगर यह काम ठीक-से किया गया होता है, तो हमारे पास एक ऐसा स्वत्व होता है, जिससे हम प्रेम करते हैं और सँजोकर रखते हैं। हमारी ऊर्जा अन्तर्मुखी

हो जाती है। *हम* अपने ही ध्यान के केन्द्र में आ जाते हैं। जब हम अपने अकेलेपन के अपरिहार्य क्षणों को अनुभव करते हैं या जब हम महसूस करते हैं कि हमारे सद्गुणों को सराहा नहीं जा रहा है, तो हम इस स्वत्व में सिमट जा सकते हैं और आत्म-प्रशंसा में लीन हो जा सकते हैं। अगर हमारे जीवन में सन्देह और अवसाद के पल आते हैं, तो हमारा आत्ममोह हमें ऊपर उठा देता है, हमें अपने मूल्य का और दूसरों से श्रेष्ठ होने तक का अहसास कराती है। यह आत्म-छवि थर्मोस्टेट का काम करती हुई हमारे सन्देहों और असुरक्षाओं को नियन्त्रित करने में हमारी मदद करती है। अब हम ध्यान और मान्यता के लिए पूरी तरह दूसरों पर निर्भर नहीं रह जाते। हमारे पास *आत्म-सम्मान* होता है।

यह विचार अजीब लग सकता है। हम सामान्यत: इस आत्म-छवि की ओर ध्यान नहीं देते, जैसे हम उस हवा की ओर ध्यान नहीं देते जिसमें हम साँस लेते हैं। यह व्यापक तौर पर अचेतन स्तर पर काम करती है। हम इस थर्मोस्टेट को काम करते हुए देखते नहीं या महसूस नहीं करते। इसके काम करने के ढंग को स्पष्ट तौर पर देखने का सबसे अच्छा तरीक़ा उन लोगों को ग़ौर से देखना है, जिनमें स्वत्व के सुसंगत बोध का अभाव होता है – ऐसे लोग जिन्हें हम *गहन आत्ममोह-ग्रस्त* कहेंगे।

अतिआत्ममोह-ग्रस्त लोगों को आप नीचे अंकित आचरणों से पहचान सकते हैं : अगर उन्हें कभी भी अपमानित किया जाता है या चुनौती दी जाती है, तो उनके पास कोई बचाव नहीं होता, उनके पास आन्तरिक तौर पर ऐसा कुछ नहीं होता जो उन्हें तसल्ली दे सके या उनके महत्त्व को प्रमाणित कर सके। वे सामान्यत: ज़बरदस्त रोष प्रकट करते हुए प्रतिक्रिया करते हैं, वे पूरी तरह से पुण्य आत्मापन के भाव के साथ बदले की भावना से भर उठते हैं। यह अपनी असुरक्षा की भावना को शान्त करने का उनके पास एकमात्र तरीक़ा

होता है। इस तरह के संघर्षों की स्थितियों में वे ख़ुद को घायल शिकार की तरह पेश करेंगे, और इस तरह दूसरों को भ्रमित करेंगे, यहाँ तक कि दूसरों की सहानुभूति भी बटोर लेंगे। वे चिड़चिड़े और अतिसंवेदनशील होते हैं। वे लगभग हर बात को दिल पर ले लेते हैं। उन्हें लगता है कि दूसरे लोग उन्हें नुक़सान पहुँचाना चाहते हैं और उन्हें हर तरफ़ अपने दुश्मन दिखायी देते हैं। आप जब भी कभी उनसे किसी ऐसी चीज़ के बारे में बात करें जो किसी-न-किसी रूप में उन्हें प्रत्यक्ष तौर पर शामिल नहीं करती हो, आप उनके चेहरे पर अधैर्य का भाव देखेंगे या पाएँगे कि वे कुछ और सोच रहे हैं। वे तुरन्त ही बातचीत को मोड़ लेते हैं, और उसके पीछे छिपी अपनी असुरक्षा से ध्यान भटकाने के लिए कोई क़िस्सा सुनाने लगते हैं। अगर उन्हें लगता है कि जो ध्यान उनकी तरफ़ दिया जाना चाहिए, वह किन्हीं दूसरे लोगों की तरफ़ दिया जा रहा है तो उन्हें ईर्ष्या का दौरा पड़ सकता है। वे बार-बार अतिशय आत्मविश्वास का प्रदर्शन करते हैं। इससे हमेशा ध्यान खींचने में मदद मिलती है, और वह उनके अन्दरूनी खोखलेपन और उनके स्वत्व के खण्डित बोध को अच्छी तरह ढँक देता है। लेकिन अगर इस आत्मविश्वास की कभी सचमुच परीक्षा ली जाती है, तो सावधान रहें।

हम आत्ममोह को अपनी आत्म-तल्लीनता के स्तर को मापने के एक तरीक़े के रूप में देखें, मानो वह ऊपर से नीचे तक एक मापने योग्य पैमाने पर अवस्थित हो। एक निश्चित गहराई पर, कह लें पैमाने के बीच के हिस्से से नीचे, लोग गहन आत्ममोह-ग्रस्तता के क्षेत्र में प्रवेश करते हैं। जैसे ही वे इस गहराई तक पहुँचते हैं, उन्हें वापस ऊपर की ओर उठना बहुत मुश्किल हो जाता है, क्योंकि उनके पास आत्म-सम्मान की युक्ति नहीं होती। गहन आत्ममोह-ग्रस्त व्यक्ति पूरी तरह आत्म-तल्लीन हो जाते हैं, लगभग हमेशा पैमाने के सबसे निचले स्तर पर। अगर कभी पल

भर के लिए वे दूसरों से मिलते-जुलते भी हैं, तो कोई टिप्पणी या हरक़त उनकी असुरक्षा को भड़का देगी और वे वापस भड़भड़ाकर नीचे चले जाएँगे। लेकिन ज़्यादातर वे समय गुज़रने के साथ अपने ही भीतर उत्तरोत्तर गहरे डूबते जाते हैं। दूसरे लोग साधन हैं। वास्तविकता महज़ उनकी ज़रूरतों का प्रतिबिम्ब है। उनके जीवित बने रहने का एकमात्र उपाय यह है कि उनकी तरफ़ निरन्तर ध्यान दिया जाए।

बीच के निशान के ऊपर वह होता है, जिसे हम *व्यावहारिक आत्ममोह-ग्रस्त* कहेंगे, जहाँ हममें से ज़्यादातर लोग रहते हैं। हम भी अपने में डूबे होते हैं, लेकिन स्वत्व का सुसंगत बोध हमें अपने भीतर गहराई में गिरने से रोकता है, जिस पर हम भरोसा कर सकते हैं और जिसे प्रेम कर सकते हैं। यह चीज़ एक आन्तरिक लचीलेपन की रचना करती है। हमारे जीवन में, ख़ास तौर से उस वक़्त जब हम अवसादग्रस्त होते हैं या चुनौतियों का सामना कर रहे होते हैं, तब गहन नार्सिसिज़्म के पल आ सकते हैं, जो सबसे निचले स्तर पर झिलमिला रहे होते हैं, लेकिन हम अपरिहार्य रूप से ख़ुद को ऊपर उठा लेते हैं। चूँकि व्यावहारिक आत्ममोह-ग्रस्त व्यक्ति निरन्तर असुरक्षित या आहत महसूस नहीं करते, ना ही वे हमेशा इसकी तलाश में रहते हैं कि उनकी तरफ़ ध्यान दिया जाए, इसीलिए वे अपना ध्यान बाहर की ओर, अपने काम की ओर और लोगों के साथ सम्बन्ध बनाने की ओर मोड़ सकते हैं।

मानव-स्वभाव के एक अध्ययनकर्ता के रूप में हमारा उद्यम तिहरा है। सबसे पहले, हमें गहन आत्ममोह-ग्रस्त नामक चीज़ को पूरी तरह समझ लेना चाहिए। हालाँकि उनकी संख्या कम है, तब भी उनमें से कुछ दुनिया को असामान्य क्षति पहुँचा सकते हैं। हमें ऐसे विषाक्त क़िस्म के लोगों की पहचान होनी चाहिए, जो भावनाओं को भड़काते हैं और हमें ऐसी वस्तुओं में बदल देते हैं,

जिनका वे अपने हित में इस्तेमाल कर सकें। वे हमें असामान्य ऊर्जा के साथ अपने भीतर घसीट सकते हैं, लेकिन अगर हम उलझ जाते हैं, तो हमारा बाहर निकलना एक दु:स्वप्न हो सकता है। वे पाँसा पलटने में और दूसरों को अपराध के अहसास से भर देने में माहिर होते हैं। आत्ममोह-ग्रस्त लीडर सबसे ज़्यादा ख़तरनाक होते हैं, और हमें उनके आकर्षण का भरसक प्रतिरोध करना चाहिए और उनकी दिखावटी रचनात्मकता के आर-पार देख सकना चाहिए। अपने जीवन में गहन नार्सिसिस्टों से कैसे निपटा जाए, यह जानना हम सबके लिए एक महत्त्वपूर्ण कला है।

दूसरे, हमें अपने स्वभाव के प्रति ईमानदार होना चाहिए और उससे इंकार नहीं करना चाहिए। हम सब आत्ममोह-ग्रस्त हैं। बातचीत के दौरान हम सब बात करने के लिए, अपना क़िस्सा सुनाने के लिए, अपनी राय देने के लिए उतावले होते हैं। हमें ऐसे लोग अच्छे लगते हैं, जो हमारे समान विचार रखते हैं – वे हमारी सुरुचियों को प्रतिबिम्बित करते हैं। अगर हम निश्चयात्मक होते हैं, तो निश्चयात्मकता को हम एक अच्छे गुण की तरह देखते हैं, क्योंकि वह हमारा गुण होता है, जबकि दूसरे, ज़्यादा संकोची लोग, उसे बुरा लक्षण मानेंगे और अन्तरावलोकन के गुणों को महत्त्व देंगे। अपने स्व-मोह की वजह से हम सभी को चापलूसी पसन्द आती है। नैतिकता का उपदेश देने वाले जो लोग ख़ुद को अलगाने की कोशिश और आत्ममोह-ग्रस्त लोगों की निन्दा करते हैं, वे अक्सर सबसे ज़्यादा आत्ममोह-ग्रस्त होते हैं – जब वे अँगुलियाँ उठाते हुए उपदेश देते हैं, तो उन्हें अपनी आवाज़ से प्रेम होता है। *हम सब आत्मलीनता के वर्णपट पर हैं।* ऐसे स्वत्व को रचना जिसे हम प्रेम कर सकें, एक अच्छी बात है, और इस पर कोई लांछन नहीं लगाया जाना चाहिए। जब तक हम अन्दर से आत्म-सम्मान महसूस नहीं करेंगे, हम गहन आत्ममोह के शिकार होते रहेंगे। लेकिन

व्यावहारिक आत्ममोह से परे जाने के लिए, जो कि हमारा लक्ष्य होना चाहिए, हमें सबसे पहले स्वयं के प्रति ईमानदार होना अनिवार्य है। अगर हम अपने आत्मलीन स्वभाव को नकारने की कोशिश करेंगे, अगर हम इस तरह का ढोंग करने की कोशिश करेंगे कि हम दूसरों के मुक़ाबले में ज़्यादा परोपकारी हैं, तो हमें ख़ुद को बदल पाना असम्भव हो जाएगा।

तीसरे और सबसे महत्त्वपूर्ण, हमें *स्वस्थ आत्ममोह ग्रस्त* व्यक्ति में रूपान्तरित होने की शुरुआत करनी चाहिए। स्वस्थ आत्ममोह-ग्रस्त व्यक्ति में स्वत्व का अधिक मज़बूत, अधिक लचीला बोध होता है। वे पैमाने के शीर्ष के क़रीब होने की कोशिश करते हैं। उनके अपमान के कैसे भी घाव ज़्यादा जल्दी भर जाते हैं। उन्हें दूसरों के प्रमाण-पत्र की उतनी ज़रूरत नहीं होती। जीवन के किसी मुकाम पर उन्हें यह बात समझ में आ जाती है कि उनकी अपनी सीमाएँ और कमियाँ हैं। वे इन कमियों पर हँस सकते हैं और अगर कोई उनकी ओर इशारा करता है, तो अपमानित महसूस नहीं करते। वे कई मायनों में, अपनी सम्पूर्ण तसवीर को स्वीकार करते हुए, अपने आत्ममोह को अधिक वास्तविक और पूर्ण बनाते हैं। इस मज़बूत आन्तरिक स्थल से, वे अपना ध्यान सामान्यत: और ज़्यादा आसानी-से बाहर की दिशा में मोड़ सकते हैं। यह ध्यान दो में से एक दिशा में और कभी-कभी दोनों दिशाओं में जाता है। सबसे पहले तो वे अपना ध्यान और प्रेम अपने काम पर केन्द्रित करने में सक्षम होते हैं, और इस तरह महान कलाकार, सर्जक और आविष्कारक बनते हैं। चूँकि काम पर उनका ध्यान अधिक एकाग्र होता है, इसलिए वे अपने उद्यमों में सफल होने की ओर प्रवृत्त होते हैं, जिससे उनकी ओर लोगों का ध्यान जाता है और उन्हें प्रामाणिकता मिलती है। उनके जीवन में संशय और असुरक्षा-बोध के क्षण आ सकते हैं, और कलाकार अन्दर से बुरी तरह नाज़ुक हो

सकते हैं, लेकिन उनका काम उन्हें उनकी आत्मलीनता से निरन्तर मुक्त करता रहता है।

स्वस्थ आत्ममोह-ग्रस्त व्यक्ति जो दूसरी दिशा अख़्तियार करते हैं, वह लोगों के प्रति सहानुभूति की होती है। सहानुभूति की एक ऐसे क्षेत्र के रूप में कल्पना करें, जो पैमाने के एकदम ऊपरी सिरे पर और उससे परे फैला होता है - यानी पूरी तरह दूसरों में डूब जाना। हम मनुष्य स्वभावतः ही लोगों को अच्छी तरह समझने की ज़बरदस्त क़ाबिलियत रखते हैं। अपने जीवन के शुरुआती वर्षों में हम अपनी माँ से पूरी तरह जुड़ा हुआ महसूस करते हैं, और उसकी हर मन:स्थिति को महसूस कर सकते हैं और अक्षर-ज्ञान के बिना उसके हर भाव को पढ़ सकते हैं। किसी भी दूसरे वानर-प्राणी से भिन्न, हम में इस क्षमता को अपनी माँ से आगे हमारी देखरेख करने वाले अपने आस-पास के दूसरे लोगों तक विस्तार देने की भी योग्यता होती है।

यह सहानुभूति का वह भौतिक रूप है, जो हम अपने दोस्तों, जीवन-साथी या पति/पत्नी के प्रति महसूस करते हैं। हममें दूसरों का नज़रिया अपनाने की, उनके सोचने के ढंग को अपनाने की भी कुदरती क़ाबिलियत होती है। ये शक्तियाँ हमारी आत्मलीनता की वजह से सुप्त पड़ी रहती हैं। लेकिन हमारी उम्र के तीसरे दशक में और उसके बाद, अपने बारे में अधिक आत्मविश्वास अनुभव करते हुए, हम बाहर की ओर, लोगों पर, ध्यान केन्द्रित करना शुरू कर सकते हैं, और इन शक्तियों को पुनराविष्कृत कर सकते हैं। जो लोग इस सहानुभूति का व्यवहार करते हैं, वे कला या विज्ञान के क्षेत्रों के श्रेष्ठ सामाजिक पर्यवेक्षक, और आला दर्ज़े के चिकित्सक, और लीडर बन जाते हैं।

हमारे मस्तिष्क निरन्तर सामाजिक परस्पर-क्रिया के लिए रचे गए थे; मुख्यतः इस परस्पर-क्रिया के पेचीदगी की वजह से एक

प्रजाति के रूप में हमारी बुद्धिमत्ता का ज़बरदस्त विकास हुआ। एक ख़ास बिन्दु पर, अगर हम दूसरों के साथ कम अन्तर्क्रिया करते हैं, तो हमारे मस्तिष्क पर इसका स्पष्ट तौर पर नकारात्मक प्रभाव पड़ता है और हमारी सामाजिक क्षमताएँ क्षीण हो जाती हैं। यह स्थिति तब और भी बदतर हो जाती है, जब हमारी संस्कृति व्यक्ति और वैयक्तिक अधिकारों पर ज़ोर देने की ओर प्रवृत्त होती है, और इस तरह अधिक आत्मलीनता को प्रोत्साहित करती है। हमें काफ़ी तादाद में ऐसे लोग मिलते हैं, जो इस बात की कल्पना नहीं कर पाते कि लोगों के नज़रिए अलग-अलग होते हैं, और यह कि हम अपनी आकांक्षाओं और विचारों में बिलकुल एक-जैसे नहीं हैं।

आपको इन चीज़ों के विरुद्ध सहानुभूतिपरक ऊर्जा उत्पन्न करनी चाहिए। वर्णपट के दोनों तरफ़ उसकी ख़ास गति होती है। गहन आत्ममोह-ग्रस्तता आपको गहरे डुबाने की ओर प्रवृत्त होती है, क्योंकि यथार्थ के साथ आपका रिश्ता कम होता जाता है और आप अपने काम या अपने सम्बन्धों को विकसित करने में अक्षम हो जाते हैं। सहानुभूति इससे उल्टा काम करती है। जैसे-जैसे आप अपना ध्यान उत्तरोत्तर बाहर की ओर मोड़ते जाते हैं, आपको सकारात्मक प्रतिक्रिया मिलती जाती है। लोग ज़्यादा-से-ज़्यादा आपके आस-पास रहना चाहते हैं। आप अपनी सहानुभूतिपरक क्षमता को विकसित कर लेते हैं; आपके काम में सुधार आता है; आप कोई यत्न किए बिना लोगों का वह ध्यान आकर्षित करते हैं, जिस पर मनुष्य का विकास होता है। सहानुभूति अपनी ख़ुद की ऊर्ध्व, सकारात्मक गति उत्पन्न करती है।

नीचे अंकित चार चीज़ें सहानुभूतिपरक दक्षताओं में काम आती हैं।

**सहानुभूतिपरक रवैया :** सहानुभूति किसी भी चीज़ से ज़्यादा एक मानसिक अवस्था है, दूसरों से सम्बन्ध बनाने का एक अलग ढंग। जिस सबसे बड़े ख़तरे का सामना आप करते हैं, वह आपकी यह सामान्य धारणा है कि आप लोगों को वास्तव में समझते हैं और आप उनको फुर्ती-से परख़ कर उनकी कोटियाँ निर्धारित कर सकते हैं। इसकी बजाय, आपको इस धारणा के साथ शुरुआत करनी चाहिए कि आप अनभिज्ञ हैं और आपके भीतर ऐसे कुदरती पूर्वाग्रह मौजूद हैं, जिनकी वजह से आप लोगों को ग़लत ढंग से परख़ेंगे। आपके आसपास के लोग एक ऐसा मुखौटा धारण किए होते हैं, जो उनके ध्येय के अनुरूप बैठता है। आप उस मुखौटे को वास्तविक चेहरा समझ बैठते हैं। बिना सोचे-विचारे फ़ैसला देने की प्रवृत्ति छोड़िए। लोगों को एक नयी रोशनी में देखने के लिए अपना दिमाग़ खोलिए। यह मानकर मत चलिए कि आप उन्हीं जैसे हैं या उनके और आपके मूल्य एक-जैसे हैं। हर मिलने वाला व्यक्ति एक अज्ञात मुल्क है, जिसका एक अत्यन्त विशिष्ट मानसिक रसायन है, जिसे आपको सावधानी के साथ खोजना है। जो चीज़ आपके सामने प्रकट होने वाली है, वह आपको बेहद अचरज में डालने वाली है। यह लचीला, खुलेपन का भाव रचनात्मक ऊर्जा के जैसा होता है - ज़्यादा-से-ज़्यादा सम्भावनाओं और विकल्पों पर विचार करने की तत्परता। वस्तुतः अगर आप अपनी सहानुभूति को विकसित करेंगे, तो आपकी रचनात्मक शक्तियों में इज़ाफ़ा होगा।

**आन्तरिक सहानुभूति :** सहानुभूति भावनात्मक अनुकूलन का एक साधन है। दूसरे व्यक्ति के विचारों को पढ़ लेना या उनका पता लगा लेना हमारे लिए मुश्किल होता है, लेकिन भावनाएँ और मनःस्थितियाँ ज़्यादा आसानी-से पकड़ में आ जाती हैं। हम सभी में दूसरे व्यक्ति की भावनाओं को पकड़ने की प्रवृत्ति होती है। हमारे और दूसरे लोगों के बीच की भौतिक सरहदें उससे कहीं ज़्यादा भेद्य

होती हैं जितनी हम समझते हैं। लोग निरन्तर हमारी मन:स्थितियों को प्रभावित करते रहते हैं। आप यहाँ जो कर रहे हैं, वह इस शरीर क्रियात्मक प्रतिक्रिया को ज्ञान में बदल रहा है। लोगों की भाव-भंगिमाओं और आवाज़ के लहज़े से ज़ाहिर होती मन:स्थितियों पर गहराई से ध्यान दें। जब वे बात करते हैं, तो उसमें एक भाव होता है जो उनके कथन के साथ मेल खाता है या मेल नहीं खाता। यह लहज़ा आत्मविश्वास का, असुरक्षा का, बचाव का, आक्रामकता का, कुण्ठा का, उत्साह का हो सकता है। यह लहज़ा उनके स्वर में, उनकी भंगिमा में, उनकी मुद्रा में रूपायित होता है। हर मुलाक़ात में, आपको उनके कथन की ओर ध्यान देने से पहले इस लहज़े को पकड़ना चाहिए। यह उनके प्रति आपकी अपनी भौतिक प्रतिक्रिया में आपको भावनात्मक रूप से व्यक्त करेगी। अगर उनके कहने में कोई आत्मरक्षात्मक लहज़ा होगा, तो वह भी आपके भीतर उसी तरह की अनुभूति जगाएगा।

**विश्लेषणात्मक सहानुभूति :** आप अपने दोस्तों या जीवन-साथी को जिस वजह से बहुत गहराई से समझते हैं, वह यह है कि आपको उनकी अभिरुचियों, मूल्यों, और पारिवारिक पृष्ठभूमि के बारे में ढेर सारी जानकारी होती है। हम सबको इस बात का अनुभव है कि हम सोचते हैं कि हम किसी को जानते हैं, लेकिन समय के गुज़रने के साथ जब उसके बारे में हमें और ज़्यादा जानकारी उपलब्ध हो जाती है, तो हमें उस व्यक्ति के बारे में अपनी पहले की राय को बदलना पड़ता है। इसलिए, जहाँ भौतिक सहानुभूति बेहद शक्तिशाली होती है, उसमें पूरक के तौर पर विश्लेषणपरक सहानुभूति को जोड़ा जाना चाहिए। यह चीज़ ख़ास तौर से उन लोगों के सन्दर्भ में मददगार साबित हो सकती है, जिनके प्रति हम प्रतिकूलता महसूस करते हैं और जिनके साथ तादात्म्य स्थापित करने में हमें कठिनाई होती है -

या तो इसलिए कि वे हमसे बहुत भिन्न होते हैं या इसलिए कि उनमें कुछ ऐसा होता है, जो हमें विकर्षित करता है। इस तरह के मामलों में हम स्वाभाविक ही उन पर फ़ैसला देने और उनकी कोटियाँ निर्धारित करने का सहारा लेते हैं। ऐसे लोग हैं, जो इस उद्यम के लायक़ नहीं हैं – अत्यन्त मूर्ख या सच्चे मानसिक रोगी। लेकिन उन ज़्यादातर दूसरे लोगों के सन्दर्भ में जिन्हें समझना मुश्किल लगता है, हमें इसे एक अच्छी चुनौती की तरह और अपनी दक्षताओं में इज़ाफ़ा करने के ढंग के रूप में लेना चाहिए। जैसा कि अब्राहम लिंकन ने कहा था, "मैं उस आदमी को पसन्द नहीं करता। मुझे उसे और भी बेहतर ढंग से समझना ज़रूरी है।"

**सहानुभूतिपरक दक्षता :** किसी भी दूसरी चीज़ की तरह, सहानुभूतिशील होने के लिए एक प्रक्रिया से गुज़रना होता है। यह सुनिश्चित करने के लिए कि आप लोगों को गहरे स्तर पर समझने की दिशा में आगे बढ़ रहे हैं और अपनी दक्षता में इज़ाफ़ा कर रहे हैं, आपको फ़ीडबैक की ज़रूरत होती है। यह फ़ीडबैक दो में से किसी भी एक रूप में आ सकता है : प्रत्यक्ष और परोक्ष। प्रत्यक्ष रूप में, यह समझने के लिए कि आपने सही अनुमान लगाया था या नहीं, आप लोगों से उनके विचारों और अनुभवों के बारे में पूछते हैं। इसका विवेकपूर्ण और विश्वास के एक स्तर पर आधारित होना अनिवार्य है, लेकिन यह आपकी दक्षता का एक अत्यन्त सटीक पैमाना हो सकता है। फिर परोक्ष रूप है – आप एक बड़ा तालमेल महसूस करते हैं और यह भी अनुभव करते हैं कि किस तरह कुछ ख़ास क़िस्म की तकनीकें आपके लिए कारगर रहीं।

> सराहना हासिल करने की लालसा मानव-स्वभाव का सबसे गहरा सिद्धान्त है।
>
> *–विलियम जेम्स*

## आत्ममोह-ग्रस्त क़िस्म के लोगों के तीन उदाहरण

**सम्पूर्ण नियन्त्रणपरक आत्ममोह-ग्रस्त।** सम्पूर्ण नियन्त्रणपरक क़िस्म के आत्ममोह-ग्रस्तलोग जो सबसे बड़ी पहेली पेश करते हैं, वह यह है कि जो लोग बहुत गहन क़िस्म के आत्ममोह-ग्रस्त होते हैं वे, कैसे बहुत आकर्षक भी हो सकते हैं और कैसे वे अपने इस आकर्षण के माध्यम से प्रभाव हासिल कर लेते हैं। जब वे आत्ममोह से इतने ज़्यादा ग्रस्त होते हैं, तो फिर वे दूसरे लोगों के साथ सम्पर्क कैसे बना लेते होंगे? वे दूसरों को सम्मोहित कैसे कर पाते होंगे? इसका जवाब उनके करियर के उस शुरुआती हिस्से में निहित होता है, जब वे पैरानॉइड और दुष्ट नहीं हुए होते हैं।

इस तरह के लोग गहन आत्ममोह-ग्रस्त व्यक्ति के मुक़ाबले अधिक महत्त्वाकांक्षी और ऊर्जावान होते हैं। उनमें असुरक्षा की भावना भी कहीं अधिक होती है। इन असुरक्षाओं का शमन करने और अपनी महत्त्वाकांक्षाओं को तृप्त करने का उनके पास एक ही तरीक़ा होता है कि वे दूसरों से असामान्य मात्रा में ध्यान और प्रमाणीकरण हासिल कर लें, जो वास्तव में या तो राजनीति में या व्यापार में सामाजिक शक्ति हासिल करने के रास्ते आते हैं। इस तरह के लोगों को अपने जीवन के शुरुआती दौर में ऐसा करने के सबसे अच्छे साधन संयोग से उपलब्ध हो जाते हैं। जैसा कि ज़्यादातर गहन आत्ममोह-ग्रस्तों के साथ होता है, ऐसे लोग किसी भी अनुभूत अपमान के प्रति अति-संवेदनशील होते हैं। उनके पास उत्कृष्ट क़िस्म के एण्टिना होते हैं जिनके तार लोगों से उनकी भावनाओं और विचारों की थाह लेने के लिए अच्छी तरह मिले होते हैं, ताकि अगर वहाँ अपमान का ज़रा-सा भी संकेत हो, तो वे उसे भाँप लें। लेकिन कभी-कभी उन्हें यह पता चलता है कि दूसरों की आकांक्षाओं और

असुरक्षाओं की थाह लेने के लिए इस संवेदनशीलता के तार दूसरों के साथ मिलाए जा सकते हैं। अत्यन्त संवेदनशील होने के नाते, वे गहरे ध्यान वाले लोगों को सुन सकते हैं। वे सहानुभूति की नक़ल उतार सकते हैं। फ़र्क़ यह है कि वे, अन्दर से, लोगों से जुड़ने की ज़रूरत के चलते नहीं, बल्कि उन्हें नियन्त्रित और परिचालित करने को प्रेरित होते हैं। वे आपको सुनते हैं और आपकी थाह लेते हैं तो इसलिए ताकि वे आपकी कमज़ोरियों का पता लगाकर, उनका दोहन कर सकें।

**नाटकीय आत्ममोह–ग्रस्त :** गहन आत्ममोह–ग्रस्तता का एक सबसे विचित्र विरोधाभास यह है कि इसकी ओर दूसरे लोगों का अक्सर तब तक ध्यान नहीं जाता जब तक कि यह व्यवहार इस क़दर अतिरंजित नहीं हो जाता कि उसकी उपेक्षा करना मुश्किल हो जाए। इसकी वजह बहुत साधारण–सी है : गहन आत्ममोह–ग्रस्त लोग वेश बदलने में माहिर होते हैं। उन्हें बहुत पहले से ही इस बात का बोध हो जाता है कि अगर उन्होंने दूसरों के सामने अपनी असलियत उजागर कर दी – यानी, निरन्तर ध्यान दिए जाने की चाह और ख़ुद को श्रेष्ठ समझने की ज़रूरत को उजागर कर दिया – तो वे लोगों को विकर्षित करने लगेंगे। वे सुसंगत स्वत्व के अपने अभाव का एक सुविधा की तरह इस्तेमाल करते हैं। वे कई–कई भूमिकाएँ निभा सकते हैं। वे ध्यान दिए जाने की अपनी ज़रूरत को विभिन्न क़िस्म की नाटकीय युक्तियों के सहारे छिपा सकते हैं। वे सदाचारी और परोपकारी दिखने के मामले में किसी भी व्यक्ति से आगे निकल सकते हैं। वे कभी भी सही ध्येय का समर्थन नहीं करते –*वे उसका प्रदर्शन करते हैं।* सदाचार के इस प्रदर्शन की ईमानदारी पर कौन सन्देह करना चाहेगा? या फिर वे उल्टी दिशा अख़्तियार करते हैं, और ख़ुद को एक शिकार के रूप में प्रकट करते हैं, एक ऐसे व्यक्ति के रूप में जो दूसरों के हाथों पीड़ा भोग रहा है या जो दुनिया

की उपेक्षा का शिकार हो रहा है। आप ऐसे नाटक में आसानी-से उलझ जाते हैं, और फिर बाद में जब वे अपनी ज़रूरत के मुताबिक़ आपका उपभोग करने लगते हैं या अपना उल्लू सीधा करने के लिए आपका इस्तेमाल करने लगते हैं तब आप दुख भोगते रहते हैं। वे *आपकी* सहानुभूति के साथ खिलवाड़ करते हैं।

आपके पास एक ही उपाय है कि आप उनकी चाल को समझ लें। इस क़िस्म के लोगों को इस बात से पहचानिए कि फ़ोकस हमेशा उन पर दिखायी देता है। ध्यान दीजिए कि वे कैसे हमेशा तथाकथित भलमनसाहत या दुख या मलिनता में श्रेष्ठ होते हैं। उनकी भंगिमाओं के निरन्तर नाटक और नाटकीय गुणों पर ध्यान दीजिए। वे जो कुछ भी कहते या करते हैं, वह सब सार्वजनिक उपभोग के लिए होता है। उनके नाटक में ख़ुद को अकारण शहीद होने से बचाइए।

**स्वस्थ आत्ममोह-ग्रस्त – मनःस्थिति के पाठक।** लीडर अपनी मानसिकता से समूह को दूषित करते हैं। इसमें से ज़्यादातर सांकेतिक स्तर पर होता है, क्योंकि लोग लीडर की भंगिमाओं और लहज़े को पकड़ते हैं। एक स्वस्थ आत्ममोह-ग्रस्त ख़ुद को सम्पूर्ण आत्मविश्वास और आशावाद के भाव में डुबोए रहता है और देखता है कि किस तरह यह चीज़ उसकी टीम की भावनाओं को प्रभावित करती है। एक मज़बूत लीडर के लिए अपना ध्यान लगभग समान मात्रा में व्यक्तियों और समूह के बीच बाँटना ज़रूरी होता है। अगर वह अपनी टीम के भीतर कोई ख़ास मनःस्थिति लक्ष्य करता है, तो उसे इस बात का अनुमान लगाने की कोशिश करनी चाहिए कि वे लोग स्वयं उसे वैसी ही मनःस्थिति में डालकर क्या कर सकते हैं। अन्त में, उत्साह में किसी तरह की कमी या नकारात्मकता का पता लगाने के दौरान स्वस्थ आत्ममोह-ग्रस्त को सौम्य बने रहना चाहिए। अगर आप लोगों को कोसेंगे, तो इससे लोग शर्मिन्दा

और अलगाया हुआ ही महसूस करेंगे, जिसके नतीजे में भविष्य में संक्रामक प्रभाव पड़ेंगे। बेहतर है कि आप उन्हें बातचीत के लिए प्रेरित करें, ताकि आप उनकी भावनाओं को समझ सकें। ऐसे परोक्ष उपाय खोजिए, जिससे उनका मूड अच्छा हो सके या उन्हें इस तरह अलग-थलग किया जा सके कि उन्हें इसका अहसास भी नहीं हो।

हम इन सहानुभूतिपरक शक्तियों को इसलिए विकसित करते हैं, क्योंकि ये आवश्यक होती हैं। अगर हम महसूस करते हैं कि हमारा जीवित बने रहना दूसरों की मन:स्थितियों और दिमाग़ों की थाह लेने पर निर्भर करता है, तो हम ज़रूरी एकाग्रता हासिल करेंगे और शक्तियों के स्रोत को टटोलेंगे। इन शक्तियों को विकसित करने की दिशा में पहला क़दम है इस बात का अहसास होना कि आपके पास एक असाधारण सामाजिक औज़ार है, जिसे आप उपयोगी नहीं बना रहे हैं। इसे देखने का सबसे अच्छा तरीक़ा है, इसे आज़माना। यह जो आपके भीतर अनवरत एकालाप जारी है, उसे बन्द कीजिए और लोगों पर गहराई से ध्यान दीजिए। व्यक्तियों और समूह की बदलती हुई मन:स्थितियों के साथ अपना तालमेल बिठाइए। हर व्यक्ति की मानसिक गति और उसकी प्रेरणा के स्रोत को समझिए। उनका नज़रिया अपनाने की कोशिश कीजिए, उनकी दुनिया और मूल्य-व्यवस्था में प्रवेश कीजिए। आप सहसा पाएँगे कि आपके आस-पास सांकेतिक व्यवहार की एक समूची दुनिया फैली हुई है, जिसके वजूद से आप वाकिफ़ ही नहीं थे।

> मैं घायल व्यक्ति से यह कभी नहीं पूछता कि वह कैसा महसूस कर रहा है... मैं ख़ुद घायल व्यक्ति बन जाता हूँ।
>
> *–वाल्ट ह्विटमेन*

# 3

# लोगों के मुखौटों को भेदकर देखिए

—— ✧ ——

## *भूमिका निभाने का नियम*

*लोगों की प्रवृत्ति होती है कि वे ऐसे मुखौटे धारण किए रहते हैं, जो उन्हें श्रेष्ठतम सम्भव रूप में प्रस्तुत करते हैं - विनम्र, आत्मविश्वासपूर्ण, उद्यमशील। वे सही बातें करते हैं, मुस्कराते हैं, और हमारे विचारों में दिलचस्पी रखते दिखते हैं। वे अपने असुरक्षा-बोध और ईर्ष्या को छिपाना सीख लेते हैं। अगर हम उनके इस बाहरी रूप को सच मान लेते हैं, तो हम कभी भी उनकी सच्ची भावनाओं को नहीं जान पाते, और जब-कभी हम उनके आकस्मिक प्रतिरोध, विद्वेष, और छलपूर्ण कृत्यों से चौंधिया जाते हैं। सौभाग्य से, उस मुखौटे में दरारें होती हैं। उन दरारों से लोगों की वास्तविक भावनाएँ और अवचेतन आकांक्षाएँ ऐसे संकेतों - भाव-भंगिमाओं, आवाज़ के उतार-चढ़ावों, शारीरिक तनाव, और घबराहट से भरी मुद्राओं - के रूप में लगातार रिसकर बाहर आती रहती हैं, जिनको वे पूरी तरह नियन्त्रित नहीं कर पाते। आपको स्वयं को पुरुषों और स्त्रियों के एक श्रेष्ठ अध्येता के रूप में बदलकर इस भाषा को पढ़ने की महारत हासिल करना चाहिए। इस ज्ञान से लैस होकर, आप*

*उपयुक्त आत्मरक्षात्मक सावधानियाँ बरत सकेंगे। दूसरी ओर, चूँकि लोग आपको आपके बाहरी रूप के आधार पर परखते हैं, इसलिए आपको यह भी सीखना चाहिए कि आप कैसा बाहरी रूप अपनाएँ और अपनी भूमिका को अधिकतम प्रभावशाली ढंग से निभाएँ।*

> अगर आप यह उम्मीद करते हैं कि आप इस दुनिया के शैतानों और मूर्खों को उनके सींगों के साथ या घण्टियाँ टनटनाते हुए घूमते देख लेंगे, तो आप हमेशा उनके शिकार या उनका खिलौना बने रहेंगे। और यह बात दिमाग़ में रखनी चाहिए कि दूसरों के साथ व्यवहार करते हुए लोग चन्द्रमा के समान होते हैं : वे अपना सिर्फ़ एक पहलू ही आपको दिखाते हैं। हर आदमी में...अपनी मुखाकृति को मुखौटे में बदल लेने की सहज प्रतिभा होती है, ताकि वह हमेशा वैसा दिखे जैसा वह होने का ढोंग करता है...और इसका प्रभाव अत्यन्त भ्रामक होता है। जब भी उसका उद्देश्य किसी के मन में अपनी अच्छी धारणा बनाने का होता है, वह यह मुखौटा धारण कर लेता है; और आप उसकी ओर उतना ही ध्यान दे सकते हैं मानो वह मोम या कार्डबोर्ड का बना हो।
>
> *–आर्थर शोपेनहॉवर*

## मानव-स्वभाव के रहस्य

हम मनुष्य बहुत ही कुशल अभिनेता हैं। हम अपनी उम्र के एकदम शुरुआती दौर में ही यह समझ लेते हैं कि हम किस तरह का चेहरा बनाकर अपने माता-पिता की सहानुभूति या लाड़ बटोरकर उनसे मनचाही वस्तु हासिल कर सकते हैं। हम अपने अभिभावकों से

अपने वास्तविक विचारों या भावनाओं को छिपाना सीख लेते हैं, ताकि हम संवेदनशील क्षणों में अपना बचाव कर सकें। हम उन्हें ख़ुश करने में माहिर हो जाते हैं, जिन्हें राज़ी करना महत्त्वपूर्ण होता है- जैसे कि प्रिय साथियों या शिक्षकों को। हम एक-जैसे कपड़े पहनकर और एक-जैसी ज़बान बोलकर समूह में फ़िट होना सीख लेते हैं। जब हमारी उम्र बढ़ जाती है और हम अपना करियर बनाना चाहते हैं, तो हम ख़ुद को ऐसा स्वरूप देते हैं, जिससे कि हमें नियुक्ति मिल जाए और हम सामूहिक संस्कृति में फ़िट हो सकें। अगर हम एक्ज़ीक्यूटिव या प्रोफ़ेसर या बारटेण्डर बन जाते हैं, तो हमें उन भूमिकाओं को निभाना चाहिए।

हालाँकि हम दक्ष अभिनेता हैं, तब भी हम मन-ही-मन अभिनय करने और भूमिका निभाने की इस ज़रूरत को एक बोझ की तरह महसूस करते हैं। हम इस ग्रह के सबसे अधिक कामयाब सामाजिक प्राणी हैं। सैकड़ों-हज़ारों वर्षों तक हमारे शिकारी-संग्रहकर्ता पूर्वज एक-दूसरे के साथ लगातार संकेतों में वार्तालाप करते हुए ही जीवित रह सके। भाषा के आविष्कार के पहले, लम्बे समय तक विकसित होता रहा मनुष्य का चेहरा, इसी तरह इतना अधिक अभिव्यंजक बना है, इसी तरह उसकी मुद्राएँ इतनी समृद्ध हुई हैं।

यह हमारी नस्ल में गहरे मौजूद है। एक ओर, हमारे भीतर अपनी भावनाओं को व्यक्त करने की लगातार आकांक्षा बनी रहती है, वहीं दूसरी ओर, समुचित सामाजिक व्यवहार की ख़ातिर हम उन्हें छिपाए भी रहना चाहते हैं। हमारे भीतर संघर्ष करती इन परस्पर-विरोधी शक्तियों के साथ, हम उस चीज़ को पूरी तरह नियन्त्रित नहीं कर सकते जिसे हम व्यक्त करते हैं। हमारी वास्तविक भावनाएँ हमारी मुद्राओं, आवाज़ के लहज़ों, भाव-भंगिमाओं और चेष्टाओं में रिसकर बाहर आ जाती हैं। लेकिन हम लोगों की

भाव-भंगिमाओं की ओर ध्यान देने के लिए प्रशिक्षित नहीं हैं। हम आदतन लोगों द्वारा बोले गए शब्दों पर ध्यान देते हैं, वहीं यह भी सोचते रहते हैं कि इसके बाद हमें क्या कहना है। इसका मतलब है कि हम अपने भीतर मौजूद सम्भावित सामाजिक दक्षताओं के एक बहुत छोटे-से हिस्से का ही इस्तेमाल करते हैं।

मानव स्वभाव के छात्र के रूप में आपका उद्यम दोहरा है : पहले, आपको जीवन के नाटकीय रूप को समझना और स्वीकारना अनिवार्य है। एक सुचारु सामाजिक क्रियाशीलता के लिए जो अभिनय और मुखौटे बहुत अनिवार्य हैं, उनको लेकर आप नैतिक उपदेश नहीं दें और गुस्से-भरी शिकायत नहीं करें। दरअसल, आपका लक्ष्य जीवन के मंच पर पूरी दक्षता के साथ अपनी भूमिका निभाना, लोगों का ध्यान खींचना, सार्वजनिक ध्यान के केन्द्र पर वर्चस्व स्थापित करना और ख़ुद को एक सहानुभूतिशील हीरो या हीरोइन में बदल लेना है। दूसरे, आपको बचकाना नहीं होना चाहिए और लोगों के ऊपरी रूप को उनकी वास्तविकता नहीं समझ लेना चाहिए। आपको लोगों के अभिनय-कौशल से चौंधियाना नहीं चाहिए। आपको अपनी पर्यवेक्षणात्मक दक्षताओं को पैना करते हुए और रोज़मर्रा जीवन में उनका अधिक-से-अधिक अभ्यास करते हुए ख़ुद को उनकी वास्तविक भावनाओं के एक माहिर पाठक में बदल लेना है।

और इसलिए, इन उद्देश्यों के मद्देनज़र, इस ख़ास नियम के तीन पहलू हैं : इस बात को समझना कि लोगों को किस तरह ग़ौर से देखा जाए; भाव-भंगिमाओं को पढ़ने के बुनियादी गुरों को सीखना; और अपनी भूमिका को अधिकतम प्रभावशाली ढंग से निभाते हुए *इम्प्रेशन मैनेजमेण्ट* नामक कला में दक्षता हासिल करना।

## पर्यवेक्षणात्मक दक्षताएँ

जैसा कि किसी भी दक्षता के लिए ज़रूरी होता है, इसके लिए भी धैर्य की ज़रूरत होगी। आप दरअसल, अभ्यास करते हुए धीरे-धीरे अपने मस्तिष्क के तारों को नया रूप दे रहे होंगे, और नए स्नायुविक सम्बन्धों की रूपरेखा तैयार कर रहे होंगे। आपको ख़ुद को शुरुआत से ही ढेर सारी जानकारी से भर नहीं लेना है। आपको छोटे-छोटे क़दम बढ़ाने की, थोड़ी किन्तु रोज़मर्रा की प्रगति पर नज़र रखने की ज़रूरत है। जब आप किसी व्यक्ति से अनौपचारिक बातचीत कर रहे हों, तो आप उसकी उन दो-एक भाव-भंगिमाओं को बारीक़ी-से पढ़ने का लक्ष्य अपने सामने रखिए, जो उस व्यक्ति की कही गयी बातों के विरोध में जाती हों या किसी अतिरिक्त जानकारी की तरफ़ इशारा करती हों। उसकी सूक्ष्म अभिव्यक्तियों पर, उसके तनावपूर्ण चेहरे पर फुर्ती से आने वाले बदलावों पर, या जबरन मुस्कराने पर ध्यान दीजिए। जैसे ही आप एक व्यक्ति के सन्दर्भ में इस सरल-से अभ्यास में कामयाब हो जाते हैं, तो इसे दूसरे व्यक्ति पर आज़माइए, हमेशा उसके चेहरे पर आँखें गड़ाए रखते हुए। जब आपको चेहरे के संकेतों को लक्ष्य करना आसान हो जाए, तो किसी व्यक्ति की आवाज़ का वैसा ही पर्यवेक्षण करने की कोशिश कीजिए, और उसकी आवाज़ के उतार-चढ़ाव या बोलने की रफ़्तार में आए बदलावों पर ध्यान दीजिए। लोगों की आवाज़ उनके आत्मविश्वास और सन्तोष के बारे में बहुत कुछ कहती है। इसके बाद हाव-भाव - जैसे उठने-बैठने के ढंग, हाथ की मुद्राएँ, पैरों को रखने के ढंग आदि - का अध्ययन कीजिए। अपने सामने साधारण लक्ष्य रखते हुए इन अभ्यासों को सरल बनाकर रखिए। जो भी आप देखते हैं, उसे लिख लीजिए, ख़ास तौर से अगर उनमें कोई सिलसिला दिखायी देता है, तो उसे ज़रूर दर्ज़ कीजिए।

ये अभ्यास करते हुए आपको तनावमुक्त रहना चाहिए और जो कुछ आप देखते हैं, उसके प्रति खुले बने रहना चाहिए। अपने पर्यवेक्षणों को शब्दों में व्याख्यायित करने की ज़रा भी उतावली नहीं बरतें। बातचीत में शामिल होते हुए आपको बोलना कम चाहिए और उन्हें अधिक बोलने के लिए प्रेरित करने की कोशिश करनी चाहिए। अपने चेहरे पर उनके जैसे हाव-भाव बनाए रखने की कोशिश कीजिए और इस तरह की टिप्पणियाँ कीजिए, जिनमें उनकी कही गयी बातें दोहरायी गयी हों और जिन से यह ज़ाहिर हो कि आप उनकी बातें ध्यान से सुन रहे हैं। इस से उनका तनाव ढीला पड़ेगा और वे और भी ज़्यादा बोलना चाहेंगे, जिससे उनके भीतर से और भी ज़्यादा संकेत रिसकर बाहर आ जाएँगे। लेकिन लोगों का आपका पर्यवेक्षण ज़ाहिर क़िस्म का नहीं होना चाहिए। अगर लोगों को यह अहसास हो गया कि उन्हें बारीक़ी-से परखा जा रहा है तो वे ठण्डे पड़ जाएँगे और अपनी अभिव्यक्तियों को नियन्त्रित करने लगेंगे। अगर आपने बहुत ज़्यादा नज़रों से नज़रें मिलायीं, तो आपका भेद खुल जाएगा। आपको स्वाभाविक और विनीत दिखना चाहिए, और चेहरे, आवाज़, या शरीर में आए किसी भी बदलाव को लक्ष्य करने के लिए केवल सतही प्रतीत होती नज़रों का इस्तेमाल करना चाहिए।

लम्बे समय तक किसी व्यक्ति का अध्ययन करने के लिए आपको उसकी आधारभूत भंगिमा और मन:स्थिति को समझ लेने की ज़रूरत है। अगर आप व्यक्ति के सामान्य आचरण के प्रति सजग होंगे, तो आप उसमें आए किसी भी विचलन की ओर ज़्यादा ध्यान दे पाएँगे - उदाहरण के लिए, सामान्य तौर पर संयमित व्यवहार करने वाले व्यक्ति का आकस्मिक रूप से उत्तेजित हो उठना, या आदतन तनाव पाले रखने वाले व्यक्ति का तनावमुक्त हो उठना। जैसे ही आप किसी व्यक्ति की आधारभूत भंगिमा को समझ लेंगे,

तो उनमें दुराव-छिपाव या सन्ताप के चिह्न देखना ज़्यादा आसान हो जाएगा। आधारभूत भंगिमा से जुड़े रहते हुए, एक ही व्यक्ति को अलग-अलग परिस्थितियों में देखने की कोशिश कीजिए, और ध्यान दीजिए कि जब वे अपने जीवन-साथी से, बॉस से, किसी कर्मचारी से बात करते हैं तो उनकी सांकेतिक अभिव्यक्तियों में किस तरह के बदलाव आते हैं।

इस दक्षता का प्रयोग करते हुए आपको उन ग़लतियों के प्रति सावधान रहना चाहिए, जो लोग आम तौर पर कर बैठते हैं। अगर आप सावधान नहीं रहे, तो आप संकेत तो बटोर लेंगे, लेकिन बहुत जल्दी उनकी ऐसी व्याख्या कर बैठेंगे, जो लोगों के बारे में आपके भावनात्मक पूर्वाग्रहों से मेल खाती हों, जिसके नतीजे में आपके पर्यवेक्षण ना सिर्फ़ अनुपयोगी हो जाएँगे, बल्कि ख़तरनाक भी साबित होंगे। अगर आप किसी ऐसे व्यक्ति का अध्ययन कर रहे हैं, जिसे आप स्वाभाविक तौर पर नापसन्द करते हैं, या जो आपको आपके अतीत के किसी अप्रिय व्यक्ति की याद दिलाता है तो आप लगभग किसी भी संकेत को विद्वेषपूर्ण संकेत की तरह देखेंगे। और इससे उलटा आप उन लोगों के साथ करेंगे, जिन्हें आप पसन्द करते हैं। इन कोशिशों के दौरान आपको लोगों के बारे में अपनी निजी पसन्द-नापसन्द और पूर्वाग्रहों को तज देना चाहिए।

अपने अभ्यास के हिस्से के तौर पर, ख़ुद का भी पर्यवेक्षण करने की कोशिश कीजिए। ध्यान दीजिए कि आप कितनी बार और कब नक़ली ढंग से मुस्कराते हैं, या आपका शरीर घबराहट को किस तरह दर्ज़ करता है - आपकी आवाज़ में, अँगुलियाँ थपथपाने में, बालों पर हाथ फेरने में, होंठ कँपकँपाने में, आदि-आदि। हाव-भाव से ज़ाहिर होते अपने व्यवहार के प्रति आपका अत्यन्त चौकन्नापन आपको अधिक संवेदनशील बनाएगा और दूसरों से आते संकेतों के प्रति अधिक जागरूक बनाएगा। आप संकेतों में

निहित भावनाओं की कल्पना बेहतर ढंग से कर सकेंगे। और हाव-भाव से ज़ाहिर होते आपके व्यवहार पर आपका अधिक नियन्त्रण होगा, जो कि सही सामाजिक भूमिका निभाने के सन्दर्भ में अत्यन्त मूल्यवान चीज़ है।

अन्त में, इन पर्यवेक्षणात्मक दक्षताओं को विकसित करने की प्रक्रिया में आप स्वयं में और लोगों के साथ अपने रिश्ते में भौतिक परिवर्तन लक्ष्य करेंगे। आप लोगों की बदलती हुई मन:स्थितियों के प्रति उत्तरोत्तर अधिक संवेदनशील होते जाएँगे और आप उनका पूर्वानुमान तक कर सकेंगे क्योंकि वे जो कुछ महसूस कर रहे होंगे, आप उसके अन्दर पैठ कर उसे महसूस कर रहे होंगे। इस तरह की शक्तियों की पर्याप्त मात्रा अर्जित कर लेने पर आपको लग सकता है कि आप अतीन्द्रिय संवेदी हैं।

## अर्थ निकालने की कुंजियाँ

याद रखिए कि लोग आम तौर से दुनिया के सामने अपना सबसे अच्छा पक्ष रखने की कोशिश करते हैं। इसका मतलब है कि वे अपनी सम्भावित विरोधी भावनाओं को, सत्ता या श्रेष्ठता की अपनी आकांक्षाओं को, दूसरों का पसन्दीदा बनने की अपनी कोशिशों को, और असुरक्षा की अपनी भावनाओं को छिपाने की कोशिश करते हैं। आपका काम उनकी अन्यमनस्कता के परे देखने का और उन संकेतों के प्रति सजग होने का है जो ख़ुद-ब-ख़ुद बाहर आकर उनके मुखौटे के पीछे की सच्ची भावनाओं को उजागर कर देते हैं। पर्यवेक्षण करने और पहचानने के लिए सबसे ज़्यादा महत्त्वपूर्ण संकेतों की तीन कोटियाँ हैं : *नापसन्दगी/पसन्दगी, वर्चस्व/समर्पण और छल।*

**नापसन्दगी/पसन्दगी के संकेत :** लोग अपने हाव-भाव से सक्रिय नापसन्दगी या विद्वेष के स्पष्ट संकेत छोड़ते हैं। इनमें आपकी किसी बात पर उनका अचानक कनखियों से देखने लगना, घूरना, होंठों को उनके लगभग ग़ायब हो जाने के क्षण तक सिकोड़ना, सख़्त गर्दन, आपकी बात को अधूरा छोड़कर धड़ या पैरों का मुड़ जाना, जिस वक़्त आप अपनी बात स्पष्ट कर रहे हों, उनका अचानक बाँहें मोड़ लेना, और शरीर का कुल मिलाकर तन जाना शामिल हैं। समस्या यह है कि आप इन संकेतों को तब तक नहीं देख पाएँगे, जब तक कि सामने वाले व्यक्ति की नाख़ुशी इतनी प्रबल नहीं हो जाती कि उसे छिपाना उसके लिए नामुमकिन हो जाए। इसकी बजाय, आपको ख़ुद को इस तरह प्रशिक्षित करना चाहिए कि आप लोगों की सूक्ष्म अभिव्यक्तियों (माइक्रोएक्सप्रेशन) और उनके द्वारा छोड़े गए बारीक संकेतों को पढ़ सकें।

सूक्ष्म अभिव्यक्ति उन मनोवैज्ञानिकों की हाल ही की खोज है, जो इसके अस्तित्व को फ़िल्म के माध्यम से दर्ज़ कर सके हैं। यह अभिव्यक्ति एक सेकेण्ड से भी कम समय तक टिकती है। ये अभिव्यक्तियाँ क्षण भर के लिए घूरना, चेहरे की मांसपेशियों का तन जाना, होंठों का सिकुड़ना, त्यौरियाँ चढ़ने या व्यंग्यात्मक मुस्कराहट की शुरुआत या चेहरे पर तिरस्कार का भाव, जिस दौरान आँखें नीचे की ओर देखती रहती हैं, आदि कुछ भी हो सकती हैं। जैसे ही आप इस तरह की अभिव्यक्तियों को लक्ष्य करना शुरू करेंगे, तो उन्हें पकड़ना आपके लिए आसान लगने लगेगा।

लोग अक्सर मिले-जुले संकेत देते हैं - आपका ध्यान भटकाने के लिए कोई सकारात्मक टिप्पणी लेकिन उसी के साथ अपने हाव-भाव से नकारात्मक बात। इस तरह के विपरीत विन्यास पर भी ध्यान दें - कोई व्यक्ति कोई व्यंग्यात्मक बात कहता है और सीधे आपकी ओर अँगुली उठाता है, लेकिन ऐसा वह मुस्कराते हुए

और कुछ इस तरह मज़ाक़ के लहज़े में करता है, जैसे कहना चाह रहा हो कि यह सब तो वह ख़ुशमिज़ाज ढंग से कर रहा है। यह उसका अपने विद्वेष को व्यक्त करने का दमित ढंग होता है। ऐसे लोगों पर ध्यान दें जो अपनी आँखों में चमक लाए बिना आपकी तारीफ़ या ख़ुशामद करते हैं। यह छिपी हुई ईर्ष्या का संकेत हो सकता है।

सिक्के का दूसरा पहलू यह है कि हमें सामान्य तौर पर दूसरों से अपनी सकारात्मक भावनाओं को छिपाने की ज़रूरत नहीं होती, लेकिन तब भी हम अक्सर हर्ष और आकर्षण के ज़ाहिर-से संकेत देना पसन्द नहीं करते, ख़ास तौर से काम की परिस्थितियों में, या कोर्टशिप के दौरान। लोग अक्सर उदासीन सामाजिक पक्ष प्रदर्शित करना बेहतर समझते हैं। इसलिए यह बहुत मूल्यवान है कि आप ऐसे संकेतों को पकड़ने में सक्षम हों कि लोग आपसे सम्मोहित हो रहे हैं।

जो लोग आपके प्रति सकारात्मक भावनाएँ अनुभव करते हैं, वे अपने चेहरे की मांसपेशियों में, ख़ास तौर से माथे की सलवटों और मुँह के आसपास, तनाव-मुक्त होने के ऐसे संकेत देंगे, जिन्हें आसानी-से लक्ष्य किया जा सके; उनके होंठ अधिक स्पष्ट दिखायी देंगे और उनकी आँखों के आसपास का पूरा इलाक़ा चौड़ा हो जाएगा। ये सब धैर्य और खुलेपन की स्वत:स्फूर्त अभिव्यक्तियाँ हैं।

इस क्षेत्र में अपनी दक्षताओं को विकसित करने के लिए आपको नक़ली और असली मुस्कराहट के बीच फ़र्क़ करना सीखना होगा। चूँकि असली मुस्कराहट आम तौर से कम देखने को मिलती है, इसलिए आपको उसे पहचानने का तरीक़ा जानना ज़रूरी है। सच्ची मुस्कराहट आँखों के आसपास की मांसपेशियों पर प्रभाव डालेगी और उन्हें चौड़ा कर देगी, अक्सर आँख के कोने में सलवट पड़ जाएगी। वह गालों को ऊपर की ओर भी खींचेगी। ऐसी कोई

असली मुस्कराहट नहीं होती, जिसमें आँखों और गालों में निश्चित बदलाव नहीं आएँ।

सकारात्मक भावनाओं का सम्भवत: सबसे मुखर संकेत आवाज़ से मिलता है। जब लोग आपसे बात करते हुए उत्साहित-उत्तेजित होते हैं, तो उनकी आवाज़ ऊँची हो जाती है, जो उनकी भावनात्मक उत्तेजना का संकेत देती है।

अन्त में, लोगों को प्रभावित और विमोहित करने की आपकी कोशिशों में हाव-भाव से मिलने वाले संकेतों की निगरानी बहुत महत्त्वपूर्ण होती है। जब लोग आपकी मौजूदगी में सहज महसूस करने लगेंगे, तो वे आपके क़रीब खड़े होंगे या आपकी ओर झुके होंगे, सहमति में सिर हिलाएँगे, उनके हाथ बँधे हुए नहीं होंगे या वे किसी तरह का तनाव नहीं दर्शा रहे होंगे। सम्भवत: सबसे अच्छा और उत्साहवर्धक संकेत वह होता है, जब लोग अनजाने ही आपके जैसा व्यवहार करने लगते हैं।

**वर्चस्व/समर्पण के संकेत :** लोगों के कृत्यों में अक्सर वर्चस्व या समर्पण के संकेत निहित होते हैं। उदाहरण के लिए, लोग अपनी वास्तविक या काल्पनिक श्रेष्ठता दर्शाने के लिए अक्सर देर से आते हैं। वे समय पर आने को बाध्य महसूस नहीं करते। साथ ही, बातचीत के तौर-तरीक़े लोगों की सापेक्षिक हैसियत को उजागर कर देते हैं। उदाहरण के लिए जो लोग अपने को वर्चस्वशाली महसूस करते हैं, उनमें ज़्यादा बोलने की और अपना वर्चस्व जताने के लिए बार-बार बीच में बोल पड़ने की प्रवृत्ति होगी। अगर कोई ऐसी बहस हो रही होगी, जो व्यक्तिगत स्तर पर आ जाएगी तो वे उस चीज़ का सहारा लेंगे जिसे टोकना (पंक्चुएशन) कहा जाता है - वे दूसरे पक्ष में कोई ऐसी हरक़त ढूँढ़ निकालेंगे, जिससे इस सबकी शुरुआत हुई होगी, भले ही वह स्पष्ट तौर पर रिश्तों के पैटर्न का हिस्सा ही

क्यों ना हो। वे अपनी आवाज़ के लहज़े और चुभती हुई निगाहों के माध्यम से अपनी व्याख्या का इसरार करते हुए बताएँगे कि कौन दोषी है। अगर आप किसी युगल को बाहर से ग़ौर से देखें, तो आप अक्सर उस व्यक्ति को देख लेंगे, जो वर्चस्व की स्थिति में होगा। अगर आप उनके साथ बातचीत करेंगे, तो वह वर्चस्वशाली व्यक्ति आप से तो नज़रें मिलाएगा, लेकिन अपने साथी से नहीं मिलाएगा, और अपने साथी की बात को लगभग अनसुना करता प्रतीत होगा। मुस्कराहटें भी श्रेष्ठता को दर्शाने वाले सूक्ष्म संकेत हो सकते हैं, ख़ास तौर से वह मुस्कराहट जिसे हम कसी हुई मुस्कराहट कहेंगे। यह मुस्कराहट आम तौर से किसी के द्वारा कही गयी किसी बात के जवाब में प्रकट होती है, और यह ऐसी मुस्कराहट होती है, जो चेहरे की मांसपेशियों को कस देती है और उस व्यक्ति के प्रति व्यंग्य और निन्दा का भाव दर्शाती है, जिसे वे हीन समझते हैं, लेकिन जो उन्हें दोस्ताना दिखने का मुखौटा उपलब्ध कराती है।

रिश्तों में वर्चस्व का एक अन्तिम किन्तु बहुत सूक्ष्म सांकेतिक साधन *लक्षण* (सिम्पटम) के रास्ते आता है। एक साथी का अचानक सिर दर्द करने लगेगा या कोई दूसरी बीमारी उसे घेर लेगी, या वह पीना शुरू कर देगा, या सामान्यत: कोई नकारात्मक व्यवहार करने लगेगा। यह चीज़ दूसरे पक्ष को ईमानदारी बरतने को, उनकी कमज़ोरी की ओर झुकने को विवश कर देती है। यह शक्ति हासिल करने के लिए सहानुभूति का सुविचारित इस्तेमाल है और यह बहुत कारगर होता है।

अन्त में, जो ज्ञान आपने संचित किया है, उसका इस्तेमाल लोगों के आत्मविश्वास के स्तर को मापने और उपयुक्त ढंग से आचरण करने में कीजिए। ऐसे लीडर जो असुरक्षा के बोध से भरे हुए हैं, आप उनके असुरक्षा-बोध का इस्तेमाल कर सकते हैं और उसके माध्यम से शक्ति हासिल कर सकते हैं, लेकिन अक्सर सबसे

अच्छा यही होता है कि आप इस क़िस्म के लोगों के बहुत ज़्यादा क़रीबी सम्पर्क से बचें, क्योंकि वे समय गुज़रने के साथ कमज़ोर साबित होते हैं और आपको अपने साथ ले डूब सकते हैं। जो लोग लीडर नहीं हैं, लेकिन जो ख़ुद को कुछ इस तरह पेश करते हैं, जैसे कि वे लीडर हों, उनके मामले में आपकी प्रतिक्रिया उनके व्यक्तित्व की क़िस्म के ऊपर निर्भर होनी चाहिए। अगर वे उभरते हुए सितारे हैं, जो आत्मविश्वास से और नियति के बोध से भरे हुए हैं, तो उनके साथ ऊपर उठने की कोशिश करना अक़्लमन्दी है। ऐसे लोगों को आप उस सकारात्मक ऊर्जा से पहचान लेंगे जो उन्हें प्रभामण्डल की तरह घेरे होती है। दूसरी ओर, अगर वे महज़ अहंकारी और ओछे दर्ज़े के स्वेच्छाचारी हैं, तो आपको इस तरह के लोगों से बचने की कोशिश करनी चाहिए, क्योंकि वे दूसरे लोगों से मुफ़्त में अपनी झूठी प्रशंसा कराने में माहिर होते हैं।

**छल के संकेत :** छल का सबसे स्पष्ट और सामान्य संकेत तब प्रकट होता है, जब लोग ज़रूरत से ज़्यादा प्रफुल्लित चेहरा ओढ़ लेते हैं। जब वे बहुत ज़्यादा मुस्कराते हैं, बहुत ज़्यादा दोस्ताना दिखते हैं और ख़ासे मनोरंजक होते हैं, तब हमारे लिए उनके प्रति आकर्षित नहीं हो पाना और उनके प्रभाव के प्रति अपने प्रतिरोध को कम नहीं कर पाना मुश्किल होता है। इसी तरह अगर लोग किसी चीज़ को छिपाने की कोशिश कर रहे होते हैं, तो उनमें अतिरिक्त रूप से जोशीले, सदाचारी और दोस्ताना होने की प्रवृत्ति होती है। इस तरह के धोखेबाज़ों के सन्दर्भ में आप अक्सर यह देखेंगे कि उनके चेहरे या शरीर का एक हिस्सा आपका ध्यान खींचने को लेकर बहुत भावपूर्ण होता है। यह अक्सर मुँह के आसपास का हिस्सा होता है, जिस पर बड़ी-सी मुस्कराहट और बदलते हुए भाव होते हैं। यह शरीर का वह हिस्सा होता है, जहाँ से लोगों से चालाकी से पेश आना और उन पर एक जीवन्त प्रभाव छोड़ना, सबसे ज़्यादा

आसान होता है। लेकिन यह काम हाथों और बाँहों की अतिरंजित मुद्राओं से भी लिया जा सकता है। इसे समझने की कुंजी यह है कि आप उनके शरीर के दूसरे हिस्सों में तनाव और उद्विग्नता को पकड़ लेंगे, क्योंकि अपनी सारी मांसपेशियों को क़ाबू में रखना उनके लिए असम्भव होता है। जब वे ज़ोरदार ढंग से मुस्कराते हैं, तो उनकी आँखों में तनाव होता है और उनमें ज़्यादा हरक़त नहीं होती या उनका बाक़ी शरीर असामान्य रूप से स्थिर बना रहता है, या अगर उनकी आँखें आपकी सहानुभूति बटोरने की भंगिमा के साथ आपको बेवकूफ़ बनाने की कोशिश कर रही होती हैं, तो उनका मुँह हल्के-से फड़कता है। ये नक़ली व्यवहार के संकेत होते हैं, शरीर के एक हिस्से को नियन्त्रित करने की अतिशय कोशिश के संकेत।

सामान्य तौर पर, जब आपको सन्देह हो कि कोई व्यक्ति सच्चाई की ओर से आपका ध्यान हटाने की कोशिश कर रहा है, तो सबसे अच्छा यह है कि आप शुरुआत में उनसे सक्रिय रूप से टकराने की कोशिश नहीं करें, बल्कि दरअसल उनके कहने या करने के प्रति अपनी दिलचस्पी दर्शाते हुए उन्हें प्रोत्साहित करें कि वे अपनी गतिविधि जारी रखें। आप उन्हें ज़्यादा-से-ज़्यादा बोलने दें, उन्हें तनाव या कृत्रिम आचरण के ज़्यादा-से-ज़्यादा संकेत उजागर करने दें। सही वक़्त आने पर आपको कोई ऐसा सवाल या टिप्पणी कर उन्हें चौंका देना चाहिए, जिसका उद्देश्य उन्हें असुविधा में डालना हो, और जिससे यह ज़ाहिर होता हो कि आपको उन पर सन्देह है। ऐसे पलों में उनकी सूक्ष्म अभिव्यक्तियों और भाव-भंगिमाओं पर ध्यान दें। अगर वे वाक़ई छल कर रहे हैं, तो ऐसे मौक़ों पर वे हतप्रभ रह जाएँगे, और फिर फुर्ती से अपनी अन्दरूनी उद्विग्नता को छिपाने की कोशिश करेंगे।

अत्यन्त अनुभवी धोखेबाज़ों के मामले में भी, उनके मुखौटे नोचने का सबसे अच्छा तरीक़ा यह है कि आप इस पर ध्यान दें

कि वे किस तरह अपने हाव-भाव से अपने शब्दों पर ज़ोर देते हैं। यह ज़ोर आता है ऊँची आवाज़ और लहज़े से, सशक्त हस्तमुद्राओं से, भौंहें तानने और आँखें फैलाने से। हम इस तरह का व्यवहार तब करते हैं, जब भावनाओं से भरे होते हैं और अपनी बात में विस्मयादिबोधक चिह्न जोड़ना चाहते हैं। धोखेबाज़ों के लिए इसकी नक़ल उतारना मुश्किल होता है।

अन्त में, छल के साथ इस बात को दिमाग़ में रखें कि इसमें हमेशा एक पैमाना होता है। पैमाने के निचले सिरे पर हमें सबसे कम नुक़सानदेह लोग, बहुत कम सफ़ेद झूठ मिलते हैं। इस निचले सिरे की उपेक्षा कर देना सबसे अच्छा है। शिष्ट, सभ्य समाज उन बातों को कहने की क्षमता पर निर्भर करता है, जो हमेशा सच्ची नहीं होतीं। अपने चौकन्नेपन को उन स्थितियों के लिए बचाकर रखें, जिनमें ज़्यादा बड़ी चीज़ें दाँव पर लगी होती हैं और जिनमें लोग आपसे कोई मूल्यवान चीज़ ऐंठना चाहते हैं।

## प्रभाव-प्रबन्धन की कला

हम में से ज़्यादातर लोग, जाने-अनजाने, उस चीज़ के मुताबिक़ आचरण करते हैं, जिसकी अपेक्षा हमारी भूमिका से की गयी होती है, क्योंकि हमें इस बात का अहसास होता है कि हमारी सामाजिक कामयाबी इस पर निर्भर करती है। कुछ लोग यह खेल खेलने से इंकार कर सकते हैं, लेकिन अन्त में वे हाशिए पर छोड़ दिए जाते हैं और बाहरी व्यक्ति की भूमिका निभाने को बाध्य किए जाते हैं, जिसमें बहुत सीमित विकल्प होते हैं और उनकी उम्र बढ़ने के साथ उनकी आज़ादी में कमी आती जाती है। सामान्यत: सबसे अच्छा यही है कि इस स्थिति को स्वीकार कर लिया जाए और उससे कुछ आनन्द लिया जाए। आप ना केवल अपने उन उपयुक्त

रूपों के प्रति सजग होते हैं, जिन्हें आपको दुनिया के सामने पेश करना अनिवार्य होता है, बल्कि आप यह भी जानते हैं कि उन्हें अधिकतम प्रभावशाली बनाने के लिए किस तरह का आकार दिया जाना चाहिए। तब आप ख़ुद को ज़िन्दगी के मंच पर एक उत्कृष्ट अभिनेता में बदल सकते हैं और लाइमलाइट में होने के पलों का आनन्द ले सकते हैं।

प्रभाव-प्रबन्धन (इम्प्रेशन मैनेजमेण्ट) की कला की कुछ मूल बातें नीचे अंकित हैं।

**भाव-भंगिमाओं को समझने में माहिर बनें।** किन्हीं ख़ास स्थितियों में, जब लोग स्पष्ट रूप से यह समझ लेना चाहते हैं कि हम कौन हैं, तब वे हमारी भाव-भंगिमाओं से मिलने वाले संकेतों पर बहुत ज़्यादा ध्यान देते हैं। इसके प्रति सजग रहने वाले चतुर समाज-साधक (सोशल परफ़ॉर्मर्स) जानते हैं कि इन संकेतों को किसी हद तक कैसे नियन्त्रित किया जाए और सचेत रूप से ऐसे संकेत छोड़ते हैं, जो उपयुक्त और सकारात्मक होते हैं। वे जानते हैं कि आकर्षक कैसे दिखा जाए, किस तरह चेहरे पर सच्ची मुस्कराहट लाई जाए, किस तरह मैत्रीपूर्ण भाव-भंगिमाएँ बनाई जाएँ, और किस तरह उन लोगों जैसा दिखा जाए, जिनसे उन्हें बरतना है। सामान्यत: आप अपनी भाव-भंगिमापरक शैली को लेकर सजग होते हैं ताकि आप बेहतर प्रभाव छोड़ने की ख़ातिर सचेत ढंग से कुछ पहलुओं को बदल सकें।

**पद्धति अभिनेता बनिए।** पद्धति अभिनय में आप स्वयं को अपनी इच्छा से उचित भावनाएँ प्रदर्शित करने के लिए प्रशिक्षित करते हैं। उन अनुभवों की याद करते हुए, जिनकी वजह से ये भावनाएँ पैदा हुईं, या ज़रूरी हुआ तो महज़ उस तरह के अनुभवों की कल्पना करते हुए आप उस वक़्त दुखी महसूस करते हैं, जब आपकी

भूमिका इसकी माँग करती है। इस बात की कल्पना करते हुए कि आपको कैसे और क्यों उन भावनाओं को अनुभव करना चाहिए, जो अवसर के या उस प्रस्तुति के अनुकूल हों जो आप देने जा रहे हैं, सचेतन ढंग से ख़ुद को सही भावनात्मक मन:स्थिति में लाना सीखिए। पल भर के लिए उन अहसासों के समाने समर्पण कर दीजिए ताकि आपका चेहरा और शरीर स्वाभाविक ढंग से जीवन्त बने रहें। ठीक उतना ही महत्त्वपूर्ण यह है कि आप ख़ुद को इस तरह प्रशिक्षित करें कि आप स्वयं को एक स्वाभाविक पल में अधिक तटस्थ भंगिमा में लौटा सकें, और इस बात के प्रति सावधान बने रहें कि आप अपनी भावनाओं को व्यक्त करने में बहुत आगे नहीं बढ़ जाएँ।

**अपने श्रोता-समुदाय के अनुकूल ढलें।** भले ही आप अपनी भूमिका द्वारा निर्धारित कुछ निश्चित मापदण्डों पर खरे उतरते हैं, आपको लचीला होना चाहिए। अपने श्रोता-समुदाय को जानिए और अपनी भाव-भंगिमाओं को उनकी शैली और अभिरुचि के मुताबिक़ गढ़िए।

**आपका पहला प्रभाव एकदम सही हो।** किसी व्यक्ति या समूह के समक्ष अपनी पहली उपस्थिति को लेकर अतिरिक्त जागरूक रहिए। सामान्यत: तो सबसे अच्छा यही है कि आप अपनी भाव-भंगिमाओं को मन्द रखकर एक अपेक्षाकृत अधिक तटस्थ मुखड़े को प्रस्तुत करें। लेकिन, इन पहली मुलाक़ातों के दौरान लोगों के स्वाभाविक प्रतिरोध को कम करने में जो चीज़ें चमत्कार साबित हो सकती हैं, वे हैं एक तनाव-मुक्त मुस्कराहट और लोगों की आँखों में सीधे झाँकना।

**नाटकीय प्रभावों का इस्तेमाल करें।** आपको मालूम होना चाहिए कि किस तरह चुन-चुन कर ख़ुद को अनुपस्थित करना है, किस तरह इसे नियन्त्रित करना है कि आप कितनी बार और कब दूसरों के सामने प्रकट हों ताकि लोग आपको कम नहीं, बल्कि ज़्यादा देखना चाहें। जानकारी को दबाकर रखना सीखिए। सामान्य तौर पर अपनी उपस्थिति और व्यवहार को ऐसा बनाकर रखिए कि लोग उसका पहले से अनुमान नहीं कर सकें।

**सन्तनुमा गुणों को व्यक्त कीजिए।** आपको कुछ ख़ास ध्येयों के लिए उदारतापूर्वक दान देते हुए और सोशल मीडिया पर उनका समर्थन करते हुए दिखना होगा। संजीदगी और ईमानदारी को व्यक्त करने का हमेशा अच्छा असर होता है। अपनी कमज़ोरियों और बाध्यताओं की थोड़ी-सी सार्वजनिक स्वीकारोक्तियाँ युक्ति के तौर पर कारगर होंगी। सीखिए कि किस तरह कभी-कभी आपको अपना सिर झुकाना चाहिए और विनम्र दिखना चाहिए। अगर गन्दा काम करना अनिवार्य ही हो, तो उसे दूसरों से कराएँ। आपके हाथ साफ़ बने रहें। धूर्त लीडर की तरह व्यवहार कभी मत कीजिए - ऐसा करना केवल टेलिविज़न पर ही शोभा देता है। ऊँचे ओहदे पर पहुँचने के भी पहले वर्चस्व के ऐसे सटीक संकेतों का इस्तेमाल कीजिए कि लोग आपको ताक़तवर समझें। आपको देखकर लगना चाहिए कि आप कामयाब होने के लिए ही *बने* हैं। यह एक जादुई प्रभाव है, जो हमेशा कारगर होता है।

> ''लग रहा था कि तुमने उसमें बहुत कुछ ऐसा पढ़ लिया, जो मेरे लिए अदृश्य बना रहा।'' ''अदृश्य नहीं बल्कि अलक्षित, वाट्सन। आपको मालूम ही नहीं था कि देखना कहाँ था, और इसलिए आप उस सबसे चूक गए जो महत्त्वपूर्ण था। मैं तुम्हें बाँहों के, अँगूठे के नाख़ून की

व्यंजकता के, या उन बड़े मुद्दों के महत्त्व का अहसास कभी नहीं करा सकता जो जूते की लेस से लटक रहे हो सकते हैं।''

*– सर आर्थर कॉनन डायल,*
*''अ केस ऑफ़ आइडेण्टिटि''*

# 4

# लोगों के चरित्र का सामर्थ्य निर्धारित कीजिए

—— ✧ ——

## *बन्धनकारी व्यवहार का नियम*

*जब आप उन लोगों का चुनाव करते हैं, जिनके साथ आपको काम करना है और जुड़ना है, तब आप उनकी शोहरत से मन्त्रमुग्ध नहीं हों या जो सतही छवि वे पेश करने की कोशिश कर रहे हों, उसके धोखे में नहीं आएँ। इसकी बजाय, ख़ुद को इस तरह प्रशिक्षित कीजिए कि आप उनके अन्दर की गहराई में झाँक सकें और उनके चरित्र को समझ सकें। लोगों के चरित्र का निर्माण उनकी ज़िन्दगी के शुरुआती वर्षों में और उनकी रोज़मर्रा की आदतों से होता है। यही वह चीज़ होती है, जो उन्हें उनके जीवन में कुछ ख़ास कृत्यों को दोहराने और नकारात्मक आदतों का शिकार होने को विवश करती है। इन आदतों को बहुत बारीकी-से देखिए और याद रखिए कि लोग कोई भी काम सिर्फ़ एक बार नहीं करते। उनके चरित्र की सापेक्षिक सामर्थ्य की थाह लीजिए और इसके लिए यह समझने की कोशिश कीजिए कि वे दुश्मनी को कितनी अच्छी तरह निभाते हैं, उनमें लोगों के हिसाब से ढलने की और उनके साथ काम करने की कितनी सामर्थ्य है, उनमें कितना धैर्य और सीखने की कितनी क्षमता*

*है। हमेशा उन लोगों के प्रति आकर्षित हों जिनमें सामर्थ्य के संकेत दिखायी देते हों, और घातक क़िस्म के लोगों से बचिए। अपने चरित्र को अच्छी तरह समझिए ताकि आप अपनी बन्धनकारी आदतों से बाहर आ सकें और अपनी नियति को नियन्त्रित कर सकें।*

चरित्र नियति है।

– *हेराक्लिटस*

## मानव-स्वभाव के रहस्य

अगर हम अपने प्रति ईमानदार हैं, तो हमें स्वीकार करना चाहिए कि भाग्य की अवधारणा में कुछ सच्चाई तो है। हम एक-से निर्णयों को और समस्याओं से निपटने के एक-से तरीक़ों को दोहराने की ओर प्रवृत्त होते हैं। हमारी ज़िन्दगी का एक ढर्रा होता है, जो ख़ास तौर से हमारी ग़लतियों और नाकामयाबियों में दिखायी देता है। लेकिन इस अवधारणा को देखने का एक अलग ढंग भी है : ये कोई आत्माएँ या देवता नहीं हैं, जो हमें नियन्त्रित करते हों; हमें हमारा *चरित्र* नियन्त्रित करता है। *कैरेक्टर* (चरित्र) शब्द, जो प्राचीन ग्रीक भाषा से आया है, अपनी व्युत्पत्ति में उकेरने या अंकित करने के उपकरण की ओर संकेत करता है। इस तरह चरित्र एक ऐसी चीज़ है, जो हमारे अन्दर इतने गहरे अन्तर्निहित या अंकित है कि वह हमें, हमारी जानकारी और नियन्त्रण से परे, किन्हीं ख़ास तरीक़ों से कार्य करने को बाध्य करती है।

मानव स्वभाव के अध्येता के रूप में आपका उद्यम दोहरा है : पहले तो आपको अपने चरित्र को समझना चाहिए, जिसके लिए आपको यथासम्भव श्रेष्ठ ढंग से अपने अतीत की उन चीज़ों की जाँच करनी चाहिए जिन्होंने उसे गढ़ा है, और विशेष रूप से उन

नकारात्मक आदतों की जाँच करनी चाहिए जिनकी आवृत्ति आप अपने जीवन में होते देखते हैं। इस छाप से छुटकारा पाना असम्भव है, जिसने आपके चरित्र को गढ़ा है। वह छाप बहुत गहरी है। लेकिन सजग रहकर आप किन्हीं ख़ास नकारात्मक आदतों को कम कर सकते हैं या रोक सकते हैं। आप अपने चरित्र के नकारात्मक और कमज़ोर पक्षों को अपनी वास्तविक सामर्थ्य में बदल सकते हैं। आप नयी आदतें गढ़ने की कोशिश कर सकते हैं और अभ्यास के सहारे उन्हें साध सकते हैं, और इस तरह अपने चरित्र को तथा उससे जुड़ी नियति को नया रूप दे सकते हैं।

दूसरे, आपको उन लोगों के चरित्र को पढ़ने की दक्षता विकसित करनी ज़रूरी है, जिनके साथ आपको बरतना पड़ता है। इसके लिए, आपको उस व्यक्ति का चुनाव करते समय जिसके लिए या जिसके साथ आपको काम करना है या जो आपका अन्तरंग जीवन-साथी होने जा रहा है, चरित्र को एक प्राथमिक मूल्य की तरह देखना चाहिए। इसका मतलब है कि आपको उनके चरित्र को उनके आकर्षण, बुद्धिमत्ता या प्रसिद्धि से ज़्यादा महत्त्व देना चाहिए। लोगों के चरित्र - जो उनके कृत्यों और आदतों में परिलक्षित होता है - को बारीक़ी-से देखने की क़ाबिलियत नितान्त निर्णायक महत्त्व की सामाजिक दक्षता है। यह ठीक-ठीक उस तरह के निर्णय लेने से बचने में आपकी मदद कर सकती है, जो आपके लिए वर्षों विपत्ति का सबब बन सकते हैं - मसलन, आप ग़लत लीडर का, बेईमान पार्टनर का, धूर्त सहयोगी का या ऐसे अयोग्य जीवन-साथी का चुनाव कर सकते हैं, जो आपकी ज़िन्दगी में ज़हर घोल सकती/सकता है। लेकिन यह ऐसी दक्षता है, जिसे आपको सचेत रूप से विकसित करना चाहिए, क्योंकि जब इस तरह के आकलनों का मौक़ा आता है तो हम इन्सान सामान्यतः अनाड़ी साबित होते हैं।

हमारे अनाड़ीपन का सामान्य स्रोत यह है कि हम लोगों के बारे में अपने निर्णय किसी बहुत ज़ाहिर-सी चीज़ पर आधारित करने की कोशिश करते हैं। लेकिन लोग अक्सर अपनी कमज़ोरियों को किसी सकारात्मक चीज़ की तरह प्रस्तुत करते हुए उन्हें छिपाने की कोशिश करते हैं।

तब, चरित्र का अध्ययन करने का पहला क़दम इन भ्रमों और दिखावों के प्रति सजग होना और ख़ुद को उनके पार देखने में प्रशिक्षित करना है। हमें हर व्यक्ति के चरित्र के संकेतों को पकड़ने के लिए उसकी जाँच करनी चाहिए, भले ही उनका ऊपरी रूप कैसा भी हो या उनकी कैसी भी हैसियत क्यों ना हो। इस बात को दिमाग़ में अच्छी तरह बिठाकर, हम दक्षता के कई प्रमुख घटकों पर काम कर सकते हैं : उन ख़ास संकेतों को पहचानना जो लोग किन्हीं ख़ास परिस्थितियों में छोड़ते हैं और जो स्पष्ट तौर पर उनके चरित्र को उजागर करते हैं; उन कुछ सामान्य कोटियों को समझना जिनमें लोग फ़िट बैठते हैं (उदाहरण के लिए मज़बूत बनाम कमज़ोर चरित्र), और अन्त में उन कुछ ख़ास क़िस्म के चरित्रों के प्रति सजग होना जो अक्सर बहुत विषैले क़िस्म के होते हैं और जिनसे सम्भव हो तो दूर ही रहना चाहिए।

## चरित्र के संकेत

लोगों के चरित्र का सबसे ज़्यादा महत्त्वपूर्ण संकेत लम्बे समय के दौरान किए गए उनके कृत्यों से उभरकर आता है। लोगों ने जो भी सीखें ली होती हैं, उनके बारे में वे कुछ भी क्यों ना कहें, और भले ही वे क्यों ना कहें कि वर्षों के दौरान उनमें बहुत-से बदलाव आ गए हैं, आप उन्हें ज़िन्दगी भर अपरिहार्य रूप से एक-से कृत्यों और फ़ैसलों को दोहराते हुए पाएँगे। आपको व्यवहार के किन्हीं भी प्रमुख

रूपों के प्रति ख़बरदार रहना चाहिए – जैसे कि बहुत ज़्यादा तनाव की हालत में ग़ायब हो जाना, काम के किसी महत्त्वपूर्ण हिस्से को पूरा नहीं करना, चुनौती मिलने पर अचानक आक्रामक हो उठना, या इसके विपरीत, ज़िम्मेदारी सौंपे जाने पर अचानक चुनौती का सामना करने को तैयार हो उठना। इस बात को अपने दिमाग़ में अच्छी तरह बिठाते हुए, आपको उनके अतीत की थोड़ी छानबीन करनी चाहिए। आप पीछे मुड़कर उन दूसरे कृत्यों पर ग़ौर करें, जिन्हें आपने लक्ष्य किया हो और जो उस ढर्रे में फ़िट बैठते हों। फिर आप इस बात पर क़रीब से ध्यान दें कि वे वर्तमान में क्या करते हैं। आप उनके कृत्यों को अलग-थलग चीज़ों की तरह नहीं, बल्कि उनके बाध्यकारी ढर्रे के रूप में देखें। अगर आप उस ढर्रे की उपेक्षा करते हैं तो यह आपकी ग़लती है।

आपको इस नियम के प्राथमिक अनुषंग को हमेशा दिमाग़ में रखना चाहिए : लोग कोई भी काम सिर्फ़ एक बार नहीं करते। वे बहाना बनाने की कोशिश कर सकते हैं, जैसे कि वे कह सकते हैं कि उस समय उनका दिमाग़ फिर गया था, लेकिन आप पक्का मानिए कि वे दूसरी बार फिर वही बेवकूफ़ी दोहराएँगे, क्योंकि वे वैसा करने के लिए अपने चरित्र और आदतों से मजबूर होंगे। वस्तुत: वे अक्सर उन्हीं कृत्यों को दोहराएँगे, जबकि यह पूरी तरह उनके स्वार्थ के विपरीत होगा, और इस तरह वे अपनी कमज़ोरी की बाध्यकारी प्रकृति को उजागर करेंगे।

यह बहुत महत्त्वपूर्ण है कि आप लोगों के चरित्र की सापेक्षिक क्षमता को मापें। इसे इस तरह सोचिए : यह क्षमता व्यक्ति के गहरे मर्म से आती है। यह कुछ ख़ास चीज़ों के मिश्रण से पैदा हो सकती है, जैसे कि जैनेटिक्स, सुरक्षित पालन-पोषण, अच्छे सलाहकार, और निरन्तर सुधार। कारण जो भी हो, यह क्षमता कोई ऐसी चीज़ नहीं है, जो धमकी या आक्रामकता के रूप में बाहर दिखायी देती

हो, बल्कि वह समग्र लचीलेपन और अनुकूलनशीलता में रूपायित होती है। शक्तिशाली चरित्र में अच्छी धातु की तरह लचीलेपन का गुण होता है – वह झुक और मुड़ सकती है, लेकिन तब भी अपनी आकृति को बरकरार रखती है और कभी टूटती नहीं है।

यह शक्ति निजी सुरक्षा और आत्मसम्मान की भावना से उत्पन्न होती है। यह इस तरह के लोगों को आलोचना को स्वीकार करने और अपने अनुभवों से सीखने की गुंजाइश देती है। इसका मतलब है कि वे बहुत आसानी-से हार नहीं मान लेते, क्योंकि वे सीखना चाहते हैं कि बेहतर कैसे हुआ जाए। वे अपनी धुन के पक्के होते हैं। शक्तिशाली चरित्र वाले लोग अपने बुनियादी सिद्धान्तों के साथ समझौता किए बग़ैर नए विचारों और तौर-तरीक़ों के प्रति खुले होते हैं। कमज़ोर चरित्र के लोग विपरीत स्थिति से शुरुआत करते हैं। वे परिस्थितियों के सामने आसानी-से कमज़ोर पड़ जाते हैं, जिसकी वजह से उन पर निर्भर नहीं किया जा सकता। वे भरोसे के क़ाबिल नहीं होते और घुमा-फिरा कर बात करते हैं। सबसे बुरी बात यह है कि उन्हें सिखाया नहीं जा सकता, क्योंकि दूसरों से सीखने में आलोचना अन्तर्निहित होती है। इसका मतलब है कि आप उनके साथ बरतते हुए दीवार से सिर मार रहे होंगे। आपको लगेगा कि वे आपके निर्देशों को सुन रहे हैं, लेकिन वे अन्ततः वही करेंगे जो उन्हें सबसे अच्छा लगता होगा।

हम सब शक्तिशाली और कमज़ोर गुणों के मिश्रण हैं, लेकिन कुछ लोग स्पष्ट तौर पर इस या उस दिशा में मुड़ जाते हैं। आपसे जितना मुमकिन हो सकता है, आपको काम करना चाहिए और शक्तिशाली चरित्रों से जुड़ना चाहिए तथा कमज़ोर चरित्रों से बचना चाहिए।

सामर्थ्य या कमज़ोरी को आँकने की प्रक्रिया में यह देखिए कि लोग तनावपूर्ण क्षणों और ज़िम्मेदारियों को कैसे निभाते हैं। उनके

पैटर्न पर ध्यान दीजिए : उन्होंने वास्तव में क्या काम पूरा किया है? आप लोगों की परीक्षा भी ले सकते हैं। उदाहरण के लिए, उनका कोई मैत्रीपूर्ण मज़ाक़ काफ़ी-कुछ बता सकता है। क्या वे उस मज़ाक़ को शालीनता से लेते हैं, और असुरक्षा की भावना के शिकार नहीं हो जाते, या उनकी आँखों से असन्तोष या रोष झलक उठता है? टीम के साथ मिल-जुल कर काम करने के मामले में उनकी विश्वसनीयता आँकने के लिए उन्हें कोई युक्तिपरक जानकारी दीजिए या किसी अफ़वाह में उनके साथ साझा कीजिए - क्या वे फ़ौरन वह जानकारी औरों तक पहुँचा देते हैं? क्या वे आपके किसी विचार को अपना विचार बनाकर पेश करते हैं? उनकी सीधे-सीधे आलोचना कीजिए। क्या वे उसे स्वीकार कर उससे कोई सीख लेते हैं और अपने में कोई सुधार लाते हैं, या वे असन्तोष के स्पष्ट संकेत देते हैं। उन्हें न्यूनतम निर्देशों के साथ कोई ऐसी ज़िम्मेदारी सौंपिए, जिसे पूरा करने की कोई समय-सीमा निर्धारित नहीं हो और देखिए कि वे अपने विचारों और समय को किस तरह व्यवस्थित करते हैं। उनके सामने किसी नयी ज़िम्मेदारी की या नए ढंग से कोई काम करने की चुनौती पेश कीजिए और देखिए कि वे किस तरह प्रतिक्रिया करते हैं, अपनी बेचैनी को किस तरह हैंडल करते हैं।

याद रखिए : कमज़ोर चरित्र के लोग उन तमाम दूसरी सम्भावित अच्छाइयों को बेअसर कर देंगे, जो किसी व्यक्ति में हो सकती हैं। उनके साथ काम करने में या उन्हें काम पर रखने में आपको कुछ ऐसी क़ीमतें चुकानी पड़ सकती हैं, जिनका आपको पहले अन्दाज़ नहीं होगा। भले ही कोई व्यक्ति कम आकर्षक और कम बुद्धिमान हो, किन्तु अगर वह मज़बूत चरित्र वाला है, जो दीर्घकालिक स्तर पर वह अधिक विश्वसनीय और काम का साबित होगा। वास्तविक सामर्थ्य रखने वाले लोग सोने की तरह दुर्लभ होते हैं, और अगर

वे आपको मिल जाते हैं, तो आपको इस तरह की प्रतिक्रिया करनी चाहिए, जैसे आपके हाथ कोई ख़ज़ाना लग गया हो।

## विषाक्त क़िस्म के लोग

हालाँकि हर व्यक्ति का चरित्र उतना ही अनूठा होता है, जितना कोई अँगुलियों का निशान होता है, तब भी हम समूचे इतिहास के दौरान ऐसे कुछ ख़ास क़िस्म के लोगों को लक्ष्य कर सकते हैं, जो बार-बार सामने आते हैं और जिनसे बरतना घातक हो सकता है। ज़ाहिर तौर पर ज़्यादा दुष्ट या चालाक क़िस्म के चरित्रों, जिन्हें आप मीलों दूर से पहचान सकते हैं, के विपरीत इस तरह के लोग अधिक धूर्त होते हैं। केवल समय के गुज़रने के साथ ही आप उनके ऊपरी दिखावे के नीचे छिपी विषाक्त प्रकृति को देख पाते हैं, अक्सर तब जब तक काफ़ी देर हो चुकी होती है। आपका सबसे बड़ा बचाव इसी में है कि आप इस क़िस्म के लोगों के ज्ञान से लैस रहें, ताकि आप इनके संकेतों को पहले ही देख सकें, और या तो उनसे उलझें ही नहीं या जितनी जल्दी हो सके, उनसे छुटकारा पा लें।

**अतिशय पूर्णतावादी :** आप उनकी मण्डली में इसलिए खिंचे चले जाते हैं, क्योंकि आप उन्हें कड़ी मेहनत करते देखते हैं, आप देखते हैं कि वे जो कुछ भी पैदा कर रहे होते हैं, उसे सर्वश्रेष्ठ रूप देने के लिए वे किस क़दर समर्पित भाव से काम कर रहे होते हैं। लेकिन अगर आप बदक़िस्मती से उनके साथ या उनके लिए काम करने पर राज़ी हो जाते हैं, तो धीरे-धीरे आपको वास्तविकता समझ में आएगी। वे अपने काम दूसरों को नहीं सौंप सकते; उन्हें हर चीज़ का निरीक्षण ख़ुद ही करना होता है। इसका सम्बन्ध उच्च मानकों और समूह के प्रति समर्पण-भाव से कम, ताक़त और नियन्त्रण से ज़्यादा होता है।

इस तरह के लोगों में निर्भरता की समस्या होती है, जो उनकी पारिवारिक पृष्ठभूमि की देन होती है। उनके अन्दर अगर इस तरह का कोई भी अहसास जागता है कि उन्हें किसी चीज़ के लिए किसी व्यक्ति पर निर्भर करना पड़ सकता है, तो उनके पुराने घाव हरे हो जाते हैं, पुरानी बेचैनियाँ जाग उठती हैं। उनके यहाँ एक ढर्रा दिखायी देता है जिसमें शुरुआती सफलता के बाद अक्रियाशील और ज़बरदस्त विफलताएँ होती हैं। इसके पहले कि आप किसी भी स्तर पर इस तरह के लोगों से उलझें, अच्छा है कि आप उन्हें पहचान लें।

**व्यक्तिगत स्तर पर लेने वाले :** ये लोग अत्यन्त संवेदनशील और विचारवान प्रतीत होते हैं, जो एक दुर्लभ और अच्छा गुण है। लेकिन बाद में जाकर आपको पता चलता है कि उनकी संवेदनशीलता एक ही दिशा में जाती है - अन्दर की ओर। इनकी प्रवृत्ति होती है, ये उस हर *चीज़* को व्यक्तिगत स्तर पर लेते हैं, जो लोग कहते या करते हैं। जब वे बच्चे थे, तब उन्हें यह भावना खाए जाती थी कि उनके माता-पिता ने उन्हें पर्याप्त मात्रा में प्रेम नहीं किया, उनकी ओर पर्याप्त ध्यान नहीं दिया, उन्हें भौतिक चीज़ें उपलब्ध नहीं करायीं। उम्र बढ़ने के साथ-साथ उन्हें हर चीज़ उसकी याद दिलाती है, जो उन्हें नहीं मिला। एक मुकाम ऐसा आता है, जब उनके चेहरे पर स्थायी निराशा का भाव दिखायी देने लगता है।

अगर आप इस तरह के लोगों को पर्याप्त जल्दी पहचान लें, तो उनसे बचकर रहना अच्छा है, क्योंकि वे अपरिहार्य रूप से आपके मन में अपराधबोध जगाएँगे।

**नाटकीय चुम्बक :** वे अपनी उत्तेजक मौजूदगी से आपको अन्दर खींच लेंगे। जब वे बच्चे थे तब उन्होंने सीखा था कि अपने माँ-बाप का टिकाऊ प्रेम और ध्यानाकर्षण हासिल करने का एकमात्र तरीक़ा

यह है कि उन्हें अपनी ऐसी मुसीबतों और समस्याओं में उलझाओ जो इतनी बड़ी हों कि वे माँ-बाप को लम्बे समय तक भावनात्मक रूप से व्यस्त रख सकें। जब आप उन्हें बेहतर समझने लगते हैं, तो आपको उनसे उनकी ज़िन्दगी की कलह और लड़ाइयों के बहुत-से क़िस्से सुनने को मिलते हैं, लेकिन ये लोग ख़ुद को हमेशा शिकार हुए व्यक्ति की स्थिति में रखते हैं।

आपको इस बात का अहसास होना चाहिए कि उनकी सबसे बड़ी ज़रूरत आपको हर सम्भव तरीक़े से अपने काँटे में फाँस कर रखने की होती है। ऐसे लोगों के अतीत की छानबीन कीजिए और अगर आपको ज़रा भी सन्देह होता है कि आप इस तरह के लोगों से बरत रहे हैं, तो भाग खड़े हों।

**बड़ी-बड़ी बातें करने वाले :** आप उनके विचारों से प्रभावित हैं, उनकी उन योजनाओं से प्रभावित हैं, जिनके बारे में वे सोच रहे हैं। उन्हें मदद की ज़रूरत है, प्रोत्साहित करने वालों की ज़रूरत है, और आप सहानुभूतिशील हैं, लेकिन आप पल भर को पीछे हटते हैं और उनकी अतीत की उपलब्धियों के संकेतों या किसी भी ठोस चीज़ की तलाश में उनके पिछले कामों की जाँच करते हैं। हो सकता है आप उस तरह के व्यक्ति से बरत रहे हों, जो स्पष्ट तौर पर ख़तरनाक नहीं है, लेकिन जो दर्दनाक साबित हो सकता है और आपका क़ीमती वक़्त नष्ट कर सकता है। ऐसे लोग स्वयं कभी कोई भी काम पूरा नहीं करते। अन्त में वे दूसरों को - समाज को, अस्पष्ट क़िस्म की विरोधी ताक़तों या भाग्य को - दोष देते हैं कि उनकी वजह से उनका सपना साकार नहीं हो सका।

अक्सर इस तरह के लोगों के अभिभावक अस्थिर स्वभाव के रहे होते हैं, और वे छोटी-से-छोटी ग़लतियों के लिए उन पर हमला करने लगते हैं। नतीजतन जीवन में उनका लक्ष्य ऐसी स्थितियों को

टालने का होता है, जिनमें उन्हें स्वयं को आलोचना और मूल्यांकन के लिए प्रस्तुत करना पड़ सकता है। इसके संकेतों के लिए उनके अतीत में सावधानी के साथ झाँकें, और अगर वे इस क़िस्म के लोग लगते हों, तो उनके क़िस्सों में आनन्द लें, लेकिन इससे आगे नहीं बढ़ें।

**यौनकर्म का जुनून रखने वाले (सैक्सुअलाइज़र) :** ये लोग यौन ऊर्जा से, ताज़गी से भर देने वाले स्वच्छन्द ढंग से, आविष्ट प्रतीत होते हैं। लेकिन वास्तव में यह बाध्यकारी होती है और एक स्याह जगह से निकलकर आती है। इस तरह के लोगों ने अपनी ज़िन्दगी के शुरुआती वर्षों में यौन सम्बन्धी दुष्कर्म को भोगा होता है।

यह चीज़ अन्दर बहुत गहराई में कहीं बैठी होती है और उसे नियन्त्रित नहीं किया जा पाता – ऐसे लोग हर रिश्ते को यौनकर्म की सम्भावना से युक्त रिश्ते के रूप में देखते हैं। आप उनकी मदद नहीं कर सकते या उन्हें इस बाध्यता से बचा नहीं सकते, सिर्फ़ ख़ुद को उनके साथ किसी भी स्तर पर लिप्त होने से बचा सकते हैं।

**बिगड़े हुए शहज़ादे/शहज़ादी :** वे आपको अपने शाही प्रभाव में घसीट लेंगे। धीरे-धीरे आप पाएँगे कि आप बिना कोई भुगतान पाए अतिरिक्त रूप से कड़ी मेहनत करते हुए उन पर अनुग्रह कर रहे हैं, और इस बात को समझ ही नहीं पा रहे हैं कि यह आप कैसे और क्यों कर रहे हैं। बचपन में उनके अभिभावक उनकी हर मर्ज़ी को पूरा करते थे और उन्हें बाहरी दुनिया की किसी भी क़िस्म की दख़लन्दाज़ी से बचाते थे। आप अक्सर देखेंगे कि जब उन्हें उनकी मर्ज़ी की चीज़ नहीं मिलती, तो वे बच्चों जैसा आचरण करने लगते हैं, मुँह फुलाते हैं या चिड़चिड़ाते हैं।

आप देखेंगे कि ऐसा वे अपने हर आत्मीय सम्बन्धी के साथ करते हैं, और जब तक कि आपको दूसरों को सिर चढ़ाने की बहुत गहरी ज़रूरत नहीं होती, आप उनके साथ अपने सम्बन्ध को पागल कर देने वाला पाएँगे, जो हमेशा उनकी शर्तों पर खड़ा होता है। अगर आपको उनकी सहायता नहीं करने का अपराधबोध होता है, तो इसका मतलब है कि आप उनके जाल में फँसे हुए हैं और बेहतर है कि आप ध्यान रखें।

**रिझाऊ :** आप इतने भले और दूसरों का ध्यान रखने वाले व्यक्ति से कभी नहीं मिले होंगे। फिर धीरे-धीरे आपको कुछ सन्देह होने लगते हैं, लेकिन आप किसी चीज़ पर अँगुली नहीं रख पाते। इस तरह के लोग परम चाटुकार होते हैं और उन्होंने अपनी भलमनसाहत दूसरे इन्सानों के प्रति अपने सच्चे लगाव के चलते नहीं, बल्कि बचाव की तकनीक के रूप में विकसित की होती है। सम्भवत: उनके अभिभावक कठोर और दमनकारी रहे होंगे, जिन्होंने उनके हर कृत्य का निरीक्षण किया होगा।

जिस तरह वे बचपन में किया करते थे, उनकी मुस्कराहट और चापलूसी के पीछे बहुत गहरा असन्तोष उस भूमिका को लेकर होता है, जो उन्हें निभानी पड़ रही होती है। आपको ऐसे लोगों से सतर्क रहना चाहिए जो दिल खोलकर, अस्वाभाविक ढंग से, बहुत ज़्यादा आकर्षक और विनम्र दिखने की कोशिश करते हैं।

**उद्धारक :** आप अपनी ख़ुशक़िस्मती पर विश्वास नहीं कर सकते - आप किसी ऐसे व्यक्ति से मिले होंगे, जो आपको आपकी कठिनाइयों और परेशानियों से मुक्ति दिलाता होगा। शुरू-शुरू में तो ख़ासा सम्मोहक लगता है, लेकिन आपको उस वक़्त सन्देह होने लगता है, जब आप अपनी स्वाधीनता का दावा करना शुरू करते हैं और अपने ढंग से काम करने लगते हैं।

इस तरह के लोगों ने अपने बचपन में अक्सर अपनी माँ, पिता या भाई-बहनों की देखरेख की होती है। इससे एक ढर्रा बन जाता है : उन्हें लोगों का उद्धार करने में, उनकी देखभाल करने में, उनका मुक्तिदाता होने में सबसे ज़्यादा सन्तोष मिलता है। लेकिन आपको नियन्त्रित करने की उनकी लालसा उनके इस आचरण के बाध्यकारी पक्ष को उजागर कर देती है। अगर वे शुरुआती तौर पर आपकी कुछ मदद करने के बाद आपको अपने पैरों पर खड़े होने की गुंजाइश देते हैं, तब तो वे निश्चय ही सच्चे अर्थों में शरीफ़ इन्सान हैं। लेकिन अगर वे ऐसा नहीं करते तो निश्चय ही इसका ताल्लुक उस ताक़त से है जो वे आप पर आज़माना चाहते हैं। जो भी हो, सबसे अच्छा यही है कि आप आत्मनिर्भर बनें और उद्धारकर्ताओं से कहें कि वे अपना ही उद्धार करें।

**आसानी-से उपदेश देने वाले :** वे इस या उस अन्याय को लेकर अपना रोष प्रकट करते हैं, और वे ख़ासे लफ़्फ़ाज़ होते हैं। लेकिन कभी-कभी आपको उन पर चढ़े सदाचार के मुलम्मे में दरार दिखायी दे जाती है। वे अपने कर्मचारियों से बहुत अच्छा व्यवहार नहीं करते; वे अपने जीवन-साथी को नीचा दिखाते हैं; उनकी कोई ऐसी गुप्त ज़िन्दगी या बुराई होती है, जिसकी आपको झलक मिलती रहती है। जब वे बच्चे थे तब उन्हें उनके अपने प्रबल संवेगों और आनन्द की आकांक्षाओं के लिए अक्सर अपराध का अहसास कराया जाता था। उन्हें उनके संवेगों की वजह से दण्डित किया जाता था, उन्हें दबाने का प्रयत्न किया जाता था।

सच्चाई यह है कि वे ख़ुफ़िया तरीक़े से उसी चीज़ के प्रति आकर्षित होते हैं, जिसकी वे निन्दा करते हैं, इसी वजह से उनका एक गुप्त पहलू होता है। उनमें संवेदना के अभाव को यथाशीघ्र पहचान लें और उनसे दूरी बनाए रखें।

## उत्तम चरित्र

यह नियम सरल और कठोर है : आपका एक अटल चरित्र है। इसका निर्माण उन तत्त्वों से हुआ था, जो आपकी चेतन अवस्था से पहले के हैं। आपके अन्दर गहरे पैठा यह चरित्र आपको अपने कृत्यों, युक्तियों और निर्णयों को दोहराने को बाध्य करता है। आपका मस्तिष्क इस तरह बना है कि वह इसे आसान बना देता है : जैसे ही आप सोचते हैं और कोई ख़ास कृत्य करते हैं, वैसे ही एक तन्त्रिका पथ तैयार हो जाता है, जो उस जगह ले जाता है जहाँ आप उस कृत्य को बार-बार करते हैं। और इस नियम के सन्दर्भ में आप एक या दो दिशाओं में जा सकते हैं, जिनमें से प्रत्येक कमोबेश आपके जीवन की दिशा निर्धारित करती है।

पहली दिशा है अज्ञान और इंकार की। आप अपने जीवन के ढर्रों पर ध्यान नहीं देते; आप इस बात को स्वीकार नहीं करते कि आपके जीवन के एकदम शुरुआती वर्षों ने एक ऐसी गहरी और अमिट छाप छोड़ी है जो आपको किन्हीं ख़ास तरीक़ों से आचरण करने को बाध्य करती है। आप सोचते हैं कि आपका चरित्र पूरी तरह लचीला है, और आप अपनी इच्छानुसार इसे नए तरीक़े से गढ़ सकते हैं। आप किन्हीं दूसरे व्यक्तियों की तरह ताक़त और प्रसिद्धि के रास्ते पर चल सकते हैं, बावजूद इसके कि उन लोगों की परिस्थितियाँ भिन्न रही हैं। अटल रूप से निर्धारित चरित्र की अवधारणा एक क़ैद की तरह लगती है, और बहुत-से लोग मादक पदार्थों, शराब या वीडियो खेलों के माध्यम से ख़ुद को गुपचुप उस क़ैद से बाहर निकाल ले जाना चाहते हैं। इस इंकार का नतीजा बहुत सीधा-सा है : बाध्यकारी व्यवहार और ढर्रे अपनी जगह और भी अटल हो जाते हैं। आप अपने चरित्र की विपरीत दिशा में नहीं जा सकते, ना ही आप उससे छुटकारा पाने की कोशिश कर सकते हैं। वह बहुत शक्तिशाली होता है।

दूसरी दिशा लेना अपेक्षाकृत मुश्किल है, लेकिन यही एकमात्र रास्ता है, जो आपको सच्ची ताक़त और उत्तम चरित्र के निर्माण की ओर ले जाता है। यह इस तरह काम करता है : आप स्वयं को यथासम्भव पूरी तरह से जाँचते-परखते हैं। आप अपने चरित्र की गहनतम परतों में झाँकते हैं। आप अपने मूलभूत रुझानों की ओर देखते हैं – उन विषयों और गतिविधियों की ओर जिनकी ओर आप स्वाभाविक ढंग से आकर्षित होते हैं। आपने अपने माता-पिता के साथ जो लगाव विकसित किए थे, आप उन लगावों के रूप का परीक्षण करते हैं, और अपने वर्तमान रिश्तों को इसके सबसे अच्छे संकेत के रूप में देखते हैं। आप सख़्त ईमानदारी के साथ अपनी उन ग़लतियों और आदतों पर ग़ौर करते हैं, जो निरन्तर आपको आगे बढ़ने से रोकती हैं। आप अपनी सीमाएँ जानते हैं – उन स्थितियों को जिनमें आप अपना सर्वश्रेष्ठ प्रदर्शन नहीं कर पाते। आप उन स्वभाविक शक्तियों के प्रति भी सजग हो उठते हैं, जो आपकी किशोरावस्था के बाद भी बची रह गयी हैं।

अब, इस जागरूकता के साथ, आप अपने चरित्र के बन्धक नहीं रह जाते जहाँ आपको उन्हीं-उन्हीं युक्तियों और ग़लतियों को दोहराते रहने के लिए मजबूर होना पड़ता था। आप जैसे ही ख़ुद को अपने किसी सामान्य ढर्रे में बँधता हुआ देखते हैं, आप समय रहते ख़ुद को रोक सकते हैं और अपने क़दम वापस खींच सकते हैं। हो सकता है कि आप इन ढर्रों को पूरी तरह से मिटा नहीं सकें, लेकिन अभ्यास की मदद से आप उनके प्रभावों को कम कर सकते हैं। चूँकि आप अपनी सीमाओं को जानते हैं, आप ऐसे काम करने की कोशिश नहीं करेंगे, जिन्हें करने की आप में क्षमता नहीं है या जिन्हें करने का आपका रुझान नहीं है। इसकी बजाय, आप करियर के ऐसे रास्ते चुनेंगे, जो आपके लायक़ हैं और जो आपके चरित्र के साथ फ़िट बैठते हैं। सामान्यत: आप अपने चरित्र को स्वीकार करते हैं, उसे

अंगीकार करते हैं। आप किसी और जैसे नहीं बनना चाहते, बल्कि अपनी सम्भावनाओं के बोध के साथ, पूरी तरह अपने जैसे बनना चाहते हैं। आप अपने चरित्र को उस मिट्टी की तरह देख सकते हैं, जिसे आप आकार देते हुए धीरे-धीरे अपनी कमज़ोरियों को अपनी ताक़त में बदल सकते हैं। आप अपनी कमज़ोरियों को पीठ दिखाकर भागते नहीं हैं, बल्कि उन्हें शक्ति के सच्चे स्रोत की तरह देखते हैं।

यह वह कीमियागिरी है, जिसका आपको अपने ऊपर अवश्य ही इस्तेमाल करना चाहिए। अगर आप अतिशय उत्कृष्टता-प्रेमी हैं, जो हर चीज़ पर नियन्त्रण रखना चाहता है, तो आपको इस ऊर्जा का इस्तेमाल लोगों पर करने की बजाय इसे किसी रचनात्मक काम में लगाना चाहिए। मामूली ब्यौरों पर ध्यान देना और उच्च मापदण्ड निर्धारित कर के रखना, उस स्थिति में सकारात्मक है जब आप उन्हें सही ढंग से काम में लगाते हैं। अगर आप दूसरों को रिझाने में दिलचस्पी रखते हैं, तो आपने निश्चय ही चापलूसी की दक्षताएँ और वास्तविक आकर्षण विकसित कर लिए हैं। अगर आप इस लक्षण का स्रोत देख सकें, तो आप इसके बन्धनकारी और रक्षात्मक पहलुओं को नियन्त्रित कर सकते हैं और इसे एक ऐसी सच्ची सामाजिक दक्षता की तरह बरत सकते हैं, जो आपको बहुत अधिक शक्ति उपलब्ध करा सकती है। अगर आप अत्यन्त संवेदनशील हैं और चीज़ों को व्यक्तिगत स्तर पर लेते हैं, तो आप इसे सक्रिय संवेदना की दिशा में मोड़ सकते हैं, और इस कमज़ोरी को सकारात्मक सामाजिक ध्येयों के लिए एक गुण में बदल सकते हैं। अगर आपका चरित्र विद्रोही क़िस्म का है, तो इसका मतलब है कि आपको रूढ़ियाँ और आम ढर्रे पर चलना स्वाभाविक रूप से नापसन्द है। लोगों को अपमानित करने और अलहदा करने की बजाय, इसे किसी तरह के रचनात्मक कार्य में लगाइए। हर कमज़ोरी के साथ एक ताक़त जुड़ी होती है।

अन्त में, आपको उन लक्षणों को भी परिष्कृत करने की ज़रूरत है, जिनका ताल्लुक मज़बूत चरित्र से है - दबाव की परिस्थितियों में लचीलापन, ब्यौरों पर ध्यान देना, कामों को पूरा करने की योग्यता, टीम के साथ काम करना, लोगों के मतभेदों के प्रति सहिष्णुता। इसका एकमात्र तरीक़ा है, अपनी आदतों में सुधार लाना जो धीरे-धीरे आपके चरित्र का निर्माण करती हैं। उदाहरण के लिए ख़ुद को इस तरह प्रशिक्षित करें कि आप तनावपूर्ण या प्रतिकूल परिस्थितियों के अभ्यस्त बनने के लिए ख़ुद को बार-बार उस तरह की परिस्थितियों में रखें। ख़ुद को इस तरह तैयार करें कि आप रोज़मर्रा के उबाऊ कामों के दौरान अधिक धीरज बरत सकें और ब्यौरों पर ध्यान दे सकें। उन्हें पूरा करने में आपको अधिक मेहनत करने की ज़रूरत है। इससे आपको ज़्यादा अनुशासन और काम करने की बेहतर आदतें विकसित करने में मदद मिलेगी। ख़ुद को इस तरह प्रशिक्षित करें कि निरन्तर यह सोच सकें कि आपकी टीम के हित में सबसे अच्छा क्या है। आपको ऐसे लोगों को भी खोजना चाहिए, जो मज़बूत चरित्र का परिचय देते हों और उनके साथ ज़्यादा-से-ज़्यादा जुड़ना चाहिए। इस तरह आप उनकी ऊर्जा और आदतों को अपने में समाविष्ट कर सकते हैं। और आपके अपने चरित्र में कुछ लचीलापन विकसित करने के लिए, जोकि हमेशा ही मज़बूती का संकेत होता है, आप जब-तब ख़ुद को आमूल-चूल स्तर पर पुनर्व्यवस्थित करें, कोई नयी युक्ति या सोचने का कोई नया ढंग अपनाएँ, उससे उल्टा करें जो आप सामान्यतः करते हैं।

इस तरह काम करने पर आप उस चरित्र के गुलाम नहीं रह जाएँगे, जिसे आपके जीवन के शुरुआती वर्षों ने गढ़ा था, ना ही उस विवशतापूर्ण व्यवहार के गुलाम रह जाएँगे, जो उस चरित्र का नतीजा होता है। इससे भी आगे, अब आप सक्रिय रूप से अपने चरित्र को और उससे जुड़ी क़िस्मत को आकार दे सकते हैं।

किसी भी मामले में यह सोचना ग़लत है कि व्यक्ति एक ख़ास ढंग से कोई काम या व्यवहार एक बार ही कर सकता है, दोबारा कभी नहीं कर सकता। (उन लोगों की ग़लती जो कहते हैं : ''हमें कड़ी मेहनत करके तब तक एक-एक पैसा बचाना चाहिए जब तक हम तीस साल के नहीं हो जाते, उसके बाद हम आनन्द लूटेंगे।'' तीस की उम्र में उनमें पैसा बचाने का लोभ और कड़ी मेहनत की ओर झुकाव होगा, और वे कभी आनन्द नहीं उठा पाएँगे...) व्यक्ति जो करता है, उसे वह फिर से करता है, दरअसल शायद दूर अतीत में पहले ही कर चुका होता है। ज़िन्दगी का अत्यन्त दुखदायी पक्ष यह है कि ये हमारे अपने ही निर्णय होते हैं, जो हमें इस ढर्रे में झोंक देते हैं, उन पहियों के नीचे जो हमें कुचलकर रख देते हैं। (सच्चाई यह है कि उन निर्णयों को लेने के पहले ही हम उस दिशा में जा रहे होते हैं।) कोई भी निर्णय, कोई भी कृत्य उन कृत्यों और निर्णयों की अचूक भविष्यवाणियाँ हैं, जो हम किसी और समय पर दोहराएँगे, किसी अज्ञात, गुप्त, ज्योतिषीय वजह से नहीं, बल्कि इसलिए कि वे एक ऐसी स्वचालित प्रतिक्रिया का नतीजा होते हैं, जो ख़ुद को दोहराएगी ही।

*– सेज़ार पावेसी*

# 5

# आकांक्षा के हाथ नहीं आने वाले विषय बनिए

—— ✧ ——

## *लोलुपता का नियम*

*उपस्थिति और अनुपस्थिति का हम पर बहुत बुनियादी प्रभाव होता है। बहुत ज़्यादा उपस्थिति दमघोंटू होती है; अनुपस्थिति का एक अंश हमारी दिलचस्पी भड़काता है। यह हमारी चारित्रिक विशेषता है कि हम उस चीज़ को हासिल करने की निरन्तर आकांक्षा करते हैं, जो हमारे पास नहीं होती - हमारी फ़न्तासियों द्वारा प्रक्षेपित वस्तु। अपने इर्दगिर्द कुछ रहस्य रचना सीखिए, लोग आपके लौटने की, आपको हासिल करने की इच्छा करें, इसके लिए अपनी युक्तिपरक अनुपस्थिति रचना सीखिए। दूसरों को उस चीज़ से ललचाइए जिसकी उनकी ज़िन्दगी में सबसे ज़्यादा कमी हो, जिससे उन्हें वंचित कर दिया हो, वे लोग उस चीज़ को पाने की आकांक्षा से पागल हो जाएँगे। लोगों को दूर के ढोल हमेशा सुहावने लगते हैं। अगर आपके भीतर यह कमज़ोरी हो, तो अपनी परिस्थितियों को, अपने भाग्य को स्वीकार करते हुए उसे दूर कीजिए।*

> अन्ततः मेरे पास वह है, जो मैं चाहता था। क्या मैं सुखी हूँ? नहीं। लेकिन कमी किस चीज़ की है? मेरी आत्मा में वह उत्तेजक और दिलचस्प हरक़त नहीं है, जो आकांक्षा प्रदान करती है... ओह हमें ख़ुद को धोखा नहीं देना चाहिए - आनन्द तृप्ति में नहीं, बल्कि तलाश में होता है।
>
> – *पियेख़-आगस्ताँ कैग़ों दे बमेख़्शे*

## मानव-स्वभाव के रहस्य

हम मनुष्य, स्वभाव से ही अपनी परिस्थितियों से आसानी-से सन्तुष्ट नहीं होते। हमारे भीतर कोई ऐसा विकृत बल मौजूद होता है कि जिस क्षण हम कोई चीज़ हासिल कर लेते हैं या जो हम चाहते हैं वह हमें मिल जाता है, हमारा दिमाग़ किसी नयी और भिन्न चीज़ की ओर भटकने लगता है, हम कल्पना करने लगते हैं कि हमारे पास उससे बेहतर कोई चीज़ होती। हम इसे दूर के ढोल सुहावने कह सकते हैं। यह दृष्टिभ्रम का दिमाग़ी संस्करण है। अगर हम ढोल के, यानी उस नयी वस्तु के बहुत क़रीब चले जाएँ, तो हमें समझ में आएगा कि वह उतना सुहावना भी नहीं है।

इस तरह के लक्षणों को मानव मस्तिष्क की तीन विशेषताओं से समझा जा सकता है। इनमें से पहली विशेषता को *इण्डक्शन* के नाम से जाना जाता है - किस तरह कोई सकारात्मक चीज़ हमारे दिमाग़ में उसके विपरीत नकारात्मक छवि गढ़ती है। इसका मतलब है कि हम जब भी कभी कोई चीज़ देखते या उसकी कल्पना करते हैं, हमारे दिमाग़ उससे विपरीत चीज़ की कल्पना करने को लाचार होते हैं। अगर हमारी संस्कृति हमें कोई ख़ास बात सोचने से या किसी ख़ास आकांक्षा को पूरा करने से रोकती है, तो वह वर्जना तुरन्त दिमाग़ में उसी चीज़ को ले आती है, जिसे हमारे लिए वर्जित

किया गया है। हर 'नहीं' उससे जुड़े एक 'हाँ' को भड़काता है। दिमाग़ के भीतर विपरीतों के बीच के इस दोलन पर हमारा कोई नियन्त्रण नहीं होता। यह हमें ठीक उस चीज़ के बारे में सोचने को और उसकी आकांक्षा करने को प्रवृत्त करती है, जो हमारे पास नहीं होती।

दूसरे, आत्मतुष्टि मनुष्य जैसे आत्मचेतना सम्पन्न प्राणी के लिए एक ख़तरनाक विकासपरक लक्षण है। अगर हमारे आरम्भिक पूर्वज वर्तमान परिस्थितियों से सन्तुष्ट महसूस करते होते, तो वे सर्वाधिक स्पष्ट रूप से सुरक्षित वातावरणों में छिपे हुए सम्भावित ख़तरों के प्रति पर्याप्त संवेदनशील नहीं रहे होते। अब हम घास के मैदानों या संघातक परभक्षियों और कुदरती ख़तरों से भरे जंगलों में नहीं रहते, लेकिन हमारे मस्तिष्कों का विन्यास कुछ ऐसा है, जैसे हम वहीं रहते हों। इसलिए हम एक सतत नकारात्मक पूर्वाग्रह की ओर झुके होते हैं, जो अक्सर सचेतन रूप से हमारे असन्तोष और क़ब्ज़े में करने की प्रवृत्तियों के माध्यम से अभिव्यक्त होता है।

अन्त में, हमारा मस्तिष्क वास्तविक और काल्पनिक, दोनों ही को समान रूप से अनुभव करता है। इसे उन विभिन्न प्रयोगों के माध्यम से दर्शाया जा चुका है, जिनमें कल्पना करने वाले व्यक्तियों के मस्तिष्कों में आश्चर्यजनक ढंग से ठीक वही विद्युत और रासायनिक क्रियाएँ होती हैं, जो तब भी होती हैं, जब वे व्यक्ति वास्तव में उन चीज़ों को जी रहे होते हैं, जिनकी उन्होंने कल्पना की होती है। यह सब फ़ंक्शनल मैग्नेटिक रेज़ोनेंस इमेजिंग (एफ़.एम.आर.आई.) के माध्यम से दर्शाया गया है। वास्तविकता काफ़ी कठोर हो सकती है और वह सीमाओं और समस्याओं से परिपूर्ण है। लेकिन हम अपनी कल्पना में इन सीमाओं के परे जा सकते हैं और तमाम तरह की सम्भावनाओं पर विचार कर सकते हैं। हमारी कल्पना तत्त्वत: असीमित होती है। और हम जो कल्पना

करते हैं, उसमें लगभग वही बल होता है, जो उस चीज़ में होता है, जिसे हम वास्तव में अनुभव करते हैं। और इसलिए हम ऐसे प्राणी हैं, जो निरन्तर वर्तमान परिस्थितियों से बेहतर किसी चीज़ की कल्पना करने और यथार्थ से उस मुक्ति में कुछ आनन्द लेने की ओर प्रवृत्त होते हैं, जो मुक्ति हमें हमारी कल्पना उपलब्ध कराती है।

इन सारी चीज़ों की वजह से दूर-के-ढोल-सुहावने संलक्षण हमारी मानसिक बनावट का अपरिहार्य अंग बन जाता है। हमें मानव स्वभाव की इस सम्भावित खोट को लेकर कोई उपदेश नहीं देना चाहिए, ना ही उसको लेकर कोई शिकायत करनी चाहिए। यह हम में से हरेक के मानसिक जीवन का अंग है, और इसके अनेक फ़ायदे हैं। यह नयी सम्भावनाओं के बारे में विचार करने और नवाचार करने की हमारी योग्यता का स्रोत है। यही चीज़ है, जिसने हमारी कल्पना को एक शक्तिशाली उपकरण में बदला है। और इसी का दूसरा पहलू यह है कि यह वह पदार्थ है, जिससे हम लोगों को सक्रिय, उत्तेजित और विमोहित कर सकते हैं।

यह जानना कि लोगों की स्वभाविक लोलुपता से कैसे निपटा जाए, एक शाश्वत कला है और लोगों को मनाने-समझाने के सारे रूपों के लिए हम इस कला पर निर्भर करते हैं। आज हमारे सामने समस्या यह नहीं है कि लोगों ने अचानक लालसा करना बन्द कर दिया है, बल्कि समस्या इसके विपरीत है : इस कला के साथ हमारा रिश्ता टूट रहा है और उससे जुड़ी शक्ति क्षीण हो रही है।

इसके प्रमाण हम अपने निजी रिश्तों में देखते हैं। अब ज़्यादा-से-ज़्यादा लोग यह विश्वास करने लगे हैं कि वे जो हैं, दूसरे लोगों को सिर्फ़ उसी की आकांक्षा करनी चाहिए। इसका मतलब है कि वे स्वयं को जितना मुमकिन हो सके उतना उजागर करें, अपनी सारी पसन्दों और नापसन्दों का खुलासा करें, और ख़ुद को जितना

मुमकिन हो सके उतना सुपरिचित बनाएँ। वे कल्पना और फ़न्तासी के लिए कोई गुंजाइश नहीं छोड़ते, और जब वांछित पुरुष या स्त्री उनमें दिलचस्पी लेना बन्द कर देते हैं तो वे ऑनलाइन जाकर पुरुषों के छिछोरेपन या स्त्रियों के चरित्र की कमज़ोरी का रोना रोने लगते हैं।

लोग इस सबकी ओर इस बात के सबूत के तौर पर संकेत कर सकते हैं कि लोग अधिक ईमानदार और सच्चे होते जा रहे हैं, लेकिन मानव स्वभाव कुछ पीढ़ियों के भीतर नहीं बदलता। लोग अधिक ज़ाहिर और स्पष्ट हो गए हैं, किसी गहरे नैतिक आह्वान की वजह से नहीं बल्कि बढ़ती हुई आत्मलिप्तता और सम्पूर्ण आलस्य की वजह से। आप जो हैं, वह होने के लिए या अपना सन्देश देने के लिए कोई उद्यम नहीं करना पड़ता। और उद्यम के अभाव का परिणाम यह होता है कि आप लोगों के मन पर कोई प्रभाव नहीं छोड़ पाते। इसका मतलब है कि आप में लोगों की दिलचस्पी नहीं के बराबर होगी। उनका ध्यान बहुत जल्दी-से हट जाएगा और आप इसकी वजह नहीं समझ पाएँगे। आज के समय की इस आसान नैतिकता को आँख मूँदकर स्वीकार मत कीजिए। यह वांछनीयता की क़ीमत पर ईमानदारी की माँग करती है। उल्टी दिशा में जाइए। वांछनीयता की कला को समझने वाले लोगों की थोड़ी-सी संख्या को देखते हुए आपके समक्ष चमकने और लोगों की दमित फ़न्तासियों का दोहन करने के अवसर हैं।

## आकांक्षा को उत्प्रेरित करने की युक्तियाँ

यह नियम आपके लिए तभी कारगर होगा अगर आप ख़ुद को और अपने कार्यों को वस्तुनिष्ठ रूप देते हैं। जैसे ही आपका कार्य सार्वजनिक होता है, वह आपकी अपनी उम्मीदों और सपनों से पूरी

तरह अलग वस्तु में बदल जाता है, और वह उन भावनाओं को उत्प्रेरित करता है, जो कमज़ोर और मज़बूत होती हैं। जिस हद तक आप ख़ुद को और अपने कार्यों को ऐसी वस्तुओं के रूप में देख सकते हैं, जिन्हें लोग अपने ढंग से देखते हैं, उसी हद तक आप में उन लोगों के दृष्टिकोणों को बदलने और आकांक्षा के विषयों को गढ़ने की ताक़त होती है।

ऐसे विषयों को गढ़ने की नीचे अंकित तीन युक्तियाँ हैं।

**जानिए कि कैसे और कब हाथ खींच लेने हैं।** यह इस कला का मूल तत्त्व है। आपकी एक उपस्थिति है, जिसे लोग देखते और अपनी तरह से समझते हैं। अगर आप बहुत ज़्यादा ज़ाहिर या नुमायाँ हुए, अगर लोग आपको बहुत आसानी-से पढ़ और समझ लेते हैं, अगर आप अपनी ज़रूरतों को बहुत स्पष्ट रूप से दर्शाते हैं, तो उनमें अनजाने ही अनादर का एक स्तर पैदा हो जाएगा; समय गुज़रने के साथ वे आप में अपनी दिलचस्पी खो देंगे। आपकी उपस्थिति में हल्की-सी उदासीनता होनी चाहिए, मानो आप को लगता है कि आप दूसरों के बिना काम चला सकते हैं। इससे लोगों को यह संकेत मिलता है कि आप ख़ुद को सम्मान के योग्य समझते हैं, जिससे उनके अनजाने ही उनकी निगाहों में आपका मूल्य बढ़ जाएगा। इससे लोग आपका पीछा करना चाहने लगते हैं। यह हल्की-सी उदासीनता हाथ खींचने का पहला रूप है, जिसका आपको अभ्यास करना चाहिए। इसमें थोड़ी-सी भावशून्यता और अपनी पहचान को लेकर थोड़ी-सी अस्पष्टता जोड़िए। आपकी धारणाएँ, मूल्य, और अभिरुचियाँ लोगों के सामने बहुत ज़्यादा ज़ाहिर नहीं हों। इससे उन्हें आपके भीतर वह पढ़ने की गुंजाइश मिलती है, जो वे चाहते हैं। सामान्य तौर पर आपको अपने इर्दगिर्द रहस्य का वातावरण निर्मित करने की और उनकी व्याख्या को आकर्षित करने की ज़रूरत है।

जैसे ही आप को लगता है कि आपने लोगों की कल्पना को उकसा दिया है, आपने अपने प्रति उनकी दिलचस्पी जगा दी है, वैसे ही आपको अपनी भौतिक अनुपस्थिति और हाथ खींच लेने का इस्तेमाल करना चाहिए। आप उपलब्ध नहीं हैं। एक दिन या पूरा सप्ताह बिना आपकी उपस्थिति के बीत सकता है। आप उनके भीतर ख़ालीपन का अहसास पैदा कर देते हैं, हल्की-सी पीड़ा पैदा कर देते हैं। इन अनुपस्थितियों में आप उनकी मानसिक स्पेस की उत्तरोत्तर बढ़ती हुई मात्रा घेर सकते हैं। वे आपसे कम नहीं, ज़्यादा की चाहना करने लगते हैं।

जो कार्य आप करते हैं, उनसे भी आप ऐसा ही ललचाऊ प्रभाव पैदा कर सकते हैं। अपनी प्रस्तुति और सन्देश को हमेशा अपेक्षाकृत खुला रखें। लोग आपके काम की कई व्याख्याएँ कर सकते हैं। इसे कभी भी ठीक-ठीक परिभाषित मत कीजिए कि उन्हें उसे कैसे देखना या बरतना चाहिए।

नीचे अंकित बातों को दिमाग़ में रखें : हमारी कल्पना जितनी ही ज़्यादा सक्रिय होती है, उससे हमें उतना ही अधिक आनन्द मिलता है। जब हम कोई ऐसा अमूर्त चित्र देखते हैं, जो हमारे मन में स्वप्नों या फ़न्तासियों को उकसाता है, या कोई ऐसी फ़िल्म देखते हैं, जिसकी व्याख्या आसानी-से नहीं की जा सकती, या कोई ऐसा चुटकुला या विज्ञापन सुनते हैं, जिसका अर्थ अस्पष्ट होता है, तो हम ही वे लोग होते हैं, जो उनकी व्याख्या करते हैं, और इस तरह हमें अपनी कल्पना का इस्तेमाल करना उत्तेजक लगता है। आप अपने काम के माध्यम से लोगों के लिए इस आनन्द को अधिकतम मात्रा में उभारना चाहते हैं।

**आकांक्षा की प्रतिद्वन्द्विताएँ रचिए :** मानव आकांक्षा कभी वैयक्तिक नहीं होती। हम सामाजिक प्राणी हैं और हम जो चाहते

हैं, वह लगभग हमेशा दूसरे लोगों की आकांक्षा में प्रतिबिम्बित होता है। यह चीज़ हमारे बचपन में ही पैदा हो जाती है। हमारे माता-पिता हमारी ओर जो ध्यान दे सकते थे (जो हमारी लालसा का पहला विषय होता था) उसे हम कुल-जमा शून्य (ज़ीरो-सम गेम) के रूप में देखते थे। अगर हमारे भाई-बहनों का बहुत ज़्यादा ध्यान रखा गया, तो हमारी ओर कम ध्यान दिया जाएगा। ध्यान और स्नेह हासिल करने के लिए हमें उनसे और दूसरों से प्रतिस्पर्धा करनी होती थी। जब हम अपने भाई-बहनों या दोस्तों को कोई चीज़ - कोई उपहार या अनुग्रह - प्राप्त करते हुए देखते थे, तो इससे वही चीज़ प्राप्त करने की प्रतिस्पर्धी आकांक्षा पैदा होती थी। अगर किसी वस्तु या व्यक्ति की आकांक्षा दूसरे लोग नहीं करते थे, तो हम उसे घटिया या अरुचिकर वस्तु/व्यक्ति की तरह देखते थे - हमें लगता था कि उसमें निश्चय ही कोई बुराई होगी।

यह जीवन-भर के लिए एक ढर्रा बन जाता है। किन्हीं लोगों के यहाँ यह अधिक खुला होता है। वे रिश्तों के मामले में सिर्फ़ उन पुरुषों या स्त्रियों में दिलचस्पी लेते हैं, जिन्हें दूसरे लोग पहले ही हासिल कर चुके होते हैं, जिसकी आकांक्षा किसी तीसरे व्यक्ति द्वारा की जा चुकी होती है। उनकी आकांक्षा उस प्रिय वस्तु को छीन लेने की, दूसरे व्यक्ति पर विजय प्राप्त कर लेने की होती है। इस ऊर्जा की जड़ें निश्चय ही उनके बचपन में होती हैं। अगर दूसरे लोग किसी नयी तिकड़म के माध्यम से पैसा कमा रहे होते हैं, तो वे ना सिर्फ़ उस तिकड़म में हिस्सा लेना चाहते हैं, बल्कि बाज़ार को ही अपनी मुट्ठी में कर लेना चाहते हैं। दूसरे लोगों के लिए यह अपेक्षाकृत सूक्ष्म होता है। जब वे लोगों के पास कोई ऐसी चीज़ देखते हैं, जो उत्तेजक प्रतीत होती है, तो उनकी आकांक्षा उसे ले लेने की नहीं, बल्कि उस अनुभव में साझा करने और हिस्सा लेने की होती है। दिशा कोई भी हो, जब हम किन्हीं ऐसे लोगों या

वस्तुओं को देखते हैं, जिनकी आकांक्षा किन्हीं दूसरे लोगों द्वारा की गयी होती है, तो ऐसे लोगों या वस्तुओं की क़ीमत तेज़ी-से बढ़ जाती है।

आपको इसका दोहन करना सीखना चाहिए। अगर आप किसी तरह ऐसा प्रभाव पैदा कर सकें कि अन्य लोग आपकी या आपके कृतित्त्व की आकांक्षा करने लगें, तो आप एक भी शब्द बोले बिना या ख़ुद को थोपे बिना लोगों को अपने प्रभाव में ले सकते हैं। वे आपके पास आएँगे। आपको स्वयं को इस सामाजिक प्रभामण्डल से घेरने का प्रयास करना चाहिए, या कम-से-कम उसका भ्रम तो पैदा करना ही चाहिए।

आप यह प्रभाव कई तरह से पैदा कर सकते हैं। आप ऐसी कोशिश कीजिए जिससे आपकी वस्तु को हर कहीं देखा या सुना जाए, यहाँ तक कि ज़रूरी हो तो लोग उसकी चोरी (पाइरेसी) के लिए भी प्रोत्साहित हों। आप प्रत्यक्ष तौर पर हस्तक्षेप नहीं करें। इससे अपरिहार्यत: एक क़िस्म का वाइरल आकर्षण पैदा होगा। आप विभिन्न क़िस्म के मीडिया के माध्यम से उस वस्तु के बारे में अफ़वाहें या क़िस्से फैलाकर इस प्रक्रिया को अधिक गतिशील कर सकते हैं। लोग बात करने लगेंगे और प्रभाव एक ज़बान से दूसरी ज़बान फैलता जाएगा। यहाँ तक कि कभी-कभी तारीफ़ की बजाय नकारात्मक टिप्पणियाँ और विवाद भी प्रभावशाली होंगे। इससे आपकी वस्तुओं को उकसाऊ और अतिक्रमणकारी धार मिलेगी। वैसे भी, लोग नकारात्मक के प्रति आकर्षित होते हैं। आपकी ख़ामोशी या सन्देश की स्पष्ट दिशा के अभाव में लोग बेक़ाबू होकर अपने क़िस्से और व्याख्याएँ गढ़ेंगे। हो सकता है कि आपको इसके बारे में बात करने और उसे और ज़्यादा हवा देने के लिए महत्त्वपूर्ण लोग और स्टार मिल जाएँ। वे कहेंगे कि आप जो पेश कर रहे हैं वह नया, क्रान्तिकारी और ऐसा कुछ है, जो कभी देखा-सुना नहीं गया।

आप भविष्य का, ट्रेंण्ड्स का व्यापार कर रहे हैं। एक ऐसा मुकाम आएगा, जब पर्याप्त लोग उस आकर्षण को अनुभव करेंगे और चाहेंगे कि वे बाहर नहीं छूट जाएँ, जिससे दूसरे लोग भी आकर्षित होंगे। इस खेल में एक ही समस्या है कि आज की दुनिया में इन वाइरल प्रभावों के लिए बहुत ज़्यादा प्रतियोगिता है और लोग बहुत ही ढुलमुल हैं। आपको ना सिर्फ़ इन शृंखलाबद्ध प्रतिक्रियाओं को शुरू करने में बल्कि उनका नवीकरण करने और नयी प्रतिक्रियाएँ रचने में माहिर होना चाहिए।

एक व्यक्ति के रूप में आपके सामने यह बात स्पष्ट होनी चाहिए कि लोग आपकी आकांक्षा करते हैं, कि आपका एक अतीत है - ऐसा अतीत नहीं जो अविश्वास जगाता हो, बल्कि यह संकेत देने के लिए पर्याप्त कि दूसरों ने आपको आकांक्षा के योग्य पाया है। इस मामले में आपको परोक्ष होने की ज़रूरत है। आपके लिए ज़रूरी है कि वे आपके अतीत से सम्बन्धित क़िस्से सुनें। आपके लिए ज़रूरी है कि वे स्पष्ट तौर पर देखें कि पुरुष और स्त्रियाँ आपकी ओर कितना ध्यान देते हैं, जबकि आपको एक शब्द भी नहीं कहना पड़ता। किसी भी तरह की शेखी बघारना या स्पष्ट संकेत इस प्रभाव को शून्य कर देगा।

किसी भी तरह की समझौता-वार्ता की स्थिति में आपको हमेशा किसी ऐसे तीसरे या चौथे पक्ष को ले आना चाहिए, जो आपकी सेवाओं के लिए प्रतिस्पर्धा कर रहा हो, आकांक्षा की प्रतिद्वन्द्विता रच रहा हो। यह चीज़ तुरन्त आपकी क़ीमत बढ़ा देगी, सिर्फ़ बोली-युद्ध में नहीं, बल्कि इस बात में भी कि लोग देखेंगे कि दूसरे लोग आपकी लालसा करते हैं।

**प्रेरणा का इस्तेमाल करें :** हम सोच सकते हैं कि हम अतीत के मुक़ाबले महान स्वतन्त्रता के युग में रहते हैं, लेकिन सच्चाई यह है

कि हम एक ऐसी दुनिया में रहते हैं, जो पहले की तुलना में कहीं अधिक नियन्त्रित है। हमारी हर गतिविधि पर डिजिटली निगाह रखी जाती है। आज मानव व्यवहार के सारे पक्षों को नियन्त्रित करने वाले नियम हमेशा से कहीं अधिक हैं। राजनैतिक शुचिता, जिसका वजूद हमेशा से रहा है, कहीं ज़्यादा प्रबल हो सकती है, क्योंकि हम सोशल मीडिया पर बहुत ज़्यादा दृश्य हो गए हैं। गुपचुप तरीक़े से हम सभी अपनी भौतिक और मानसिक गतिविधियों पर लगे इन अंकुशों से परेशान या कुचला हुआ महसूस करते हैं। हम सब उस चीज़ का अतिक्रमण करने और उससे परे जाने की लालसा करते हैं, जो हमारे लिए तय कर दिया गया है। हम उस दमित नहीं या हाँ के प्रति आसानी-से आकर्षित हो सकते हैं।

आप अपने लक्ष्य को किसी ऐसी चीज़ से जोड़ना चाहते हैं जो निषिद्ध, अपारम्परिक, या राजनैतिक तौर पर विकसित है। जिस एक निषिद्ध आकांक्षा में लगभग तमाम लोग साझा करते हैं, वह है वायरिज़्म (दूसरों की गुप्त गतिविधियों में ताकझाँक से आनन्द लेना)। दूसरे लोगों की निजी ज़िन्दगियों में झाँकना गोपनीयता की सख़्त सामाजिक वर्जना का उल्लंघन है, और तब भी हर कोई दूसरे लोगों के बन्द दरवाज़े के पीछे जारी गतिविधियों के प्रति आकर्षण महसूस करता है। आप अपने काम में इस वायरिज़्म का समावेश कर सकते हैं - यह प्रभाव छोड़ते हुए कि आप ऐसी गोपनीयताओं को उजागर कर रहे हैं, जिनमें वाक़ई साझा नहीं किया जाना चाहिए। कुछ लोग उग्र हो उठेंगे, लेकिन हर कोई उत्सुक होगा। ये गुप्त बातें आपके बारे में हो सकती हैं और इस बारे में हो सकती हैं कि जो भी काम आपने पूरा किया वह कैसे किया, या वे दूसरों के बारे में हो सकती हैं कि ताक़तवर लोगों के बन्द दरवाज़ों के पीछे क्या होता है और उन नियमों की आड़ में क्या होता है, जिनका वे पालन करते हैं।

हर सूरत में, आप जो भी पेश करें, वह नया हो, अपरिचित हो, और अपने अनूठेपन की वजह से आकर्षक हो, या कम-से-कम उसे इस रूप में पेश किया गया हो। वहाँ जो कुछ भी पहले से है, जिसमें सुन्न कर देने वाली रूढ़िपरकता है, उसके साथ यह विषमता ललचाने वाला आकर्षण पैदा करेगी।

अन्त में, लोगों के सामने नायाब या असम्भव चीज़ को हासिल कर लेने की सम्भावना का लालच पैदा कीजिए। ज़िन्दगी तमाम तरह की खिझा देने वाली सीमाओं और मुश्किलों से भरी हुई है। सम्पन्न और सफल होने के लिए बहुत अधिक उद्यम वांछनीय होता है। हम अपने चरित्र के भीतर बन्द हैं और कोई और नहीं हो सकते। हम अपने खोए हुए यौवन को, या उससे जुड़ी तन्दुरुस्ती को दुबारा प्राप्त नहीं कर सकते। हर दिन हमें मृत्यु के और भी क़रीब ले जाता है, जो अन्तिम सीमा है। लेकिन, आपकी चीज़ सम्पन्नता और कामयाबी तक फुर्ती-से पहुँचने की, खोया हुआ यौवन वापस लौटाने की, एक नया व्यक्ति बन जाने की, यहाँ तक कि मृत्यु को भी जीत लेने का ख़्वाब दिखाती है। लोग पूरे लालच के साथ इस तरह की चीज़ों की ओर लपकेंगे, क्योंकि उन चीज़ों को असम्भव मान लिया गया है। प्रेरणा का नियम अपनाते हुए हम इन तमाम तरह के शॉर्टकट्स और ख़्वाबों की कल्पना कर सकते हैं (ठीक जिस तरह हम यूनिकॉर्न की कल्पना कर लेते हैं), जिससे हमारे भीतर उन तक पहुँचने की आकांक्षा जागती है, और उनकी कल्पना करना लगभग उनको महसूस करने जैसा है।

याद रखिए : किसी चीज़ का अपने आधिपत्य में होना नहीं, बल्कि उसकी आकांक्षा लोगों को प्रेरित करती है। अगर कोई चीज़ हमारे आधिपत्य में होती है, तो इससे एक क़िस्म की निराशा जागती है और किसी नयी चीज़ की तलाश की आकांक्षा भड़कती है। आप फ़न्तासी और उनका पीछा करने के सुख की ख़ातिर मनुष्य

की ज़रूरतों का दोहन कर रहे हैं। इस अर्थ में आपके उद्यमों का निरन्तर नवीनीकरण होते रहना अनिवार्य है। जैसे ही लोग वह चीज़ हासिल कर लेते हैं, जिसे वे चाहते हैं या आप पर अपना आधिपत्य स्थापित कर लेते हैं, वैसे ही आपकी क़ीमत और आप के प्रति उनकी इज़्ज़त तत्काल कम होने लगती है। निरन्तर पीछे हटते रहिए, लोगों को आश्चर्य में डालते रहिए, और आपका पीछा करने की उनकी भावना को भड़काते रहिए। जब तक आप यह करते रहते हैं, तब तक आपके पास ताक़त बनी रहेगी।

## सर्वोच्च आकांक्षा

हमारा रास्ता हमेशा हमारे स्वभाव के गहरे अहसास की दिशा में जाना चाहिए। हमें देख सकना चाहिए कि किस तरह हमारे अन्दर दूर-के-ढोल-सुहावने के लक्षण सक्रिय हैं और किस तरह वे हमें कुछ ख़ास क़िस्म की गतिविधियों के लिए प्रेरित करते रहते हैं। हमारी लालची प्रवृत्तियों के सन्दर्भ में कौन-सी चीज़ें सकारात्मक और उत्पादक हैं और कौन-सी चीज़ें नकारात्मक तथा अनुत्पादक हैं, हमें इनके बीच भेद करने के क़ाबिल बनने की ज़रूरत है। सकारात्मक पक्ष में, बेचैनी और असन्तोष के अहसास हमें कुछ बेहतर खोजने के लिए और हमारे पास जो कुछ है, उस पर सन्तोष नहीं कर लेने के लिए प्रेरित करते हैं। यह हमारी कल्पना को विस्तार देता है, क्योंकि हम अपनी परिस्थितियों की बजाय नयी सम्भावनाओं पर विचार करते हैं। जैसे-जैसे हमारी उम्र बढ़ती जाती है, हम ज़्यादा आत्मतुष्ट होने की ओर प्रवृत्त होते हैं, और हमारे शुरुआती वर्षों की बेचैनी को ताज़ा करने से हम ख़ुद को युवा और अपने दिमाग़ को सक्रिय बनाए रख पाते हैं।

लेकिन, यह बेचैनी सजग नियन्त्रण में होनी चाहिए। अक्सर हमारा असन्तोष महज़ स्थायी होता है; बदलाव की हमारी आकांक्षा अस्पष्ट और हमारी ऊब का प्रतिबिम्ब होती है। इसके नतीजे में हमारा क़ीमती वक़्त बरबाद होता है। हम अपने करियर के ढर्रे को लेकर असन्तुष्ट होते हैं और इसलिए हम बड़ा बदलाव करते हैं, जिसके लिए नयी दक्षताओं को सीखने और नए सम्पर्क बनाने की ज़रूरत होती है। हम इस सब कुछ के नएपन का आनन्द लेते हैं। लेकिन कई वर्ष बाद हम फिर-से असन्तोष की हलचल महसूस करने लगते हैं। यह नया रास्ता भी सही नहीं होता। अगर हमने इसके बारे में और गहराई से सोचा होता तो हम बेहतर स्थिति में होते, हमने अपने पिछले करियर के उन पक्षों के बारे में सोचा होता जो हमें सूझे नहीं थे और तब हमने एक हल्के बदलाव को आज़माया होता, ऐसा काम चुना होता, जो हमारे पिछले काम से जुड़ा होता, लेकिन जिसके लिए हमें अपनी दक्षताओं का मेल बिठाने की ज़रूरत होती।

सम्बन्धों के मामले में हम एक त्रुटिहीन पुरुष या स्त्री की तलाश में पूरा जीवन लगा सकते हैं और अन्त में अकेले रह जा सकते हैं। त्रुटिहीन कोई नहीं होता। इसकी बजाय, बेहतर यही है कि हम दूसरे व्यक्ति की त्रुटियों को समझने-स्वीकारने की कोशिश करें, या उनकी कमज़ोरियों में भी कोई आकर्षक चीज़ खोज निकालें। अपनी लालची इच्छाओं को शान्त करने के लिए हम समझौते की कला सीख सकते हैं, हम सीख सकते हैं कि किसी रिश्ते को कारगर कैसे बनाया जाए जो कभी भी आसान और स्वाभाविक नहीं होता।

नए-नए फ़ैशनों के पीछे निरन्तर भागते रहने और जो चीज़ दूसरों को उत्तेजक लगती है, उसके अनुरूप अपनी आकांक्षाओं को ढालते रहने की बजाय, हमें अपनी अभिरुचियों और आकांक्षाओं को बेहतर ढंग से समझने में अपना वक़्त लगाना चाहिए, ताकि

हम वास्तव में जो चीज़ चाहते हैं या जिसकी हमें ज़रूरत है, उसके और जिसे विज्ञापन या वाइरल प्रभाव ने गढ़ा है, उसके बीच भेद कर सकें।

जीवन छोटा है और हमारे पास बहुत सीमित ऊर्जा है। अगर हम अपनी लालची इच्छाओं के पीछे भागते रहेंगे, तो हम व्यर्थ की खोजों और बदलावों में अपना ढेर सारा वक़्त बरबाद करते रहेंगे। किसी बेहतर स्थिति के लिए निरन्तर प्रतीक्षा और उम्मीद नहीं करें। इसकी बजाय, जो आपके पास है उसका ज़्यादा-से-ज़्यादा फ़ायदा उठाएँ।

इस पर इस तरह विचार करें : आप एक ऐसे वातावरण में हैं, जो उन लोगों और जगहों से मिलकर बना है, जिनसे आप भलीभाँति परिचित हैं। यह आपकी वास्तविकता है। आपका दिमाग़ इस वास्तविकता से निरन्तर दूर खिंच रहा है, क्योंकि मानव स्वभाव ऐसा ही है। आप अनूठी जगहों की यात्रा करने का ख़्वाब देखते हैं, लेकिन अगर आप वहाँ जाते हैं, तो आप महज़ अपने असन्तुष्ट दिमाग़ को ही वहाँ घसीट ले जाते हैं। आप ऐसे मनोरंजन की तलाश करते हैं, जो आपको नयी फ़न्तासियों की ख़ुराक मुहैया करा सके। आप वे पुस्तकें पढ़ते हैं, जो ऐसे विचारों से भरी हुई हैं, जिनका आपकी रोज़मर्रा ज़िन्दगी से कोई ताल्लुक नहीं है, जो ऐसी चीज़ों के बारे में थोथी अटकलों से भरी हुई हैं, जिनका आंशिक तौर पर ही अस्तित्व है। और इस हलचल तथा आपसे बहुत दूर की चीज़ों की इस अन्तहीन आकांक्षा में ऐसा कुछ भी नहीं है, जो किसी सन्तोषजनक चीज़ तक ले जा सके - वह केवल आपकी मृगतृष्णा को ही और भड़काती है। अन्त में आप ख़ुद से नहीं भाग पाते।

दूसरी तरफ़, वास्तविकता आपको इशारे से बुलाती है। जो सबसे ज़्यादा दूर होने की बजाय सबसे ज़्यादा निकट है, जब आप उसमें अपना ध्यान लगाते हैं तो आपको एक अलग तरह का

अहसास होता है। अपनी मण्डली के लोगों के साथ आप हमेशा गहरे स्तर पर जुड़ सकते हैं। जिन लोगों के साथ आपका व्यवहार है, उनमें ऐसा बहुत कुछ है, जो आप कभी नहीं जान पाएँगे, और यह अन्तहीन आकर्षण का स्रोत हो सकता है। आप अपने वातावरण के साथ ज़्यादा गहरा रिश्ता बना सकते हैं। जिस जगह आप रहते हैं, उसका एक गहरा इतिहास है, जिसमें आप ख़ुद को तल्लीन कर सकते हैं। अगर आप अपने वातावरण को बेहतर ढंग से जानेंगे तो आपको ताक़त के कई अवसर उपलब्ध होंगे। जहाँ तक आपका सवाल है, आपके ऐसे रहस्यमय कोने हैं, जिन्हें आप कभी भी पूरी तरह नहीं समझ सकते। ख़ुद को बेहतर ढंग से जानने की कोशिश में आप अपने स्वभाव का गुलाम बने रहने की बजाय उसे अपने नियन्त्रण में ले सकते हैं। और आपके काम में सुधार और नवाचार की अन्तहीन सम्भावनाएँ हैं, कल्पना के लिए अन्तहीन चुनौतियाँ मौजूद हैं। ये वे चीज़ें हैं, जो आपके सबसे ज़्यादा निकट हैं, और जो आपकी आभासी दुनिया को नहीं, बल्कि वास्तविक दुनिया को गढ़ती हैं।

अन्ततः आपको जिस चीज़ की वास्तव में लालसा करनी चाहिए, वह है वास्तविकता के साथ गहरा सम्बन्ध, जिससे आपको शान्ति, एकाग्रता और उस चीज़ को बदलने की व्यावहारिक शक्ति मिलेगी, जो बदला जा सकता है।

> उचित यही है कि आप अपने हर परिचित को - वह चाहे पुरुष हो या स्त्री - जब-तब यह महसूस करने की गुंजाइश दें कि आप उनके साथ के बिना बहुत अच्छी तरह काम चला सकते हैं। इससे दोस्ती मज़बूत होगी। नहीं, अगर आप लोगों के प्रति अपने बरताव में जब-तब थोड़ी-सी उपेक्षा बरतते हैं, तो ज़्यादातर लोगों के मामले

में इससे कोई नुक़सान नहीं होगा; इससे वे आपकी दोस्ती का मूल्य और भी ज़्यादा समझने लगेंगे...लेकिन अगर हम किसी व्यक्ति को वाक़ई बहुत ऊँचे दर्ज़े पर रखते हैं, तो हमें उससे यह बात उसी तरह छिपाकर रखना चाहिए, जैसे हम अपराध को छिपाते हैं। यह बहुत सुखद बात नहीं है, लेकिन सच है। आदमी को तो छोड़ ही दीजिए, एक कुत्ता भी इसे बरदाश्त नहीं करेगा कि उसके साथ ज़रूरत से ज़्यादा दयालुता बरती जाए!

*– आर्थर शोपेनहॉवर*

# 6

# अपने दृष्टिकोण को ऊँचा उठाएँ

—— ✧ ——

## *अदूरदर्शिता का नियम*

*यह आपके स्वभाव के पाशविक हिस्से में निहित है कि आप वर्तमान में जो कुछ देख और सुन सकते हैं, उससे आप सबसे ज़्यादा प्रभावित होते हैं – ताज़ातरीन समाचार और फ़ैशन, अपने आसपास के लोगों के मत और गतिविधियाँ...ये सबसे ज़्यादा नाटकीय प्रतीत होती हैं। यही वह चीज़ है, जिसकी वजह से आप उन ललचाने वाली योजनाओं के शिकार हो जाते हैं, जो त्वरित नतीजों का और आसानी के साथ पैसा बनाने का वादा करती हैं। यही चीज़ आपको वर्तमान परिस्थितियों के प्रति अतिशय प्रतिक्रिया के लिए बाध्य करती है – जैसे ही घटनाएँ यह या वह दिशा लेती हैं, आप या तो बहुत ज़्यादा आनन्द में डूब जाते हैं या आतंकित हो जाते हैं। लोगों को उनकी दूरदर्शिता या संकीर्ण दृष्टि के आधार पर परखिए; ऐसे लोगों से उलझने से बचिए जो अपने कर्मों के परिणामों को नहीं देख सकते, जो निरन्तर प्रतिक्रियात्मक रुख़ अपनाए रहते हैं। वे आपको इस ऊर्जा की छूत लगा देंगे। आपकी निगाहें व्यापकतर प्रवृत्तियों पर*

*होनी चाहिए, जो घटनाओं को नियन्त्रित करती हैं; आपकी निगाहें उस चीज़ पर होनी चाहिए, जो तुरन्त दिखायी नहीं देती। अपने दीर्घकालीन लक्ष्यों को कभी भी नज़रों से ओझल नहीं होने दें। अगर आपका दृष्टिकोण ऊँचा होगा, तो आप में लगभग किसी भी लक्ष्य तक पहुँचने का धीरज होगा, स्पष्टता होगी।*

मैं खगोलीय पिण्डों की गति का आकलन कर सकता हूँ,
लेकिन लोगों के पागलपन का नहीं।

*–सर आइज़क न्यूटन*

## मानव-स्वभाव के रहस्य

वर्तमान में हमारे पास दृष्टिकोण का अभाव है। समय के गुज़रने के साथ, हम ज़्यादा जानकारी हासिल करते जाते हैं और ज़्यादा सच्चाई को देखते हैं; जो चीज़ हमें वर्तमान में दिखायी नहीं दे रही थी, वह सिंहावलोकन करने पर बाद में दिखायी देने लगती है। समय सबसे बड़ा शिक्षक, वास्तविकता का सबसे बड़ा उद्घाटक है।

इसकी तुलना हम इस दृश्य से कर सकते हैं : एक पर्वत की तलहटी में, घने जंगल में हम अपनी दिशा या अपने आसपास की स्थिति का आकलन नहीं कर पाते। हम केवल वही देख पाते हैं, जो हमारी आँखों के सामने होता है। अगर हम पर्वत पर चढ़ने लगते हैं, तो हमें अपने आसपास की चीज़ें और भूदृश्य के दूसरे हिस्सों के सन्दर्भ में उनकी स्थिति बेहतर दिखायी देने लगती है। हम जितना ही ऊपर चढ़ते जाते हैं, उतना ही हमें समझ में आने लगता है कि नीचे के बारे में हम जो सोचते थे वह एकदम सही नहीं था, बल्कि वह किंचित विकृत दृष्टिकोण पर आधारित था। पर्वत के शिखर से हमें विहंगम दृश्य और इलाक़े का विन्यास स्पष्ट दिखायी देने लगता है।

वर्तमान क्षण में बन्द हम मनुष्यों के लिए यह कुछ ऐसा है, जैसे हम पहाड़ी की तलहटी में रह रहे हों। जो कुछ हमारी नज़रों के सामने सबसे ज़्यादा साफ़ होता है – जैसे कि हमारे आसपास के लोग, चारों ओर का जंगल – वह हमें वास्तविकता का एक सीमित, विकृत दृश्य ही दिखाता है। समय का गुज़रना पर्वत पर धीरे-धीरे चढ़ने जैसा है। वर्तमान में हम जिन भावनाओं का अनुभव करते हैं, वे उतनी प्रबल नहीं रह जातीं; हम ख़ुद को अलग कर सकते हैं और चीज़ों को अधिक स्पष्टता के साथ देख सकते हैं। समय के गुज़रने के साथ हम जितना ही ऊपर चढ़ते जाते हैं, उतनी ही ज़्यादा जानकारी हम दृश्य में जोड़ते जाते हैं। किसी घटना को उसके घटित होने के तीन महीने बाद हमने जिस रूप में देखा था, वह उतनी सटीक नहीं होती जितनी साल भर बाद मुड़कर देखने पर होती है।

तब, ऐसा प्रतीत होता है कि अक़्लमन्दी हममें काफ़ी देर बाद, ज़्यादातर पीछे मुड़कर देखने पर ही आती है। लेकिन दरअसल, हम इन्सानों के पास समय के प्रभाव को गढ़ने का एक तरीक़ा है, ऐसा तरीक़ा जो हमें वर्तमान क्षण का विस्तृत दृश्य दिखाता है। हम इसे *दूरदर्शी दृष्टिकोण* की संज्ञा दे सकते हैं, और यह दृष्टिकोण हासिल करने के लिए नीचे अंकित प्रक्रिया ज़रूरी होती है।

सबसे पहले, यह ज़रूरी है कि जब हम किसी समस्या, टकराव, या किसी उत्तेजक अवसर का सामना कर रहे हों, तो हमें तत्कालीन भावोत्तेजना से ख़ुद को मुक्त कर लेना चाहिए। हम अपनी उत्तेजना या अपने भय को शान्त होने दें। हम कुछ दूरी बनाएँ।

इसके बाद हम अपने दृष्टिकोण को गहरा और विस्तृत करना शुरू करें। जिस समस्या का सामना हम कर रहे हैं, उस पर विचार करते हुए, हम किसी तात्कालिक कैफ़ियत का दामन नहीं थाम लें, बल्कि उसकी जगह हम उसे और गहरायी से समझें और दूसरी

सम्भावनाओं पर, सम्बन्धित लोगों की अन्य सम्भावित प्रेरणाओं पर विचार करें। हम प्रयासपूर्वक घटना के समग्र परिप्रेक्ष्य को देखें, ना कि उस चीज़ को जो तत्काल हमारा ध्यान जकड़ती हो। हम जिन विभिन्न युक्तियों को आज़माने पर विचार करते हुए उनके नकारात्मक परिणामों की जितना मुमकिन हो उतने अच्छे ढंग से कल्पना करें। हम विचार करें कि किस तरह समस्या या स्पष्ट दिखायी देता अवसर समय गुज़रने के साथ अपना आकर्षण खो देते हैं, किस तरह जो दूसरी समस्याएँ या मुद्दे जो इस समय उतने स्पष्ट नहीं हैं, अचानक उससे ज़्यादा डरावना रूप ले सकते हैं, जितने वे इस समय हैं, जब हम उनसे बरत रहे हैं। हम अपने दीर्घकालीन लक्ष्यों पर ध्यान केन्द्रित करें और वर्तमान में उनके अनुरूप अपनी प्राथमिकताओं को तय करें।

दूसरे शब्दों में, यह प्रक्रिया वर्तमान से दूरी बनाने की, समस्या की जड़ को *गहराई* से समझने की, स्थिति के समग्र परिप्रेक्ष्य पर *व्यापक* दृष्टिकोण की, और भविष्य में *आगे* देखने – जिसमें हमारे कृत्यों और हमारी अपनी दीर्घकालिक प्राथमिकताओं के नतीजे शामिल हैं – की माँग करती है।

हम जैसे ही इस प्रक्रिया से गुज़रेंगे, कुछ ख़ास विकल्प और कैफ़ियतें उनके मुक़ाबले ज़्यादा तर्कसंगत और व्यावहारिक लगने लगेंगी, जिन्होंने हमें फ़िलहाल जकड़ रखा है। इसमें हम उन सीखों को शामिल करें, जो व्यवहार के अपने ढर्रों को लेकर हमें वर्षों के दौरान मिली हैं। इस तरह, हालाँकि हमारे सोचने के ढंग पर समय का जो पूरा प्रभाव है उसे हम फिर से पूरी तरह से तो नहीं रच सकते, लेकिन हम उसके क़रीब पहुँच सकते हैं। अक्सर, गुज़रते हुए महीने हमें ज़्यादा जानकारी उपलब्ध कराते हैं और बेहतर विकल्प उजागर करते हैं। हम अपने विचार के विषय को व्यापक बनाते हुए और अपने दिमाग़ को खोलते हुए यह प्रभाव पैदा कर रहे होते हैं। हम

पर्वत पर चढ़ रहे होते हैं। इस तरह का उच्च दृष्टिकोण हमें शान्ति प्रदान कर सकता है और घटनाओं के घटित होने के साथ हमें अपनी प्रत्युत्पन्नमति को दुरुस्त रखने में मदद कर सकता है।

अगर मुमकिन हो तो ऐसे लोगों के साथ प्रगाढ़ रिश्ता बनाने से बचें जिनकी समय-सीमा संकुचित है, जो लगातार प्रतिक्रियात्मक बने रहते हैं। इसकी बजाय उन लोगों से जुड़ने की कोशिश करें जिनके समय का बोध व्यापक है।

## अदूरदर्शिता के चार संकेत और उनसे ऊपर उठने की युक्तियाँ

हममें से ज़्यादातर लोग यह सोचते हैं कि हम किसी-न-किसी रूप में दीर्घकालिक विचार-प्रक्रिया में लगे हुए हैं : आख़िरकार, हमारे पास लक्ष्य और योजनाएँ हैं। लेकिन दरअसल, हम ख़ुद को बेवकूफ़ बना रहे हैं। ज़्यादातर वक़्त हम घटनाओं पर अपर्याप्त जानकारी के साथ बढ़त और प्रतिक्रिया कर रहे होते हैं। बुनियादी रूप से हम इसे इसलिए स्वीकार नहीं करते, क्योंकि अपनी निर्णय-प्रक्रिया के बारे में दृष्टिकोण का होना मुश्किल होता है।

इस पर विजय पाने का सबसे अच्छा तरीक़ा है अपनी ज़िन्दगी में अदूरदर्शी सोच के स्पष्ट संकेतों को पहचानना। जैसाकि मानव स्वभाव के ज़्यादातर तत्त्वों के सन्दर्भ में सही है, जागरूकता अत्यन्त महत्त्वपूर्ण है। हम इन संकेतों को देखने के बाद ही उनसे लड़ सकते हैं। नीचे अंकित चार चीज़ें अदूरदर्शी सोच के सर्वाधिक आम रूप हैं :

**1. अनभिप्रेत परिणाम :** वर्तमान की किसी चीज़ से चौकन्ने होकर हम परिप्रेक्ष्य के बारे में, समस्या की जड़ों के बारे में, और

सम्भावित अनभिप्रेत परिणामों पर गहराई से विचार किए बिना हम किसी भी समाधान का दामन थाम लेते हैं। चूँकि हम सोचने की बजाय ज़्यादातर प्रतिक्रिया करते हैं, हमारे कृत्य अपर्याप्त जानकारी पर आधारित होते हैं।

लगभग पूरी तरह इन मामलों में लोगों की सोच आश्चर्यजनक रूप से सरलीकृत और आलसी होती है : क कृत्य का परिणाम ख होता है। इसी का एक प्रकार, जो आधुनिक दुनिया में सर्वथा आम है, यह विश्वास है कि अगर लोगों के इरादे अच्छे हों, तो नतीजे भी अच्छे ही होंगे। अगर कोई राजनेता ईमानदार है और उसके इरादे नेक हैं, तो वह अच्छे परिणाम ही सामने लाएगा। वस्तुतः उत्कृष्टतम इरादे रखने वाले लोग भी अक्सर पुण्यात्मापन की भावनाओं से अन्धे हो जाते हैं और दूसरों की पेचीदा और अक्सर द्वेषपूर्ण प्रेरणाओं पर विचार नहीं करते।

तर्कहीन सोच आज की दुनिया की असल महामारी है, जो सूचना तक पहुँच की रफ़्तार और सुगमता के साथ बदतर हालत में पहुँचती जा रही है। सूचना की यह स्थिति लोगों में यह भ्रम पैदा करती है कि लोग सूचना से लैस हैं और उन्होंने चीज़ों के बारे में गहराई से सोच लिया है। इसी के साथ जुड़ा है इतिहास के साथ क्रमशः बढ़ता अलगाव, क्योंकि लोग वर्तमान घटनाओं को कुछ इस तरह देखते हैं मानो वे समय में अलग-थलग हों।

दुनिया की हर संघटना स्वभावतः पेचीदी है। जिन लोगों के साथ आप व्यवहार करते हैं, वे भी उतने ही पेचीदा हैं। कोई भी कार्रवाई प्रतिक्रियाओं की अन्तहीन शृंखला को जन्म देती है। यह क का परिणाम ख होता है, जितना आसान नहीं है। ख का परिणाम ग, घ और उसके परे होता है। दूसरे कर्ता इस नाटक में घसीट लिए जाएँगे और उनकी प्रेरणाओं तथा प्रतिक्रियाओं का अनुमान लगाना मुश्किल है। ना तो आप इन शृंखलाओं को सिलसिलेवार रूप दे

सकते हैं ना आप परिणामों को पूरी तरह समझ सकते हैं। लेकिन अपनी विचार-प्रक्रिया को अधिक तर्कसंगत बनाते हुए आप कम-से-कम ज़ाहिर क़िस्म के नकारात्मक परिणामों के प्रति सजग तो हो ही सकते हैं, और यह चीज़ अक्सर कामयाबी और तबाही के बीच फ़र्क़ बताती है। आपको विचार-प्रक्रिया की गहराई में जाने की, क्रमों की कल्पना करने में उन कई स्तरों तक जाने की ज़रूरत है, जहाँ तक आपका दिमाग़ जा सकता है।

अक्सर, इस प्रक्रिया से गुज़रते हुए आपको यक़ीन हो जाएगा कि कुछ नहीं करना, सिर्फ़ प्रतीक्षा करना ही अक़्लमन्दी है।

जहाँ विचार करने का यह ढंग व्यक्तियों के लिए महत्त्वपूर्ण है, वहीं यह उन बड़े संगठनों के लिए और भी ज़्यादा निर्णायक महत्त्व का हो सकता है, जहाँ बहुत सारे लोगों का बहुत कुछ दाँव पर लगा होता है। किसी भी समूह या टीम में कम-से-कम एक ऐसा व्यक्ति ज़रूर रखें जो किसी युक्ति या कार्रवाई के तमाम सम्भावित परिणामों के आकलन के लिए ज़िम्मेदार हो, ख़ास तौर से ऐसा व्यक्ति जिसका दिमाग़ शंकालु और चौकन्ना हो। आप इस प्रक्रिया में कभी भी बहुत आगे तक नहीं जा सकते, और चूँकि आप सम्भावित विनाश को टालेंगे और और अधिक ठोस योजनाएँ तैयार करेंगे, इस पर ख़र्च किए गए समय और पैसे का प्रतिफल आपको मिलेगा।

**2. सामरिक नर्क :** आप स्वयं को अनेक संघर्षों और लड़ाइयों में उलझा हुआ पाते हैं। लगता है आप कहीं नहीं पहुँच रहे हैं, लेकिन आपको लगता है कि आप पहले ही इतना अधिक समय और ऊर्जा ख़र्च कर चुके हैं कि अब उसे छोड़ देने में बहुत ज़्यादा नुक़सान होगा। आप दरअसल, जिन दीर्घकालिक लक्ष्यों के लिए लड़ रहे हैं, उन्हें आपने दृष्टि से ओझल हो जाने दिया है। इसकी बजाय,

अब यह आपके लिए अपने अहंकार को जताने का और ख़ुद को सही साबित करने का प्रश्न बन गया है। इस चीज़ को हम अक्सर सामरिक टकराव में देखते हैं : यह रिश्तों को सुधारने का नहीं, बल्कि अपने दृष्टिकोण को थोपने का मसला बन जाता है। कभी-कभी, इन लड़ाइयों में उलझे हुए आप स्वयं को आत्मरक्षात्मक और छोटा समझने लगते हैं, आपका उत्साह ठण्डा पड़ जाता है। यह इस बात का लगभग पक्का संकेत होता है कि आप सामरिक नर्क में जा गिरे हैं। हमारे दिमाग़ युक्तिपरक चिन्तन के लिए बने हुए हैं - हम अपने लक्ष्य की दिशा में पहले से कई चालें सोच लेते हैं। सामरिक नर्क में आप उस तरह सोचने के लिए कभी भी अपने दृष्टिकोण को पर्याप्त उन्नत नहीं कर सकते। आप इस या उस व्यक्ति की चालों पर निरन्तर प्रतिक्रिया कर रहे होते हैं, जो अपने नाटकों और भावनाओं में उलझे हुए गोल-गोल चक्कर काट रहे होते हैं।

एकमात्र समाधान यह है कि आप तात्कालिक तौर पर या स्थायी तौर पर इन लड़ाइयों से पीछे हट जाएँ, ख़ास तौर से अगर ये लड़ाइयाँ कई मोर्चों पर जारी हों। आपको कुछ निर्लिप्तता और दृष्टिकोण की ज़रूरत है। अपने अहं को शान्त करें। ख़ुद को याद दिलाएँ कि किसी तर्क में जीत कर या अपनी बात को सही साबित कर आप दीर्घकालिक स्तर पर कहीं नहीं पहुँचते। अपने कृत्यों से विजय हासिल कीजिए ना कि अपने शब्दों से। अपने जीवन में मूल्यों और प्राथमिकताओं की एक सीढ़ी तैयार कीजिए, और ख़ुद को याद दिलाइए कि आपके लिए क्या चीज़ मायने रखती है। अगर आप तय कर लेते हैं कि कोई ख़ास लड़ाई वाक़ई महत्त्वपूर्ण है, तो निस्संगता के अधिक बड़े बोध के साथ आप एक ज़्यादा युक्तिपरक प्रतिक्रिया की योजना बना सकते हैं।

आप अक्सर पाएँगे कि कुछ ख़ास लड़ाइयाँ अन्त में इसके योग्य नहीं होतीं। वे बेशक़ीमती ऊर्जा और समय की बरबादी साबित

होती हैं, जिन्हें मूल्यों के आपके पैमाने पर ऊँची जगह मिलनी चाहिए। गोल-गोल चक्कर लगाने वाली लड़ाई से बाहर निकल जाना हमेशा बेहतर होता है, भले ही आप उसमें व्यक्तिगत रूप से कितनी ही गहराई के साथ डूबा हुआ क्यों नहीं महसूस करते हों। आपकी ऊर्जा और उत्साह महत्त्वपूर्ण रूप से विचारणीय हैं। अगर आप छोटा और कुण्ठित महसूस करते हैं, तो युक्तिपूर्वक सोचने और अपने लक्ष्यों तक पहुँचने की आपकी योग्यता के लिए इसके ज़बरदस्त दूरगामी परिणाम होंगे। अगर आप इस प्रक्रिया से सामंजस्यपूर्वक गुज़र जाएँगे तो इससे स्वाभाविक ही आपका दृष्टिकोण ऊपर उठेगा और आपका दिमाग़ युक्तिपरक धरातल पर होगा। और जिस तरह युद्ध में होता है, उसी तरह ज़िन्दगी में युक्तिपूर्वक सोचने वाले लोग सामरिक ढंग से सोचने वाले लोगों से ज़्यादा प्रभावशाली होते हैं।

3. **टिकर टेप का बुख़ार :** 1929 की वॉल स्ट्रीट की साख की गिरावट के दौरान बहुत-से लोगों को स्टॉक मार्केट में निवेश करने की लत पड़ गयी थी, और इस लत का एक भौतिक पक्ष था - टिकर टेप की आवाज़ जो स्टॉक की क़ीमत के हर बदलाव को इलेक्ट्रॉनिक ढंग से दर्ज़ करती थी। क्लिक की उस आवाज़ को सुनने से संकेत मिलता था कि कुछ हो रहा है, कोई व्यक्ति ख़रीद-बेच रहा है और ढेरों पैसा कमा रहा है। बहुत-से लोगों को तो यह आवाज़ ही आकर्षित करती थी, जो वॉल स्ट्रीट के दिल की धड़कन जैसी महसूस होती थी। अब हमारे पास टिकर टेप नहीं रहा। इसकी बजाय, हममें से ज़्यादातर लोगों को मिनट-दर-मिनट समाचारों की लत लग गयी है - ट्विटर फ़ील्ड पर "ह्वाट इज़ ट्रेण्डिंग" (इस समय क्या चल रहा है) जिसके साथ अक्सर एक भनभनाहट होती है, जिसका अपना एक मादक प्रभाव होता है। हमें लगता है जैसे

हम स्वयं जीवन के प्रवाह के साथ, वास्तविक जीवन में बदलती घटनाओं के साथ, और उन लोगों के साथ जुड़े हैं, जो उन्हीं तात्कालिक रिपोर्टों को देख रहे हैं।

तत्काल जानने की इस ज़रूरत की अपनी एक अन्तर्निहित गति है। जैसे ही हम फुर्ती-से कुछ समाचार पाने की उम्मीद करने लगते हैं, वैसे ही हम साल भर पहले की धीमी गति पर वापस नहीं जा सकते। दरअसल, हम अधिक-से-अधिक जल्दी ज़्यादा-से-ज़्यादा सूचना की ज़रूरत महसूस करने लगते हैं। यह अधैर्य जीवन के दूसरे पक्षों में छलकने लगता है - ड्राइविंग में, पुस्तक पढ़ने में, फ़िल्म देखने में। हमारे ध्यान का दायरा सिमटने लगता है, और इसी के साथ हमारे रास्ते में आने वाली किसी भी रुकावट के प्रति हमारी सहिष्णुता में भी कमी आने लगती है।

हम सभी लोग अपने जीवन में इस स्नायविक अधैर्य के संकेतों को पहचान सकते हैं, लेकिन हम इस बात को नहीं पहचान पाते कि हमारी विचार-प्रक्रिया पर इसका कितना विकृत प्रभाव पड़ता है। किसी भी क्षण के रुझान (ट्रेण्ड) - कारोबार के या राजनीति के - उन व्यापक रुझानों में निहित होते हैं, जो हफ़्तों और महीनों के दौरान घटित होते हैं। समय के ऐसे अपेक्षाकृत व्यापक दायरे क़िसी निवेश, किसी युक्तिपरक विचार, किसी खेल टीम या किसी राजनैतिक प्रत्याशी की सापेक्षिक कमज़ोरियों और सामर्थ्यों को दर्शाते हैं, जो अक्सर उसके विपरीत होते हैं, जिसे हम क्षण के सूक्ष्म रुझानों में देखते हैं। अपने अलग-थलग रूप में चुनाव परिणामों के कोई अनुमान या किसी शेयर की क़ीमत हमें इस सामर्थ्यों और कमज़ोरियों के बारे में ज़्यादा कुछ नहीं बताती। वे हमारे भीतर सिर्फ़ यह भ्रामक प्रभाव उत्पन्न करती हैं कि वर्तमान में जो कुछ उजागर किया जा रहा है, वह समय गुज़रने के साथ अधिक स्पष्ट हो जाएगा। ताज़ा-तरीन ख़बरों के साथ क़दम-ताल मिलाए

रखना सामान्य बात है, लेकिन इन तात्कालिक तसवीरों पर किसी निर्णय को आधारित करना, व्यापक तसवीर को ग़लत समझ बैठने का जोख़िम उठाना है।

इसके अतिरिक्त, लोग वर्तमान में होने वाले किसी भी नकारात्मक या सकारात्मक परिवर्तन पर प्रतिक्रिया और अतिशय प्रतिक्रिया करने की ओर प्रवृत्त होते हैं, और यह उनके आतंक या रोमांच का प्रतिरोध करना दोहरे स्तर पर मुश्किल हो जाता है।

इस बुख़ार की काट इसमें है : सबसे पहले और सबसे महत्त्वपूर्ण यह है कि हम धैर्य विकसित करें, जो उस मांसपेशी की तरह है, जिसे मज़बूत बनाने के लिए प्रशिक्षण और दोहराव की ज़रूरत होती है। हमें चीज़ों की रफ़्तार को कम करने का और क़दमों को वापस खींचने का उद्यम करना चाहिए। कार्रवाई करने के पहले एक-दो दिन इन्तज़ार करना चाहिए। दूसरे, जब हम किन्हीं महत्त्वपूर्ण मुद्दों का सामना कर रहे हों, तो हमारे मन में अपने दीर्घकालिक लक्ष्यों का और उन तक पहुँचने के ढंग का स्पष्ट बोध होना चाहिए। इसमें आंशिक तौर पर सम्बन्धित पक्षों की सापेक्षिक सामर्थ्यों और कमज़ोरियों का आकलन शामिल है। इस तरह की स्पष्टता से हमें अपने आसपास के लोगों की निरन्तर अतिशय भावनात्मक प्रतिक्रियाओं को सहने की गुंजाइश मिलेगी। अन्त में, यह विश्वास महत्त्वपूर्ण है कि समय अन्ततः हमें सही साबित करेगा और हम अपने संकल्प को बरकरार रख सकेंगे।

**4. तुच्छताओं में खो जाना :** आप अपने काम की पेचीदगी से आक्रान्त महसूस करते हैं। आप सारे ब्यौरों और वैश्विक रुझानों के प्रति पूरी तरह सजग होने की ज़रूरत महसूस करते हैं ताकि आप स्थितियों को बेहतर ढंग से नियन्त्रित कर सकें, लेकिन आप सूचनाओं में डूब रहे हैं। आप समस्याओं के ब्यौरों से इतने ज़्यादा

घिरे हुए हैं कि हालात को उसकी समग्रता में नहीं देख पा रहे हैं। यह इस बात का निश्चित संकेत है कि आपने अपनी प्राथमिकताओं का बोध खो दिया है – आपको यह समझ में नहीं आ रहा है कि कौन–सी चीज़ें ज़्यादा महत्त्वपूर्ण हैं, कौन–सी समस्याएँ या ब्यौरे ज़्यादा ध्यान दिए जाने की माँग करते हैं।

आप अपनी प्राथमिकताओं पर विचार किए बिना, जो कि अन्ततः मायने रखता है, सूचनाओं को निगलते जा रहे हैं। ख़ुद को बहुत सारी सूचना से भर लेना दिमाग़ी थकान, भ्रम और असहायता के अहसास का कारण बन जाता है। हर चीज़ समान रूप से महत्त्वपूर्ण लगने लगती है। आपको दिमाग़ी स्तर पर ऐसी छानने वाली प्रणाली की ज़रूरत है, जो प्राथमिकताओं के पैमाने पर और आपके दीर्घकालिक लक्ष्यों पर आधारित हो। अगर आपको यह मालूम होगा कि आप अन्ततः किस चीज़ को क्रियान्वित करना चाहते हैं तो इससे आपको गैरज़रूरी में से ज़रूरी को छाँटने में मदद मिलेगी। आपको सारे ब्यौरों को जानने की ज़रूरत नहीं है। कभी–कभी आपको अपनी ज़िम्मेदारी दूसरों को सौंप देना ज़रूरी होता है – बेहतर है कि आपके अधीनस्थ कर्मचारी सूचनाओं के संग्रह का काम सँभाल लें। ध्यान रखें कि घटनाओं पर अधिक नियन्त्रण स्थिति के व्यावहारिक आकलन से सम्भव होता है, उस चीज़ के आकलन से जिसे तुच्छताओं में डूबे हुए दिमाग़ ने सबसे ज़्यादा मुश्किल बना दिया होता है।

## दूरद्रष्टा इन्सान

हममें से अधिकांश लोग समय के अपेक्षाकृत संकुचित दायरे में रहते हैं। हम समय के गुज़रने को सामान्यतः किसी नकारात्मक चीज़ से जोड़कर देखते हैं – बुढ़ाने और मौत के क़रीब पहुँचने जैसी चीज़ों

से। यह हमारी सहज प्रवृत्ति है कि हम भविष्य और अतीत के बारे में गहराई से सोचने से झिझकते हैं, क्योंकि इससे हमें समय के गुज़रने की याद आती है। भविष्य के सन्दर्भ में हम अब से एक-दो साल आगे की अपनी योजनाओं के बारे में सोचने की कोशिश करते हैं, लेकिन हमारा सोचना ज़्यादातर दिवास्वप्न या इच्छित चिन्तन जैसा होता है, उसमें गहरा विश्लेषण नहीं होता। इसी तरह अतीत के सन्दर्भ में हमें बचपन की और बाद के दिनों की कुछ प्रिय या पीड़ादायक बातें ही याद रहती हैं, लेकिन सामान्यत: अतीत हमें परेशान ही करता है। हम हर गुज़रते वर्ष के साथ इतने ज़्यादा बदल जाते हैं कि हमें अपने पाँच वर्ष, दस वर्ष, बीस वर्ष पहले का जीवन अजनबी लगता है। हम कौन हैं, इसका आपस में जोड़ने वाला बोध हमें वाक़ई नहीं होता, हमें अपनी पाँच वर्ष की उम्र और पैंतीस वर्ष की उम्र के बीच के सम्बन्ध का अहसास ही नहीं होता।

भविष्य या अतीत, दोनों में से किसी भी दिशा में बहुत दूर तक नहीं जाना चाहते हुए हम ज़्यादातर वर्तमान में रहते हैं। हम उन चीज़ों पर प्रतिक्रिया करते हैं, जिन्हें हम देखते और सुनते हैं और जिन पर दूसरे लोग प्रतिक्रिया करते हैं। हम समय के गुज़रने की प्रक्रिया से अपना ध्यान हटाने और अधिक जीवन्त महसूस करने के लिए तात्कालिक आनन्द की ख़ातिर जीते हैं। लेकिन हम इस सब की क़ीमत चुकाते हैं। मृत्यु और बुढ़ापे के ख़यालों का दमन एक लगातार अन्दरूनी बेचैनी पैदा करता है। हम वास्तविकता को स्वीकार नहीं करते। वर्तमान की घटनाओं पर हमारी निरन्तर प्रतिक्रिया हमें रोलर कोस्टर की सवारी कराती है – हम अपने भाग्य के हर परिवर्तन के साथ ऊपर-नीचे होते रहते हैं। इससे हमारी बेचैनी बढ़ती ही है, क्योंकि घटनाओं की तात्कालिक भागमभाग में जीवन बहुत तेज़ी-से गुज़रता प्रतीत होता है।

मानव स्वभाव के अध्येता के रूप में और मानव-प्राणी की उच्चतर सम्भावनाओं तक पहुँचने के इच्छुक व्यक्ति के रूप में, आपका उद्यम समय के साथ अपने रिश्ते को यथासम्भव व्यापक बनाना और उसे धीमा करना है। इसका मतलब है कि आप समय के गुज़रने को शत्रु की तरह नहीं, बल्कि महान सहयोगी की तरह देखें। जीवन के हर मुकाम का अपना फ़ायदा होता है - युवावस्था के फ़ायदे तो बहुत स्पष्ट हैं ही, लेकिन उम्र बढ़ने के साथ आपका दृष्टिकोण विकसित होता चला जाता है। उम्र का बढ़ना आपको डराता नहीं है। मृत्यु भी आपकी दोस्त है। वह आपको हर पल का अधिक-से-अधिक दोहन करने के लिए प्रेरित करती है; वह आपको तकाज़े का बोध कराती है। समय आपका बड़ा गुरु और मालिक है। यह चीज़ आपको वर्तमान में गहरे प्रभावित करती है। अगर आप में यह सजगता होगी कि जिस मौजूदा समस्या का आप सामना कर रहे हैं, वह बाद में शायद ही महत्त्वपूर्ण लगे, तो इससे आपको अपनी बेचैनी को कम करने में और अपनी प्राथमिकताओं को सँवारने में मदद मिलेगी। अगर आपको यह मालूम है कि समय आपकी योजनाओं की कमज़ोरियों को उजागर कर देगा, तो आप उनको लेकर ज़्यादा सावधान और विचारशील हो जाते हैं।

भविष्य के सन्दर्भ में, आप अपने दीर्घकालीन लक्ष्यों के बारे में गहराई से सोचते हैं। वे उड़ते-उड़ते से सपने नहीं, बल्कि ठोस लक्ष्य बन जाते हैं, और आपने उन तक पहुँचने की विस्तृत योजना बना ली होती है। अतीत के सन्दर्भ में, आप अपने बचपन के साथ अपने रिश्ते को गहराई से महसूस करते हैं। हाँ, आप निरन्तर बदल रहे हैं, लेकिन ये बदलाव सतही हैं और वास्तविक बदलाव का भ्रम पैदा करते हैं। वस्तुतः आपके चरित्र का निर्माण, और उसी के साथ कुछ ख़ास क़िस्म की गतिविधियों के प्रति आपका रुझान, और आपकी पसन्दों-नापसन्दों का निर्माण आपके आरम्भिक वर्षों

में हो चुका था। जैसे-जैसे आपकी उम्र बढ़ती जाती है, आपका यह चरित्र और भी स्पष्ट होता जाता है। अगर आप अपने अतीत के स्वरूप के साथ जैविक रूप से जुड़ा हुआ महसूस करते हैं, तो इससे आपको अपनी पहचान का सशक्त बोध होता है। आप जानते हैं कि आपको क्या पसन्द है और क्या नापसन्द है, आप जानते हैं कि आप कौन हैं। इससे आपको अपने स्व-प्रेम (सेल्फ़-लव) को सन्तुलित रखने में मदद मिलेगी, जो आपको गहरी आत्ममोह में डूब जाने से रोकेगा और संवेदना विकसित करने में आपकी मदद करेगा। साथ ही, आप अपनी उन ग़लतियों और अतीत की सीखों की ओर ज़्यादा ध्यान देंगे, जिनको वे लोग दबाने की कोशिश करते हैं, जो अपने वर्तमान में बन्द होते हैं।

हर किसी की तरह, आप वर्तमान और उसके क्षणिक सुखों में आनन्द लेते हैं। आप कोई सन्त नहीं हैं। आप तात्कालिक रुझानों से और जीवन के मौजूदा प्रवाह से रिश्ता बनाते हैं। लेकिन उससे ज़्यादा आनन्द आप अपने दीर्घकालिक लक्ष्यों तक पहुँचने में और आपदाओं पर विजय पाने में लेते हैं। समय के साथ इस विस्तृत रिश्ते का आप पर निश्चित रूप से प्रभाव पड़ेगा। इससे आपको मानसिक शान्ति मिलेगी, आप अधिक व्यावहारिक बन सकेंगे, और जो चीज़ें मायने रखती हैं, उनके साथ आपका बेहतर तालमेल बैठेगा। इससे आप उत्कृष्ट कूटनैतिक भी बनेंगे, और वर्तमान की घटनाओं के प्रति लोगों की अपरिहार्य अतिशय प्रतिक्रियाओं का विरोध कर सकेंगे, भविष्य में झाँक सकेंगे, जो वह सम्भाव्य शक्ति है, जिसके साथ हम इन्सानों ने सम्बन्ध बनाना शुरू ही किया है।

> वर्ष उन चीज़ों के बारे में ज़्यादा सिखाते हैं, जिनके बारे में दिन कभी नहीं जानते।
>
> *–राल्फ़ वाल्डो इमर्सन*

# 7

# स्व-मत की पुष्टि कर लोगों के प्रतिरोध को धीमा करें

✧

## *आत्मरक्षात्मकता का नियम*

*जीवन कठोर और लोग प्रतिस्पर्धी हैं। हमें स्वभाविक ही अपने हित का ध्यान रखना चाहिए। हमें यह भी महसूस करने की ज़रूरत है कि हम स्वाधीन हैं और अपनी ही आज्ञा मानते हैं। यही वजह है कि जब दूसरे लोग हमें सहमत करने की या बदलने की कोशिश करते हैं, तो हम आत्मरक्षात्मक और प्रतिरोधी हो उठते हैं। झुक जाना स्वायत्त महसूस करने की हमारी ज़रूरत को चुनौती देता है। यही कारण है कि लोगों को उनकी आत्मरक्षात्मक स्थिति से विचलित करने के लिए आपको हमेशा ऐसा दिखाना चाहिए कि वे जो कुछ भी कर रहे हैं, वह अपनी स्वतन्त्र इच्छा से कर रहे हैं। अगर आप पारस्परिक सौहार्द विकसित करते हैं तो लोगों के प्रतिरोध को हल्का करने में मदद मिलती है और लोगों के भीतर मदद करने की इच्छा जागती है। लोगों के विश्वासों पर कभी हमला मत कीजिए या उनकी बुद्धिमत्ता या नेकी के बारे में उन्हें असुरक्षित होने का अहसास मत कराइए – इससे उनकी आत्मरक्षात्मकता और भी प्रबल होगी*

*और आपका काम असम्भव हो जाएगा। उन्हें ऐसा महसूस कराइए कि जो आप चाहते हैं, वह करते हुए वे अपनी कुलीनता और परोपकारिता का परिचय दे रहे हैं। यह उन्हें लुभाने वाली सबसे बड़ी चीज़ है। अपने ज़िद्दी स्वभाव को क़ाबू करना सीखिए और अपनी रचनात्मक शक्तियों को उन्मुक्त करते हुए अपने दिमाग़ को उसकी आत्मरक्षात्मक और संकीर्ण स्थिति से आज़ाद कीजिए।*

> वार्तालाप की सच्ची भावना अपने बारे में बहुत ज़्यादा प्रदर्शन करने की बजाय दूसरों की चतुराई को बाहर लाने में निहित है; जो व्यक्ति ख़ुद पर और अपनी हाज़िरजवाबी पर गर्व करता है वह आप पर भी गर्व करता है। ज़्यादातर पुरुष सिखाया जाना, और मनोरंजन किया जाना भी उससे कम पसन्द करते हैं, जितना वे चाहते हैं कि उनकी प्रशंसा की जाए और वाहवाही की जाए।
>
> *–ज़्याँ दे ला ब्रुएख़*

## मानव-स्वभाव के रहस्य

हम इन्सान अपने जीवन की शुरुआत से ही अपनी शख़्सियत का एक आत्मरक्षात्मक पक्ष विकसित कर लेते हैं। इसकी शुरुआत बचपन से ही हो जाती है, जब हम अपने भीतर एक ऐसी निजी भौतिक स्पेस का बोध विकसित कर लेते हैं, जिसका हम उल्लंघन नहीं होने देना चाहते। बाद में वही बोध विस्तार लेकर निजी गौरव के अहसास में बदल जाता है – जो हम नहीं करना चाहते, उसे करने के लिए लोग हमें बाध्य नहीं करें या कोई चतुराई बरत कर हमसे वह नहीं करवाएँ। हमें उस चीज़ को चुनने के लिए स्वतन्त्र

होना चाहिए, जो हम चाहते हैं। ये चीज़ें सामाजिक इन्सानों के रूप में हमारे विकास के लिए अनिवार्य हैं।

जब तक हम बीस-इक्कीस साल के होते हैं, हम सभी लोग रक्षात्मक प्रणालियाँ विकसित कर चुके होते हैं, लेकिन किन्हीं ख़ास परिस्थितियों में हमारी आन्तरिक दीवारें धराशायी हो सकती हैं। उदाहरण के लिए, दोस्तों के साथ शराब-पार्टी की रात के दौरान, सम्भवत: कुछ शराब पीने के बाद, हम दूसरों के साथ जुड़ाव महसूस करते हैं और ऐसा महसूस नहीं करते कि वे हम पर कोई फ़ैसला सुना रहे हैं। एक दूसरे उदाहरण के तहत, हम किसी आमसभा में जाते हैं और किसी प्रेरणादायी वक्ता का भाषण सुनते हैं, जिसमें वह किसी बड़े ध्येय के पक्ष में बोल रहा होता है। सैकड़ों दूसरे लोगों की तरह सहमति के जज़्बे से भरे हुए और सामूहिक भावना से भरकर हम सहसा कार्रवाई में हिस्सा लेने तथा उस ध्येय के लिए काम करने का आह्वान महसूस करते हैं, जो एक ऐसी चीज़ होती है, जिसका हम सामान्यत: प्रतिरोध करते हैं।

वैधता के इस अहसास को उत्पन्न करना वह मूल्यवान कुंजी है, जो लोगों के प्रतिरक्षात्मक दरवाज़ों को खोल देगी। और इस अत्यन्त प्रतिस्पर्धी दुनिया में हम इस तरह की शक्ति के बिना ना तो जीवित बने रह सकते हैं ना उन्नति कर सकते हैं।

लोग जिस वैधता के लिए लालायित रहते हैं, उन्हें वह वैधता देकर और उनकी प्रतिरक्षात्मकता को कम कर हम वह शक्ति खोज सकते हैं। और यह व्यावहारिक और युक्तिपरक ढंग से सम्भव हो सके, इसके लिए सबसे महत्त्वपूर्ण है, मानव स्वभाव के बुनियादी नियम को पूरी तरह समझना।

यह नियम इस प्रकार है : लोगों की अपने बारे में एक समझ होती है, जिसे हम अपने बारे में उनकी धारणा की संज्ञा दे सकते हैं।

अपने बारे में उनकी यह धारणा सही हो भी सकती है और नहीं भी हो सकती है – इससे फ़र्क़ नहीं पड़ता। जो चीज़ मायने रखती है वह यह है कि लोग अपने चरित्र और उसकी क़ाबिलियत को महसूस करते हैं। और लोगों की अपने बारे में इस धारणा की तीन विशेषताएँ हैं, जो लगभग सार्वभौम हैं : "मैं स्वायत्त हूँ, अपनी स्वतन्त्र इच्छा से काम करता हूँ"; "मैं अपनी तरह से बुद्धिमान हूँ"; और "मैं बुनियादी तौर पर भला और सभ्य हूँ।"

जब इनमें से पहली सार्वभौम विशेषता (मैं अपनी स्वतन्त्र इच्छा से काम करता हूँ) का सवाल उठता है, तो अगर हम किसी समूह में शामिल होते हैं, या किसी चीज़ में विश्वास करते हैं, या कोई चीज़ ख़रीदते हैं, तो यह इसलिए होता है, क्योंकि हमने वैसा करने का *चुनाव* किया होता है। सच्चाई यह हो सकती है कि मुमकिन है हमारे साथ चालाकी की गयी हो या हम अपने सहकर्मियों के दबाव में आ गए हों, लेकिन हम ख़ुद से कुछ और ही कहेंगे।

दूसरी सार्वभौम विशेषता (मैं बुद्धिमान हूँ) के अन्तर्गत हमें यह बोध हो सकता है कि हम आइन्स्टाइन के स्तर के नहीं है, लेकिन अपने क्षेत्र में, अपनी तरह से बुद्धिमान हैं। लोग सामान्यत: इस विचार को लेकर सहज नहीं होते कि वे भोले-भाले और कम अक़्लमन्द हो सकते हैं। अगर उन्हें स्वीकार करना पड़े कि वे औपचारिक अर्थ में चुस्त-चालाक नहीं हैं, तो भी वे कम-से-कम इतना तो सोचेंगे ही कि वे दूसरों की तुलना में चतुर हैं।

तीसरी सार्वभौम विशेषता (मैं भला आदमी हूँ) के अन्तर्गत हम ख़ुद को ऐसे रूप में देखना पसन्द करते हैं कि हम किसी सच्चे ध्येय का समर्थन कर रहे हैं। हम लोगों से ठीक तरह से व्यवहार करते हैं। हम टीम के साथ मिलकर खेलते हैं। अगर हम संयोग से बॉस हैं और समूह में अनुशासन क़ायम रखना चाहते हैं, तो हम

उसे ''कठोर प्रेम'' कहते हैं। हम दूसरों की भलाई के लिए काम कर रहे हैं।

जब आप लोगों को किसी बात का यक़ीन दिलाने की कोशिश करते हैं, तो इन तीनों में से कोई एक चीज़ होती है। सबसे पहले, हो सकता है आप उनके बारे में उनकी धारणा के किसी ख़ास पहलू को अनजाने में चुनौती दे रहे हों। अगर ऐसा होता है, तो आप लोगों को और भी ज़्यादा आत्मरक्षात्मक और प्रतिरोधी बनाते हैं।

दूसरे, आप उनके बारे में उनकी धारणा को जस-की-तस छोड़ सकते हैं, यानी आप ना उसे चुनौती देते हैं ना उसकी पुष्टि करते हैं। इस स्थिति में लोग प्रतिरोधी और सन्देहात्मक बने रहेंगे, लेकिन आपने कम-से-कम उन्हें कसा नहीं होता, और आपके पास अपने तर्कों से उनके साथ छल करने की कुछ गुंजाइश बची होती है।

तीसरे, आप उनके बारे में उनकी धारणा की सक्रिय रूप से पुष्टि कर सकते हैं। चूँकि उनका दिमाग़ खुला होगा, आप उन्हें सुझावों और उकसावों के प्रति संवेदनशील बना सकते हैं। अगर वे आपकी मदद करने का निश्चय करते हैं, तो वे ऐसा महसूस करते हैं जैसे वे यह अपनी स्वतन्त्र इच्छा से कर रहे हैं।

आपका काम सीधा-सादा है : लोगों के अन्दर आन्तरिक सुरक्षा की भावना बिठा देना। उनके मूल्यों की नक़ल कीजिए; ऐसा प्रदर्शन कीजिए कि आप उन्हें पसन्द करते हैं और उनकी इज़्ज़त करते हैं। उन्हें यह अहसास कराइए कि आप उनकी बुद्धिमत्ता और अनुभव की क़द्र करते हैं। पारस्परिक गर्मजोशी का वातावरण पैदा कीजिए। उन्हें अपने साथ हँसाइए और इस तरह उनके मन में सौहार्द की भावना बिठाइए। ये सारी चीज़ें सबसे ज़्यादा कारगर तब होती हैं, जब भावनाएँ पूरी तरह नक़ली नहीं हों। अपनी संवेदना का

प्रयोग करते हुए, उनके दृष्टिकोण के अन्दर पैठते हुए, इसकी पूरी सम्भावना हो कि आप इनमें से कम-से-कम कुछ भावनाओं को तो वाक़ई महसूस करते हों। इसे बार-बार व्यवहार में लाइए और आप पाएँगे कि लोगों की उनके बारे में धारणाओं की पुष्टि करना आपकी स्वाभाविक-सी स्थिति बन गयी है - आपसे मिलने वाले लगभग हर व्यक्ति पर आपका हल्का-सा प्रभाव होगा।

इन शक्तियों को विकसित करने में जो सबसे बड़ी बाधा है, वह प्रभाव की धारणा के ख़िलाफ़ सांस्कृतिक पूर्वाग्रह से आती है : ''आख़िर हम एक-दूसरे के साथ ईमानदार और पारदर्शी क्यों नहीं हो सकते और सीधे-सीधे यह क्यों नहीं कह सकते कि हम क्या चाहते हैं? हम लोगों को वही क्यों नहीं बने रहने देते जो वे हैं और उन्हें बदलने की कोशिश क्यों नहीं करते? युक्तिपरक होना गन्दा और चालबाज़ी है।'' पहली चीज़, जब लोग आपसे इस तरह की बातें कहें, तो आपको सावधान रहना चाहिए। हम मनुष्य शक्तिहीनता की अनुभूतियों को सहन नहीं कर सकते। हमें प्रभावशाली होने की ज़रूरत होती है, अन्यथा हम दयनीय हो जाते हैं। ईमानदारी का प्रदर्शन करने वाले भिन्न नहीं, लेकिन क्योंकि उन्हें अपने देवदूत-तुल्य गुणों में विश्वास करने की ज़रूरत होती है, वे लोगों की उनके बारे में उनकी इस धारणा का प्रभाव की ज़रूरत से तालमेल नहीं बिठा सकते। और इसलिए वे अक्सर अकर्मक रूप से आक्रामक हो जाते हैं, मुँह फुला लेते हैं और वे जो चाहते हैं उसे हासिल करने के साधन के तौर पर दूसरों में अपराधबोध जगाते हैं। इस तरह की बातें करने वाले लोगों की कथनी पर कभी विश्वास नहीं करें।

दूसरे, हम मनुष्य दूसरों को प्रभावित करने की कोशिश से बच नहीं सकते। हम जो भी कहते या करते हैं, उसका दूसरे लोग परीक्षण और व्याख्या करते हैं, क्योंकि वे हमारे इरादों के सुराग़

ढूँढ़ना चाहते हैं। सामाजिक प्राणियों के रूप में हम लगातार इस खेल को खेलने से बच नहीं सकते, भले ही हम इस बात के प्रति सजग हों या नहीं हों।

चूँकि इस खेल को टाला नहीं जा सकता, बेहतर है कि हम इससे इंकार करने में या महज़ तत्काल कामचलाऊ प्रबन्ध करने में अपनी दक्षता का इस्तेमाल करने की बजाय इस खेल को दक्षतापूर्वक खेलें। और अन्त में, प्रभाव डालने में दक्ष होना नैतिक मुद्रा की बजाय सामाजिक तौर पर अधिक लाभप्रद है। इस शक्ति को हासिल करने के साथ हम उन लोगों पर प्रभाव डाल सकते हैं, जिनके विचार ख़तरनाक या समाज-विरोधी हैं। मनाने में निपुण होने के लिए ज़रूरी है कि हम अपनी संवेदना का प्रयोग करते हुए दूसरों के दृष्टिकोण में पूरी तरह निमग्न हों। हो सकता है, हमें सांस्कृतिक पूर्वाग्रह का पालन करना पड़े और सम्पूर्ण ईमानदारी की ज़रूरत के बारे में सहमत होते हुए अपना सिर हिलाना पड़े, लेकिन अन्दर-ही-अन्दर हमें इस बात का अहसास होना चाहिए कि यह बेवकूफ़ी है और वही करना चाहिए, जो हमारी ख़ुशहाली के लिए ज़रूरी हो।

## दूसरों को मनाने-फुसलाने में माहिर बनने के लिए पाँच युक्तियाँ

आगे अंकित पाँच युक्तियाँ - जिन्हें प्रभाव डालने में माहिर इतिहास के महान लोगों के उदाहरण से निकाला गया है - इस तरह गढ़ी गयी हैं कि आपको अपने लक्ष्य पर गहराई से एकाग्र होने में मदद मिल सके और आप उस तरह के भावनात्मक प्रभाव पैदा कर सकें, जिनसे लोगों के प्रतिरोध को हल्का करने में मदद मिल सके। इन पाँचों को अभ्यास में लाना अक़्लमन्दी होगी।

**1. ख़ुद को एक गम्भीर श्रोता में बदलें :** बातचीत के सामान्य प्रवाह में, हमारा ध्यान बँटा रहता है। इसकी वजह बहुत सीधी-सी है : हमारी दिलचस्पी दूसरों की बजाय अपने विचारों, अनुभूतियों और अनुभवों में ज़्यादा होती है। अगर ऐसा नहीं होता, तो हमें यह अपेक्षाकृत आसान होता कि हम पूरा ध्यान देकर दूसरों की बातें सुनते। सामान्य परामर्श तो यही है कि कम बोलें और ज़्यादा सुनें, लेकिन जब तक हम अपने ही अन्दरूनी एकालाप को प्राथमिकता देते हैं, तब तक यह सलाह अर्थहीन है। इसका एकमात्र समाधान यह है कि किसी तरह इस बल को उलट देने के लिए *प्रेरित* हुआ जाए।

इसके बारे में इस तरह सोचिए : आप अपने विचारों को बहुत अच्छी तरह से जानते हैं। लेकिन आपसे मिलने वाला हर व्यक्ति आश्चर्यों से भरा अब तक नहीं खोजा गया मुल्क है। पल भर को सोचिए कि आप लोगों के दिमाग़ में प्रवेश कर सकते हैं और वह क्या ही विस्मयकारी सफ़र हो सकता है। जो लोग चुप्पे और मन्द बुद्धि प्रतीत होते हैं, उनकी अक्सर विचित्रताओं से भरी अन्दरूनी ज़िन्दगी होती है, जिसे आप खोज सकते हैं। ख़ुद को एक गम्भीर श्रोता में बदलकर अपने दिमाग़ को उनके दिमाग़ के प्रति खोलना ना सिर्फ़ बहुत विस्मयकारी साबित होगा, बल्कि यह आपको मानव मन के बारे में बहुमूल्य ज्ञान भी उपलब्ध कराएगा।

एक बार आप सुनने के लिए प्रेरित भर हो जाइए, बाक़ी सब अपेक्षाकृत आसान हो जाता है। आपको दूसरे व्यक्ति के सामने सवालों की झड़ी नहीं लगा देना चाहिए। यह तो नौकरी के लिए लिये गए इण्टरव्यू जैसा होगा। इसकी बजाय, उनकी भाव-भंगिमाओं से मिलने वाले संकेतों पर ध्यान दीजिए। आप देखेंगे कि किसी ख़ास विषय का ज़िक्र होने पर किस तरह उनकी आँखें चमक उठती हैं- आपको बातचीत को उसी दिशा में ले जाना चाहिए।

लोग सहसा बातूनी हो उठेंगे और उन्हें इस बात का अहसास भी नहीं होगा। लगभग हर कोई अपने बचपन के बारे में, अपने परिवार के बारे में, अपने काम के विभिन्न पक्षों के बारे में, या किसी ऐसे ध्येय के बारे में बात करना पसन्द करता है, जो उसे प्रिय होता है। बीच में कभी-कभार कोई सवाल या टिप्पणी उनकी कही बात की प्रतिक्रिया के लिहाज़ से कारगर होगी।

आप उनकी बात में पूरी तरह तल्लीन हों, लेकिन ऐसा करते हुए आपको तनाव-मुक्त महसूस करना चाहिए और दिखना चाहिए। निरन्तर उनकी आँखों-से-आँखें मिलाए रखते हुए और सिर हिलाते हुए आपको यह जताना चाहिए कि आप उनकी बात सुन रहे हैं। आप उन्हें कितनी गम्भीरता से सुन रहे हैं, इसका संकेत देने का सबसे अच्छा तरीक़ा यह है कि आप बीच में कभी-कभार कोई ऐसी बात कह दें, जो उनकी कही बात की प्रतिध्वनि हो, लेकिन बात आपके अपने शब्दों में कही गयी हो और आपके अनुभव से छन कर आयी हो। अन्त में, वे जितना ही अधिक बोलेंगे, उतना ही ज़्यादा वे अपनी आन्तरिक असुरक्षाओं और अतृप्त इच्छाओं के बारे में खुलासा करेंगे।

**2. लोगों को सही मन:स्थिति की छूत लगाइए :** सामाजिक प्राणियों के रूप में हम दूसरे लोगों की मन:स्थितियों से बहुत जल्दी प्रभावित होते हैं। इससे हमें लोगों को प्रभावित करने के लिए उन्हें सूक्ष्म ढंग से सटीक मन:स्थिति से भर देने की शक्ति प्राप्त होती है। अगर आप तनाव-मुक्त हैं और किसी आनन्ददायी अनुभव की उम्मीद कर रहे हैं, तो यह चीज़ ख़ुद को प्रकट कर देगी और अन्य व्यक्ति पर आईने जैसा प्रभाव डालेगी। इस उद्देश्य को अनुकूलित करने का एक सबसे अच्छा ढंग है सम्पूर्ण धैर्य। आप दूसरे लोगों पर फ़ैसला मत सुनाइए; आप उन्हें उसी रूप में स्वीकार कीजिए, जैसे वे हैं।

इसी का एक रूप है, हँसी और साझा आनन्द के माध्यम से लोगों को सौहार्द के गर्मजोश अहसास से भर देना। भाव-भंगिमाओं से मिलने वाले संकेतों के बहुत-से अध्ययनों ने उस अविश्वसनीय शक्ति को दर्शाया है, जो किसी भी वार्तालाप के दौरान लोगों के हाथों या बाँहों को छूने से पैदा होती है, और जिससे वे अपनी अच्छी धारणाओं के स्रोत के प्रति अनभिज्ञ रहते हुए भी आपके बारे में सकारात्मक ढंग से सोचने लगते हैं। इस तरह के हल्के-से स्पर्श प्रबल भावनात्मक सौहार्द के अहसास को जगाते हैं, बशर्ते कि आप उसी क्षण आँखों से आँखें नहीं मिला रहे हों, क्योंकि यह चीज़ आपके स्पर्श को यौनपरक संकेत देगी।

इस बात को दिमाग़ में रखें कि लोगों के बारे में आपकी अपेक्षाएँ आपकी भाव-भंगिमाओं से उन तक पहुँच जाती हैं। किसी से मिलते समय ख़ास तौर से उत्तेजित महसूस करते हुए, आप इस उत्तेजना को सशक्त ढंग से सम्प्रेषित करेंगे। अगर कोई ऐसा व्यक्ति हुआ, जिससे आपने अन्ततः किसी तरह के अनुग्रह की माँग करने वाले हैं, तो अगर मुमकिन हो तो उसे सर्वश्रेष्ठ रोशनी में - उदारता और वत्सल रोशनी में - रख कर देखने की कोशिश कीजिए।

**3. लोगों के बारे में उनकी अपनी धारणा की पुष्टि कीजिए :** ख़ुद को महान समझने वाले लोगों की अपने बारे में निर्मित धारणाओं के सार्वभौम लक्षणों की याद कीजिए। इनमें से हर धारणा तक पहुँचने के उपाय नीचे अंकित हैं।

**स्वायत्तता :** अगर लोग किसी भी रूप में यह अनुभव करते हैं कि उन पर दबाव डाला जा रहा है या उनके साथ चालबाज़ी की जा रही है, तो उन्हें प्रभावित करने की कोई भी कोशिश कभी कारगर नहीं हो सकती। आप उनसे जो भी कुछ कराना चाहते हैं, उसका चुनाव उनका ही होना चाहिए या कम-से-कम उन्हें ऐसा लगना

चाहिए कि यह उन्हीं का चुनाव है। आप जितनी ही गहराई के साथ यह प्रभाव पैदा कर सकेंगे, आपकी कामयाबी की सम्भावनाएँ उतनी ही अधिक होंगी।

उन्हें प्रभावित करने की आपकी कोशिश इस तर्क से परिचालित होनी चाहिए : यह किस तरह हो कि जो अनुग्रह आप उनसे प्राप्त करना चाहते हैं, उसके बारे में उन्हें लगे कि यह तो उन्हीं की इच्छा थी? उसे किसी आनन्ददायी चीज़ की तरह, एक दुर्लभ अवसर की तरह, किसी ऐसी चीज़, जिसे दूसरे लोग करना चाहते हैं, की तरह प्रस्तुत करने से इसका सामान्य तौर पर सही प्रभाव होगा। इसी का एक अन्य रूप लोगों की प्रतिस्पर्धी प्रवृत्तियों को सीधे-सीधे आकर्षित करना है।

अन्त में, जब लोगों को अपने पक्ष में करने के सम्भावित साधन के रूप में उन्हें कोई उपहार या पुरस्कार देना हो, तो छोटे उपहार या पुरस्कार देना हमेशा सबसे अच्छा होता है। बड़े उपहार देने से यह बात कुछ ज़्यादा ही ज़ाहिर होती है कि आप उनकी वफ़ादारी ख़रीदने की कोशिश कर रहे हैं। यह चीज़ लोगों की स्वाधीनता के बोध को चोट पहुँचाएगी। कुछ लोग ज़रूरत के चलते बड़े उपहार स्वीकार कर सकते हैं, लेकिन बाद में कड़वाहट या सन्देह महसूस करेंगे। छोटे उपहारों का बेहतर प्रभाव पड़ता है – लोग ख़ुद से कह सकते हैं कि वे इस तरह की चीज़ों के पात्र हैं और उन्हें ख़रीदा नहीं जा रहा है, या घूस नहीं दी जा रही है। दरअसल, लम्बे समय के दौरान बीच-बीच में दिए गए इस तरह के उपहार किसी ख़र्चीली चीज़ के मुक़ाबले लोगों को आपसे कहीं ज़्यादा गहनतर ढंग से जोड़ेंगे।

**बुद्धिमत्ता :** उन्नीसवीं सदी के ब्रिटेन के प्रधानमन्त्री और उपन्यासकार बेन्जामिन डिसराएली ने जब यह लिखा था कि "अगर आप किसी आदमी का दिल जीतना चाहते हैं, तो उसे इस बात

की गुंजाइश दें कि वह आपको ग़लत साबित कर सके'', तो उन्होंने एक बहुत ही चतुराईपूर्ण चाल की कल्पना की थी। आप इसकी शुरुआत एक लक्ष्य को ध्यान में रखते हुए किसी विषय के बारे में पूरे उत्साह के साथ असहमत होते हुए करें, और फिर धीरे-धीरे उनके दृष्टिकोण को समझें, और इस तरह ना सिर्फ़ उनकी बुद्धिमत्ता की, बल्कि प्रभाव डालने की उनकी शक्तियों की पुष्टि करें। वे ख़ुद को बहुत ही हल्के-से आपसे श्रेष्ठ महसूस करेंगे, और यही आप चाहते हैं। अब वे आपके पलटवार के प्रति दोहरे स्तर पर वेध्य हो जाएँगे। यही प्रभाव आप लोगों से सलाह माँग कर भी पैदा कर सकते हैं। इसमें छिपा हुआ अर्थ यह है कि आप उनकी बुद्धिमत्ता और अनुभव की इज़्ज़त करते हैं।

जो मसले बहुत महत्त्वपूर्ण नहीं हैं, उन पर अगर आप लोगों की प्रतिरक्षात्मकता को हल्का करते हैं, इससे आपको उन्हें वांछित दिशा में ले जाने की और ज़्यादा महत्त्वपूर्ण मामलों में उनसे आपकी आकांक्षाओं को स्वीकार कराने की बहुत गुंजाइश मिलेगी।

**नेकी :** अपने रोज़मर्रा विचारों में हम अपने कृत्यों की नैतिक प्रकृति को लेकर ख़ुद को लगातार तसल्ली देते रहते हैं। उतना ही महत्त्वपूर्ण यह है कि हम दूसरे लोगों से भी उम्मीद करते हैं कि वे भी हमें इसे रोशनी में देखें।

आपको कभी अनजाने में भी इस सन्तनुमा स्व-मान्यता पर सन्देह नहीं करना चाहिए। लोगों के इस लक्षण का सकारात्मक इस्तेमाल करने के लिए, आप जो चाहते हैं उसे किसी ऐसे बड़े ध्येय के हिस्से के रूप में पेश कीजिए, जिसमें वे भाग ले सकें। इसे कुछ गुप्त बनाकर रखिए। अगर आप किसी नौकरी के लिए कर्मचारियों की नियुक्ति करने की कोशिश कर रहे हैं, तो दूसरे लोगों को उस ध्येय के बारे में सन्देश कर प्रचार करने दीजिए। कुछ ऐसा करें कि लोग उस समूह में शामिल होना चाहें और आपको इसके लिए उनसे

अनुनय-विनय नहीं करना पड़े। आपके द्वारा इस्तेमाल किए जा रहे शब्दों और लेबलों पर भरपूर ध्यान दीजिए। उदाहरण के लिए, बेहतर हो कि व्यक्ति को कर्मचारी कहने की बजाय टीम का सदस्य कहें।

ख़ुद को हीन स्थिति में, निचली स्थिति में रखने के लिए आप कोई अपेक्षाकृत कम नुक़सानदेह ग़लती कर सकते हैं, यहाँ तक कि आप अधिक स्पष्ट ढंग से लोगों को आघात पहुँचा सकते हैं, और फिर उनसे माफ़ी माँग सकते हैं। माफ़ी माँगते हुए आप उन्हें परोक्षत: उनकी नैतिक श्रेष्ठता का सन्देश दे रहे होंगे। लोगों को इस स्थिति में रहना पसन्द आता है।

अन्त में, अगर आप लोगों से कोई अनुग्रह प्राप्त करना चाहते हैं, तो उन्हें यह याद मत दिलाएँ कि अतीत में आपने उनके लिए क्या किया था, क्योंकि ऐसा करते हुए उनके भीतर कृतज्ञता का भाव जगा रहे होंगे। इसकी बजाय उन्हें उन अच्छी चीज़ों की याद दिलाइए, जो उन्होंने अतीत में आपके लिए की हैं। इससे अपने बारे में उनकी उच्च धारणा की पुष्टि करने में मदद मिलेगी : ''हाँ, मैं उदार हूँ।'' और जैसे ही उन्हें यह बात याद दिला दी जाएगी, वे अपनी इस छवि को बनाए रखना चाहेंगे और एक और सत्कर्म करना चाहेंगे। यही प्रभाव तब भी पड़ता है, जब आप अचानक अपने दुश्मन को माफ़ कर देते हैं और उसके साथ दोस्ताना दिखने की कोशिश करते हैं। इससे जो भावनात्मक उथल-पुथल पैदा होगी, उसमें वे उस उच्च धारणा पर खरे उतरने के लिए बाध्य महसूस करेंगे, जो आपने उनके बारे में दर्शायी है और ख़ुद को इस धारणा का सुपात्र साबित करने के लिए वे अतिरिक्त रूप से प्रेरित होंगे।

**4. उनकी असुरक्षा की भावनाओं से सन्धि कीजिए :** हर किसी के मन में कुछ ख़ास तरह की असुरक्षा की भावनाएँ होती हैं –

अपने रूप-रंग के बारे में, अपनी रचनात्मक क्षमताओं के बारे में, अपनी मर्दानगी के बारे में, शक्ति के तन्त्र में अपनी हैसियत के बारे में, अपने अनूठेपन के बारे में, अपनी लोकप्रियता के बारे में, वगैरह, वगैरह। आपका काम उन्हें विभिन्न वार्तालापों में घसीटकर, उनके माध्यम से इन असुरक्षा की भावनाओं पर निशाना साधना है।

जैसे ही आप उन्हें पहचान लेते हैं, आपको इसकी अतिरिक्त सावधानी बरतनी चाहिए कि आप बंदूक का ट्रिगर नहीं दबा दें। दूसरे, सबसे अच्छी युक्ति है, उन चीज़ों की झूठी तारीफ़ करना जिनको लेकर लोग सबसे ज़्यादा असुरक्षित महसूस करते हों।

सफल ख़ुशामद की कुंजी है ख़ुशामद को युक्तिपरक बनाना। अगर मैं जानता हूँ कि मैं बास्केटबॉल में विशेष रूप से ख़राब हूँ, तो बास्केटबॉल की मेरी दक्षता की तारीफ़ हर हाल में मुझे झूठी लगेगी। लेकिन अगर मैं अपनी दक्षताओं को लेकर *अनिश्चित* हूँ, अगर मुझे लगता है कि मैं वाक़ई शायद उतना बुरा नहीं खेलता, तो उस मामले में कोई भी ख़ुशामद कमाल दिखा सकती है। उन चीज़ों की ओर ध्यान दीजिए, जिनके बारे में लोग अनिश्चित हों और उन्हें आश्वस्त कीजिए।

लोगों की प्रतिभा के लिए नहीं, उनके उद्यम के लिए उनकी प्रशंसा करना हमेशा बेहतर होता है। हर कोई यह महसूस करना चाहता है कि उसने जो भी कुछ कमाया है, कड़ी मेहनत करके कमाया है, और यही वह स्थल है, जिसे आपकी तारीफ़ के निशाने पर होना चाहिए।

जो लोग आपकी बराबरी के हैं, उनकी ख़ुशामद के लिए आपके पास ज़्यादा गुंजाइश होती है। जो आपसे ऊँचे ओहदे पर हैं, उनके मामले में यही बेहतर है कि आप उनके विचारों से सहमत हों और उनकी अक़्लमन्दी को उचित ठहराएँ।

तारीफ़ करने के तुरन्त बाद कभी सहायता की या जिस किसी भी चीज़ के लिए आप पीछे लगे हैं, उसकी माँग नहीं करें। आपकी ख़ुशामद एक सेट-अप है और वह कुछ समय के गुज़रने की माँग करता है। पहली या दूसरी ही मुलाक़ात में प्रशंसापूर्ण मत दिखायी दें। बेहतर तो यही है कि कुछ उदासीनता दर्शाएँ, जिससे आपको उत्साहित होने का मौक़ा मिलेगा। कुछ दिन बाद आप इस व्यक्ति को पसन्द करने लगेंगे, और तब उसकी असुरक्षा-भावना को लक्ष्य करके कहे गए कुछ तारीफ़ के शब्द उसके प्रतिरोध को कम करने लगेंगे। अगर मुमकिन हो तो किसी तीसरे पक्ष को ढूँढ़िए, जो आपकी प्रशंसा के शब्द उस तक पहुँचा दे, कुछ इस भाव से जैसे वे शब्द चलते-चलते उसके कानों में पड़ गए हों। अपनी प्रशंसा के मामले में ज़्यादा ख़र्चीले नहीं हों और ना ही अतिरंजित प्रशंसा करें।

अपने कृत्यों को ढँकने का चतुराईपूर्ण तरीक़ा यह है कि आप सम्बन्धित व्यक्ति या उसके काम की हल्की-फुल्की आलोचना करें, इतनी नहीं कि उसकी असुरक्षा की भावना भड़क उठे, बल्कि इतनी कि आपकी प्रशंसा को अधिक व्यावहारिक रंगत मिल सके : ''मुझे आपकी पटकथा पसन्द आयी, हालाँकि मुझे लगता है कि इसका दूसरा अंक थोड़े-से और काम की माँग करता है।'' उस वक़्त बहुत सावधानी बरतें जब लोग अपने काम के बारे में, या अपने चरित्र या रूप-रंग से सम्बन्धित किसी चीज़ के बारे में आपकी राय जानना चाहते हों। वे सच्चाई नहीं जानना चाहते; वे समर्थन और ऐसी पुष्टि चाहते हैं, जो यथासम्भव व्यावहारिक ढंग से की गयी हो। उन्हें यह ख़ुशी-ख़ुशी प्रदान कीजिए।

आपको भरसक संजीदा दिखना चाहिए। सबसे अच्छा तो यही है कि आप अपनी प्रशंसा के लिए ऐसे गुण चुनें, जिनकी आप सचमुच सराहना करते हों। किसी भी सूरत में, आपकी असलियत

आपकी भाव-भंगिमाओं से मिलने वाले संकेतों से पता चलती है - तारीफ़ करते समय भाव-भंगिमाओं को कड़ा रखें, चेहरे पर नक़ली मुस्कराहट लाएँ या नज़रें दूसरी ओर फेर लें। जिन अच्छी भावनाओं को आप व्यक्त कर रहे हैं, उनमें से कुछ को महसूस करने की कोशिश कीजिए, ताकि किसी तरह की अतिरंजना बहुत ज़ाहिर-सी नहीं लगे। इस बात को दिमाग़ में रखें कि आपके लक्ष्य पर वे लोग हों, जिनकी अपने बारे में अपेक्षाकृत ऊँची धारणा हो। अगर वह नीची हुई, तो आपकी ख़ुशामद का उस चीज़ से मेल नहीं बैठेगा, जो वे अपने बारे में महसूस करते हैं और वह खोखली लगने लगेगी, जबकि अपने बारे में ऊँची धारणा रखने वाले लोगों के लिए वह स्वाभाविक ही लगेगी।

5. **लोगों के प्रतिरोध और अड़ियलपन का इस्तेमाल कीजिए :** कुछ लोग किसी भी तरह के प्रभाव को लेकर प्रतिरोधी होते हैं। वे किसी ख़ास समस्या या लक्षण के बारे में परामर्श हासिल करना चाहेंगे, और अन्त में उनके पास इस बात की दर्जनों वजहें होंगी कि जो सलाह उन्हें दी गयी है वह उनके किसी काम नहीं आएगी। सबसे अच्छा यही है कि उनके साथ दिमाग़ी जूडो का खेल खेलिए। जूडो में आप लोगों की चाल का जवाब अपने हमले से नहीं देते, बल्कि उनकी आक्रामक ऊर्जा (प्रतिरोध) को प्रोत्साहित करते हैं ताकि वे ख़ुद-ब-ख़ुद गिर जाएँ। रोज़मर्रा जीवन में इसका प्रयोग करने के कुछ तरीक़े प्रस्तुत हैं।

**उनकी भावनाओं का इस्तेमाल करें :** सारांश यह है कि लोगों की प्रबल भावनाओं का विरोध नहीं करें, बल्कि उनके साथ चलें और उन्हें उपयोगी दिशा में ले जाने का तरीक़ा खोजें।

**उनकी भाषा का इस्तेमाल करें :** जब आप लोगों के शब्द वापस उन्हीं पर इस्तेमाल करते हैं, तो इसका सम्मोहनकारी प्रभाव

होता है। अगर आप ठीक उन्हीं के शब्दों का इस्तेमाल कर रहे हैं तब वे आपकी बात को कैसे नहीं समझेंगे?

**उनके बेलोचपन का इस्तेमाल करें :** जब लोग किसी चीज़ का विरोध करते हुए बेलोच होते हैं, तो यह चीज़ बदलाव को लेकर गहरे भय और उसके साथ जुड़े अनिश्चय से पैदा होती है। वे चाहते हैं कि सब कुछ उनकी शर्तों पर हो और उनके नियन्त्रण में हो। अगर आप सारे परामर्श से बदलाव को प्रोत्साहित करते हैं तो आप उनके हाथों में खेलते हैं – इससे उन्हें किसी बात के ख़िलाफ़ प्रतिक्रिया करने और अपने बेलोचपन को सही ठहराने का अवसर मिल जाता है। वे और भी अड़ियल हो जाते हैं। ऐसे लोगों के साथ लड़ना बन्द कीजिए और उनके बेलोच व्यवहार की वास्तविक प्रकृति का इस्तेमाल कीजिए ताकि एक हल्का-सा ऐसा बदलाव ला सकें, जो किसी बड़ी चीज़ का कारण बन सके। वे आपके जूडो दाँव से अपने स्तर पर कोई नयी चीज़ खोजते हैं, और अपने ही स्तर पर उसे आगे ले जा सकते हैं।

इस बात को दिमाग़ में रखिए : लोग अक्सर वह नहीं करते जो उनसे करने को कहा जाता है, क्योंकि वे अपनी मर्ज़ी का इसरार करना चाहते हैं। अगर आप खुले मन से उनके विद्रोह से सहमत हो जाते हैं और उनसे कह देते हैं कि वे जो कर रहे हैं उसे करना जारी रखें, तो इसका मतलब होता है कि अगर वे वैसा करते हैं तो वे आपकी सलाह पर चल रहे होते हैं, जोकि उनके लिए अरुचिकर होता है। इसकी पूरी सम्भावना है कि वे फिर से विद्रोह कर उठें और उल्टी दिशा में अपनी मर्ज़ी का इसरार करने लगें, जोकि आप चाहते रहे हैं – विपरीत मनोविज्ञान का सत्त्व।

## लचीला दिमाग़ - स्व-युक्तियाँ

बच्चों के रूप में हमारे दिमाग़ बहुत लचीले हुआ करते थे। हम जिस रफ़्तार से सीख सकते थे, वह वयस्कों के रूप में हमारी क्षमता से बहुत अधिक थी। हम अपनी इस शक्ति के अधिकांश स्रोत का श्रेय कमज़ोरी और वेध्यता की अपनी भावनाओं को दे सकते हैं। अपने से अधिक उम्र के लोगों के मुक़ाबले अपनी हीनता को महसूस करते हुए, हम सीखने के लिए अत्यन्त उत्प्रेरित महसूस करते थे। हम सच्चे अर्थों में बहुत उत्सुक और नयी जानकारी के भूखे भी हुआ करते थे। हम अपने अभिभावकों, साथियों और अध्यापकों के प्रभाव के प्रति ग्रहणशील थे।

लेकिन, जिस तरह उम्र बढ़ने के साथ शरीर सख़्त होता जाता है, उसी तरह दिमाग़ भी सख़्त होता जाता है। और जिस तरह कमज़ोरी और वेध्यता का अहसास सीखने की हमारी इच्छा को प्रेरित करता है, उसी तरह हमारा धीरे-धीरे बढ़ता हुआ श्रेष्ठता-बोध हमें नए विचारों और प्रभावों के प्रति बन्द करता जाता है। कुछ लोग कह सकते हैं कि हम सब इस आधुनिक दुनिया में अधिक शंकालु हो जाते हैं, लेकिन वस्तुत: जैसे-जैसे हमारी उम्र बढ़ती जाती है, दिमाग़ के बन्द होते चले जाने की उत्तरोत्तर बढ़ती हुई प्रक्रिया से एक कहीं ज़्यादा बड़ा ख़तरा पैदा हो जाता है, जो व्यक्तियों के रूप में हमें आक्रान्त करता जाता है, और ऐसा लगता है कि वह हमारी संस्कृति को भी आक्रान्त कर रहा है।

आइए, हम दिमाग़ की उस आदर्श स्थिति को परिभाषित करते हैं, जिसमें वह बचपन के लोच को क़ायम रखते हुए वयस्कों की तर्क-शक्ति को समाए होता है। ऐसा दिमाग़ दूसरों के प्रभाव के प्रति ग्रहणशील होता है। और जिस तरह आप लोगों के प्रतिरोध को पिघलाने के लिए युक्तियों का इस्तेमाल करते हैं, ठीक उसी

तरह यह काम आपको अपने साथ करना चाहिए और अपनी बेलोच मानसिक बनावट को लचीला बनाने की दिशा में काम करना चाहिए।

जब आपके अपने विचारों और धारणाओं का मसला हो, उन्हें उन खिलौनों या बिल्डिंग ब्लॉक्स की तरह देखिए, जिनसे आप खेल रहे हैं। कुछ को आप अपने पास रखते हैं, कुछ को नष्ट कर देते हैं, लेकिन आपकी भावना लचीली और खिलन्दड़ी बनी रहती है।

यहाँ तक कि आपके विचारों के प्रतिकूल जाने वाले लेखन तक में कोई ऐसी बात होती है, जिसमें सच्चाई की ध्वनि होती है, जो ''वस्तु की आत्मा'' को प्रतिबिम्बित करती है। इस रूप में ख़ुद को उसके प्रभाव के प्रति ग्रहणशील बनाना आपकी दिमाग़ी आदत का हिस्सा बन जाना चाहिए, जो आपको चीज़ों को बेहतर ढंग से समझने की, यहाँ तक कि उनकी ठीक तरह से आलोचना करने की गुंजाइश दे।

अन्त में, जब अपने बारे में आपकी अपनी उच्च धारणा का मसला सामने हो, उसके साथ कुछ विडम्बनापूर्ण दूरी बनाने की कोशिश कीजिए। उसके वजूद के प्रति और आपके भीतर उसके काम करने के ढंग के प्रति ख़ुद को सजग बनाइए। इस तथ्य को स्वीकार कीजिए कि आप उतने स्वतन्त्र और स्वायत्त नहीं हैं, जितना आप मानना चाहते हैं। उस समूह की धारणाओं की पुष्टि कीजिए जिसके आप हिस्से हैं; आप छिपे हुए प्रभाव की वजह से चीज़ें ख़रीदते हैं; आपके साथ चालबाज़ी की गयी हो सकती है। इस बात को भी समझें कि आप उतने अच्छे नहीं हैं, जितना अपने बारे में आपकी अपनी उच्च धारणा से बनी आपकी आदर्शीकृत छवि आपको पेश करती है। दूसरों की तरह आप भी आत्मलीन और अपनी योजनाओं से आसक्त हो सकते हैं। इस बोध के साथ, आप दूसरों द्वारा मान्य किए जाने की ज़रूरत महसूस नहीं करेंगे। इसकी

बजाय आप अपने बारे में अपनी उच्च धारणा से पैदा भ्रम से चिपके रहने के विपरीत ख़ुद को सच्चे अर्थों में स्वाधीन बनाने और दूसरों के लिए काम करेंगे और दूसरों के कल्याण की चिन्ता करेंगे।

> प्रभाव के अभ्यास में कोई भयानक रूप से सम्मोहित करने वाली चीज़ थी। कोई भी दूसरी गतिविधि उसके जैसी नहीं थी। अपनी आत्मा को किसी दयार्द्र, विनीत और उदार रूप में प्रस्तुत करना और उसे पल भर के लिए वहाँ बने रहने देना; अपने ही बौद्धिक दृष्टिकोणों को आवेग और यौवन के संयुक्त संगीत के साथ प्रतिध्वनित होते सुनना; अपने स्वभाव को किसी दूसरे स्वभाव में सम्प्रेषित करना, जैसे वह कोई प्रवाहमान द्रव या कोई अनोखी सुगन्ध हो : इसमें सच्चा आनन्द था – शायद सबसे ज़्यादा सन्तोषप्रद आनन्द जो हमारे जैसे इस सिमटे हुए अश्लील युग में बचा रह गया है, एक ऐसे युग में जो अपने आनन्द में नितान्त दैहिक है, और जो अपने लक्ष्यों में नितान्त सामान्य है।
>
> – *ऑस्कर वाइल्ड*, द पिक्चर ऑफ़ डोरियन ग्रे

# 8

# अपने रवैए को बदलकर अपनी परिस्थितियों को बदलें

—— ✧ ——

## *ख़ुद पर कुठाराघात करने का नियम*

*दुनिया को देखने का, अपने आसपास की घटनाओं और गतिविधियों की व्याख्या करने का, हम सबका एक ख़ास ढंग है। यह हमारा रवैया है, और जीवन में हमारे साथ जो कुछ होता है, यह उसे निर्धारित करता है। अगर हमारा रवैया मूलत: डर का है, तो हम हर परिस्थिति में नकारात्मक चीज़ें ही देखते हैं। हम जोख़िम उठाना बन्द कर देते हैं। हम ग़लतियों का दोष दूसरे के मत्थे मढ़ते हैं और उनसे सीख लेने में विफल रहते हैं। अगर हम विद्वेष और सन्देह महसूस करते हैं, तो हम अपनी उपस्थिति में दूसरों को भी वैसी ही भावनाएँ महसूस करने के लिए बाध्य करते हैं। जिन परिस्थितियों से हम सबसे ज़्यादा डरते हैं, वही परिस्थितियाँ पैदा कर हम अपने करियर और सम्बन्धों पर कुठाराघात करते हैं। लेकिन मनुष्य का रवैया लचीला होता है। अपने रवैए को अधिक सकारात्मक, उदार, और सहिष्णु बनाकर हम एक भिन्न गतिशीलता को प्रोत्साहित कर सकते हैं – हम विपत्तियों से सीख सकते हैं, ना कुछ के*

*भीतर से भी अवसर पैदा कर सकते हैं, और लोगों को अपनी ओर आकर्षित कर सकते हैं। हमें अपनी इच्छाशक्ति का पता लगाना चाहिए और इसका भी कि वह हमें कितनी दूर तक ले जा सकती है।*

> मेरी पीढ़ी की सबसे महान खोज यह तथ्य है कि मनुष्य अपने मानसिक रवैए में परिवर्तन लाकर अपने जीवन में परिवर्तन ला सकते हैं।
>
> *–विलियम जेम्स*

## मानव-स्वभाव के रहस्य

हम मनुष्यों को ऐसा सोचना अच्छा लगता है कि हमें दुनिया का वस्तुपरक (ऑब्जैक्टिव) ज्ञान है। हम यह मानकर चलते हैं कि हम रोज़मर्रा स्तर पर जो भी अनुभव करते हैं, वह वास्तविकता है, जोकि हर किसी के लिए कमोबेश एक जैसी है। लेकिन यह एक भ्रम है। कोई भी दो व्यक्ति दुनिया को एक ढंग से नहीं देखते। हम जो अनुभव करते हैं, वह वास्तविकता का हमारा निजी रूप होता है, वह रूप जोकि हमारा गढ़ा हुआ होता है। इस बात को समझना मानव स्वभाव की हमारी समझ की दिशा में एक निर्णायक महत्त्व का क़दम है।

हममें से हर कोई दुनिया को एक ख़ास लेंस से देखता है, जो हमारे अनुभव को रंग और रूप प्रदान करता है। हम इस लेंस को अपना *रवैया* कह सकते हैं। स्विट्ज़रलैण्ड के महान मनोवैज्ञानिक कार्ल युंग ने इसे इस तरह परिभाषित किया था : ''रवैया हमारे चित्त की एक ख़ास ढंग से क्रिया या प्रतिक्रिया करने की तत्परता है ... रवैए के होने का मतलब किसी निश्चित चीज़ के लिए तैयार होना

है, भले ही वह चीज़ अवचेतन हो; क्योंकि रवैया किसी निश्चित चीज़ की *दिशा* में तयशुदा प्रवृत्ति के होने का पर्याय है।''

हालाँकि रवैयों की कई क़िस्में और मिश्रण होते हैं, हम उन्हें सामान्य तौर पर दो कोटियों में रख सकते हैं : नकारात्मक और संकीर्ण या सकारात्मक और विस्तीर्ण। नकारात्मक रवैया रखने वाले लोग जीवन के प्रति भय की बुनियादी स्थिति में रहते हुए सक्रिय होते हैं। वे जो कुछ देखते या अनुभव करते हैं, उसे अवचेतन रूप से सीमित करना चाहते हैं ताकि उन्हें अधिक नियन्त्रण मिल सके। जिनका रवैया सकारात्मक होता है, उनका दृष्टिकोण अधिक निर्भीक होता है। वे नए अनुभवों, विचारों, और भावनाओं के प्रति खुले होते हैं। अगर रवैया दुनिया को देखने के हमारे लेंस जैसा है, तो नकारात्मक रवैया इस लेंस के मुँह को छोटा कर देता है, और सकारात्मक रवैया उसे यथासम्भव फैला देता है।

मानव स्वभाव के अध्येता के रूप में आपका काम दोहरा है : सबसे पहले आपको अपने रवैए के प्रति और इस बात के प्रति सचेत होना चाहिए कि आपका यह रवैया आपके अवबोध को किस तरह मोड़ता है। इसे अपने रोज़मर्रा जीवन में लक्ष्य कर पाना मुश्किल होता है, क्योंकि यह आपके बहुत क़रीब होता है, लेकिन उसके कार्यरत रूप की झलक पाने के तरीक़े हैं। इसे आप तब देख सकते हैं, जब आप लोगों के बारे में उस वक़्त निर्णय लेते हैं, जब वे अनुपस्थित होते हैं। क्या आप उनके नकारात्मक गुणों और बुरी धारणाओं पर ध्यान केन्द्रित करने की जल्दबाज़ी करते हैं, या उनकी कमियों को लेकर आप अधिक उदार और क्षमाशील हैं? आपको अपने रवैए के निश्चित संकेत तब मिलेंगे, जब आप देखेंगे कि आप विपरीत परिस्थितियों और प्रतिरोधों का सामना किस तरह करते हैं?

आपको इसके संकेत तब भी मिलेंगे, जब आप यह देखेंगे कि लोग आपके प्रति, विशेष रूप से अपनी भाव-भंगिमाओं से किस तरह प्रतिक्रिया करते हैं। क्या वे आपकी उपस्थिति में घबरा जाते हैं या बचाव की मुद्रा में आ जाते हैं?

जैसे ही आप अपने रवैए की बनावट को, उसके नकारात्मक या सकारात्मक झुकाव को, ठीक से समझ लेते हैं, वैसे ही आप में उसे बदलने की और उसे सकारात्मक दिशा में मोड़ने की अधिक शक्ति आ जाती है।

दूसरे, आपको सिर्फ़ अपने रवैए की भूमिका के प्रति सचेत ही नहीं होना चाहिए, बल्कि आपकी परिस्थितियों को बदलने की उसकी सर्वोच्च शक्ति में विश्वास भी करना चाहिए। शरीर और दिमाग़ एक हैं, और आपके विचार आपकी भौतिक प्रतिक्रियाओं को प्रभावित करते हैं। लोग निरी आकांक्षा और इच्छाशक्ति के बल पर अपनी बीमारी से जल्दी उबर सकते हैं। आप तयशुदा बुद्धिमत्ता और जन्मजात सीमाओं के साथ पैदा नहीं होते। अपने मस्तिष्क को एक ऐसे चमत्कारी अंग के रूप में देखिए, जिसे वृद्धावस्था तक निरन्तर सीखने और सुधार लाने के लिए गढ़ा गया है। आपके मस्तिष्क के समृद्ध स्नायुविक रिश्ते, आपकी सृजनात्मक क्षमता, ऐसी चीज़ें हैं, जिन्हें आप इस हद तक विकसित कर लेते हैं कि आप नए अनुभवों और विचारों के प्रति ग्रहणशील हो जाते हैं। समस्याओं और विफलताओं को सीखने और आपकी संरचना को मज़बूत बनाने के साधनों के रूप में देखिए। आप अगर ठान लें तो कुछ भी कर सकते हैं। आपके प्रति लोगों के व्यवहार का स्रोत अपने रवैए में देखिए जो वह चीज़ है, जिसे आप नियन्त्रित कर सकते हैं।

इच्छाशक्ति की भूमिका को अतिरंजित कर देखने से डरिए मत। यह एक सोद्देश्य अतिरंजना है। यह एक सकारात्मक स्वत:

साधक गति में फलित होती है, और वही आपके सरोकार का विषय है। इस तरह अपने रवैए के आकार लेने को अपने जीवन की सबसे महत्त्वपूर्ण रचना की तरह देखिए, और इसे आप संयोग के भरोसे कभी मत छोड़िए।

## संकीर्ण (नकारात्मक) रवैया

जो लोग विशेष रूप से कमज़ोर और वेध्य महसूस करते हैं, उनमें जीवन के प्रति ऐसा रवैया अख़्तियार करने की प्रवृत्ति होती है कि वह उनके अनुभव को इस तरह संकीर्ण कर दे कि वे अनपेक्षित घटनाओं की सम्भावना को कम कर सकें। नीचे अंकित पाँच चीज़ें संकीर्ण रवैए के सामान्य रूप हैं। नकारात्मक भावनाओं में बन्धनकारी शक्ति होती है – जो आदमी गुस्से में होता है वह सन्देह, गहरी असुरक्षा, असन्तोष इत्यादि महसूस करने के लिहाज़ से अधिक संवेदनशील होता है। और इसलिए हमें इन विभिन्न नकारात्मक रवैयों के मिश्रण देखने को मिलते हैं, जिनमें से हर एक दूसरे का पोषण करता है और हर एक दूसरे को बढ़ाता है। आपका लक्ष्य है कि आप इस तरह के रवैयों के विभिन्न संकेतों को पहचानें और उखाड़ फेकें जो आपके भीतर दबे-छिपे और कमज़ोर रूपों में मौजूद होते हैं; आपका लक्ष्य है कि आप देखें कि वे किस तरह दूसरे लोगों में अधिक सशक्त रूपों में काम करते हैं, ताकि आप उनकी जीवन-दृष्टि को अधिक बेहतर ढंग से समझ सकें; और आपका लक्ष्य है कि आप इस तरह का रवैया रखने वाले लोगों से बरतना सीखें।

**विद्वेषपूर्ण रवैया :** कुछ बच्चे बहुत बड़ी उम्र तक विद्वेषपूर्ण रवैया प्रदर्शित करते हैं। ऐसे बच्चे दुनिया को इस तरह देखते हैं, जैसे वह विद्वेष से भरी हुई है, और प्रतिक्रिया स्वरूप वे ख़ुद ही उस विद्वेष का स्रोत बनकर उसे नियन्त्रित करना चाहते हैं। जैसे-जैसे उनकी

उम्र बढ़ती जाती है, वे दूसरों में क्रोध और कुण्ठा भड़काने में माहिर होते जाते हैं, जिससे उनका मूल रवैया ही प्रमाणित होता है – "देख लीजिए, लोग मेरे ख़िलाफ़ हैं, मुझे नापसन्द किया जाता है, और इसकी कोई वजह दिखायी नहीं देती।"

रिश्तों में देखें तो, विद्वेषपूर्ण रवैया रखने वाला पति अपनी पत्नी पर आरोप लगाएगा कि वह उसे प्यार नहीं करती। अगर वह इस बात का विरोध करती है और अपना बचाव करती है तो इसे वह इस बात के संकेत के रूप में देखेगा कि वह सच्चाई को छिपाने की कोशिश कर रही है। अगर वह डराए-धमकाए जाने की वजह से ख़ामोश हो जाती है तो इसे वह इस संकेत के रूप में देखेगा कि उसका सोचना शुरू से ही सही था। इन वजहों से वह इतनी सम्भ्रमित हो सकती है कि वह आसानी-से कुछ विद्वेषी हो सकती है, और इस तरह अपने पति की धारणा की पुष्टि कर सकती है। इस तरह का रवैया रखने वाले लोग उस विद्वेष को भड़काने की कई और भी सूक्ष्म युक्तियाँ दबाए रहते हैं, जिसे वे मन-ही-मन अपने ख़िलाफ़ महसूस करना चाहते हैं। इसके लिए वे ग़लत समय पर किसी प्रोजेक्ट में सहयोग देना बन्द कर देते हैं, लगातार लेट होते रहते हैं, ख़राब तरीक़े से काम करते हैं, पहली बार में ही जानबूझकर नकारात्मक प्रभाव छोड़ते हैं। लेकिन वे यह कभी नहीं देखते कि वे ख़ुद प्रतिक्रिया भड़काने में कोई भूमिका निभा रहे हैं।

अगर आप अपने भीतर इस तरह के रवैए के संकेत लक्ष्य करते हैं, तो आपकी यह आत्मसजगता इस रवैए से छुटकारा पाने के क़ाबिल होने की दिशा में एक बड़ा क़दम है। आप एक छोटा-सा प्रयोग भी आज़माकर देख सकते हैं : जिन लोगों से आप पहली बार मिल रहे हैं या जिन्हें आप सतही तौर पर जानते हैं, उनसे मिलते समय आप तरह-तरह के सकारात्मक विचार मन में लाइए – "वे मुझे पसन्द हैं," "वे अक़्लमन्द लगते हैं," आदि आदि। इनमें से

कोई भी बात शब्दों में नहीं कही गयी होगी, लेकिन आप इस तरह की भावनाएँ महसूस करने की भरसक कोशिश करें। तब भी अगर लोग विद्वेषपूर्ण या रक्षात्मक ढंग से प्रतिक्रिया करते हैं, तो शायद दुनिया सचमुच आपके ख़िलाफ़ है। पूरी सम्भावना है कि आप ऐसी कोई चीज़ नहीं पाएँ, जिसे ज़रा भी नकारात्मक ढंग से समझा गया हो सकता है। दरअसल, आप इसके विपरीत स्थिति देखेंगे। तब, यह साफ़ है कि किसी भी तरह की विद्वेषपूर्ण प्रतिक्रिया का स्रोत आप ही हैं।

इस क़िस्म के चरम लोगों से व्यवहार करते समय, आप भरसक कोशिश कीजिए कि आप उनकी उम्मीद के मुताबिक़ कोई विरोधी प्रतिक्रिया नहीं करें। अपनी तटस्थता को क़ायम रखें। इससे वे चकरा जाएँगे और तात्कालिक तौर पर अपना खेल खेलना बन्द कर देंगे।

**उद्विग्न रवैया :** इस तरह के लोग किसी भी परिस्थिति का सामना करते हुए पहले से ही तमाम तरह की बाधाओं और मुश्किलों की कल्पना करने लगते हैं। लोगों के साथ उन्हें अक्सर लगता है कि वे किसी क़िस्म की आलोचना या बेवफ़ाई करेंगे। यह सब पहले से ही असामान्य मात्रा में उद्विग्नता को उत्प्रेरित करता है। उन्हें असली डर इस बात का होता है कि कहीं वे हालात पर से अपना नियन्त्रण नहीं खो दें। समाधान के तौर पर उस चीज़ को सीमित कर देते हैं, जो हो सकता है, उस दुनिया को संकुचित कर देते हैं, जिससे वे बरत रहे होते हैं। इसका मतलब है, जिस जगह वे जाते हैं और जो उद्यम वे करेंगे, उस जगह और उद्यम को सीमित कर देना। सम्बन्धों के मामले में वे बहुत चतुराईपूर्वक घरेलू रस्मों और आदतों पर वर्चस्व क़ायम करेंगे; वे नाज़ुक दिखायी देंगे और अपने ऊपर अतिरिक्त ध्यान दिए जाने की माँग करेंगे। इससे लोग उनकी आलोचना करने

से बचेंगे। सब कुछ उनकी शर्तों पर होना चाहिए। काम के मामले में वे उग्र पूर्णतावादी बारीक़-से-बारीक़ चीज़ों पर ध्यान देने वाले मैनेजर होंगे, और इस तरह अन्ततः वे ज़रूरत से ज़्यादा चीज़ों को ख़ुद ही नियन्त्रित करने की कोशिश में ख़ुद को ही नुक़सान पहुँचाएँगे। जैसे ही वे अपने आरामदेह दायरे से बाहर - घर में या उस रिश्ते में जिस पर उनका वर्चस्व है - आएँगे, वे असामान्य रूप से चिड़चिड़े हो उठेंगे।

कभी-कभी वे नियन्त्रण करने की अपनी इच्छा को प्रेम या चिन्ता के बाने में छिपा सकते हैं। इस तरह के प्रेम से मिलता-जुलता एक अन्य ढकोसला लोगों को ख़ुश करना या बहलाना होता है, जिसका उद्देश्य उन्हें किसी भी क़िस्म के सम्भावित अप्रत्याशित और प्रतिकूल कृत्य से विमुख करना होता है।

अगर आप ख़ुद में इस तरह की प्रवृत्तियाँ लक्ष्य करते हैं, तो इसका सबसे अच्छा तोड़ यह है कि अपनी सारी ऊर्जा को काम में झोंक दीजिए। जिस हद तक आप अपनी पूर्णतावादी प्रवृत्तियों पर लगाम लगाए रख सकते हैं, उस हद तक आप नियन्त्रण की अपनी ज़रूरत को किसी उपजाऊ चीज़ में निवेशित कर सकते हैं। लोगों के साथ होने पर, ख़ुद को धीरे-धीरे उनकी आदतों और काम करने की उनकी रफ़्तार के प्रति अनुदार बनाने की बजाय उदार बनाइए। ख़ुद को जान-बूझकर ऐसी परिस्थितियों में डालिए, जिनसे आप सबसे ज़्यादा घबराते हैं, और इस तरह इस सच्चाई को जानिए कि आपके दिमाग़ में बैठे ख़ौफ़ पूरी तरह अतिरंजित हैं।

इस तरह का रवैया रखने वाले लोगों के साथ व्यवहार करते समय कोशिश कीजिए कि आपको उनकी उद्विग्नता की छूत नहीं लगने पाए, इसकी बजाय उन पर ऐसा शान्तिप्रद प्रभाव डालिए, जिसका उनके आरम्भिक जीवन में बहुत अभाव रहा है।

**टालमटोल का रवैया।** इस तरह का रवैया रखने वाले लोग दुनिया को अपने उस असुरक्षाबोध के चश्मे से देखते हैं, जो सामान्यतः उनकी योग्यता और बुद्धिमत्ता के बारे में उनके सन्देह से ताल्लुक रखता है। उम्र के बढ़ने के साथ इन लोगों के जीवन का मुख्य लक्ष्य किसी भी ऐसी ज़िम्मेदारी या चुनौती को टालना हो जाता है, जिसमें उनका आत्मसम्मान दाँव पर लगा होता है और जो उनके मूल्यांकन का आधार बन सकता है। अगर वे जीवन में बहुत कठोर प्रयत्न नहीं करते तो ना तो उनके विफल होने की सम्भावना होती है ना आलोचना की।

इस युक्ति को अमल में लाने के लिए वे लगातार सचेतन या अवचेतन रूप से पलायन के रास्ते खोजते रहते हैं। किसी नौकरी को समय से पहले छोड़ने या अपना करियर बदलने के लिए या कोई रिश्ता तोड़ने के लिए उनके पास एकदम सही वजह मौजूद होती है। वे किसी बहुत बड़े प्रोजेक्ट के बीच में ही अचानक बीमार पड़ जाएँगे, जिससे उन्हें काम से छुट्टी मिल जाएगी। वे तमाम क़िस्म की मनोदैहिक बीमारियों के प्रति संवेदनशील होते हैं। या फिर वे शराबख़ोरी या किसी और लत के शिकार हो जाएँगे, हमेशा ऐन मौक़े पर फिर से उसी ग़लत आदत के शिकार हो जाएँगे और इसके लिए अपनी इस ''बीमारी'' को, और उस ग़लत पालन-पोषण को दोष देंगे, जिसकी वजह से उन्हें वह लत लगी है। उनकी दूसरी युक्तियों में समय बरबाद करना और किसी भी काम को देर से शुरू करना, और हमेशा इसके लिए किसी तैयारशुदा बहाने का इस्तेमाल करना शामिल है। इसके बाद उन्हें उनके काम के घटिया नतीजों के लिए दोषी नहीं ठहराया जा सकता।

ऐसे लोगों को आप उनके चितकबरे करियर से और उनके अल्पकालिक निजी रिश्तों से आसानी-से पहचान सकते हैं। वे सन्तनुमा होने का दिखावा करते हुए अपनी समस्याओं के स्रोत को

छिपाने की कोशिश कर सकते हैं – वे सफलता को और उन लोगों को तुच्छ समझते हैं, जिन्हें ख़ुद को साबित कर दिखाना होता है। ऐसे लोगों के दिखावटी पुण्यात्मापन के धोखे में मत आइए। उनके कृत्यों पर, उनकी उपलब्धियों के अभाव पर, उन बड़ी–बड़ी योजनाओं पर ध्यान दीजिए, जिनकी उन्होंने कभी शुरुआत नहीं की और जिनके लिए उनके पास हमेशा अच्छी वजहें होती हैं।

अगर आप इस रवैए के निशान अपने अन्दर देखते हैं, तो एक अच्छी युक्ति यह है कि कोई योजना जो छोटे पैमाने की ही क्यों ना हो, हाथ में लीजिए, उसे उसकी पूर्णता तक ले जाइए और विफलता की सम्भावना को स्वीकार कीजिए। अगर आप नाकामयाब रहते हैं, तो आपने इस आघात को झेलने की तैयार पहले से ही कर ली थी, क्योंकि आपने इसका पूर्वानुमान कर लिया था, और अन्ततः उससे आपको उतनी चोट नहीं पहुँचेगी, जितने की आपने कल्पना की थी। आपका आत्मसम्मान बढ़ेगा, क्योंकि अन्ततः आपने किसी काम की शुरुआत की और उसे समापन तक पहुँचाया। एक बार आप जैसे ही इस डर को दिल से निकाल देते हैं, कामयाबी आसान हो जाएगी। आप फिर से कोशिश करना चाहेंगे। और अगर आप सफल होते हैं, तब तो और भी अच्छा है। दोनों ही सूरतों में जीत आपकी है।

जब आपको इस तरह का रवैया रखने वाले दूसरे लोग मिलें, तो उनके साथ साझेदारी विकसित करने को लेकर बहुत सावधान रहें। किसी भी क़ीमत पर उनकी मदद करने या उनकी नकारात्मकता से उनका उद्धार करने के प्रलोभन से बचें।

**अवसादपरक रवैया :** इस तरह के लोग जब बच्चे रहे होते हैं, तब उन्होंने अपने माता–पिता के स्नेह और सम्मान का अनुभव नहीं किया होता है। ऐसे असहाय बच्चों के सन्दर्भ में यह कुछ ज़्यादा

ही बड़ी कल्पना है कि उनके माता-पिता ने उनकी परवरिश ग़लत ढंग से की है। और इसलिए वे अपने बचाव में अक्सर नकारात्मक राय को अन्दर बिठा लेते हैं और कल्पना कर लेते हैं कि वे वाक़ई प्रेम हासिल करने के क़ाबिल नहीं हैं, और वास्तव में उनमें कहीं कोई खोट है। ऐसे लोग वयस्क होने पर अपने अनुभवों में परित्याग, क्षति, और उदासी का पूर्वानुमान करेंगे और अपने आसपास की दुनिया में सम्भावित रूप से अवसादजनक चीज़ों के संकेत देखेंगे। वे आजीवन एक ही युक्ति अपनाते हैं कि तात्कालिक तौर पर जीवन और लोगों से विमुख हो जाते हैं। इससे उन पर आरोपित किए गए अभिघातज अनुभवों के विपरीत उनके अवसाद को पोषण और ऐसा कुछ मिलेगा, जिसे वे किसी हद तक सँभाल सकेंगे।

इस क़िस्म के लोगों में अक्सर दूसरों को क्षति पहुँचाने की एक गुप्त इच्छा सुगबुगाती रहती है, जो बेवफ़ाई या आलोचना जैसे आचरण को प्रोत्साहित करती है, जो उनके अवसाद का पोषण करता है। ऐसे लोग अगर किसी तरह की कामयाबी अनुभव करेंगे तो वे बहुत गहराई में यह अनुभव करते हुए कि वे इस कामयाबी के लायक़ नहीं हैं, ख़ुद को नुक़सान पहुँचाएँगे। वे अपने काम में बाधाएँ विकसित करेंगे, या आलोचना का मतलब निकालेंगे कि उन्हें अपने करियर को जारी नहीं रखना चाहिए। अवसादग्रस्त क़िस्म के लोग अपने संवेदनशील स्वभाव की वजह से अक्सर दूसरों को अपनी ओर आकर्षित कर सकते हैं; वे उन्हें मदद करना चाहने की आकांक्षा की नक़ल करते हैं। लेकिन जो लोग उनकी मदद करना चाहते हैं वे उनकी आलोचना करने लगेंगे या उन्हें क्षति पहुँचाने लगेंगे, और फिर से पीछे हट जाएँगे। धकेलने और खींचने का यह दोलन भ्रम पैदा करता है, लेकिन जैसे ही आप एकबारगी उनके जादू में पड़ जाते हैं, अपराध-बोध के बिना उनसे अलग होना मुश्किल हो जाता है। उनमें यह प्रतिभा होती है कि वे अपनी उपस्थिति में

दूसरों को अवसाद से भर देते हैं। इससे उन्हें अपना पोषण करने के लिए और भी ईंधन मिल जाता है।

हम सब में अवसाद की प्रवृत्तियाँ होती हैं, हम सबके जीवन में अवसाद के क्षण आते हैं। उनकी अनिवार्यता के प्रति सजग होना ही उनसे निबटने का सबसे अच्छा तरीक़ा है – ये हमें धीमा करने, अपनी ऊर्जा को कम करने और पीछे हटने को बाध्य करने के हमारे शरीर और दिमाग़ के अपने तरीक़े हैं। बार-बार घेरने वाले अवसाद से निपटने का सबसे अच्छा तरीक़ा यह है कि आप अपनी ऊर्जा को काम में, विशेष रूप से कला में लगाएँ। आप पीछे हटने और अकेले होने के अभ्यस्त हैं; इस वक़्त का इस्तेमाल अपने अवचेतन को खटखटाने के लिए कीजिए। अपनी असामान्य संवेदनशीलता और अपनी स्याह भावनाओं को बाहर लाकर उन्हें अपने काम में निवेशित कीजिए।

अवसादग्रस्त लोगों को ज़िन्दगी के विस्मयपूर्ण होने के बारे में उपदेश देकर, उन्हें उनके अवसाद से उबारने की कभी कोशिश मत कीजिए। इसकी बजाय, दुनिया के विषादपूर्ण होने की उनकी राय से सहमत होते हुए चतुराईपूर्वक उन्हें ऐसे सकारात्मक अनुभवों की ओर खींचिए, जो उनकी मनोदशा को ऊँचा उठा सके, उन्हें ऊर्जा से भर सके, और इसके लिए आपको उनसे सीधे-सीधे आग्रह नहीं करना पड़े।

**असन्तोषपूर्ण रवैया।** इस तरह के लोगों को बचपन में यह लगता रहा होता है कि उन्हें अपने माँ-बाप का पर्याप्त प्रेम और स्नेह प्राप्त नहीं हुआ है- उनके मन में और ज़्यादा ध्यान दिए जाने का लालच बना रहता है। वे असन्तोष और निराशा का यह भाव आजीवन ढोते रहते हैं। वे लोगों के चेहरों में सम्भावित अवमानना या उपेक्षा के संकेत पढ़ने में माहिर होते हैं। वे हर चीज़ को अपने सन्दर्भ में

देखते हैं; अगर किसी के पास उनसे ज़्यादा हैतो यह अन्याय का संकेत है, एक निजी अवमानना है। जब वे सम्मान और मान्यता की यह कमी देखते हैं, तो वे गुस्से से फट नहीं पड़ते। इसकी बजाय, यह आघात उनके भीतर पलता रहता है, और वे जैसे-जैसे इसके बारे में सोचते हैं, अन्याय का अहसास उनके भीतर प्रबल होता जाता है। वे आसानी-से भूलते नहीं हैं। फिर एक समय आएगा जब वे गड़बड़ी या अकर्मक आक्रामकता के किसी शातिर, योजनाबद्ध कृत्य के माध्यम से बदला लेंगे।

चूँकि उनके अन्दर अन्याय का शिकार होने का अहसास निरन्तर बना रहता है, वे इसे दुनिया पर प्रक्षेपित करने की कोशिश करते हैं, जिसके चलते उन्हें हर कहीं अत्याचारी लोग दिखायी देते हैं। इस तरह वे अक्सर उन लोगों के लीडर बन जाते हैं, जो असन्तुष्ट और दमित महसूस करते हैं। अगर इस तरह के लोगों के हाथ में कोई सत्ता आ जाती है, तो वे ख़ासे क्रूर और प्रतिशोधपूर्ण हो उठते हैं, और अन्ततः विभिन्न लोगों को अपने असन्तोष का शिकार बनाते हैं। सामान्यतः वे अहम्मन्य बने रहते हैं; वे ख़ुद को दूसरों से ऊपर समझते हैं, भले ही इसे कोई नहीं मानता हो। वे अपना सिर बहुत ऊँचा उठाए रहते हैं; उनके चेहरे पर रह-रह कर एक नक़ली मुस्कराहट या अवज्ञा का भाव आता रहता है। उम्र बढ़ने के साथ, वे टुच्चे क़िस्म के झगड़ों में पड़ते रहते हैं, क्योंकि वे अपने उस असन्तोष को पूरी तरह सँभालने में अक्षम होते हैं, जो समय के साथ-साथ उनके भीतर जमा होता रहता है। उनकी कड़वाहट बहुत-से लोगों को उनसे दूर धकेल देती है, और इसलिए वे अक्सर इसी तरह का रवैया रखने वाले दूसरे लोगों के साथ मिल जाते हैं।

अगर आप अपने भीतर इस तरह की असन्तोषपूर्ण प्रवृत्तियाँ लक्ष्य करते हैं, तो इसका सबसे अच्छा तोड़ यह है कि आप अपने जीवन में निराशाओं और आघातों को जगह नहीं बनाने दें। बजाय

इसके कि आप ऐसे अपमान को अन्दर-ही-अन्दर पकने दें जिसे आपने शायद भ्रमवश अपमान समझ लिया है या बहुत बढ़ा-चढ़ा कर देख लिया है, तत्काल गुस्से से फट पड़ना बेहतर है, भले ही वह अविवेकपूर्ण क्यों नहीं हो। आपको लोगों और मानव स्वभाव के प्रति अधिक उदार बनकर असन्तोष के दुष्चक्र को तोड़ देना चाहिए।

इस क़िस्म के लोगों से व्यवहार करते समय आपको अत्यन्त सावधानी बरतनी चाहिए। आप ऐसे लोगों को उनके अतीत के झगड़ों और अचानक-से लोगों से सम्बन्ध तोड़ लेने के उनके इतिहास के आधार पर, साथ ही दूसरों पर आसानी-से फ़ैसला सुनाने के उनके तरीक़े से पहचान सकते हैं। आप चाहें तो धीरे-धीरे उनका विश्वास जीत सकते हैं और उनके सन्देह को कम कर सकते हैं; लेकिन सावधान रहें कि जितनी ही ज़्यादा देर आप उनके आसपास रहेंगे, उतना ही आप उनके असन्तोष के लिए सामान उपलब्ध कराएँगे, और उनकी प्रतिक्रिया बहुत विषैली हो सकती है। बेहतर तो यही है कि अगर मुमकिन हो तो इस तरह के लोगों से दूर ही रहा जाए।

## विस्तीर्ण (सकारात्मक) रवैया

नकारात्मक, संकुचित रवैया हमारी सृजनात्मक शक्ति, हमारे सन्तुष्टि के बोध, हमारे सामाजिक सुख, और हमारी जीवनदायी ऊर्जा की क़ीमत पर जीवन की समृद्धि को संकुचित करने की भूमिका निभाता है। इस तरह की परिस्थितियों के अधीन एक भी दिन बरबाद किए बिना, आपका लक्ष्य उससे अलग हो जाना, और उस चीज़ को विस्तार देना है, जो आप देखते और अनुभव करते हैं। आपको अपने लेंस के मुँह को भरसक चौड़ा करने की ज़रूरत है। यह रहे आपके लिए कुछ सुझाव।

**दुनिया को कैसे देखें :** ख़ुद को एक खोजी की तरह देखिए। बहुत-से लोग कुछ ख़ास विचारों और सिद्धान्तों से चिपके रहते हैं, जिनमें से ज़्यादातर जीवन के शुरुआती दौर में अपनाए गए होते हैं। ऐसे लोग अपरिचित और अनिश्चित से मन-ही-मन भयभीत रहते हैं। वे दृढ़ मान्यता को जिज्ञासा की जगह रखते हैं। जब तक वे तीस वर्ष के होते हैं, वे इस तरह आचरण करने लगते हैं, जैसे वे वह सब कुछ जानते हैं, जो जानने योग्य है।

एक खोजी के रूप में आप सारी निश्चयात्मकताओं को पीछे छोड़ दीजिए। आप तमाम संस्कृतियों और समयों के ज्ञान के सारे रूपों को खोजिए। आपके लिए चुनौती का मिलना ज़रूरी है। अपने दिमाग़ को इस तरह ग्रहणशील बनाकर उस सृजनात्मक शक्ति को उन्मुक्त कर देंगे, जिसे अभी तक चरितार्थ होने का अवसर नहीं मिला था, और इस तरह आप स्वयं को ज़बरदस्त मानसिक आनन्द देंगे। इसी के एक अंग के रूप में, उन अन्तर्दृष्टियों की खोज के प्रति ग्रहणशील बनिए जो आपके अवचेतन से उत्पन्न होती हैं, जो आपके सपनों में, थकान के क्षणों में, और उन दमित इच्छाओं में उजागर होती हैं, जो किन्हीं ख़ास पलों में रिसकर बाहर आ जाती हैं।

**आपदाओं को कैसे देखें :** हमारे जीवन में बाधाएँ, हताशाएँ, पीड़ाएँ और वियोग अनिवार्यत: शामिल हैं। हम अपने जीवन के आरम्भिक वर्षों में इस तरह के पलों से कैसे निपटते हैं, यह चीज़ जीवन के प्रति हमारे कुल रवैए के विकसित होने में महत्त्वपूर्ण भूमिका अदा करती है। बहुत सारे लोगों के लिए, इस तरह के मुश्किल क्षण उन्हें उन चीज़ों तक सीमित कर देते हैं, जिन्हें वे देखते और अनुभव करते हैं। वे नकारात्मक अनुभवों से सीखने की बजाय उनका दमन करना चाहते हैं। आपका लक्ष्य इसकी विपरीत दिशा में

जाने का होना चाहिए – सारी बाधाओं को सीखने के अनुभवों के रूप में, और भी मज़बूत होने के साधनों के रूप में स्वीकार करने का होना चाहिए। इस तरह आप स्वयं जीवन को अंगीकार करते हैं।

हालाँकि विपत्तियाँ और पीड़ाएँ सामान्यत: आपके नियन्त्रण से परे होती हैं, लेकिन आपमें अपनी प्रतिक्रियाओं को और उनसे जुड़ी नियति को नियन्त्रित करने की शक्ति होती है।

**ख़ुद को कैसे देखें :** हम जैसे-जैसे उम्रदराज़ होते जाते हैं, हम इसकी सीमा निर्धारित करते जाते हैं कि हम ज़िन्दगी में कितनी दूर तक जा सकते हैं। जिन्हें हम अपनी बुद्धि और सृजनात्मक शक्ति की सीमाएँ समझते हैं, उन्हें स्वीकार करते हुए हम एक स्वत: साधक गति रच लेते हैं। आपको इस दुनिया में इतना ज़्यादा विनम्र और संकोची होने की ज़रूरत नहीं है। इस तरह की विनम्रता कोई सद्गुण नहीं है, बल्कि एक ऐसा मूल्य है, जिसे लोग इसलिए प्रोत्साहित करते हैं ताकि वे आपका दमन कर सकें। आप इस समय जो भी कुछ कर रहे हैं, आप दरअसल, उससे कहीं ज़्यादा कर सकने में सक्षम हैं, और इस तरह सोचते हुए आप एक नितान्त भिन्न गति रच सकते हैं।

**आप अपनी ऊर्जा और तन्दुरुस्ती को किस तरह देखते हैं :** हालाँकि हम सभी नश्वर और बीमारियों के अधीन हैं, जो हमारे नियन्त्रण से परे हैं, तब भी हमें अपनी उस इच्छाशक्ति को पहचानना चाहिए, जो हमारी तन्दुरुस्ती में महत्त्वपूर्ण भूमिका निभाती है। इस बात को हम सभी ने किसी-न-किसी हद तक महसूस किया होता है। जब हमें इश्क़ हो जाता है या हम अपने काम को लेकर उत्तेजित महसूस करते हैं, तो सहसा हममें ढेर सारी ऊर्जा आ जाती है और हम फुर्ती-से बीमारी से उबर जाते हैं। जब हम अवसाद की या असामान्य तनाव की स्थिति में होते हैं, तो हम तमाम तरह की

बीमारियों के शिकार होने लगते हैं। हमारा रवैया हमारी तन्दुरुस्ती में बहुत बड़ी भूमिका निभाता है, ऐसी भूमिका जिसे विज्ञान ने समझना शुरू कर दिया है और आने वाले दशकों में वह उसका और भी परीक्षण करेगी। सामान्यत:, आप किसी योजना या उद्यम को लेकर उत्साह और चुनौती महसूस करते हुए स्वयं को सुरक्षित तरीक़े से उन सीमाओं से परे ले जा सकते हैं, जिन्हें आप अपनी शारीरिक सीमाएँ समझते हैं। लोग अपनी सामर्थ्य की सीमाओं को स्वीकार कर समय से पहले ही बूढ़े हो जाते हैं, और फिर यह बुढ़ापा ही उनकी सामर्थ्य की सीमा बन जाता है। जो लोग उम्रदराज़ हो जाते हैं वे भी शारीरिक गतिविधियों में संलग्न रहे आते हैं, बस उन्हें थोड़ा-सा सामंजस्य बिठाना होता है। आपके भीतर ऊर्जा और स्वास्थ्य के स्रोत भरे पड़े हैं, जिनका आपको अभी भी दोहन करना है।

**दूसरे लोगों को कैसे देखें :** सबसे पहले तो लोग जो भी कुछ करते या कहते हैं, उसे निजी तौर पर लेने की स्वाभाविक प्रवृत्ति से आपको छुटकारा पाने की कोशिश करनी होगी, ख़ास तौर से तब जब वे जो भी करते या कहते हैं, वह अप्रिय हो। यहाँ तक कि जब वे आपकी आलोचना करते हैं या आपके हित के विरुद्ध कुछ करते हैं, तो वह आम तौर से किसी गहरी शुरुआती पीड़ा से उत्पन्न हुआ होता है, जिसे वे उजागर कर रहे होते हैं; आप उन कुण्ठाओं और असन्तोषों के सुविधाजनक लक्ष्य बन जाते हैं, जो वर्षों के दौरान इकट्ठा होते रहे हैं। वे अपनी ही नकारात्मक भावनाओं को प्रक्षेपित कर रहे होते हैं। अगर आप लोगों को इस तरह से देख सकें, तो आपके लिए प्रतिक्रिया नहीं करना और परेशान नहीं होना या किसी तुच्छ क़िस्म के झगड़े में नहीं उलझना आसान हो जाएगा। अगर व्यक्ति वाक़ई दुष्ट है, तो आप भावुक नहीं होकर उस बेहतर स्थिति में होंगे जहाँ से आप एक सही पलटवार की योजना बना पाएँगे।

आप आघातों और कड़वाहट की भावनाओं को एकत्र करने से ख़ुद को बचा ले जाएँगे।

यह तटस्थ मुद्रा अपनाकर आप उन लोगों को गहरे स्तर पर समझने की कोशिश कर सकते हैं जिनसे आप व्यवहार कर रहे हैं। आप जितना ही ज़्यादा यह करेंगे, उतने ही आप लोगों और मानव स्वभाव के प्रति सहिष्णु होते जाएँगे। आपकी उन्मुक्त, उदार भावना आपके सामाजिक व्यवहार को ज़्यादा सहज बना देगी, और लोग आपके प्रति आकर्षित होने लगेंगे।

> यही वजह है कि एक ही तरह की बाहरी घटनाएँ या परिस्थितियाँ किन्हीं भी दो लोगों पर एक-जैसा प्रभाव नहीं डालतीं; यहाँ तक कि एकदम समान परिवेश में भी हर कोई अपनी निजी दुनिया में रहता है... इन्सान जिस दुनिया में रहता है, वह दुनिया ख़ुद को मुख्यत: उस ढंग से आकार देती है, जिस ढंग से वह इन्सान उसे देखता है, और इसलिए वह दुनिया अलग-अलग लोगों के लिए अलग-अलग साबित होती है; एक के लिए वह बंजर, नीरस और सतही होती है; दूसरे के लिए समृद्ध, दिलचस्प और अर्थ से परिपूर्ण होती है। बहुत-से लोग जब किसी इन्सान की ज़िन्दगी में घटित दिलचस्प घटनाओं के बारे में सुनेंगे, तो उन्हें लगेगा कि काश! वैसी ही घटनाएँ उनकी ज़िन्दगी में हुई होतीं। वे पूरी तरह भूल जाते हैं कि उन्हें उस मानसिक रुझान के प्रति ईर्ष्यालु होना चाहिए, जिसने उन घटनाओं को अर्थ प्रदान किया था और जो उनमें तब मौजूद था, जब वह इन्सान उन घटनाओं का वर्णन कर रहा था।
>
> – *आर्थर शोपेनहॉवर*

# 9

# अपने अँधेरे पक्ष का सामना करें

—— ✧ ——

## *दमन का नियम*

*लोग जैसे दिखते हैं वैसे वे शायद ही कभी होते हैं। उनके विनम्र, सुशील बाहरी रूप के पीछे एक अपरिहार्यत: काला पक्ष दुबका होता है, जो उन असुरक्षाओं के बोध और आक्रामक, स्वार्थपूर्ण संवेगों से निर्मित होता है, जिनका उन्होंने दमन कर रखा होता है और सावधानीपूर्वक सार्वजनिक निगाहों से छिपा रखा होता है। यह अँधेरा पक्ष उनके उस व्यवहार में रिसकर बाहर आ जाता है, जो आपको हैरान करता है और नुक़सान पहुँचाता है। इसके पहले कि इस स्याह छाया के निशान विषाक्त रूप ले लें, इन्हें पहचानना सीखिए। लोगों के प्रकट लक्षणों – सख़्ती, सन्तनुमा भाव इत्यादि – को विपरीत लक्षणों को छिपाने के आवरण के रूप में देखिए। आपको अपने अँधेरे पक्ष के प्रति भी सजग होना चाहिए। उसके प्रति सचेत होकर आप उन सृजनात्मक ऊर्जाओं को नियन्त्रित कर सकते हैं और उपयोगी बना सकते हैं, जो आपके अवचेतन में दुबकी होती हैं। इस अँधेरे पक्ष को अपने व्यक्तित्व में समाहित कर आप अधिक सम्पूर्ण मनुष्य बनेंगे और उस प्रामाणिकता को विकीरित करेंगे, जो लोगों को आपके प्रति आकर्षित करेगी।*

> पागलपन करने की आकांक्षा पूरे जीवन भर हमारे साथ बनी रहती है। ऐसा कौन होगा, जो जब किसी के साथ किसी खाई के किनारे या ऊँची मीनार पर खड़ा होगा तो उसके मन में अचानक दूसरे व्यक्ति को नीचे धकेल देने की भावना पैदा नहीं हुई होगी? और ऐसा क्यों है कि हम उन लोगों को चोट पहुँचाते हैं, जिन्हें हम प्रेम करते हैं, हालाँकि हम जानते हैं कि बाद में हमें पछतावा होगा? हमारा समूचा अस्तित्व हमारे भीतर मौजूद अँधेरी शक्तियों के ख़िलाफ़ संघर्ष के सिवा और कुछ नहीं है। जीवित होने का अर्थ है, हृदय और आत्मा में मौजूद दुष्टात्माओं के साथ युद्ध करना। लिखना अपने बारे में न्याय करना है।
>
> – *हेनरिक इब्सन*

## मानव-स्वभाव के रहस्य

अगर हम उन लोगों के बारे में सोचें जिन्हें हम जानते और नियमित रूप से देखते हैं, तो हमें इस बात पर सहमत होना होगा कि वे पर्याप्त रुचिकर और ख़ुशनुमा हैं। ज़्यादातर, जब वे हमारे साथ होते हैं तो ख़ुश, अपेक्षाकृत निष्कपट और अतिविश्वस्त, सामाजिक तौर पर ज़िम्मेदार, टीम के साथ मिलकर काम करने में सक्षम, अपना भरपूर ध्यान रखने वाले, और दूसरों से अच्छा बरताव करने वाले प्रतीत होते हैं। लेकिन इन दोस्तों, परिचितों,और सहकर्मियों के साथ रहते हुए हमें उनके ऐसे व्यवहार की झलक मिल जाती है जो उन चीज़ों के विरोध में जाता दिखायी देता है, जिन्हें हम उनमें सामान्य तौर पर देखते हैं।

ऐसे पलों में हमें जिस चीज़ की झलक मिलती है, वह उनके व्यक्तित्व का वह अँधेरा पक्ष होता है, जिसे स्विट्ज़रलैण्ड के मनोवैज्ञानिक कार्ल युंग ने छाया (शैडो) की संज्ञा दी है। इस छाया में वे सारे लक्षण समाहित होते हैं, जिनसे लोग इंकार करते हैं और जिनका उन्होंने दमन कर रखा होता है। यह दमन इतना गहरा और प्रभावशाली होता है कि लोग सामान्यत: अपनी इस छाया के प्रति बेख़बर होते हैं; वह अवचेतन रूप से काम करती है। जब हम उन पलों को अनुभव करते हैं, जब लोग अपने अँधेरे पक्ष को उजागर करते हैं, तो हम उनके चेहरे पर कोई चीज़ देख सकते हैं; उनकी आवाज़ और भाव-भंगिमा बदल जाती है – लगभग इस क़दर कि जैसे हमारा सामना किसी दूसरे व्यक्ति से हो रहा हो। परेशान बच्चे के लक्षण अचानक दिखायी देने लगते हैं। जैसे ही उनकी छाया उमड़ती और प्रकट होती है, हम उसे *महसूस* करने लगते हैं।

यह छाया अन्दर गहरे दफ़न रहती है, लेकिन तनाव के क्षणों में या जब गहरे घाव और असुरक्षाएँ भड़क उठती हैं, वह अशान्त और सक्रिय हो जाती हैं। लोगों की उम्र के बढ़ने के साथ-साथ वह और भी ज़्यादा दिखायी देने लगती है। जब हम युवा होते हैं, तो हमें हर चीज़ उत्तेजक लगती है, जिनमें वे विभिन्न सामाजिक भूमिकाएँ भी शामिल होती हैं, जिन्हें हमें निभाना पड़ता है। लेकिन बाद के दिनों में हम अपने मुखौटों से थकने लगते हैं, और रिसाव बढ़ जाता है।

इस अँधेरे पक्ष को छिपाने के लिए ऊर्जा की ज़रूरत पड़ती है; हमेशा एक अच्छे, आत्मविश्वस्त मुखड़े को पेश करते रहना निचोड़ देने वाला हो सकता है। और इसलिए छाया थोड़े-से अन्दरूनी तनाव को रिहा करना चाहती है और जाग्रत हो उठना चाहती है। आपको दूसरों में रिहाई के इन क्षणों को पहचानने और उनकी व्याख्या करने में दक्ष होना चाहिए, उस छाया की रूपरेखाओं को

देखने में सक्षम होना चाहिए, जो अब सामने आ गयी होती हैं। इस रिहाई के कुछ अत्यन्त उल्लेखनीय संकेत नीचे अंकित हैं।

**अन्तर्विरोधी आचरण :** यह सबसे मुखर संकेत है। इसमें वे क्रियाएँ निहित होती हैं, जो लोगों के बहुत सावधानी के साथ गढ़े गए मुखड़े को झुठलाती हैं। उदाहरण के लिए, जो व्यक्ति नैतिकताओं का उपदेश देता है उसका अचानक अत्यन्त अनैतिक आचरण करते हुए पकड़ा जाना। यह विचित्र क़िस्म का अन्तर्विरोधी आचरण छाया की सीधी अभिव्यक्ति है।

**भावनात्मक विस्फोट :** कोई व्यक्ति अचानक अपना सामान्य आत्म-नियन्त्रण खो बैठता है और बहुत तीखे ढंग से अपने असन्तोष को व्यक्त करता है या कोई चुभने और चोट पहुँचाने वाली बात कह देता है। इस तरह की रिहाई के बाद वे इसका दोष तनाव के मत्थे मढ़ सकते हैं; वे कह सकते हैं कि उनका आशय यह नहीं था, जबकि वस्तुस्थिति इसके एकदम विपरीत होती है - उनकी छाया बोल उठी होती है। वे जो कहते हैं, उसे उसके प्रत्यक्ष अर्थ में ही लीजिए।

**प्रबल इंकार :** फ्रायड के अनुसार, हमारे अवचेतन की कोई भी अप्रिय या असुविधाजनक चीज़ एक प्रभावशाली इंकार के रास्ते ही हमारे चेतन मस्तिष्क तक पहुँच सकती है। हम उसके एकदम विपरीत बोलते हैं, जो हमारे अन्दर दफ़न होता है। यह समलैंगिकता के ख़िलाफ़ बोलने वाला कोई व्यक्ति हो सकता है, जबकि वास्तव में वह उसके विपरीत महसूस कर रहा हो सकता है या कर रही हो सकती है। आपको इस तरह के इंकार को छाया आकांक्षा की सकारात्मक अभिव्यक्ति के रूप में समझना चाहिए।

**"संयोगपरक" व्यवहार :** हो सकता है, लोग किसी लत को छोड़ने की बात करते हों, या बहुत कड़ी मेहनत नहीं करने की बात करते हों, या आत्मविध्वंसक रिश्ते से दूर रहने की बात करते हों। उस स्थिति में वे उसी आचरण को करने लगते हैं, जिसे वे टालने की कोशिश करने की बात करते हैं, जिसके लिए वे बेक़ाबू बीमारी या निर्भरता को दोष देते हैं। यह चीज़ उनके अँधेरे पक्ष में लिप्त होने के अपराधबोध को कम करती है; वे इससे बच ही नहीं सकते। उनके औचित्य को नज़रअन्दाज़ कीजिए और छाया को क्रियाशील और रिहा होते देखिए। यह भी ध्यान रखिए कि जब लोग नशे में धुत्त होते हैं और अलग ढंग से व्यवहार कर रहे होते हैं, तब अक्सर यह शराब नहीं, बल्कि छाया बोल रही होती है।

**अतिशय आदर्शीकरण :** यह चीज़ छाया के लिए सबसे अधिक प्रभावशाली आवरण हो सकती है। मान लीजिए कि हम किसी ध्येय में विश्वास करते हैं, जैसे कि अपने क्रियाकलापों, ख़ास तौर से राजनैतिक क्रियाकलापों में पारदर्शिता का महत्त्व। हम हर चीज़ को स्याह-सफ़ेद की पदावली में समझते हैं – जैसे कि हमारा ध्येय नैतिक है, आधुनिक है, प्रगतिशील है; जबकि दूसरा पक्ष, जिसमें सन्देह करने वाले लोग शामिल हैं, अनैतिक और प्रतिक्रियावादी हैं।

किसी ध्येय, व्यक्ति या वस्तु को अतिशय आदर्शीकृत करते हुए लोग छाया को खुली छूट दे सकते हैं। यह उनकी अवचेतन प्रेरणा होती है। दादागिरी, जोड़-तोड़ और उस लालच को जो ध्येय या उत्पाद की ख़ातिर आता है, प्रत्यक्ष मूल्य पर लेना चाहिए, अतिरिक्त रूपसे दृढ़ आग्रह दमित भावनाओं को क्रियाशील होने के लिए आवरण उपलब्ध कराता है।

इसी से जुड़ी बात यह है कि बहस के दौरान लोग दादागिरी करने और धमकाने की आकांक्षा को छिपाने के एक कारगर तरीक़े के रूप में सशक्त मान्यताओं का इस्तेमाल करेंगे।

**प्रक्षेपण :** यह अपनी छाया से बरतने का सबसे ज़्यादा आम तरीक़ा है, क्योंकि यह लगभग रोज़मर्रा राहत उपलब्ध कराता है। चूँकि हम स्वयं अपनी कुछ ख़ास आकांक्षाओं - जैसे कि सेक्स की, पैसे की, कुछ क्षेत्रों में अपनी श्रेष्ठता की आकांक्षाओं - को स्वीकार नहीं कर सकते, इसलिए हम उन आकांक्षाओं को दूसरों पर प्रक्षेपित कर देते हैं।

उदाहरण के लिए, हम दूसरे व्यक्ति पर आरोप लगाते हैं कि वह अधिकारवादी आकांक्षाओं से भरा हुआ है। वस्तुस्थिति यह होती है कि वे महज़ अपना बचाव कर रहे होते हैं। ये तो हम हैं जो मन-ही-मन उन पर वर्चस्व स्थापित करने की इच्छा रखते हैं, लेकिन अगर हम उसे दूसरे पक्ष में पहले देख लेते हैं, तो हम अपनी दमित आकांक्षा को फ़ैसले की शक्ल में बाहर निकाल सकते हैं और अपनी अधिकारवादी प्रतिक्रिया को उचित ठहरा सकते हैं।

**याद रखें :** किसी भी उग्र घृणा के पीछे घृणा का पात्र बनाए गए व्यक्ति के प्रति अक्सर एक गुप्त और अत्यन्त अरुचिकर ईर्ष्या होती है। इस तरह की घृणा के माध्यम से ही वह ईर्ष्या किसी-न-किसी रूप में अवचेतन से बाहर निकल पाती है।

जब लोगों की छाया के अलग-अलग टुकड़ों को आपस में जोड़ने का मसला हो तो ख़ुद को जासूस की तरह समझिए। जो विभिन्न संकेत आपके हाथ लगते हैं, उनके माध्यम से आप उनकी दमित आकांक्षाओं और प्रयोजनों के खाकों को भर सकते हैं। इससे आपको भावी रिसाव और विषम छाया-नुमा व्यवहार का पूर्वानुमान करने की गुंजाइश मिलेगी। निश्चित मानिए कि इस तरह का व्यवहार

सिर्फ़ एक बार सामने नहीं आता, और वह अलग-अलग इलाक़ों में अचानक नज़र आएगा।

हम बलात् भलमनसाहत से मानव स्वभाव को कभी नहीं बदल सकते। पिच्फ़ोर्क काम में नहीं आता। ना ही समूह में अपनी छाया को छोड़ना ही कोई समाधान है। ऐसा करना अस्थिर और ख़तरनाक है। इसकी बजाय, जवाब यह है कि छाया को क्रियाशील रूप में देखा जाए और अधिक आत्मसजग हुआ जाए। जैसे ही हम अपने भीतर कार्यरत प्रक्रिया के प्रति सजग कर दिए जाते हैं, अपने गुप्त प्रयोजनों को दूसरों पर प्रक्षेपित करना या किसी ध्येय को अति-आदर्शीकृत करना मुश्किल काम हो जाता है। इस तरह के आत्म-ज्ञान के माध्यम से हम स्याह पक्ष को लाभदायक और रचनात्मक तरीक़े से अपनी चेतना में समाहित करने का रास्ता खोज सकते हैं। ऐसा करते हुए हम अपनी नैसर्गिक ऊर्जा का अधिकतम दोहन करते हुए अधिक विश्वसनीय और पूर्ण हो जाते हैं।

## छाया को समझना :
## अन्तर्विरोधी आचरण

अपने जीवन के दौरान आपको ऐसे लोग मिलेंगे, जिनमें ऐसे अत्यन्त प्रभावशाली लक्षण होते हैं, जो उन्हें अलग खड़ा करते हैं और जो उनकी शक्ति का स्रोत प्रतीत होते हैं - जैसे कि असामान्य आत्मविश्वास, असाधारण भलमनसाहत और सौजन्य, ज़बरदस्त नैतिक खरापन और सन्तनुमा प्रभामण्डल, सख़्ती और अशिष्ट मर्दानगी, और भयभीत कर देने वाली बौद्धिक प्रखरता। अगर आप उन्हें क़रीब से देखें, तो आप इन लक्षणों में हल्की-सी अतिरंजना लक्ष्य कर सकते हैं, मानो वे कोई प्रदर्शन या अतिरंजना कर रहे हों। मानव स्वभाव के अध्येता के रूप में, आपको वास्तविकता समझनी

चाहिए : प्रभावशाली लक्षण सामान्यतः विपरीत लक्षण के शीर्ष पर टिका होता है और जो उसे सार्वजनिक निगाहों से छिपाए रखता है, उनका वहाँ से ध्यान हटाए रखता है।

आपका काम सीधा-सादा है : ऐसे लोगों से चौकन्ने रहें जिनमें इस तरह के प्रभावशाली लक्षण दिखायी देते हों। ऊपरी दिखावे और पहले प्रभाव की गिरफ़्त में आ जाना बहुत आसान होता है। समय के गुज़रने के साथ विपरीत संकेतों के उभरने पर निगाह रखिए। अगर आप इस तरह के लोगों को समझ लेते हैं तो उनसे निपटना ज़्यादा आसान हो जाता है। नीचे वे सात प्रभावशाली लक्षण दिए गए हैं, जो आम तौर से देखने को मिलते हैं और जिन्हें पहचानना तथा उन्हें उपयुक्त ढंग से बरतना आपको आना चाहिए।

**सख़्त इन्सान :** वह अशिषट मर्दानगी दर्शाता है, जिसका उद्देश्य डराना होता है। इस तरह के ऊपरी दिखावों के धोखे में मत आइए। ऐसे आदमियों को उनकी अन्दरूनी कोमलता और भावनात्मक वेध्यता से डर लगता है और इसलिए वे इन्हें बहुत गहराई में छिपाए रहते हैं।

आपको उनके ऐसे मुखड़े से डरना नहीं चाहिए और यह सावधानी भी बरतनी चाहिए कि कहीं आप उनके बढ़ा-चढ़ा कर सुनाए गए क़िस्सों या मर्दाना प्रकृति पर सन्देह कर उनके अन्दरूनी असुरक्षा-बोध को भड़का नहीं दें। वे कुख्यात रूप से तुनकमिज़ाज और संवेदनशील होते हैं और इसके पहले कि वे अपने असुरक्षा-बोध को अपने उग्र तेवरों से छिपाएँ, अगर आप उसे भड़का देते हैं, तो आप उनके चेहरे पर बारीक खीझ देख सकते हैं। अगर वे कोई प्रतिद्वन्द्वी हुए, तो उन्हें ऐसी तीव्र प्रतिक्रिया के लिए बाध्य करना आसान होता है, जो ऐसा कुछ उजागर करती है, जो ज़रा भी कठोर नहीं होता।

**सन्त :** ऐसे लोग भलमनसाहत और ख़ालिसपन की मिसाल होते हैं। उनका यह सन्तनुमा बाहरी रूप सत्ता और ध्यानाकर्षण की तीव्र इच्छा या उनकी प्रबल ऐन्द्रिय भूख को छिपाने की प्रक्रिया में बहुत पहले विकसित हो चुका होता है। और जैसे ही वे सत्ता में आएँगे, छाया को सक्रिय होने की जगह मिल जाएगी।

सचमुच के सन्त भी होते हैं, लेकिन उन्हें अपने कृत्यों का प्रचार करने या सत्ता हथियाने की ज़रूरत महसूस नहीं होती। वास्तविक और छद्म सन्तों के बीच भेद करने के लिए उनके शब्दों और प्रभामण्डल की उपेक्षा करें, और उनके कृत्यों तथा उनके जीवन के विवरणों पर ध्यान दें – वे सत्ता और ध्यानाकर्षण का कितना आनन्द उठाते लगते हैं, उनके द्वारा एकत्र की गयी सम्पत्ति की चौंका देने वाली मात्रा क्या है, उनकी प्रेयसियों की संख्या कितनी है, उनकी आत्मलीनता का स्तर क्या है। जब आप इस तरह के लोगों को पहचान लें, तो उनके बचकाने अनुयायी नहीं बनें। कुछ दूरी बनाकर रखें। अगर वे शत्रु हों, तो पाखण्ड के स्पष्ट संकेतों का बारीकी से परीक्षण करें।

**निष्क्रिय रूप से आक्रामक सम्मोहक :** इस क़िस्म के लोग पहली बार मिलने पर विस्मयकारी ढंग से भले और मिलनसार होते हैं, इस क़दर कि आप उन्हें अपनी ज़िन्दगी में किंचित फुर्ती से प्रवेश करने की इजाज़त दे देते हैं। इसके बाद कोई भद्दी घटना होती है – जैसे कि कोई विस्फोट, छल या विश्वासघात का कोई कृत्य – जो उस सम्मोहक व्यक्ति से ज़रा भी मेल नहीं खाती, जिसे आपने पहले अपना दोस्त बना लिया था।

सच्चाई यह है कि इस क़िस्म के लोगों को ज़िन्दगी में काफ़ी पहले इस बात का अहसास हो चुका होता है कि उनमें ऐसी आक्रामक ईर्ष्यालु प्रवृत्तियाँ हैं, जिन्हें क़ाबू में करना मुश्किल

है। वे कई वर्षों तक एक विपरीत मुखड़ा गढ़ने में लगे रहते हैं : उनकी भलमनसाहत में एक लगभग आक्रामक धार होती है। इस तिकड़म के सहारे वे सामाजिक शक्ति हासिल करने में सक्षम होते हैं।

बचाव का सबसे अच्छा तरीक़ा यही है कि आप ऐसे लोगों से बचकर रहें जो बहुत जल्दी सम्मोहित कर लेते हैं और दोस्त बन जाते हैं, जो शुरुआत में बहुत भले और मिलनसार होते हैं। उनसे दूरी बनाए रखें और आरम्भिक संकेतों – जैसे कि निष्क्रिय रूप से आक्रामक टिप्पणियों – को मिलने दें। अगर आप देखते हैं कि – किसी क़दर अपने चरित्र की वजह से – वे किसी व्यक्ति को लेकर विद्वेषपूर्ण निन्दा में संलग्न होते हैं, आप निश्चित मानकर चल सकते हैं कि यह उनकी छाया बोल रही है और एक दिन आएगा, जब आप भी इसी तरह की निन्दा के लक्ष्य पर होंगे।

**उन्मादी :** आप जिस किसी भी ध्येय के पक्ष में उनका जोश देखकर प्रभावित होते हैं। लेकिन ठीक उस निर्णायक घड़ी में जब वे वह काम कर सकते हैं, जिसका उन्होंने वादा कर रखा है, वे खिसक लेते हैं। वे ग़लत मौक़े पर अनिश्चयात्मक हो उठते हैं, या बुझ जाते हैं और बीमार पड़ जाते हैं, या ऐसी ऊटपटाँग हरकतें कर बैठते हैं कि सब कुछ चौपट हो जाता है।

आप उनके अतीत में उनकी आस्था–प्रणाली में आए कुछ बदलावों को, जो कभी–कभी मूलगामी हो सकते हैं – लक्ष्य करेंगे। यह इसलिए होता है कि यह कोई ख़ास आस्था नहीं, बल्कि उनकी कोई दृढ़ मान्यता होती है, जो उनके लिए मायने रखती है, और इसलिए वे समय के मुताबिक़ बदल जाते हैं। किसी चीज़ में आस्था उनके लिए ड्रग की माफ़िक होती है। लेकिन सन्देह लौटते हैं। वे मन–ही–मन जानते हैं कि वे भला नहीं कर सकते। इसलिए दबाव

की हालत में वे विपरीत रुख़ अपना लेते हैं – अनिश्चयात्मक और गुपचुप ढंग से सन्देहास्पद।

लोगों की दृढ़ मान्यताओं और नाटक करने के उनके हुनर के शिकार कभी मत हों। हमेशा इस नियम पर चलें कि उनके कथन में जितनी ही कठोरता होगी, उतने ही गहरे उनके असुरक्षा-बोध और सन्देह होते हैं।

**सख़्त तर्कवादी :** हम सभी में कुतर्कपूर्ण प्रवृत्तियाँ होती हैं। हमें इस बात को निस्संकोच स्वीकार करना चाहिए। लेकिन कुछ लोगों के लिए यह चीज़ भयानक रूप से असुविधाजनक होती है। उन्हें सोच-विचार का आदिम ढंग, जैसे कि कोमलता या रहस्यवाद, विज्ञान और टेक्नोलॉजी के विपरीत लगता है।

लेकिन जिस चीज़ का दमन किया गया होता है, वह हमेशा लौटती है। विज्ञान और टेक्नोलॉजी में उनकी आस्था मज़हबी क़िस्म की होती है। जब बहस की स्थिति बनती है, तो वे अपने विचारों को कुछ अतिरिक्त बौद्धिक वज़न और हल्के-से गुस्से के साथ आरोपित करते हैं, जो अन्दरूनी आदिमता की उत्तेजना को और दादागिरी दिखाने की छिपी हुई भावनात्मक ज़रूरत को उजागर कर देता है। छाया के उत्तेजित होने के साथ ही उनकी मानसिक स्थिति में बदलाव आ सकते हैं या वे भावनात्मक विस्फोट के शिकार हो सकते हैं। उनकी अतिरेकपूर्ण प्रतिक्रियाओं को भड़काइए ताकि आप बौद्धिक श्रेष्ठता के उनके गुब्बारे में छेद कर सकें।

**घमण्डी :** इस क़िस्म के लोग दूसरों से अलग दिखने और मानव जाति पर किसी-न-किसी रूप में अपनी श्रेष्ठता का दावा करने की ज़बरदस्त ज़रूरत महसूस करते हैं। वे ऊपरी भंगिमाओं पर बहुत ज़्यादा ज़ोर देते हैं – हम दूसरों के मुक़ाबले ज़्यादा ''स्वीकार्य'' हैं,

हमारे गोदने ज़्यादा अनूठे हैं। बेशक, यह बात बाद में पता चलती है कि वे अपनी पृष्ठभूमि के बारे में या तो अतिरंजना कर रहे थे या पूरी तरह झूठ बोल रहे थे।

सच्चाई यह है कि तुच्छता मानव अस्तित्व का अंग है। हम सभी के चरित्र और योग्यताओं के घटिया पक्ष होते हैं। घमण्डी लोग इस चीज़ को लेकर ख़ास तौर से संवेदनशील होते हैं। वे अपने उद्गम और सम्भावित घटियापन को लेकर बहुत ज़्यादा असुरक्षित महसूस करते हैं। इससे निपटने का उनका ढंग ध्यान हटाना और (अपने काम की वास्तविक मौलिकता के विपरीत) अपनी ऊपरी भंगिमाओं से धोखा देने का, और ख़ुद को असाधारण से और विशिष्ट ज्ञान से घेरे रहने का होता है।

किसी भी सूरत में, जो सच्चे मायने में मौलिक और भिन्न होते हैं, उन्हें इसका बढ़ा-चढ़ाकर दिखावा करने की ज़रूरत नहीं होती। ऐसे लोगों से अतिरिक्त रूप से सचेत रहें, जो अपने भिन्न होने का प्रदर्शन करने की विशेष कोशिश करते हैं।

**चरम उद्यमी :** इस तरह के लोग पहली निगाह में, ख़ास तौर से काम को लेकर, अत्यन्त सकारात्मक गुणों से लैस प्रतीत होते हैं। वे बहुत ऊँचे मानदण्ड रखते हैं और विवरणों पर असाधारण रूप से ध्यान देते हैं। लेकिन उनके इस ऊपरी दिखावे के तले नाकामयाबी के बीज जड़ें जमा रहे होते हैं। यह चीज़ सबसे पहले दूसरों की बात सुनने की उनकी असमर्थता से ज़ाहिर होती है। दरअसल, वे ऐसे लोगों पर अविश्वास करते हैं जो उनकी तरह के उच्च मापदण्डों से लैस नहीं होते। कामयाब होने के साथ-साथ वे ज़्यादा-से-ज़्यादा ज़िम्मेदारियाँ उठाने को बाध्य होते हैं।

अगर वे सचमुच आत्मनिर्भर होते, तो उन्हें उच्च स्तर पर नियन्त्रण रखने के लिए निचले स्तर पर ज़िम्मेदारियाँ सौंपने का

महत्त्व समझ में आता, लेकिन उनके भीतर किसी और ही चीज़ की हलचल होती है –छाया की। जल्दी ही वह वक़्त आता है जब स्थिति अराजक हो उठती है। दूसरों को आगे आकर कारोबार को अपने हाथों में लेना होता है। उनकी सेहत और वित्तीय हालत बर्बाद हो चुकी होती है और वे पूरी तरह डॉक्टरों या वित्तीय निवेश करने वाले बाहरी लोगों पर निर्भर करने लगते हैं। वे सम्पूर्ण नियन्त्रण की स्थिति से दूसरों पर सम्पूर्ण निर्भरता की हालत में पहुँच जाते हैं।

अक्सर आत्मनिर्भरता का उनका ऊपरी प्रदर्शन इस अन्दरूनी इच्छा को छिपाए रहता है कि दूसरे लोग उनका ख़याल रखें। वे बचपन की परनिर्भरता की ओर लौटना चाहते हैं। वे ना तो अपनी इस कमज़ोरी को स्वीकार कर सकते हैं ना उसके कोई संकेत देते हैं, लेकिन अवचेतन रूप से इस तरह की अराजकता पैदा करने की ओर उन्मुख होते हैं कि वे टूट जाते हैं और किसी–न–किसी तरह की निर्भरता के लिए बाध्य होते हैं। इसके संकेत पहले ही मिल जाते हैं : बार–बार सेहत ख़राब होना, अपने रोज़मर्रा जीवन में लोगों द्वारा सिर चढ़ाए जाने की आकस्मिक ज़रूरत, लेकिन बड़ा संकेत तब उभरता है जब वे नियन्त्रण खो देते हैं और इसे रोकने के लिए क़दम उठाने में विफल हो जाते हैं। सबसे अच्छा यही है कि इस तरह के लोगों के करियर के बाद के दिनों में उनसे उलझने से बचा जाए, क्योंकि उनमें काफ़ी कुछ आनुषंगिक क्षति पहुँचाने की प्रवृत्ति होती है।

## समेकित मनुष्य

अपने जीवन के दौरान हम अपरिहार्य रूप से ऐसे लोगों से मिलते हैं जो ख़ुद को लेकर काफ़ी सुविधाजनक महसूस करते लगते हैं। वे

कुछ ऐसे ख़ास लक्षण प्रदर्शित करते हैं, जिससे यह प्रभाव उत्पन्न होता है : वे ख़ुद पर हँस सकते हैं; वे अपने चरित्र की कुछ ख़ास कमज़ोरियों को, साथ ही, उन ग़लतियों को स्वीकार कर सकते हैं, जो उन्होंने की होती हैं; उनमें खिलन्दड़ेपन का, और कभी-कभी शरारतीपन का गुण होता है, मानो उन्होंने अपने भीतर के बच्चे को बचा रखा हो; वे थोड़ा-सा निस्संग हो कर जीवन में अपनी भूमिका निभा सकते हैं। कभी-कभी वे आकर्षक रूप से स्वतःस्फूर्त हो सकते हैं।

इस तरह के लोग हमें कुछ ज़्यादा प्रामाणिकता का संकेत देते हैं। जहाँ हम में से ज़्यादातर लोग विशेषीकृत वयस्क बनने की प्रक्रिया में अपने स्वाभाविक गुण खो चुके होते हैं, वहीं ये प्रामाणिक क़िस्म के लोग इन गुणों को किसी तरह जीवित और सक्रिय बनाए रख सके होते हैं। हम इन प्रामाणिक क़िस्म के लोगों के प्रति पूरी तरह आकर्षित होते हैं और उनसे विपरीत आचरण करने वालों से अवचेतन रूप से दूर भागते हैं। इसकी वजह सीधी-सी है : हम सभी अपने चरित्र के बालक अंश - अल्हड़ता, स्वतःस्फूर्तता, अनुभव की तीव्रता, दिमाग़ी खुलापन - को गँवा चुके होते हैं और उसे लेकर दुखी रहते हैं। इस क्षति से हमारी समग्र ऊर्जा में कमी आ गयी होती है। प्रामाणिकता का ऐसा प्रभाव छोड़ने वाले लोग एक और सम्भावना की ओर संकेत करते हैं - एक ऐसा वयस्क होने की सम्भावना जो बच्चे और वयस्क को, अँधेरे और उजाले को, अवचेतन और चेतन मस्तिष्क को एकीकृत करने में कामयाब रहे हैं। हम उनके इर्दगिर्द बने रहना चाहते हैं। हमें लगता है कि हो सकता है उनकी संगत में बने रहने से उनकी कुछ ऊर्जा हमारे चरित्र का हिस्सा बन जाए।

अपनी छाया के प्रति सचेत हम उसे नियन्त्रित कर सकते हैं, सही दिशा दे सकते हैं और उसे समाविष्ट कर सकते हैं। जिस चीज़

को हम खो चुके हैं, उसके प्रति सजग रहते हुए हम अपने उस अंश से फिर से जुड़ सकते हैं, जो छाया में डूब गया है।

इसे हासिल करने के चार स्पष्ट और व्यावहारिक क़दम नीचे दिए गए हैं।

**छाया को देखिए।** शुरुआत करने का सबसे अच्छा तरीक़ा है, उन परोक्ष संकेतों को खोजना जिनकी ओर ऊपर इशारा किया गया है। उदाहरण के लिए, अपने भीतर के किन्हीं ख़ास इकतरफ़ा, प्रभावी लक्षण की ओर ध्यान दें। कल्पना करें कि उसका विपरीत लक्षण आपके भीतर गहरे कहीं दफ़न है, और वहाँ से अपने व्यवहार में इस लक्षण के और भी संकेत देखने की कोशिश कीजिए। अपने भावनात्मक विस्फोटों और चरम संवेदनशीलता के क्षणों की ओर देखिए। किसी टिप्पणी या लांछन के प्रति आपकी संवेदनशीलता उस छाया गुण की ओर संकेत करती है, जो गहरे असुरक्षा-बोध के रूप में उमड़ रहा है। उसे रोशनी में लाइए।

जिन लोगों को आप जानते हैं, उनमें या समूचे समूहों में भी भावनाओं और बुरे गुणों को आरोपित करने की अपनी प्रवृत्तियों को गहराई से देखिए। अपनी युवावस्था (उम्र के तीसरे दशक के शुरुआती दौर) के उन क्षणों पर नज़र डालिए, जिनमें आपने काफ़ी असंवेदनशील या यहाँ तक कि क्रूरतापूर्ण आचरण किया था। जब आप कम उम्र थे, तब छाया पर आपका नियन्त्रण कम था और वह बाद के वर्षों की दमित शक्ति के साथ नहीं, बल्कि अधिक स्वाभाविक ढंग से बाहर आ जाती थी।

आप अपने पहले के रूप का पुनर्परीक्षण कर इस प्रक्रिया को और भी गहराई तक ले जाएँ। बचपन के उन लक्षणों पर ग़ौर कीजिए जिन्हें आपके अभिभावकों और साथियों ने निकाल बाहर किया था – कुछ ख़ास क़िस्म की कमज़ोरियाँ या वेध्यताएँ या व्यवहार

के रूप, यानी ऐसे लक्षण जिनको लेकर आपको शर्मिन्दगी महसूस करायी गयी थी। उन भावनाओं पर नज़र डालिए जिनके प्रति आपका झुकाव था, ऐसी चीज़ें जो उस भय या उत्तेजना का बोध जगाती थीं और जो अब ग़ायब हो चुका है। जैसे-जैसे आपकी उम्र बढ़ती गयी है, आप काफ़ी कुछ दूसरों जैसे होते गए हैं, और आपको अपने उस खोए हुए प्रामाणिक अंश को फिर से खोजना चाहिए।

अन्त में, अपने सपनों को अपनी छाया के अधिक स्पष्ट दृश्य के रूप में देखिए। छाया आपसे कई तरीक़ों से बात करती है। संकेतों या छिपे हुए अर्थों को मत ढूँढ़िए। इसकी बजाय, भावनात्मक लहज़ों और उनसे उत्प्रेरित कुल अनुभूतियों की ओर ध्यान दीजिए, उन्हें पूरे दिन थामे रहिए। अपने सपनों को लिख डालने की आदत डालिए और उनके रुचिकर और अरुचिकर होने की ओर ध्यान दीजिए।

**छाया को अंगीकार कीजिए।** अपने स्याह पहलू के उघड़ने और उसका सामना करने पर आपकी स्वाभाविक प्रतिक्रिया असुविधाजनक महसूस करने और उसके प्रति सतही जागरूकता बनाए रखने की होती है। आपका लक्ष्य यहाँ इसके विपरीत होना चाहिए - ना केवल छाया का सम्पूर्ण स्वीकार बल्कि उसे अपने वर्तमान व्यक्तित्व में समाविष्ट करने की आकांक्षा।

**छाया की छानबीन कीजिए।** छाया को इस तरह लीजिए कि उसकी गहराइयों में बहुत अधिक रचनात्मक ऊर्जा समाविष्ट है। आप छानबीन करना चाहते हैं इन गहराइयों की, जिनमें चिन्तन के आदिम रूप और वे अत्यन्त स्याह संवेग शामिल हैं, जो हमारी पशु प्रकृति से निकलकर आते हैं।

हम जिस चेतन विचार-प्रक्रिया पर निर्भर करते हैं, वह बहुत सीमित होती है। लेकिन हमारे अवचेतन में सामग्री की असीमित

मात्रा समाहित होती है, जो स्मृतियों, अनुभवों, और अध्ययन के दौरान मिली जानकारी से आती है। किसी समस्या पर लम्बा शोध या काम करने के बाद जब हम अपने दिमाग़ों को सपनों में सुस्ता रहे होते हैं या जब हम असम्बद्ध मामूली गतिविधियों में लगे होते हैं, तब यह अवचेतन सक्रिय होने लगता है और तमाम तरह के बेतरतीब विचारों को आपस में जोड़ने लगता है, जिनमें से कुछ ज़्यादा दिलचस्प क़िस्म के विचार सतह पर खदबदाने लगते हैं। हम सभी लोग सपने देखते हैं, हम सभी के मन में सहज स्फुरण होते हैं, और विचारों के उन्मुक्त साहचर्य बनते हैं, लेकिन हम अक्सर उनकी ओर ध्यान नहीं देते या उन्हें गम्भीरता से नहीं लेते। इसकी बजाय आपके लिए ज़रूरी है कि आप विचार के इस रूप को उस अव्यवस्थित समय में इस्तेमाल करने की आदत डालें, जिसमें आप विचारों से खेल सकें, अपने विकल्पों को व्यापक बना सकें, और उन विचारों की ओर गम्भीरतापूर्वक ध्यान दे सकें, जो दिमाग़ की अल्प चेतन अवस्थाओं में पैदा होते हैं।

इसी तरह आपके लिए ज़रूरी है कि आप अपने सबसे स्याह संवेगों की, यहाँ तक कि ऐसे संवेगों की भी जो अपराधिक प्रतीत होते हों, अन्दरूनी छानबीन करें, और उन्हें अपने काम में व्यक्त करने का तरीक़ा खोजें या उन्हें किसी रूप में, जैसे कि मसलन डायरी के रूप में, बाहर लाएँ।

**छाया को दर्शाएँ।** हम ज़्यादातर समय गुपचुप तरीक़े से उन अन्तहीन सामाजिक संहिताओं को सहते रहते हैं, जिनका हमें पालन करना होता है। इस रास्ते पर चलते हुए हम तालमेल बिठाने में राहत प्राप्त करते हैं, लेकिन हम आत्मरक्षात्मक और गुपचुप तरीक़े से नाराज़ भी होते रहते हैं। इसी के साथ-साथ हमारे अवचेतन रूप से, अनियमित विस्फोटों में, और अक्सर हमें नुक़सान पहुँचाती हुई हमारी छाया ख़ुद को दर्शाती है।

यह अक़्लमन्दी होगी अगर हम उन लोगों पर ध्यान दें, जो अपने क्षेत्र में कामयाब हैं। हम अपरिहार्य रूप से देखेंगे कि उनमें से ज़्यादातर लोग इस तरह की संहिताओं से बहुत कम बँधे होते हैं। वे सामान्यत: अधिक निश्चयात्मक और प्रकट रूप से महत्त्वाकांक्षी होते हैं। वे खुलेआम और गर्व के साथ परिपाटियों की अवहेलना करते हैं। और इसके लिए उन्हें सज़ा नहीं मिलती, बल्कि वे अत्यन्त पुरस्कृत होते हैं।

आप जानबूझकर अपनी छाया दिखाने के बजाय इतने अच्छे और सम्मानजनक होने के लिए अधिक क़ीमत चुकाते हैं। सबसे पहले, इस रास्ते पर चलने के लिए आपको दूसरों की धारणाओं का कम और अपनी धारणाओं का ज़्यादा आदर करना चाहिए, ख़ास तौर से तब जब मसला आपकी विशेषज्ञता के क्षेत्रों से ताल्लुक रखता हो, जब मसला उस क्षेत्र से ताल्लुक रखता हो, जिसमें आपने ख़ुद को डुबा रखा है। दूसरे, अपने रोज़मर्रा के जीवन में अपनी दृढ़ता दिखाने की ज़्यादा और समझौते करने की कम आदत डालिए। यह नियन्त्रित ढंग से और उपयुक्त अवसरों पर करें। तीसरे, इस बात की परवाह करना कम कीजिए कि लोग आपके बारे में क्या सोचते हैं। चौथे, इस बात को समझिए कि कभी–कभी आपको ऐसे लोगों को अप्रसन्न कर देना चाहिए और ज़रूरत पड़ने पर उन्हें चोट तक पहुँचा देनी चाहिए जो आपका रास्ता रोकते हों, जो घटिया मूल्यों में विश्वास करते हों, जो नाजायज़ ढंग से आपकी आलोचना करते हों। ऐसे स्पष्ट अन्याय के क्षणों का इस्तेमाल अपनी छाया को बाहर लाने और उसका गर्व के साथ प्रदर्शन करने के लिए कीजिए। पाँचवें, उन्मुक्त मन से उस अक्खड़ और ज़िद्दी बच्चे जैसा व्यवहार करिए, जो दूसरों की मूर्खता और पाखण्ड का मज़ाक़ उड़ाता है।

अन्त में, उन परिपाटियों की अवहेलना कीजिए, जिनका दूसरे लोग निष्ठापूर्वक पालन करते हैं।

सामान्य तौर पर, इसे एक क़िस्म की झाड़-फूँक की तरह लीजिए। जैसे ही आप इन आकांक्षाओं और संवेगों को दर्शाने लगेंगे, वे आपके व्यक्तित्व के कोनों-अँतरों में छिपकर रहना और गुप्त ढंग से कसमसाना और प्रभाव डालना बन्द कर देंगे। आपने अपने दैत्यों को रिहा कर दिया होगा और एक प्रामाणिक इन्सान के रूप में अपनी उपस्थिति में वृद्धि कर दी होगी। इस तरह छाया आपकी सहयोगी बन जाती है।

> बदक़िस्मती से इस बात में सन्देह नहीं है कि मनुष्य, समग्र रूप में, उससे कम अच्छा होता है जितने की उसने कल्पना कर रखी होती है या जितना वह होना चाहता है। हर कोई एक छाया लिए होता है, और वह छाया व्यक्ति के सचेतन जीवन में जितनी ही कम रूपायित होती है, वह उतनी ही ज़्यादा स्याह और सघन होती है।
>
> – *कार्ल युंग*

# 10

# सुकुमार अहं से सावधान रहें

—— ✧ ——

## *ईर्ष्या का नियम*

*हम इन्सान दूसरे से अपनी तुलना करने के लिए स्वाभाविक रूप से बाध्य होते हैं। हम निरन्तर लोगों की हैसियत का, उन्हें मिलने वाले सम्मान और ध्यानाकर्षण का आकलन करते रहते हैं, और जो हमारे पास है और जो उनके पास है, उसके बीच के फ़र्क़ को देखते रहते हैं। हम में से कुछ लोगों के लिए तुलना करने की यह ज़रूरत अपने काम में श्रेष्ठ होने के लिए प्रोत्साहन की भूमिका निभाती है। दूसरे लोगों के लिए, यही चीज़ एक गहरी ईर्ष्या में बदल सकती है – हीनता और कुण्ठा की उन अनुभूतियों में जो दबे-छिपे हमलों और तोड़फोड़ की दिशा में ले जाती है। कोई भी व्यक्ति यह स्वीकार नहीं करता कि वह ईर्ष्या के वशीभूत होकर आचरण कर रहा है। आपको इसके शुरुआती चेतावनी देने वाले संकेतों को पहचानना चाहिए – दोस्ती के लिए ऐसी प्रशंसा और निवेदन जो भावुकतापूर्ण और अतिरंजित प्रतीत होते हैं; नेक-दिल परिहास के बाने में सूक्ष्म कटाक्ष; अपनी कामयाबी को लेकर ज़ाहिर असहजता। दोस्तों या समान व्यवसाय में लगे आपके साथियों के बीच इसके पैदा होने की ज़्यादा सम्भावना होती है। अपनी ओर से ध्यान हटाते हुए ईर्ष्या को*

*विमुख करना सीखें। अनवरत तुलनाओं से नहीं, बल्कि आन्तरिक मापदण्डों से आत्मसम्मान का बो विकसित करें।*

> जब भी कोई दोस्त कामयाब होता है, मैं थोड़ा-सा मर जाता हूँ।
>
> – *गोरे विडाल*

## मानव-स्वभाव के रहस्य

तमाम मानवीय भावनाओं में, ईर्ष्या से ज़्यादा पेचीदा और भ्रान्तिजनक कोई दूसरी भावना नहीं होती। लोगों के कृत्यों को प्रेरित करने वाली ईर्ष्या को पहचानना या यह समझ पाना भी कि हमें किसी दूसरे की ईर्ष्या का फल भुगतना पड़ रहा है, बहुत मुश्किल है। यही चीज़ है, जिसकी वजह से ईर्ष्या से निपटना बहुत निराशाजनक होता है और जिसकी वजह से वह बहुत ख़तरनाक होती है।

इस भ्रान्ति की वजह एकदम सीधी-सी है : हम अपनी ईर्ष्या को लगभग कभी भी सीधे-सीधे व्यक्त नहीं करते। अगर हम लोगों के कुछ कहने या करने को लेकर क्रोध महसूस करते हैं, तो हम विभिन्न वजहों से क्रोध को छिपाने की कोशिश कर सकते हैं, लेकिन हम इस बात के प्रति जागरूक होते हैं कि हम शत्रुता अनुभव कर रहे हैं। लेकिन ईर्ष्या बहुत अलग है। मानव स्वभाव के अध्येता के रूप में आपका काम है कि आप ईर्ष्या को समझने के मामले में माहिर हो जाएँ। जो चीज़ लोगों को उत्प्रेरित कर रही है, उसके विश्लेषण और निर्धारण में आपको एकदम निर्मम होना चाहिए। लोग ईर्ष्या के जो संकेत देते हैं, उन्हें स्पष्ट देख पाना मुश्किल होता है, लेकिन वे होते हैं, और आप थोड़ी-सी कोशिश और विवेक

की मदद से उस भाषा को समझने में माहिर हो सकते हैं। इसे एक बौद्धिक चुनौती की तरह लीजिए।

भावना की सूक्ष्मताओं में ख़ुद को डुबोने के पहले, महत्त्वपूर्ण यह है कि आप *सक्रिय* और *निष्क्रिय* ईर्ष्या के बीच भेद कर सकें। जब हम अवचेतन रूप से अपने आसपास के लोगों को ध्यान से देखते हैं और हमें लगता है कि उनके पास हम से कुछ ज़्यादा है, तो हम सभी दिल में ईर्ष्या की कुछ टीसों को अपरिहार्य रूप से अनुभव करते हैं। अगर ये टीसें चेतना के स्तर तक आ जाती हैं और किंचित तीखी होती हैं, तो हम उस भावना की भड़ास निकालने के लिए कोई हानिकारक या नीचतापूर्ण बात कह सकते हैं। लेकिन सामान्यत: जब हम ईर्ष्या का यह निष्क्रिय रूप अनुभव करते हैं, हम ऐसा कुछ नहीं करते जो किसी अर्थपूर्ण ढंग से किसी दोस्त या सहकर्मी के साथ हमारे रिश्ते को नुक़सान पहुँचा सके। दूसरों में निष्क्रिय ईर्ष्या के संकेत (उदाहरण के लिए, कोई छोटा-मोटा अपमानजनक कथन और अशिष्ट टिप्पणी) पहचानने के क्रम में आपको इसे सामाजिक प्राणी होने के एक तथ्य के रूप में चुपचाप सह लेना चाहिए।

लेकिन, कभी-कभी यह निष्क्रिय ईर्ष्या सक्रिय ईर्ष्या में बदल जाती है। हीनता का अन्तर्निहित बोध इतना प्रबल होता है कि जब वह ईर्ष्या का कारण बनता है तो किसी टिप्पणी या अपमानजनक कथन के रास्ते उसकी भड़ास नहीं निकाली जा सकती।

आपका लक्ष्य है कि इससे पहले कि ईर्ष्या का यह अधिक तीक्ष्ण रूप कोई ख़तरनाक शक्ल ले, आपको इसे पकड़ लेना चाहिए। यह काम आप तीन तरीक़ों से कर सकते हैं : ईर्ष्या के उन संकेतों के बारे में सीखकर जो किसी तरह रिसकर बाहर आ जाते हैं, उस तरह के लोगों के प्रति सजग रहकर जो ईर्ष्या पर क्रियाशील होने के मामले में बहुत प्रवृत्त होते हैं, और उन परिस्थितियों तथा

कृत्यों को समझकर जो लोगों में सक्रिय ईर्ष्या जगा सकते हैं। आप ईर्ष्या से उत्प्रेरित सारे कृत्यों को कभी नहीं समझ सकते; लोग उसे छिपाने में बहुत निपुण होते हैं। लेकिन समझने की इन तीनों युक्तियों का प्रयोग कर आप उसे समझने के अपने अवसर बढ़ा सकते हैं।

## ईर्ष्या के संकेत

हालाँकि संकेत सूक्ष्म होते हैं, लेकिन ईर्ष्या की भावनाओं में रिसकर बाहर आ जाने की प्रवृत्ति होती है और अगर आप चौकस हैं तो उनका पता लगाया जा सकता है। इस तरह का एक अलग-थलग संकेत निष्क्रिय या कमज़ोर ईर्ष्या की ओर इशारा कर सकता है। आपके लिए ज़रूरी है कि आप सचेत होने से पहले नीचे अंकित संकेतों के मेल या दोहरावों का, पैटर्न का पता लगाएँ।

**सूक्ष्म अभिव्यक्तियाँ :** जब लोग पहली बार ईर्ष्या का अनुभव करते हैं, तो उन्होंने ख़ुद को यह सोच कर बेवकूफ़ नहीं बनाया होता है कि कोई और चीज़ है, और इसलिए वे उसे रिस जाने देने की ओर अधिक प्रवृत्त होते हैं। यही कारण है कि पहला प्रभाव अक्सर ज़्यादा सटीक होता है और इस मामले में उसे अतिरिक्त वज़न दिया जाना चाहिए। ईर्ष्या सबसे ज़्यादा आँखों से जुड़ी होती है।

आप ईर्ष्यालु व्यक्ति की आँखों को पल भर के लिए आपको भेदता हुआ पाएँगे, एक ऐसी निगाह के साथ जिसमें अवहेलना और वैमनस्य का भाव होगा। इस निगाह के साथ मुँह के कोने अक्सर नीचे की ओर मुड़ जाएँगे, नाक कुछ-कुछ चढ़ी होगी, ठोड़ी बाहर की ओर निकली होगी। हालाँकि यह भंगिमा कुछ ज़्यादा ही स्पष्ट होगी और थोड़ी ज़्यादा देर तक बनी रहेगी, तब भी वह एक-दो सेकेण्ड से ज़्यादा नहीं टिकेगी। उसके बाद आम तौर से चेहरे पर तनावपूर्ण और बनावटी मुस्कराहट होती है। अक्सर यह भंगिमा

आपको संयोग से दिखायी देगी, जब आप अचानक उनकी ओर अपना सिर मोड़ेंगे, या आप उनकी आँखों में सीधे-सीधे झाँके बगैर उन्हें जलता हुआ महसूस करेंगे।

अगर आप किसी के साथ अपनी शुरुआती कुछ मुलाक़ातों में इस तरह की भंगिमाएँ देखें, और वे एक से ज़्यादा बार उभरती हैं, तो सावधान हो जाइए कि एक ख़तरनाक ईर्ष्यालु आपकी ज़िन्दगी में प्रवेश कर रहा है।

**ज़हरीली तारीफ़ :** ईर्ष्या के बड़े हमले के पहले अक्सर ईर्ष्या के छोटे-छोटे दंश आते हैं-ऐसी फौरी टिप्पणियाँ जो आपको तकलीफ़ पहुँचाने के लिए दक्षतापूर्वक तैयार की गयी होती हैं। भ्रम में डालने वाली, विरोधाभासपूर्ण प्रशंसा इसका आम रूप है। आप भ्रमित महसूस करते हैं - उन्होंने आपकी तारीफ़ की होती है, लेकिन कुछ इस तरह कि आप असुविधाजनक महसूस करने लगते हैं। इस तरह की टिप्पणियाँ ऐसे क्षणों में भी की जाती हैं, जिन्हें अधिकतम सन्देह और नुक़सान पहुँचाने के लिए चुना गया होता है, उदाहरण के लिए, तब जब आपने कोई अच्छी ख़बर सुनी होती है और आप आनन्द का आवेग महसूस कर रहे होते हैं।

ज़हरीली तारीफ़ लगभग हमेशा ईर्ष्या का संकेत देती है। वे प्रशंसा करने की ज़रूरत महसूस करते हैं, अन्तर्निहित वैमनस्य का उस पर वर्चस्व होता है। अगर उन्हें इस तरह तारीफ़ करने की आदत है, अगर आप इसे कई बार अनुभव कर चुके हैं, तो यह सम्भवत: उनके भीतर घुमड़ रही किसी अधिक तीव्र चीज़ का संकेत है।

**निन्दा :** अगर लोगों को कानाफूसी पसन्द है, ख़ास तौर से अपने परिचितों के बारे में, तो मानकर चलिए कि वे आपके बारे में भी कानाफूसी करेंगे। और कानाफूसी अक्सर ईर्ष्या को ढँकने के

काम आती है। वह अफ़वाहें और क़िस्से गढ़कर ईर्ष्या की भड़ास निकालने का सुविधाजनक तरीक़ा है।

अगर आपको कभी ऐसा कोई क़िस्सा सुनने को मिलता है, जो उन्होंने आपके बारे में फैलाया है, जो सूक्ष्म रूप से या सूक्ष्म रूप से ना भी हो तब भी नकारात्मक है, तो इस तरह का एक भी दृष्टान्त आपके ऐण्टिना खड़े करने के लिए काफ़ी होना चाहिए। इस मामले में सक्रिय ईर्ष्या का संकेत यह है कि वे आपके दोस्त हैं और वे अपने अन्दरूनी विद्वेष को अपने तक सीमित रखने की बजाय किसी तीसरे व्यक्ति के सामने उसकी भड़ास निकालने की ज़रूरत महसूस करते हैं। किसी भी सूरत में, एक-के-बाद-एक कानाफूसी करने वाले लोग कभी वफ़ादार और विश्वसनीय दोस्त नहीं होते।

**धकेलना और खींचना :** ईर्ष्यालु लोग जिनसे ईर्ष्या करते हैं, उन्हें नुक़सान पहुँचाने के लिए सबसे अच्छे तरीक़े के रूप में अक्सर दोस्ती और आत्मीयता का इस्तेमाल करते हैं। वे आपसे नज़दीकी बढ़ाकर आपके बारे में सामग्री एकत्र करने में और आपकी कमज़ोरियों का पता लगाने में सक्षम होते हैं। अचानक, जब आपकी भावनाएँ संलग्न होती हैं, वे आपकी तीखी आलोचना करते हैं। यह आलोचना भ्रम में डालने वाली होती है, जिसका सम्बन्ध आपके किसी कृत्य से नहीं होता, लेकिन तब भी आप अपराध-बोध से भर उठते हैं। इसके बाद वे अपनी शुरुआती गर्मजोशी पर लौट आते हैं। आप उस गर्मजोश दोस्ती और उनके द्वारा जब-तब पहुँचायी गयी तकलीफ़ के बीच फँस जाते हैं।

आपकी आलोचना करते समय वे इतने दक्ष होते हैं कि वे आपके चरित्र या उन शब्दों में जिनको लेकर आपको पछतावा हुआ हो सकता है, कोई-न-कोई सम्भावित खोट ढूँढ़ निकालते हैं और उन पर बहुत ज़्यादा बल देते हैं। जब आप भर चुकते हैं और

अपना बचाव करने या उनकी आलोचना करने या दोस्ती तोड़ देने का निश्चय करते हैं तो वे आपके चरित्र पर कोई कुत्सित या क्रूर लक्षण आरोपित कर सकते हैं और दूसरों को उसके बारे में बता सकते हैं। आप उनके अतीत में झाँककर देखेंगे तो पाएँगे कि उनके और भी लोगों के साथ प्रगाढ़ रिश्ते रहे हैं और फिर वे रिश्ते टूटे हैं, जिसके पीछे दूसरों की ही ग़लतियाँ रही हैं। और इस सिलसिले के मूल में, समझ से परे चीज़ यह होती है कि उन्होंने दोस्ती करने के लिए ऐसे लोगों का चुनाव किया था, जिनके किसी गुण की वजह से वे उनसे ईर्ष्या करते थे और फिर उन्हें सूक्ष्म तरीक़े से पीड़ा पहुँचाते थे।

सामान्यत: आपकी ऐसी आलोचना जो ऊपरी तौर पर संजीदा लगती है, लेकिन उसका कोई सीधा सम्बन्ध आपके किसी वास्तविक कृत्य से नहीं होता, आम तौर से ईर्ष्या का सबसे बड़ा संकेत होता है। लोग किसी नकारात्मक चीज़ के सहारे आप पर दादागिरी गाँठना चाहते हैं और आप पर छा जाना चाहते हैं, वे आपको पीड़ा भी पहुँचाना चाहते हैं और ईर्ष्या के किसी भी निशान को ढँकना भी चाहते हैं।

## ईर्ष्यालुओं की क़िस्में

मनोवैज्ञानिक मेलेनी क्लीन (1882–1960) के मुताबिक़, कुछ लोगों में अपनी पूरी ज़िन्दगी भर ईर्ष्या महसूस करने की प्रवृत्ति होती है और इसकी शुरुआत शैशवावस्था से ही हो जाती है। उनकी पूरी ज़िन्दगी भर के लिए एक सिलसिला बन जाता है – वे ऐसे बच्चे और बाद में ऐसे वयस्क होते हैं, जिनके लिए कभी कुछ पर्याप्त अच्छा नहीं होता।

अपनी मानसिक बनावट के मुताबिक़, वे ईर्ष्यालुओं की किसी ख़ास क़िस्म के अनुरूप आचरण करते हैं। इस तरह के लोगों को जल्द-से-जल्द पहचान लेना लाभदायक होता है, क्योंकि यही वे लोग हैं, जिनकी ईर्ष्या के साथ सक्रिय होने की प्रबल सम्भावना होती है। नीचे ईर्ष्यालुओं की पाँच सामान्य क़िस्में दी गयी हैं और बताया गया है कि वे किस तरह अपने को छिपाए रहते हैं और उनके हमला करने के ख़ास ढंग क्या होते हैं।

**समान स्तर का बना देने वाले :** जब आप इस तरह के लोगों से पहली बार मिलते हैं, तो वे मनोरंजक और दिलचस्प लग सकते हैं। वे इस दुनिया में अन्याय और अनौचित्य को लेकर भी काफ़ी संवेदनशील लगते हैं। लेकिन जिस जगह वे सच्ची संवेदना रखने वाले लोगों से भिन्न होते हैं, वह यह है कि वे लगभग किसी में भी उत्कृष्टता को मान्य नहीं करते, सिवा उनके जो मर चुके होते हैं। आप लक्ष्य करेंगे कि हालाँकि वे दूसरे लोगों को नीचा दिखा सकते हैं, वे ख़ुद को लेकर कोई भी मज़ाक़ बर्दाश्त नहीं कर सकते। वे अक्सर निम्न संस्कृति और घटियापन का गुणगान करते हैं, क्योंकि औसत दर्ज़े का काम उनके असुरक्षा-बोध को नहीं भड़काता।

उनका मुख्य लक्ष्य हर किसी को उस औसत स्तर पर ले आना होता है, जिस पर वे ख़ुद होते हैं। कभी-कभी इसका मतलब ना सिर्फ़ सफल और शक्तिशाली लोगों को बल्कि उन लोगों को भी एक ही स्तर पर ले आना होता है, जो मज़े में जी रहे हैं, जो अपनी तरह से ख़ुश प्रतीत होते हैं या जिन्हें किसी बड़े उद्देश्य का बोध है, जो स्वयं उनमें नहीं होता।

इस तरह के लोगों से सावधान रहें, ख़ास तौर से वहाँ जहाँ आप काम करते हैं, क्योंकि वे उत्कृष्टता हासिल करने के आपके अपने संवेग के लिए आपको अपराध-बोध का अहसास कराएँगे।

**ख़ुद को हक़दार मानने वाले कामचोर :** आज की दुनिया में बहुत-से लोग हैं, जो उचित ही यह मानते हैं कि वे जीवन में सफलता और अच्छी चीज़ें पाने के हक़दार हैं, लेकिन वे आम तौर से समझते हैं कि इसके लिए त्याग और कड़ी मेहनत ज़रूरी होगी। लेकिन कुछ लोग ऐसे भी होते हैं, जो महसूस करते हैं कि वे ध्यानाकर्षण और अनेक पारितोषकों के हक़दार हैं मानो ये चीज़ें उन्हें *कुदरती* तौर पर देय हैं। वे किसी उपन्यास या पटकथा की संक्षिप्ततम रूपरेखा तैयार करेंगे या किसी उत्कृष्ट कारोबार की कोई "सूझ" लेकर आएँगे, और महसूस करेंगे कि प्रशंसा और ध्यानाकर्षण के लिए इतना ही पर्याप्त है। लेकिन बहुत गहराई में, ये कामचोर वांछित चीज़ हासिल करने की अपनी क़ाबिलियत को लेकर असुरक्षित महसूस करते हैं; यही वजह है कि उन्होंने कभी भी वाक़ई उपयुक्त अनुशासन विकसित नहीं किया होता। जब वे ख़ुद को आला दर्ज़े के कामयाब लोगों के आसपास पाते हैं, जो बहुत कड़ी मेहनत करते हैं और जिन्होंने अपने काम के लिए सच्ची इज़्ज़त हासिल की होती है, तो यह चीज़ उन्हें ख़ुद के बारे में उस सन्देह के प्रति सजग कर देती है, जिसे वे दबाने की कोशिश करते रहे हैं। वे फुर्ती से ईर्ष्या की जगह विद्वेष पर आ जाएँगे।

अपने कार्यस्थल के वातावरण में ऐसे लोगों के प्रति अतिरिक्त रूप से सावधान रहें, जो कुछ करके दिखाने की बजाय अपने आकर्षक व्यक्तित्व और राजनैतिक होने के माध्यम से अपनी हैसियत क़ायम रखना चाहते हैं। वे ईर्ष्या करने और उन लोगों से नफ़रत करने की सम्भावनाओं से भरे होते हैं, जो कड़ी मेहनत करते हैं और परिणाम सामने लाते हैं। वे कोई चेतावनी दिए बिना आपको बदनाम करेंगे और आपके साथ भितरघात करेंगे।

**प्रतिष्ठा के दीवाने :** सामाजिक प्राणियों के रूप में हम इन्सान अपने पद और समूह के भीतर अपनी हैसियत को लेकर बहुत संवेदनशील होते हैं। लेकिन कुछ लोगों के लिए प्रतिष्ठा सामाजिक हैसियत को मापने के तरीक़े से भी ज़्यादा बड़ी कोई चीज़ होती है - यह उनके आत्मसम्मान की सर्वाधिक महत्त्वपूर्ण निर्धारक होती है। आप प्रतिष्ठा के इन दीवानों को उनके उन सवालों से पहचान लेंगे, जिनके तहत वे पूछते हैं कि आप कितना पैसा कमाते हैं, क्या आपका अपना कोई मकान है, आपका अड़ोस-पड़ोस किस स्तर का है, क्या आप कभी-कभी हवाई जहाज़ के बिज़नेस क्लास में सफ़र करते हैं, और इसी तरह की तमाम तुच्छ क़िस्म की जिज्ञासाएँ, जिनका इस्तेमाल वे तुलना करने के लिए कर सकें। अगर आप उनसे ज़्यादा सामाजिक प्रतिष्ठा रखते हैं, तो वे ऊपरी तौर पर आपकी कामयाबी की तारीफ़ कर ईर्ष्या को छिपाएँगे। लेकिन अगर आप उनके समकक्ष हुए या उनके साथ काम करने वाले हैं, तो वे ऐसे पक्षपात या विशेष सुविधा के किसी भी संकेत को सूँघेंगे, जिससे वे वंचित हैं, और वे आप पर षड्यन्त्रपूर्वक हमला कर समूह के भीतर आपकी हैसियत के आधार पर चोट करेंगे।

ऐसे प्रतिष्ठा के दीवानों को पहचानने के लिए यह देखिए कि वे किस तरह हर चीज़ को भौतिक आकलन के स्तर पर गिरा देते हैं। जब वे आपकी पोशाक या आपकी कार की गुणवत्ता पर टिप्पणी करते हैं, तो वे उस पैसे पर ध्यान देते लगते हैं, जिससे ये चीज़ें ख़रीदी गयी होती हैं, और जब वे इस तरह की चीज़ों के बारे में बात कर रहे होते हैं, तो आपको उनके व्यवहार में एक तरह का बचकानापन दिखायी देगा, मानो वे उस पारिवारिक नाटक में दोबारा भाग ले रहे हों, जिसमें उन्होंने अपने उस भाई या बहन द्वारा छला गया अनुभव किया था, जिसके पास उनसे बेहतर कुछ था। अगर उनकी कार पुरानी हो या उनकी पोशाक फटीचर हो, तो

इससे धोखे में मत आ जाइए। इस तरह के लोग अपनी प्रतिष्ठा का इसरार अक्सर विपरीत दिशा में करते हैं – वे पूरी तरह संन्यासी बन जाएँगे, आदर्शवादी हिप्पी बन जाएँगे, वहीं इसी के साथ-साथ वे मन-ही-मन उन विलासिताओं की लालसा करते रहेंगे, जिन्हें वे कड़ी मेहनत करके नहीं हासिल कर सकते। अगर आप इस तरह के लोगों के आसपास हों, तो ऐसी किसी भी चीज़ का महत्त्व कम करके बताइए या उसे छिपाइए जो उनकी ईर्ष्या भड़का सकती हो, और जिस किसी भी तरह आप कर सकते हों, उनकी चीज़ों की, उनकी दक्षताओं की, और उनकी हैसियत की सराहना कीजिए।

**चिपकू :** शक्ति के किसी भी अदालत-नुमा वातावरण में आपको अपरिहार्य रूप से ऐसे लोग मिल जाएँगे, जो उन लोगों के प्रति आकर्षित होंगे, जो शक्तिशाली या सफल हैं। इसलिए नहीं कि वे उनके प्रति सराहना का भाव रखते हैं, बल्कि इसलिए कि वे उनसे ईर्ष्या करते हैं। वे उनके दोस्त या सहयोगी बनकर उनसे चिपकने का तरीक़ा खोज लेते हैं। वे ख़ुद को उपयोगी बना लेते हैं। हो सकता है, वे अपने बॉस के किसी अच्छे गुण की वजह से उसकी सराहना करते हों, लेकिन बहुत गहरे में उनका विश्वास होता है कि उन्हें जो ध्यानाकर्षण मिल रहा है, उसके वे भी हक़दार हैं, कोई कड़ी मेहनत किए बिना। जितनी ज़्यादा देर तक वे ऐसे आला दर्ज़े के कामयाब लोगों के इर्दगिर्द होंगे उतना ही ज़्यादा यह अहसास उन्हें कचोटता रहेगा। उनमें प्रतिभा है, उनके सपने हैं – तब फिर जिस आदमी के लिए वे काम कर रहे हैं, उस पर इतना अनुग्रह क्यों? वे बढ़ा-चढ़ा कर की गयी चापलूसी के माध्यम से अपनी अन्दरूनी ईर्ष्या को छिपाने में माहिर होते हैं। लेकिन इस तरह के लोग इसलिए चिपक जाते हैं, क्योंकि जिस आदमी के पास उनसे ज़्यादा है, उसे बिगाड़ने और तकलीफ़ पहुँचाने में उन्हें एक तरह का सन्तोष मिलता है। वे

शक्तिशाली लोगों को किसी-न-किसी तरह कोई क्षति पहुँचाने की आकांक्षा के चलते उनसे चिपकते हैं।

आम तौर से, ऐसे लोगों से सावधान रहें जो ख़ुद को आपकी ज़िन्दगी से जोड़ने के लिए बहुत ज़्यादा उत्सुक हों, जो ख़ुद को उपयोगी साबित करने के लिए उतावले हो रहे हों। वे अपने अनुभव और योग्यता के सहारे नहीं, बल्कि आपकी चापलूसी कर और आपके प्रति विशेष ध्यान देते हुए आपको अपने साथ रिश्ते में घसीटने की कोशिश करते हैं। आप पर हमला करने का उनका तरीक़ा यह होता है कि वे आपके बारे में जानकारी एकत्र कर उसे दूसरों को बताते हैं या आपके बारे में अफ़वाहें फैलाते हैं, और इस तरह आपकी ख्याति को नुक़सान पहुँचाते हैं। ऐसे लोगों को काम पर रखना सीखिए जिन्हें अनुभव हो, ऐसे लोगों को नहीं जो अपने रंग-ढंग से ख़ुश करने में माहिर हों।

**असुरक्षित उस्ताद :** कुछ लोग होते हैं, जो अगर ऊँची हैसियत में पहुँच जाते हैं तो इससे अपने ऊपर उनका भरोसा पुष्ट होता है और उनका आत्म-सम्मान बढ़ता है। लेकिन ऐसे भी कुछ लोग होते हैं, जो वहाँ पहुँचकर और ज़्यादा उद्विग्न हो उठते हैं। ऊँची हैसियत उनके उस असुरक्षा-बोध को बढ़ाती है, जिसे वे सावधानीपूर्वक छिपाए होते हैं। वे उन दूसरे लोगों की ओर ईर्ष्या-भरी निगाहों से देखते हैं, जो ज़्यादा प्रतिभाशाली हो सकते हैं, यहाँ तक कि जो उनसे निचली हैसियत में होते हैं।

आप इस तरह के अधिकारियों के अधीन यह धारणा बनाकर काम करेंगे कि वे आत्मविश्वासी हैं। आप उन्हें ख़ुश करने के लिए अतिरिक्त श्रम करेंगे, उन्हें दर्शाएँगे कि आप तरक़्क़ी कर रहे हैं, लेकिन कुछ ही महीनों के भीतर अचानक आपको या तो नीचे के पद पर ला पटका जाएगा या बर्ख़ास्त ही कर दिया

जाएगा, जो समझ से परे होगा, क्योंकि आपने स्पष्ट तौर पर अपने काम के परिणाम सामने रखे होंगे। आपको पता ही नहीं चलेगा कि आप असुरक्षित क़िस्म के व्यक्ति के साथ काम कर रहे थे और आपने अनजाने ही उसके आत्म-सन्देहों को भड़का दिया था।

अपने से ऊपर के लोगों में असुरक्षा-बोध या ईर्ष्या के संकेतों की ओर ध्यान दें। आप पाएँगे कि वे नितान्त विचित्र-सी वजहों से लोगों को बर्ख़ास्त करते रहे हैं। आपने जो उत्कृष्ट काम कर दिखाया है, वे उससे विशेष प्रसन्न नहीं दिखेंगे। बॉस से सहमत होकर, उन्हें यह जताकर कि वे बहुत अच्छे हैं, और उनका विश्वास जीतकर ख़ुद को सुरक्षित रखें। अपनी उत्कृष्ट सूझों को उनकी सूझों की तरह दर्शाएँ। अपनी कड़ी मेहनत का सारा श्रेय उन्हें लेने दें। आपके चमकने का भी वक़्त आएगा, लेकिन अगर आपने अनजाने उनके असुरक्षा-बोध को भड़का दिया, तब नहीं।

## ईर्ष्या के उत्प्रेरक

हालाँकि कुछ ख़ास क़िस्म के लोगों में ईर्ष्या से प्रभावित होने की सम्भावना ज़्यादा होती है, लेकिन आपको इस बात के प्रति भी सजग होना चाहिए कि ऐसी भी परिस्थितियाँ होती हैं, जो लगभग हर किसी में ईर्ष्या भड़काती हैं।

सबसे आम उत्प्रेरक होता है आपकी हैसियत में आने वाला आकस्मिक बदलाव, जो आपके दोस्तों और साथियों के साथ आपके रिश्ते को बदल देता है। यह बात ख़ास तौर से उन लोगों के सन्दर्भ में सही होती है, जो उसी व्यवसाय में होते हैं, जिसमें आप होते हैं। उनकी धुँधली प्रशंसा या ढँकी हुई आलोचना को बहुत व्यक्तिगत स्तर पर मत लें। लेकिन इस बात के प्रति सावधान

रहें कि इनमें से कुछ साथियों की ईर्ष्या सक्रिय और ख़तरनाक रूप ले सकती है।

इस तरह की स्थितियों में आप सबसे अच्छा काम यही कर सकते हैं कि इस तरह का मज़ाक़ करें, जिसमें आपकी अपनी आलोचना हो, और लोगों के सामने अपनी कामयाबी को लेकर इतराएँ नहीं, क्योंकि उसमें किसी हद तक आपके भाग्य की भूमिका भी हो सकती है। जो आपके सबसे ज़्यादा क़रीबी हों, उनके संघर्ष में उनकी भरसक मदद करने की कोशिश करें, और ऐसा करते हुए ऐसा नहीं लगे, जैसे आप उन पर कोई कृपा कर रहे हैं।

इस बात को दिमाग़ में रखें कि जिन लोगों की उम्र बढ़ रही है और उनका कार्यकाल ढलान पर है, उनमें नाज़ुक क़िस्म का अहं होता है और ईर्ष्यालु होने की सम्भावना अधिक होती है।

अगर आप में ऐसी कोई कुदरती प्रतिभा है, जो आपको दूसरों से ऊपर उठाती है, तो आपको ख़तरे से सावधान रहना चाहिए और इस तरह की प्रतिभा को लेकर इतराना नहीं चाहिए। इसकी बजाय आपके लिए ज़रूरी है कि आप युक्तिपूर्वक ऐसी कुछ कमज़ोरियों को उजागर करें, जो लोगों की ईर्ष्या को कुन्द कर सके और आपकी स्वाभाविक श्रेष्ठता का मुखौटा बन सके। जो विषय आपकी विशेषज्ञता के बाहर के हों, उनके मामले में अपना बौद्धिक अनाड़ीपन दर्शाएँ।

जो स्त्रियाँ सफलता और प्रसिद्धि हासिल कर लेती हैं, उनमें दूसरों में ईर्ष्या और विद्वेष जगाने की सम्भावना ज़्यादा होती है, हालाँकि यह चीज़ हमेशा किसी और चीज़ से ढँकी-मुँदी होती है - इस तरह की स्त्रियों को बहुत ज़्यादा शुष्क या महत्त्वाकांक्षी कहा जाता है या कहा जाता है कि उनका आचरण स्त्रियोचित नहीं है। जो स्त्री बहुत ज़्यादा कामयाबी हासिल कर लेती है वह दूसरी स्त्रियों और मर्दों में हीनता की भावना बहुत ज़्यादा जगाती है (मर्द

सोचता है, ''मैं स्त्री तक से गया गुज़रा हूँ?''), और हीनता की यह भावना सराहना में नहीं, बल्कि ईर्ष्या और विद्वेष में फलित होती है।

कामयाब स्त्रियों को ईर्ष्या को नहीं भड़काने और विनम्र दिखने के मामले में और भी ज़्यादा निपुण होना ज़रूरी है।

अगर आप पाते हैं कि आपको ईर्ष्या का दौरा पड़ रहा है, तो सबसे अच्छा यह है कि आप अपनी भावनाओं को नियन्त्रित करें। किसी भी क़ीमत पर अपना आत्मसंयम क़ायम रखें। अगर मुमकिन हो, तो कुछ भौतिक दूरी भी बनाएँ – उन्हें बर्ख़ास्त कर दें, सम्पर्क तोड़ दें, जो भी मुमकिन हो करें। सबसे अच्छी युक्ति तो है कि उन्हें एक दूरी पर उनके अपने ''मीठे ज़हर'' में उबलने दिया जाए और भविष्य में आपको नुक़सान पहुँचाने का कोई साधन उनके हाथ में नहीं रहे।

अन्त में, आपको लग सकता है कि ईर्ष्या आधुनिक दुनिया में किसी क़दर एक दुर्लभ घटना है। लेकिन सच्चाई यह है कि ईर्ष्या पहले के किसी भी समय के मुक़ाबले आज ज़्यादा व्याप्त है, और इसकी सबसे बड़ी वजह है – सोशल मीडिया। सोशल मीडिया के माध्यम से हम दोस्तों, नक़ली दोस्तों, और ख्यातिप्राप्त व्यक्तियों की ज़िन्दगियों के बारे में निरन्तर जानते रहते हैं। और जो कुछ हम देखते हैं, वह उनकी दुनिया की कोई सीधी–सादी झलक नहीं होती, बल्कि उनके द्वारा पेश की गयी, उनकी अत्यन्त आदर्शीकृत छवि होती है।

इस मामले में हम जो अनुभव करते हैं वह असन्तोष की एक सामान्यीकृत छवि होती है। हमारे भीतर एक निचले दर्ज़े की ईर्ष्या बैठी रहती है, जो अगर हम कोई ऐसी चीज़ पढ़ते या देखते हैं जो हमारी असुरक्षा की भावना को गहरा कर देती है, तो वह किसी ज़्यादा तीक्ष्ण क़िस्म की ईर्ष्या का रूप ले लेती है।

इसका मतलब सीधा-सादा है : हमें अपने आसपास ऐसे बहुत-से लोग मिलेंगे, जिनमें ऐसी निष्क्रिय ईर्ष्या महसूस करने की सम्भावना होगी, जो अगर हम सावधान नहीं रहे तो विषाक्त रूप ले सकती है। हमें दोस्तों, सहकर्मियों, और अगर हम सार्वजनिक निगाहों में हैं तो जनता की ओर से आते इसके बुरे प्रभावों को महसूस करने के लिए तैयार रहना चाहिए।

## ईर्ष्या से परे

ज़्यादातर इन्सानों की तरह, आप इस बात से इंकार करने की कोशिश करेंगे कि आप कभी ईर्ष्या महसूस करते हैं, कम-से-कम इतनी प्रबल ईर्ष्या तो महसूस नहीं ही करते कि आप उसके वश में आकर आचरण करने लगें। लेकिन हमें व्यावहारिक ढंग से बात करनी चाहिए और इस बात को समझना चाहिए कि दूसरों के साथ अपनी तुलना करने की बाध्यता से छुटकारा पाना हमारे लिए असम्भव है। एक सामाजिक प्राणी के रूप में यह हमारे स्वभाव में बहुत अधिक रचा-बसा है। इसकी बजाय, हमें तुलना करने की अपनी प्रवृत्ति को धीरे-धीरे किसी सकारात्मक, फलप्रद और समाजोन्मुख चीज़ में बदलने की अभिलाषा करनी चाहिए। नीचे पाँच सरल-से अभ्यास दिए गए हैं, जो इसे हासिल करने में आपकी मदद करेंगे।

**जिस चीज़ से आपको ईर्ष्या है उसके क़रीब जाइए।** ईर्ष्या सापेक्षिक निकटता पर पनपती है - उस सहकारी वातावरण में जहाँ लोग हर एक-दूसरे से मिलते हैं, परिवार में, पड़ोस में और साथियों के समूह में। लेकिन कोई भी चीज़ उतनी परिपूर्ण नहीं होती जितनी वह प्रतीत होती है, और अक्सर अगर हम पर्याप्त क़रीब से देखें तो अधिकांश बार पाएँगे कि हम ग़लती पर हैं। जिस परिवार से आप

ईर्ष्या करते हैं उसके साथ समय बिताइए और कामना कीजिए कि आपका अपना परिवार भी वैसा होता, तो आप अपनी धारणा का पूनर्मूल्यांकन करने लगेंगे।

क़रीब जाने की यह प्रक्रिया दोहरी है : एक ओर, लोगों द्वारा पेश किए जाने वाले उज्जवल पक्ष के पीछे देखने की कोशिश कीजिए, और दूसरी ओर उनकी उस हैसियत से जुड़ी अपरिहार्य कमी की कल्पना कीजिए।

**कमतर से तुलना कीजिए :** आप सामान्य तौर पर उन लोगों पर ध्यान केन्द्रित करते हैं, जिनके बारे में आपको लगता है कि उनके पास आपसे ज़्यादा कुछ है, लेकिन जिनके पास आप से कम है, उनकी ओर देखना ज़्यादा अक़्लमन्दी होगी। इससे ना केवल उन बहुत-से लोगों के प्रति आपकी संवेदना उत्प्रेरित होगी, जिनके पास कम है, बल्कि जो कुछ आपके पास है, उसको लेकर आपके मन में कृतज्ञता का भाव भी जागेगा। इस तरह का कृतज्ञताबोध ईर्ष्या के प्रतिकार का सबसे अच्छा उपाय है।

इसी से जुड़े हुए अभ्यास के तौर पर, आप उन सारी सकारात्मक चीज़ों की फ़ेहरिस्त तैयार कर सकते हैं, जिन्हें आप महत्त्व नहीं देते।

**दूसरों की ख़ुशी में ख़ुश होने का अभ्यास कीजिए :** दूसरों की पीड़ाओं में आनन्द लेने का अनुभव स्पष्ट तौर पर ईर्ष्या से जुड़ा है, जैसा कि अनेक अध्ययनों ने दर्शाया है। लेकिन अक़्लमन्दी इसमें है कि आप इसके विपरीत उस चीज़ का आचरण करें, जिसे दार्शनिक फ़्रेड्रिक नीत्शे ने *मितफ़्रेयुदे* – ''दूसरों के साथ आनन्द'' की संज्ञा दी है।

इसका मतलब है कि लोगों को उनके सौभाग्य के लिए बधाई देने की बजाय, जो करना बहुत आसान होता है और आसानी-से

भुला दिया जाता है, आपको संवेदना के तौर पर उनके आनन्द को सक्रिय रूप से महसूस करने की कोशिश करनी चाहिए। चूँकि ऐसा होना दुर्लभ होता है, इसमें लोगों को बाँधने की बहुत बड़ी ताक़त छुपी होती है। और दूसरे लोगों के आनन्द को अपने आनन्द की तरह अनुभव करते हुए, हम अपने ही अनुभवों के सन्दर्भ में इस भावना को महसूस करने की अपनी ही क्षमता को बढ़ाते हैं।

**ईर्ष्या को प्रतिस्पर्धा में बदलें :** हम अपने मस्तिष्क की तुलना करने की प्रवृत्ति को रोक नहीं सकते, इसलिए सबसे अच्छा है कि हम इसे किसी फलप्रद और रचनात्मक चीज़ की दिशा में मोड़ दें। जिस व्यक्ति ने ज़्यादा हासिल कर लिया है, उसे चोट पहुँचाने या उसकी चीज़ चुराने की बजाय, हमें ख़ुद को उसके स्तर तक ऊँचा उठाने की आकांक्षा करनी चाहिए।

इसे कारगर बनाने के लिए कुछ मानसिक बदलाव ज़रूरी हैं। सबसे पहला यह कि हमें यह विश्वास करना चाहिए कि हममें ख़ुद को ऊँचा उठाने की क्षमता है। दूसरे, इसे सहारा देने के लिए हमें कार्य की एक ठोस नैतिकता विकसित करनी चाहिए। अगर हम सख़्त और अपनी ज़िद पर अड़े रहने वाले हैं, तो हम किसी भी बाधा को पार करने और अपनी हैसियत को ऊँचा उठाने में सक्षम होंगे।

इसी से जुड़ी हुई चीज़ यह है कि ध्येय का बोध, या जीवन में अपने उद्देश्य का अहसास ख़ुद को ईर्ष्या के प्रभाव से मुक्त रखने का महत्त्वपूर्ण उपाय है।

**मनुष्य की महानता की सराहना करें :** सराहना ईर्ष्या का एकदम विपरीत ध्रुव है – वैसा करते हुए हम किसी तरह के असुरक्षा–बोध के बिना लोगों की उपलब्धियों को स्वीकार कर रहे होते हैं, उनको

लेकर ख़ुशियाँ मना रहे होते हैं। किसी की महानता को मान्यता देते हुए हम अपनी प्रजाति की उच्च सम्भावनाओं का जश्न मना रहे होते हैं। इस तरह की सराहना हमें रोज़मर्रा जीवन की तुच्छताओं से ऊपर उठाएगी और उसका प्रशान्ति देने वाला प्रभाव होगा।

अन्त में, जीवन में ऐसे क्षण सँजोए जाने योग्य हैं, जिनमें हम अपनी कामयाबी या उपलब्धियों से जुदा अपार सन्तोष और सुख का अनुभव करते हैं। ये उदात्त क्षण होते हैं, और ईर्ष्या की तुच्छता और विषाक्तता से भरसक दूर ले जाते हैं।

> क्योंकि बहुत-से लोग... ईर्ष्या किए बगैर
> ऐसे दोस्त को प्यार नहीं कर सकते
> जिसका सौभाग्य समृद्ध होता है; और ईर्ष्यालु मस्तिष्क को
> सर्द ज़हर जकड़ लेता है और उसके जीवन की पीड़ा को दोगुना कर देता है
> उसे अपने घावों पर मरहम लगानी होती है
> और दूसरे के हर्ष को अभिशाप की तरह महसूस करना होता है।
>
> – *एस्किलस*

# 11

# अपनी सीमाओं को पहचानें

— ✧ —

## *आडम्बर का नियम*

*हम इन्सान अपने बारे में बहुत ऊँचे ख़याल रखने की ज़रूरत महसूस करते हैं। अगर हमारी भलमनसाहत की, महानता की, और प्रतिभाशाली होने की वह धारणा वास्तविकता से पर्याप्त दूर हो जाती है, तो हम आडम्बरी हो जाते हैं। हम अपनी श्रेष्ठता की कल्पना करने लगते हैं। अक्सर छोटी-सी कामयाबी भी हमारे स्वाभाविक आडम्बर को ख़तरनाक स्तरों पर उठा देती है। अपने बारे में हमारी ऊँची धारणा को अब घटनाओं का समर्थन मिल गया होता है। हम भूल जाते हैं कि हमारी उस कामयाबी में भाग्य की या दूसरों के योगदान की भूमिका रही हो सकती है। हम कल्पना कर लेते हैं कि हममें कामयाब होने की विशेष क़ाबिलियत है। हम यथार्थ से कटकर अविवेकपूर्ण निर्णय लेने लगते हैं। यही वजह है कि हमारी कामयाबी टिकाऊ नहीं होती। अपने भीतर और दूसरों में उच्च आडम्बर के संकेत खोजिए – आपकी योजनाओं के सकारात्मक परिणामों में दम्भपूर्ण निश्चयात्मकता; आलोचना को लेकर अतिशय संवेदनशीलता; प्रभुत्त्व के किसी भी रूप के प्रति अवज्ञा का भाव। अपने और अपनी सीमाओं के व्यावहारिक आकलन के माध्यम से*

*आडम्बर के आकर्षण का प्रतिकार कीजिए। अपने काम, अपनी उपलब्धियों और अपने योगदान के प्रति महानता की किसी भी भावना को समाज से जोड़िए।*

> अस्तित्व अकेला उसके लिए कभी पर्याप्त नहीं रहा; वह हमेशा और अधिक की लालसा करता रहा। शायद यह अकेला उसकी आकांक्षा का बल था कि उसने ख़ुद को उस आदमी के रूप में देखा, जिसे दूसरों से ज़्यादा हासिल करने की इजाज़त थी।
>
> – *फ़्योदोर दोस्तोएव्स्की,* क्राइम ऐंड पनिशमेंट

## मानव-स्वभाव के रहस्य

मान लीजिए कि आपकी कोई परियोजना है, जिसे आप पूरी करना चाहते हैं, या कोई व्यक्ति या लोगों का समूह है, जिससे आप कुछ कराना चाहते हैं। जो परियोजना या उद्यम आपके आगे है, उसे आप संगमरमर की एक ऐसी शिला के रूप में देख सकते हैं, जिसे तराशकर आप कोई सुन्दर चीज़ पैदा कर सकें। यह शिला आप से बड़ी है और उसका पत्थर बहुत कठोर है, लेकिन आपका उद्यम असम्भव नहीं है। आप पर्याप्त कोशिश, एकाग्रता, और लचीलेपन के साथ धीरे-धीरे उसे तराश कर वह चीज़ रच सकते हैं, जो आप चाहते हैं। लेकिन आपको इसकी शुरुआत समुचित अनुपात-बोध के साथ करनी चाहिए – लक्ष्य तक पहुँचना कठिन है, लोग काम नहीं करना चाहते, और आपकी क्षमताओं की सीमाएँ हैं। इस तरह का व्यावहारिक रुख़ अपनाकर आप ज़रूरी धैर्य जुटाते हैं और काम में लग जाते हैं।

लेकिन कल्पना कीजिए कि आपका दिमाग़ किसी ऐसी मानसिक बीमारी का शिकार हो जाता है, जो आकार और अनुपात के आपके बोध को गड़बड़ा देता है। बजाय इसके कि आप यह देखें कि आपके सामने पड़ा उद्यम बहुत भारी है और पत्थर बहुत कठोर है, इस बीमारी के प्रभाव में आप संगमरमर की उस शिला को छोटी और लचीली समझ बैठते हैं। अपना अनुपात-बोध खोकर आप विश्वास कर बैठते हैं कि जो मूर्ति आपके दिमाग़ में है, उसे गढ़ने में बहुत ज़्यादा वक़्त नहीं लगेगा। आप कल्पना कर लेते हैं कि जिन लोगों से आप सम्पर्क करने की कोशिश कर रहे हैं, वे काम के प्रति प्रतिरोधी रवैया अपनाने वाले नहीं, बल्कि उनके रुख़ का अनुमान लगाया जा सकता है। आपका ज़ोर उस चीज़ पर नहीं है, जो कामयाब होने के लिए आप करना चाहते हैं, बल्कि उस चीज़ पर है, जिसके बारे में आपको लगता है कि आप उसके पात्र हैं।

इस मानसिक बीमारी को हम *आडम्बर* का नाम दे सकते हैं। आप जैसे ही इसके दुष्प्रभाव को अनुभव करते हैं, वैसे ही सामान्य व्यावहारिक अनुपात उलट जाते हैं – आपका स्वत्व उसके आसपास की किसी भी चीज़ के मुक़ाबले बड़ा और महान हो उठता है। यही वह लेंस है, जिसके सहारे आप अपने काम और उन लोगों को देखते हैं, जिनसे आप सम्पर्क करना चाहते हैं। यह महज़ आत्ममोह नहीं है, जिसमें हर चीज़ का आपके इर्दगिर्द चक्कर लगाना अनिवार्य होता है। यह महज़ इन्सान नहीं, बल्कि देवता जैसा होने की अनुभूति है।

मानव स्वभाव के अध्ययनकर्ता के रूप में आपका उद्यम तिहरा है : सबसे पहले आपको स्वयं आडम्बर नामक चीज़ को और इस बात को समझना होगा कि यह मानव स्वभाव में इस क़दर अन्तर्निहित क्यों है और आज दुनिया में पहले के किसी भी समय की तुलना में अत्यधिक आडम्बर-प्रिय लोग क्यों हैं। दूसरे, आपको

आडम्बर के संकेतों को पहचानना और यह जानना ज़रूरी है कि जिन लोगों में ये संकेत दिखायी देते हैं, उनसे कैसे निपटा जाए। और तीसरी और सबसे ज़्यादा महत्त्वपूर्ण चीज़ यह है कि आपको अपने भीतर इस बीमारी के लक्षणों को देख सकना चाहिए और यह सीखना चाहिए कि ना सिर्फ़ अपनी आडम्बरपूर्ण प्रवृत्तियों को कैसे नियन्त्रित किया जाए, बल्कि यह भी कि इस ऊर्जा का निवेश किसी फलप्रद काम में कैसे किया जाए।

आडम्बर की जड़ें हमारे जीवन के एकदम आरम्भिक वर्षों में फैली होती हैं। अपने शुरुआती महीनों में हममें से ज़्यादातर पूरी तरह अपनी माँ से बँधे होते थे। हमें यह विश्वास हो जाता था कि जो स्तन हमें भोजन प्रदान करते हैं वे वास्तव में हमारे अपने अंग हैं। हम सर्वशक्तिमान थे – हमें सिर्फ़ इतना ही करना होता था कि हम भूख महसूस करते थे या कोई भी ज़रूरत महसूस करते थे, और माँ उस ज़रूरत को पूरा करने के लिए हाज़िर होती थी, मानो हमारे पास उसको नियन्त्रित करने की जादुई शक्ति होती थी। लेकिन फिर, धीरे-धीरे हमें जीवन के दूसरे चरण से गुज़रना होता था, जिसमें हमें वास्तविकता का सामना करने को मजबूर होना पड़ता था – यह वास्तविकता कि हमारी माँ की हमसे स्वतन्त्र सत्ता है और उसे दूसरे लोगों का ख़याल भी रखना होता है। हमें अहसास होने लगता था कि हम सर्वशक्तिमान नहीं, बल्कि कमज़ोर, बहुत छोटे, और दूसरे पर निर्भर हैं। यह अहसास दर्दनाक और हमारी ज़्यादातर भूमिकाओं का स्रोत बन जाता था – हम अपना अधिकार जताने, यह जताने की कि हम असहाय नहीं हैं, और उन ताक़तों की कल्पना करने की गहरी ज़रूरत महसूस करने लगते थे, जो हममें नहीं होती थीं।

कुछ बच्चों को बचपन की शुरुआत में इस दूसरे दौर से नहीं गुज़रना पड़ता, जिसमें उन्हें अपने सापेक्षिक छुटपन का सामना करना पड़ता, और इन्हीं बच्चों में बाद के जीवन में आडम्बर के

गहन रूपों का शिकार होने की सम्भावनाएँ ज़्यादा होती हैं। ये सिर चढ़े और लाड़-प्यार से बिगड़े हुए होते हैं। इस तरह के बच्चों के माँ-बाप उन्हें यह अहसास कराते रहते हैं कि वे विश्व के केन्द्र में हैं, और यथार्थ के टकराव से होने वाली पीड़ा से उनका बचाव करते रहते हैं।

यह शुरुआती लाड़-प्यार उनके पूरे जीवन भर के लिए असर डाल देता है। वे चाहते हैं कि उन्हें पूजा जाए। वे दूसरों से लाड़-प्यार कराने और अपने प्रति उनका ध्यान आकर्षित कराने में माहिर हो जाते हैं। वे अपने से ऊपर के किसी भी व्यक्ति के मुक़ाबले में ख़ुद को स्वाभाविक रूप से महान अनुभव करते हैं। अगर उनमें प्रतिभा हुई, तो वे काफ़ी ऊपर उठ सकते हैं, क्योंकि यह अहसास कि वे अपने सिर पर ताज पहनकर पैदा हुए थे, स्वयं ही ख़ुद को सही साबित करने वाली भविष्योक्ति बन जाती है।

अतीत में, हम मनुष्य अपनी आडम्बरी ज़रूरतों का निवेश मज़हब में कर देते थे। देवता और आत्माएँ प्रकृति की इन मूलभूत शक्तियों का प्रतिनिधित्व किया करते थे, जिनके सामने हमारी अपनी ये शक्तियाँ बौनी पड़ जाती थीं। उनकी उपासना करते हुए हम उनका संरक्षण हासिल कर लेते थे। स्वयं से किसी बड़ी सत्ता के साथ जुड़कर हम बड़ा महसूस करते थे। कई सदियों बाद, हम इस ऊर्जा का निवेश उन नेतृत्वकर्ताओं की पूजा में करने लगे, जो किसी महान ध्येय का प्रतिनिधित्व करते थे और भविष्य के रामराज्य के सपने दिखाते थे, जैसे कि नेपोलियन बोनापार्ट और फ्रांसीसी क्रान्ति।

आज, पश्चिमी दुनिया में, मज़हब और महान ध्येय लोगों को बाँधने वाली अपनी शक्ति खो चुके हैं; उनमें विश्वास करना और किसी बड़ी शक्ति के साथ तादात्म्य स्थापित कर आडम्बर की अपनी ऊर्जा को सन्तुष्ट करना अब हमें मुश्किल लगता है। लेकिन

बड़ा और महत्त्वपूर्ण महसूस करने की ज़रूरत ग़ायब नहीं हो गयी; वह पहले की तुलना में और भी प्रबल हुई है। और चूँकि कोई दूसरी जगह नहीं है, जहाँ इस ऊर्जा को नियोजित किया जा सके, इसलिए लोग उसे अपनी ही दिशा में मोड़ देते हैं। इसी वजह से, हमें अपने आसपास बड़ी संख्या में आडम्बरी लोग मिलते हैं।

कुछ और भी चीज़ें हैं, जिन्होंने आडम्बर की बढ़ोत्तरी में योगदान किया है। पहली चीज़ तो यह है कि हमें ऐसे लोग अतीत के मुक़ाबले ज़्यादा बड़ी संख्या में मिलते हैं, जिन्हें बहुत लाड़-प्यार मिला है। दूसरी, हमें उत्तरोत्तर बड़ी संख्या में ऐसे लोग मिलते हैं, जिनके मन में उच्च अधिकारियों या किसी भी तरह के विशेषज्ञों के प्रति लगभग तनिक भी सम्मान का भाव नहीं है, भले ही उन विशेषज्ञों के प्रशिक्षण या अनुभव का स्तर कितना ही क्यों नहीं हो, जिसका स्वयं उनमें अभाव होता है। चूँकि उनमें इस बात का कोई बोध नहीं है कि उनसे ऊपर और प्रभुत्व के क़ाबिल कोई और व्यक्ति है, इसलिए वे स्वयं को सर्वोच्च लोगों के बीच रख सकते हैं।

तीसरे, टेक्नोलॉजी हम पर ऐसा प्रभाव छोड़ती है कि जीवन की हर चीज़ उतनी ही तीव्र रफ़्तार और सरल हो सकती है, जैसे कि वह सूचना है, जिसे हम ऑनलाइन बटोर सकते हैं। इससे दिमाग़ में यह बात बैठ जाती है कि हमें कोई कौशल सीखने के लिए अब वर्षों का समय ख़र्च करने की ज़रूरत नहीं है; इसकी बजाय थोड़ी-सी युक्तियों और कुछ घण्टों के अभ्यास के बाद हम किसी भी काम में दक्ष हो सकते हैं। लेकिन सबसे ज़्यादा यह सोशल मीडिया ही है, जिसने आडम्बर के इस वायरस को फैलाया है। सोशल मीडिया के माध्यम से हमारे पास अपनी उपस्थिति को विस्तार देने की और यह भ्रम पैदा करने की लगभग असीमित ताक़त आ जाती है कि हज़ारों या लाखों की संख्या में लोगों का ध्यान हमारी ओर आकर्षित होता है और वे हमारी सराहना करते हैं।

इन सारी चीज़ों के आपस में मिल जाने के साथ हममें से किसी के लिए भी व्यावहारिक रुख़ और स्वत्व का आनुपातिक बोध क़ायम रखना मुश्किल हो गया है।

अपने आसपास के लोगों की ओर देखते हुए, आपको इस बात का अहसास होना चाहिए कि उनका (और आपका) आडम्बर अनेक भिन्न-भिन्न रूप ले सकता है। ज़्यादातर, लोग सामाजिक हैसियत हासिल करने के माध्यम से इस ज़रूरत को सन्तुष्ट करने की कोशिश करेंगे। लोग दावा करेंगे कि वे स्वयं काम में या मानवता में योगदान करने में दिलचस्पी रखते हैं, लेकिन अक्सर गहराई में उन्हें वास्तव में जो चीज़ प्रेरित कर रही होती है, वह ध्यानाकर्षण की आकांक्षा होती है, साथ ही वे चाहते हैं कि अपने बारे में उनकी उच्च धारणा को दूसरों का समर्थन प्राप्त हो। वे ताक़तवर और स्फीत अनुभव करना चाहते हैं।

लोग अभी भी नेतृत्वकर्ताओं का आदर्शीकरण करने और उनकी भक्ति करने की ओर प्रवृत्त होते हैं, और आपको इसे आडम्बर के एक रूप की तरह देखना चाहिए। किसी अन्य व्यक्ति में विश्वास करने से हर चीज़ महान हो जाएगी, अनुयायी इस महानता का कोई अंश महसूस कर सकते हैं। और भी व्यक्तिगत स्तर पर, लोग अक्सर उन लोगों का आदर्शीकरण करेंगे, जिन्हें वे प्रेम करते हैं, वे उन्हें देवी-देवता के स्तर तक ऊँचा उठा देंगे और इसी तर्क से उसमें की कुछ शक्ति अपने ऊपर प्रतिबिम्बित होती देखेंगे।

आज की दुनिया में, आप आडम्बर के नकारात्मक रूपों को भी देखेंगे। बहुत-से लोग आडम्बर की अपनी तीव्र इच्छा को ना केवल दूसरों से बल्कि ख़ुद से भी छिपाने की ज़रूरत महसूस करते हैं। वे अक्सर अपनी विनम्रता का प्रदर्शन करते हैं - वे ताक़त में या महत्त्वपूर्ण महसूस करने में दिलचस्पी लेते दिखायी नहीं देते या वे ऐसा कहते हैं। लेकिन आप देखेंगे कि वे इस विनम्रता का

सार्वजनिक ढंग से प्रदर्शन करने की ज़रूरत महसूस करते हैं। यह आडम्बरपूर्ण विनम्रता होती है – यह दूसरों का ध्यान आकर्षित करने और नैतिक रूप से श्रेष्ठ महसूस करने का उनका अपना ढंग होता है।

इसी का एक प्रकार है *आडम्बरपूर्ण शिकार*– उन्होंने बहुत दुख झेला है और वे कई दूसरों के शिकार हुए हैं। इसका सबसे महत्त्वपूर्ण पक्ष यह है कि वे ऐसा नाटक खड़ा करने के लिए विवश होते हैं, जो उन्हें एक शिकार में बदल दे। अपने दुर्भाग्य को महसूस करने और व्यक्त करने से उनमें महत्त्वपूर्ण होने का, दुख झेलने के मामले में श्रेष्ठ होने का बोध पैदा होता है।

आप लोगों में आडम्बर के स्तरों को कई सरल तरीक़ों से माप सकते हैं। उदाहरण के लिए, ध्यान दें कि जब लोगों की या उनके काम की आलोचना की जाती है, तो वे किस तरह प्रतिक्रिया करते हैं। कुछ लोग क्रोध और उत्तेजना से भर उठते हैं, क्योंकि हमने उनकी महानता के बोध पर सन्देह किया होता है। इसी तरह, इस तरह के लोग अपने गुस्से को शहीदाना और दुख के भाव के पीछे छिपाने की कोशिश कर सकते हैं ताकि आप अपराधी महसूस करें।

आडम्बरी लोग अक्सर बड़बोले होते हैं। वे किसी भी चीज़ का श्रेय लेने को तत्पर होते हैं, ऐसी चीज़ का भी जिसका उनके काम के साथ सतही सम्बन्ध होता है; वे अतीत की सफलताओं को ईजाद कर लेते हैं। उच्च स्तरीय आडम्बरी सामान्यत: निचले स्तर की संवेदना का प्रदर्शन करते हैं। वे अच्छे श्रोता नहीं होते। जब उनकी ओर ध्यान नहीं दिया जा रहा होता है, तो वे दूर कहीं देखते लगते हैं और उनकी अँगुलियाँ अधैर्य के मारे फड़कने लगती हैं। अन्त में, वे ऐसे हाव-भाव प्रदर्शित करते हैं, जिसे सिर्फ़ आडम्बरपूर्ण ही कहा जा सकता है। उनकी मुद्राएँ बड़ी और नाटकीय होती हैं। उनकी

आवाज़ दूसरों के मुक़ाबले ऊँची होती है, और वे किसी और को बीच में बोलने की गुंजाइश दिए बिना बहुत तेज़ी-से बोलते चले जाते हैं।

अगर इस तरह के लोग संयोग से आपके प्रतिद्वन्द्वी हों, तो ख़ुद को ख़ुशक़िस्मत समझिए। उन्हें चिढ़ाना और अत्यधिक प्रतिक्रिया के लिए बाध्य करना आसान होता है।

अन्त में, आपको अपनी आडम्बरपूर्ण प्रवृत्तियों को सँभालने की ज़रूरत होगी। आडम्बर के विरुद्ध सबसे बड़ी सुरक्षा व्यावहारिक रुख़ अख़्तियार करने में है। आप जानते हैं कि आपका स्वाभाविक झुकाव किस तरह के विषयों और गतिविधियों के प्रति है। आपको सामर्थ्य का उपयोग करने की और इस तरह की कल्पना नहीं करने की ज़रूरत है कि जो कुछ भी आपके दिमाग़ में आता है, आप उसमें महानता हासिल कर सकते हैं। आपमें अपनी ऊर्जा के स्तरों की आमूल-चूल समझ होना ज़रूरी है और इस बात की भी कि आप ख़ुद को किस हद तक किसी काम में झोंक सकते हैं और यह चीज़ उम्र के साथ किस तरह बदलती जाती है।

इस आत्म-सजगता का एक भौतिक पक्ष है, जिसके प्रति आपको संवेदनशील होना चाहिए। जब आप किन्हीं ऐसी गतिविधियों में लगे होते हैं, जो आपके स्वाभाविक रुझानों के अनुकूल बैठती हैं, तो आपको अपने काम में सहजता महसूस होती है। जब आप बहुत ज़्यादा और अपने बूते से बाहर का काम सिर पर ओढ़ लेते हैं, तो आप ना सिर्फ़ थकान महसूस करते हैं, बल्कि चिड़चिड़ापन और घबराहट भी महसूस करते हैं। आपको सिरदर्द हो सकता है। जब आपके जीवन में सफलताएँ आएँगी, तो आप स्वाभाविक ही हल्का-सा भय महसूस करेंगे, जैसे आपको लग रहा हो कि वह सौभाग्य ग़ायब हो सकता है। इस भय के साथ आप वह ख़तरा महसूस करते हैं, जो बहुत ऊपर उठने और बहुत ज़्यादा श्रेष्ठ महसूस

करने से पैदा हो सकता है। आपकी उद्विग्नता आपसे वापस ज़मीन पर आने को कह रही होती है।

## आडम्बरी नेतृत्वकर्ता

अगर उच्च स्तर के आडम्बरी लोगों में थोड़ी-सी प्रतिभा और ढेर सारी निश्चयात्मक ऊर्जा भी हो, तो वे सत्ता के ऊँचे पायदानों तक पहुँच सकते हैं। उनकी छवि से चमत्कृत होकर हम अक्सर उनकी निर्णय-प्रक्रिया में अन्तर्निहित विवेकहीनता को देखने से चूक जाते हैं और उनका अनुसरण कर किसी विनाश तक जा पहुँचते हैं। वे बहुत ही विनाशकारी हो सकते हैं।

हमें डराने और वास्तविकता से हमारा ध्यान भटकाने के लिए वे कुछ नाटकीय युक्तियों का इस्तेमाल करते हैं। हमारे लिए यह अनिवार्य है कि हम उनकी इन नाटकीय चालों को समझें, उनके रहस्य को भेदें और उन्हें इन्सान के स्तर पर नीचे लाएँ। नीचे वे छह भ्रम बताए गए हैं, जो वे रचना पसन्द करते हैं।

**मैं नियतिबद्ध हूँ।** आडम्बरी नेतृत्वकर्ता अक्सर ऐसा प्रभाव छोड़ने की कोशिश करते हैं, जैसे महान होना उनकी नियति है। वे अपने बचपन और जवानी के ऐसे क़िस्से सुनाते हैं, जिनमें उनके अनूठेपन के संकेत छिपे होते हैं, मानो भाग्य ने उन्हें अलग से गढ़ा हो। वे ऐसी घटनाओं पर रोशनी डालते हैं, जो दर्शाती हैं कि वे बहुत बचपन से सामान्य तौर पर सख़्त और सृजनात्मक रहे हैं। वे या तो ऐसे क़िस्से गढ़ रहे होते हैं या अपने अतीत की पुनर्व्याख्या कर रहे होते हैं। पता चलता है या वे ऐसा दिखाने की कोशिश करते हैं कि भविष्य का यह महान नेतृत्वकर्ता कम उम्र से ही गर्भावस्था में था। जब आप इस तरह की बातें सुनें, तो आपको सन्देह करना चाहिए।

नियति के ऐसे क़िस्सों के पीछे छिपे साधारण क़िस्म के तथ्यों का पता लगाइए और अगर मुमकिन हो तो, उन्हें प्रचारित कीजिए।

**मैं साधारण आदमी/औरत हूँ :** कुछ मामलों में मुमकिन है कि आडम्बरी नेतृत्वकर्ता निचले तबके से उठकर आए हों, लेकिन सामान्य तौर पर वे या तो अपेक्षाकृत विशिष्ट वर्ग से आए होते हैं या फिर वे इतने कामयाब रहे होते हैं कि लोगों के रोज़मर्रा जीवन से बहुत दूर रहे होते हैं। तब भी यह पूरी तरह अनिवार्य होता है कि वे ख़ुद को जनता के सामने इस तरह पेश करें कि लगे कि वे औसत मर्दों और औरतों के सच्चे प्रतिनिधि हैं। इस तरह की प्रस्तुति के माध्यम से ही वे इतनी बड़ी तादाद में लोगों का ध्यान और सराहना आकर्षित कर सकते हैं, जो उन्हें सन्तुष्ट कर सके।

आडम्बरी नेतृत्वकर्ता जो चलाकी बरतते हैं, वह यह है कि वे अपनी सांस्कृतिक अभिरुचियों पर बल देते हैं, उस वास्तविक वर्ग पर नहीं जहाँ से वे आए होते हैं। इस स्थिति में, ज़ाहिर अन्तर्विरोधों के बावजूद, जनता उनके साथ तादात्म्य स्थापित कर सकती है। लेकिन इसका आडम्बर महज़ बहुत ज़्यादा ध्यान आकर्षित करने तक ही सीमित नहीं होता। ये लीडर जनता के साथ इस तादात्म्य के द्वारा बहुत बड़े पैमाने पर विस्तार पा जाते हैं। वे महज़ एक आदमी या स्त्री नहीं रह जाते, बल्कि समूचे राष्ट्र या अपने हित के लिए संगठित समूह की मूर्ति बन जाते हैं। उनकी आलोचना करना उस लीडर को सलीब पर लटका देने और ध्येय के साथ विश्वासघात करने बराबर हो जाता है।

अगर आप इस तरह के विरोधाभास और लोकप्रिय साहचर्य के आदिम रूप लक्ष्य करते हैं, तो दूर खड़े होकर आप स्थिति का विश्लेषण कीजिए।

**मैं आपको मुक्त कर दूँगा :** इस क़िस्म के लोग अक्सर मुश्किलों और संकट की घड़ियों में सत्ता तक पहुँच जाते हैं। ये वे लोग होंगे, जो लोगों को अनेक समस्याओं से छुटकारा दिला देंगे। इसमें कामयाब होने के लिए उनके आश्वासनों का बड़ा, किन्तु अनिश्चित होना ज़रूरी होता है। सन्देश इतना सरल होना चाहिए कि वह पच सके, उसे नारे में बदला जा सके, और उसमें किसी ऐसी बड़ी चीज़ का आश्वासन निहित होना चाहिए, जो भावनाओं को झकझोर सके।

यहाँ आप यह पाएँगे कि वे किसी राजनैतिक आन्दोलन या किसी कारोबार का नेतृत्व करने से कहीं ज़्यादा एक पूजा-भाव रच रहे होते हैं। आप देखेंगे कि उनका नाम, उनकी छवि और उनके नारे बड़ी तादाद में पोस्टरों पर होंगे और वे ईश्वर जैसी सर्वव्यापकता हासिल कर लेंगे। जो लोग अब उस पूजा-भाव में विश्वास करते होंगे, वे और भी ज़्यादा अभिमन्त्रित हो जाएँगे और उनके किसी भी तरह के कृत्य को क्षमा करने को तैयार होंगे। ऐसे मुकाम पर उनमें सच्चा विश्वास रखने वालों को कोई भी चीज़ विरत नहीं करेगी, लेकिन आपको अपनी आन्तरिक दूरी और विश्लेषणात्मक शक्ति को क़ायम रखना चाहिए।

**मैं नियमों को नए सिरे से लिखता हूँ :** किसी भी क्षेत्र में इन्सानों की यह ख़ुफ़िया ख़्वाहिश होती है कि सामान्य नियमों और परिपाटियों के बिना उनका काम चलता रहे – वे अपने निजी विवेक का अनुसरण करते हुए सत्ता हासिल करना चाहते हैं। जब आडम्बरी नेतृत्वकर्ता अपने पास ऐसी सत्ता होने का दावा करते हैं, तो हम मन-ही-मन उत्तेजित होते हैं और उन पर विश्वास करना चाहते हैं।

इसी का एक रूप यह है कि आडम्बरी नेतृत्वकर्ता अक्सर अपनी अन्त:प्रज्ञा पर भरोसा करते हैं और फ़ोकस ग्रुप्स या किसी

भी तरह के वैज्ञानिक फ़ीडबैक की ज़रूरत से इंकार करते हैं। वे यह मिथक गढ़ना चाहते हैं कि उनकी अटकलें अद्भुत सफलताओं का कारण बनी हैं, लेकिन बारीक़ी से परीक्षण करने पर पता चलेगा कि उनकी अटकलें अक्सर जितनी सच साबित हुई हैं, उतनी ही ग़लत साबित हुई हैं। जब आप नेतृत्वकर्ताओं को नियमों और विज्ञान से मुक्त होने में सक्षम ख़ुद को पूरी तरह विद्रोही विचार रखने वाले व्यक्ति के रूप में पेश करते देखें, तो आपको इसे किसी दैवीय प्रेरणा के नहीं, बल्कि सिर्फ़ पागलपन के लक्षण के रूप में देखना चाहिए।

**मैं जिस चीज़ को छू दूँ, वह सोने की हो जाती है।** बहुत ज़्यादा आडम्बर वाले लोग यह किंवदन्ती गढ़ने की कोशिश करेंगे कि वे कभी नाकामयाब नहीं हुए। अगर उनके करियर में कोई नाकामयाबियाँ या रुकावटें आयीं तो ये हमेशा दूसरों की ग़लतियाँ रहीं, जिन्होंने उन्हें धोखा दिया। इसी से जुड़ा हुआ यह विश्वास होता है कि वे अपनी दक्षताओं को आसानी-से स्थानान्तरित कर सकते हैं। यह हमेशा उनके लिए घातक होता है, क्योंकि वे अपनी विशेषज्ञता से परे की चीज़ें करने की कोशिश करते हैं और जल्दी ही उस पेचीदगी और अराजकता के शिकार हो जाते हैं, जो उनके अनुभव के अभाव की वजह से पैदा होती है। इस तरह के लोगों से निपटते हुए, सावधानी के साथ उनका रिकॉर्ड देखिए और इस बात पर ध्यान दीजिए कि वे कितनी बार साफ़ तौर पर विफल हुए हैं। हालाँकि उनके आडम्बर से प्रभावित लोग शायद इस पर ध्यान नहीं देंगे, तब भी भरसक निष्पक्ष ढंग से उनके रिकॉर्ड की सच्चाई को प्रकाशित कीजिए।

**मैं वेध्य हूँ।** आडम्बरी नेतृत्वकर्ता जोख़िम उठाते हैं। लेकिन उनका यह साहस वास्तव में नियन्त्रण में नहीं होता। अपनी इन दुस्साहसिक गतिविधियों की वजह से वे जीवन्त और अशान्त महसूस करते हैं।

वे ड्रग बन जाती हैं। उन्हें ईश्वर जैसी अवेध्यता की भावनाओं को क़ायम रखने के लिए बड़े दाँवों और पुरस्कारों की ज़रूरत होती है।

वस्तुत: इसके विपरीत वे उस संघातक दम्भपूर्ण तिकड़म को अपनाए जाने तक वेध्य होते हैं, जिसमें वे अन्तत: बहुत आगे तक नहीं निकल जाते और वह सब धराशायी नहीं हो जाता। अचानक अवेध्य होने का प्रभामण्डल तहस-नहस हो जाता है। यह इसलिए होता है, क्योंकि निर्णय तर्कसंगत सोच-विचार के आधार पर नहीं, बल्कि ध्यानाकर्षण और यश की कामना के तहत लिए गए होते हैं, और अन्तत: वास्तविकता एक झटके में सामने आ जाती है।

## व्यावहारिक आडम्बर

आडम्बर उस आद्य ऊर्जा का एक रूप है, जो हम सब में मौजूद होती है। सामान्य तौर पर आडम्बर हमें यह कल्पना करने को प्रेरित करता है कि हम उससे महान और श्रेष्ठ हैं, जितने कि हम वास्तव में होते हैं। हम इसे *विलक्षण आडम्बर* कह सकते हैं, क्योंकि यह हमारी स्वैर कल्पना और उस विकृत प्रभाव पर आधारित होता है, जो हम पर तब पड़ता है, जब हमारी ओर ध्यान दिया गया होता है। दूसरे रूप को, जिसे हम *व्यावहारिक आडम्बर* कह सकते हैं, हासिल करना आसान नहीं है और यह हममें स्वाभाविक रूप से उत्पन्न नहीं होता, लेकिन यह अपरिमित शक्ति और आत्म-तुष्टि का स्रोत हो सकता है।

व्यावहारिक आडम्बर हमारी स्वैर कल्पनाओं और उन विकृत प्रभावों पर नहीं, बल्कि वास्तविकता पर आधारित होता है। उसकी ऊर्जा हमारे काम में और लक्ष्य हासिल करने, समस्याओं का समाधान करने या सम्बन्धों को सुधारने की हमारी आकांक्षा में लगी होती है।

हालाँकि, इस ऊर्जा को नियोजित करने का ठीक-ठीक तरीक़ा आपके कार्यक्षेत्र और दक्षता के स्तर पर निर्भर करता है, लेकिन नीचे अंकित पाँच बुनियादी सिद्धान्त हैं, जो उस उच्च स्तरीय सन्तुष्टि को हासिल करने के लिए अनिवार्य हैं, जो इस वास्तविकता-आधारित आडम्बर से प्राप्त होती है।

**अपनी आडम्बरपूर्ण ज़रूरतों से समझौता करें :** आपको ईमानदारी के साथ शुरुआत करने की ज़रूरत है। आपको स्वीकार करना चाहिए कि आप महत्त्वपूर्ण महसूस करना चाहते हैं और ध्यान के केन्द्र में बने रहना चाहते हैं। सिर्फ़ इस आत्म-सजगता के बल पर ही आप उस ऊर्जा को किसी व्यावहारिक और फलप्रद चीज़ में रूपान्तरित करना शुरू कर सकते हैं।

**ऊर्जा को एकाग्र करें :** विलक्षण आडम्बर की वजह से आप इस विचार से उस विचार की ओर भागते रहेंगे, इस कल्पना के साथ कि आपको सारी सराहना मिलेगी और सबका ध्यान आपकी ओर जाएगा, हालाँकि ऐसा कुछ नहीं होगा। आपको इसका उल्टा करना चाहिए। आपके लिए ज़रूरी है कि आप किसी एक परियोजना या समस्या पर गहराई से और पूरी तरह ध्यान केन्द्रित करने की आदत डालें। आपके लिए ऐसा लक्ष्य निर्धारित करना ज़रूरी है, जिस तक पहुँचना तुलनात्मक रूप से आसान हो और आप वर्षों की नहीं बल्कि महीनों की समय-सीमा में उसे प्राप्त कर सकें। आपके लिए ज़रूरी होगा कि आप उस तक पहुँचने के रास्ते के लिए छोटे-छोटे क़दम और लक्ष्य निर्धारित करें। आपका लक्ष्य यहाँ प्रवाह की एक ऐसी अवस्था में प्रवेश करने का होना चाहिए, जिसमें आपका दिमाग़ उत्तरोत्तर डूबता चला जाए, उस मुकाम तक जिस पर आपके दिमाग़ में बेवक़्त विचार आने लगें। प्रवाह का यह अहसास आनन्ददायी और आदी बनाने वाला होना चाहिए।

इसी से जुड़ी हुई चीज़ यह है कि आपको ऐसी योजना की ज़रूरत है, जिसके लिए आवश्यक दक्षताएँ या तो आपमें पहले से हों या विकसित होने की प्रक्रिया में हों। आपका लक्ष्य होना चाहिए कि आपकी दक्षता के स्तर में निरन्तर सुधार दिखायी दे, और यह चीज़ निश्चय ही इस पर निर्भर करेगी कि आप अपने काम पर कितनी गहराई से एकाग्र हैं। आपका आत्मविश्वास बढ़ेगा। आपके आगे बढ़ते रहने के लिए इतना काफ़ी होना चाहिए।

**यथार्थ के साथ संवाद क़ायम रखें :** आपकी परियोजना की शुरुआत एक विचार के साथ होती है, और आप जैसे-जैसे इस विचार को पैना करते जाते हैं, आप अपनी कल्पना को उड़ान भरने की गुंजाइश देते हैं, विभिन्न सम्भावनाओं के प्रति खुलते जाते हैं। फिर एक मुकाम आता है, जब आप परियोजना के दौरान उसके क्रियान्वयन के दौर में प्रवेश करते हैं। अब आपको उन लोगों की जिनकी आप इज़्ज़त करते हैं या अपने स्वाभाविक श्रोताओं की प्रतिक्रियाओं और आलोचना की निश्चयपूर्वक तलाश करनी चाहिए। आपको अपनी परियोजना की खोटों और कमियों के बारे में सुनने की ज़रूरत है, क्योंकि यही एकमात्र तरीक़ा है, जिससे आप अपनी दक्षता में सुधार ला सकते हैं। अगर आपकी परियोजना वे नतीजे नहीं देती, जिनकी आपने कल्पना की थी या समस्या नहीं सुलझती, तो इसे स्वीकार कीजिए, क्योंकि यही सीखने का सबसे अच्छा तरीक़ा है। गहराई में जाकर और भरसक निर्मम ढंग से विश्लेषण कीजिए कि आप से ग़लती कहाँ पर हुई थी।

जैसे ही आपको प्रतिक्रियाएँ मिल जाएँ और आपने विश्लेषण कर लिया हो, आप वापस इस परियोजना पर लौटिए या कोई नयी परियोजना शुरू कीजिए और अपनी कल्पना को एक बार फिर उड़ान भरने की गुंजाइश दीजिए, लेकिन इस बार उन चीज़ों को शामिल

करते हुए, जिन्हें आपने अनुभव से सीखा है। यथार्थ (प्रतिक्रियाओं) और अपनी कल्पना के बीच इस तरह निरन्तर संवाद बनाए रखते हुए, आप जो चीज़ रचेंगे वह व्यावहारिक और सशक्त होगी।

अगर आपको अपनी परियोजनाओं में कोई सफलता मिलती है, तो यही वह समय है जब आप आपकी ओर दिए जा रहे ध्यान से अपने क़दम पीछे खींच लें। इस सफलता में सम्भावित भाग्य की भूमिका की ओर, या दूसरों से मिली मदद की ओर ध्यान दीजिए। चूँकि अब आप अपना ध्यान नए विचार पर केन्द्रित कर रहे हैं, ख़ुद को इस तरह देखिए जैसे आप पहली बार शुरुआत कर रहे हों। कभी भी अपनी प्रतिष्ठा पर टिककर मत रह जाइए या अपनी तीव्रता में कमी मत आने दीजिए।

**नाप-जोख कर चुनौतियों की तलाश कीजिए :** व्यावहारिक आडम्बर के सन्दर्भ में आपका लक्ष्य है कि आप उन चुनौतियों की ओर निरन्तर ध्यान दें, जो आपकी दक्षता के स्तर से थोड़ी ही ऊपर हों। अगर आप ऐसी परियोजना पर काम करने की कोशिश कर रहे हैं, जो आपकी दक्षता के स्तर से नीचे या उसके बराबर है, तो आप आसानी-से ऊब जाएँगे और आपका ध्यान कम एकाग्र होगा। अगर वह बहुत ज़्यादा महत्त्वाकांक्षी है तो आप अपनी नाकामयाबी से कुचला गया महसूस करेंगे। लेकिन अगर आपकी परियोजनाएँ पिछली परियोजना के मुक़ाबले अधिक किन्तु मध्यम स्तर पर चुनौतीपूर्ण हैं, तो आप स्वयं को उत्प्रेरित और ऊर्जान्वित महसूस करेंगे।

**अपनी आडम्बरी ऊर्जा को खुला छोड़ दीजिए :** जैसे ही आप इस ऊर्जा को पालतू बना लेते हैं, उसे अपनी महत्त्वाकांक्षाओं और लक्ष्यों की सेवा में नियोजित कर लेते हैं, वैसे ही आपको अवसर आने पर उसे आज़ाद होने देने में सुरक्षित महसूस करना चाहिए।

उसे उस जंगली जानवर की तरह देखिए, जिसे जब-तब आज़ाद घूमने की ज़रूरत होती है। अगर उसे ऐसा नहीं करने दिया जाता तो वह अपनी अशान्ति की वजह से पागल हो जा सकता है। इसका मतलब है कि आप जब-तब ऐसे विचारों या परियोजनाओं को विचारणीय बनाने की गुंजाइश दें, जिनमें उनसे ज़्यादा चुनौतियाँ निहित हों, जिनका सामना आपने अतीत में किया है। आप अपने आत्मविश्वास को उत्तरोत्तर बढ़ता हुआ महसूस करेंगे और अपनी परीक्षा लेने की ज़रूरत महसूस करेंगे। किसी असम्बद्ध क्षेत्र में नयी दक्षता विकसित करने पर विचार कीजिए या उस उपन्यास को लिखने पर विचार कीजिए, जिसे आपने कभी वास्तविक काम से ध्यान भंग करने वाला मानकर छोड़ दिया था। या जब आप योजना बनाने की प्रक्रिया में हों तो अपनी कल्पना को उड़ान भरने दीजिए।

> फिर, अपने बेटों के सन्दर्भ में मैं जिस सन्ताप से पीड़ित था, जब उस सन्ताप ने मुझे पूरी तरह आप्लावित कर लिया, तो मैंने एक बार फिर ईश्वर से यह जानना चाहा कि मुझे ऐसा क्या करना चाहिए, जिससे मेरी बाक़ी ज़िन्दगी अत्यन्त सुखपूर्वक बीते; और ईश्वर ने मुझे जवाब दिया : ''ख़ुद को जान, ओ क्रोएसस - इस तरह तू सुखपूर्वक रहेगा''... लेकिन, मेरी सम्पत्ति और उन लोगों ने मुझे बिगाड़कर रख दिया था, जो मुझसे अपना लीडर होने का अनुरोध कर रहे थे, मुझे उनके द्वारा दिए गए उपहारों ने और उन लोगों की चापलूसी ने बरबाद कर दिया जिनका कहना था कि अगर मैं कमान सँभालने को तैयार हो जाता हूँ तो वे मेरी आज्ञाओं का पालन करेंगे और मैं सर्वोच्च पुरुष बन जाऊँगा - इस तरह के शब्दों के बहकावे में आकर, जब सारे राजकुमारों ने युद्ध

में अपना लीडर बनाने के लिए मुझे चुन लिया, तो मैंने कमान सँभाल ली, और ख़ुद को सर्वश्रेष्ठ मान लिया; लेकिन, लगता है, मैं ख़ुद को नहीं जानता था। क्योंकि मैं सोचता था कि मैं तुम्हारे ख़िलाफ़ युद्ध का नेतृत्व कर सकता हूँ; लेकिन तुमसे मेरा कोई मुक़ाबला नहीं था... इसलिए, मैं इस तरह ज्ञान से रहित था, मेरे पास महज़ मेरी वीरानियाँ थीं।

– *ज़ेनोफ़ोन*, द एजुकेशन ऑफ़ सायरस

# 12

# अपने अन्दर के पुल्लिग या स्त्रीलिंग से पुन: जुड़िए

— ✧ —

## *लैंगिक सख़्ती का नियम*

*हम सभी में पुल्लिग और स्त्रीलिंग गुण होते हैं - इनमें से कुछ तो आनुवंशिक होते हैं और कुछ विपरीतलिंगी अभिभावक के गहरे प्रभाव से आते हैं। लेकिन समाज में एक सुसंगत पहचान को पेश करने की ज़रूरत के चलते, हम इन गुणों को दबाने की कोशिश करते हुए उस पुल्लिग या स्त्रीलिंग भूमिका के साथ अतिरेकपूर्ण ढंग से एकात्म होते हैं, जिसकी हमसे अपेक्षा की जाती है। और हम इसकी क़ीमत चुकाते हैं। हम अपने चरित्र के मूल्यवान आयामों को खो देते हैं। हमारी सोच और कर्म करने के ढंग सख़्त हो जाते हैं। हम विपरीतलिंगी लोगों पर अपनी फ़न्तासियाँ और विद्वेष प्रक्षेपित करते हैं, जिसके नतीजे में उन लोगों के साथ हमारे सम्बन्ध बुरी तरह प्रभावित होते हैं। आपको इन खोए हुए पुलिंग या स्त्रीलिंग लक्षणों के प्रति जागरूक रहना चाहिए और धीरे-धीरे उसके साथ फिर से सम्बन्ध बनाना चाहिए, और इस प्रक्रिया में अपनी रचनात्मक शक्तियों को उन्मुक्त कर देना चाहिए। आप अपनी सोच में अधिक*

*लचीले हो जाएँगे। अपने चरित्र में प्रच्छन्न रूप से पुल्लिंग या स्त्रीलिंग भाव लाकर प्रामाणिक रूप से अपने स्वरूप में स्थित होकर लोगों को सम्मोहित करेंगे। वह लैंगिक भूमिका मत निभाइए जिसकी आपसे अपेक्षा की जाती है, बल्कि वह भूमिका रचिए जो आपके लिए ठीक बैठती हो।*

> यह प्रेम का भयावह छलावा है कि इसकी शुरुआत बाहर की दुनिया की स्त्री के साथ नहीं, बल्कि हमारे मस्तिष्क में रची गयी गुड़िया के साथ हमें खेल में संलग्न करने के साथ होती है – उस एकमात्र स्त्री के साथ जो हमेशा हमारे नियन्त्रण में होती है, एकमात्र उस स्त्री के साथ जो हमेशा हमारे स्वामित्व में होती है।
>
> *–मार्सल प्रूस्त*

## मानव-स्वभाव के रहस्य

जब हम प्रेम में डूबे होते हैं, तो हम उन भावनाओं के शिकार होते हैं, जिन्हें हम नियन्त्रित नहीं कर पाते। हम जिन जीवन-साथियों का चुनाव करते हैं उनके बारे में हम कोई तर्कसंगत कैफ़ियत नहीं दे सकते, और अक्सर ये चुनाव अन्त में दुर्भाग्यपूण साबित होते हैं। और अक्सर हम जीवन-साथियों के इसी तरह के बुरे चुनाव दोहराते हैं, मानो हम अपने अन्दर बैठे किसी दैत्य के वशीभूत होकर वे चुनाव करते हों।

पुनरावलोकन करते हुए हम स्वयं से यह कहना पसन्द करते हैं कि जब हम प्रेम में डूबे हुए थे, तो एक क़िस्म के तात्कालिक पागलपन ने हमें अपने वशीभूत कर रखा था। हम इस तरह के क्षणों को अपने चरित्र के अपवाद की तरह देखते हैं, नियम की तरह

नहीं। लेकिन हम पल भर को इसके विपरीत सम्भावना पर विचार करें – हम अपने सचेतन रोज़मर्रा जीवन में, अपने वास्तविक स्वरूप से बेख़बर, नींद में चल रहे होते हैं; हम दुनिया के सामने तर्कसंगति का एक मुखड़ा पेश करते हैं, और इस मुखौटे को हम वास्तविकता समझ बैठते हैं। जब हम प्रेम कर रहे होते हैं, तब हम दरअसल कहीं *अधिक* अपने स्वरूप में स्थित होते हैं। हम अपने स्वभाव के बुनियादी अविवेक की वास्तविकता से कहीं अधिक जुड़े होते हैं।

इन बदली हुई अवस्थाओं को देखते हुए, हमारे मन में इन्हें आविष्ट होने के रूपों की तरह चित्रित करने का लोभ जाग सकता है। हम सामान्यत: विवेकशील व्यक्ति क होते हैं, लेकिन एक आसक्ति के प्रभाव के अधीन अविवेकशील व्यक्ति ख प्रकट होने लगता है। शुरुआत में क और ख घटते-बढ़ते और एक-दूसरे में घुल तक सकते हैं, लेकिन जितनी ही गहराई से हमें प्रेम होता है, उतना ही ज़्यादा यह ख व्यक्ति का वर्चस्व क़ायम होता जाता है। ख व्यक्ति लोगों में उन गुणों को देखने लगता है, जो उनमें नहीं होते, वह उन तरीक़ों से सक्रिय होने लगता है, जो प्रतिउत्पादक और आत्मविनाशकारी तक होते हैं। वह अव्यावहारिक अपेक्षाओं से युक्त निहायत अपरिपक्व होता है, और ऐसे निर्णय लेता है, जो अक्सर भविष्य में व्यक्ति क के लिए रहस्यपूर्ण साबित होते हैं।

जब इन स्थितियों में हमारे व्यवहार का सवाल उठता है, तो हमें कभी भी वाक़ई यह समझ में नहीं आता कि क्या हो रहा है। लेकिन प्रख्यात मनोवैज्ञानिक कार्ल युंग – जिन्होंने अपने अपने लम्बे कार्य-काल में दर्दनाक प्रेम-सम्बन्धों से गुज़रे हज़ारों पुरुषों और स्त्रियों के क़िस्सों का विश्लेषण किया था – ने इस बात की सम्भवत: गम्भीर कैफ़ियत उपलब्ध करायी है कि तब क्या होता है, जब हमें प्रेम हो जाता है। युंग के अनुसार, हम ऐसे क्षणों में सचमुच

ही वशीभूत अवस्था में होते हैं। उन्होंने उस सत्ता (व्यक्ति ख) को *एनिमा* (पुरुष के लिए) और *एनिमस* (स्त्री के लिए) नाम दिया है, जो हमें वशीभूत कर लेता है। यह सत्ता हमारे अवचेतन में रहती है, लेकिन सतह पर तभी आती है, जब विपरीत लिंग का कोई व्यक्ति हमें सम्मोहित कर लेता है।

लड़के और पुरुष के इस अवचेतन हिस्से को युंग ने एनिमा नाम दिया है। लड़की और स्त्री का अवचेतन पुल्लिग हिस्सा एनिमस कहलाता है। जैसे ही हम विपरीत लिंग के किसी व्यक्ति से सम्मोहित होते हैं, वैसे ही एनिमा और एनिमस सक्रिय हो उठते हैं। हो सकता है कि दूसरे व्यक्ति के प्रति हम जो आकर्षण महसूस करते हैं, वह पूरी तरह शारीरिक हो, ज़्यादातर होता यही है कि जो व्यक्ति अवचेतन रूपसे हमारा ध्यान आकर्षित कर रहा होता है, वह किसी हद तक – शारीरिक या मानसिक तौर पर हमारी माँ या पिता से मिलता–जुलता है। याद रखें कि यह आद्य सम्बन्ध उस ऊर्जा, उत्तेजना, और जुनून से पूरी तरह आविष्ट होता है, जो दमित होते हैं, लेकिन बाहर आना चाहते हैं। जो व्यक्ति हमारे भीतर इन साहचर्यों को उकसाता है, वह हमारा ध्यान आकर्षित करने वाले चुम्बक की तरह होता है, भले ही हम अपने आकर्षण के इस स्रोत के प्रति जागरूक नहीं होते।

चूँकि हमने वास्तव में स्त्रियों और पुरुषों के मूल रूप के साथ नहीं, बल्कि उन पर हमारे द्वारा आरोपित किए गए रूप के साथ सम्बन्ध बनाए होते हैं, हमें अन्ततः निराशा महसूस होगी, मानो यह उनकी ग़लती हो कि वे वैसे नहीं निकले जैसी हमने उनके बारे में कल्पना की थी। इसीलिए ऐसे रिश्ते अक्सर दोनों पक्षों की ग़लत व्याख्या और ग़लत सम्प्रेषण की वजह से टूट जाते हैं, और इसके स्रोत से बेख़बर हम अगले व्यक्ति के सन्दर्भ में फिर से वही चक्र दोहराते हैं।

मानव स्वभाव के अध्येता के रूप में आपका उद्यम तिहरा है : सबसे पहले आपको दूसरों में, ख़ास तौर से उनके आत्मीय सम्बन्धों में रूपायित होते एनिमा और एनिमस को लक्ष्य करना चाहिए। इन स्थितियों में उनके आचरण और रंग-ढंग पर ध्यान देते हुए, आप उनके उस अवचेतन तक जा पहुँचेंगे, जो सामान्यत: आपके लिए उपलब्ध नहीं होता। ऐसे लोगों की ओर विशेष ध्यान दीजिए, जो अतिशय पुल्लिग या अतिशय स्त्रीलिंग हैं। आप निश्चित मानकर चल सकते हैं कि सतह के नीचे पुरुष में एक अत्यन्त स्त्रीलिंग एनिमा और स्त्री में एक अत्यन्त पुल्लिग एनिमस दुबका बैठा है।

आपका दूसरा उद्यम यह है कि आप अपने भीतर प्रक्षेपण की कार्य-प्रणाली के प्रति सजग हों। प्रक्षेपण आपकी ज़िन्दगी में सकारात्मक भूमिका निभाते हैं, और आप चाहकर भी उन्हें रोक नहीं सकते, क्योंकि वे बहुत अधिक स्वचालित और अवचेतन होते हैं। लेकिन जैसे ही सम्बन्ध विकसित होता है, आप में इन प्रक्षेपणों को वापस लेने की क्षमता और जागरूकता का होना ज़रूरी हो जाता है, ताकि आप स्त्रियों और पुरुषों को उनके वास्तविक रूप में देखना शुरू कर सकें। ऐसा करते हुए, सम्भवत: आपको इस बात का अहसास होगा कि आप वास्तव में किस क़दर असंगत या विपरीत हैं। जैसे ही आप वास्तविक व्यक्ति से जुड़ जाते हैं, आप उसे आदर्शीकृत करना जारी रख सकते हैं, लेकिन यह उसके वास्तविक सकारात्मक गुणों पर आधारित होगा। यह सब आप कर सकते हैं अगर आप अपने उन गुणों के पैटर्न और क़िस्मों के प्रति सजग हों, जिन्हें आप आम तौर से दूसरों पर प्रक्षेपित करते हैं।

आपका तीसरा उद्यम है अन्दर की ओर देखना, उन स्त्रीलिंग या पुल्लिग गुणों को देखना, जो आपके भीतर दमित और अविकसित हैं। जिस निश्चयात्मकता को आप पुरुष में या जिस संवेदना को आप स्त्री में देखने की आकांक्षा करते हैं, वह एक

ऐसी चीज़ है, जिसे आपको अपने भीतर विकसित करने की ज़रूरत है, जिसे आप उस स्त्रीलिंग या पुल्लिग भाव को बाहर लाकर कर सकते हैं। आप दरअसल, अपने दैनन्दिन व्यक्तित्व में उन लक्षणों को समाहित कर रहे हैं, जो आपके भीतर मौजूद तो हैं, लेकिन दमित हैं। वे अब आपके रोज़मर्रा स्वत्व का हिस्सा बन जाएँगे, और लोग उस प्रामाणिकता की ओर आकर्षित होंगे, जिसे वे आप में अनुभव कर रहे होंगे।

## लिंग प्रक्षेपण – प्रकार

हालाँकि इनके प्रकार विविध हैं, लेकिन नीचे लिंग प्रक्षेपण की वे छह क़िस्में दी गयी हैं, जो आम तौर से पायी जाती हैं। आपको इस जानकारी का तीन तरह से इस्तेमाल करना चाहिए : पहली, आपको अपने भीतर इन प्रक्षेपणों में से किसी भी एक के प्रति रुझान को पहचानना चाहिए। दूसरे, आपको इसका उपयोग दूसरे लोगों के अवचेतन में प्रवेश पाने के एक बहुमूल्य साधन की तरह करना चाहिए। और अन्त में, आपको इस बात के प्रति चौकन्ना होना चाहिए कि दूसरे लोग किस तरह अपनी ज़रूरतों और फ़न्तासियों को आप पर प्रक्षेपित करेंगे। बेहतर है कि इसके पहले कि यह प्रक्रिया आपको फँसा ले, आप इसके प्रति चौकन्ने हो जाएँ।

**शैतानी रोमाण्टिक :** इस परिदृश्य में स्त्री के लिए जो – अक्सर अधिक उम्र का और सफल – आदमी आकर्षित करता है, वह एक लम्पट प्रतीत हो सकता है, उस क़िस्म का आदमी जो युवा स्त्रियों का पीछा किए बिना नहीं रह सकता। लेकिन वह एक रोमाण्टिक भी होता है। वह तय करता है कि वह उसे विमोहित करेगी और उसके ध्यान का लक्ष्य बन जाएगी। लेकिन वह व्यक्ति किसी क़दर उतना सशक्त, पौरुषपूर्ण या रोमाण्टिक नहीं है, जितने की उसने कल्पना

की थी। उसकी ओर वांछित ध्यान नहीं दिया जाता या दिया भी जाता है तो वह ज़्यादा देर तक नहीं टिकता। उसमें सुधार नहीं लाया जा सकता और वह उसे छोड़ देता है।

यह अक्सर उन स्त्रियों का प्रक्षेपण होता है, जिनका अपने पिता के साथ सघन, यहाँ तक कि यौनाकर्षणपरक सम्बन्ध रहा होता है। इस ध्यानाकर्षण और उससे जुड़ी शक्ति को फिर से हासिल करना उस स्त्री का आजीवन लक्ष्य बन जाता है। इस पितृवत व्यक्ति के साथ किसी भी तरह का सम्बन्ध प्रक्षेपण की प्रक्रिया को भड़काएगा, और वह उस आदमी की रोमाण्टिक प्रकृति या तो ईजाद कर लेगी या उसे बढ़ा-चढ़ाकर पेश करेगी।

इस परिदृश्य में स्त्रियाँ उस आरम्भिक ध्यानाकर्षण के जाल में फँस जाती हैं, जो उन्हें उनके पिता से मिला होता है। उन्हें बाद में वह ध्यान आकर्षित करने के लिए निरन्तर आकर्षक, उत्प्रेरक और चंचल बने रहना ज़रूरी होता है। उनका एनिमस विमोहक किन्तु आक्रामकता और पुरुषोचित धार से युक्त होता है, क्योंकि उन्होंने पिता की ऊर्जा को बहुत अधिक मात्रा में सोख लिया होता है। इस तरह की औरतों के लिए उस जाल से बाहर निकलने का एक ही उपाय यह होता है कि वे स्वयं पैटर्न को देखें, पिता का मिथकीकरण करना बन्द करें, और इसकी बजाय उस क्षति पर अपना ध्यान केन्द्रित करें, जो पिता द्वारा दिए गए अनुचित ध्यान की वजह से हुई है।

**पकड़ में नहीं आने वाली आदर्श स्त्री :** वह सोचता है कि उसे आदर्श स्त्री मिल गयी है। हालाँकि उस स्त्री के साथ उसकी कुछ ही मुलाक़ातें हुई हैं, लेकिन वह उसके साथ के तमाम तरह के सकारात्मक अनुभवों की कल्पना कर सकता है। जब वह इस आदर्श स्त्री के बारे में बात करता है, तो आप ध्यान देंगे कि उसके

पास ऐसे कोई ठोस ब्यौरे नहीं होते, जो उस स्त्री को इतना आदर्श रूप देते हों। अगर वह किसी तरह सम्बन्ध स्थापित कर लेता है, तो बहुत जल्दी उसका मोहभंग हो जाएगा। वह वैसी नहीं है, जैसा उसने उसके बारे में सोचा था; उसने उसे गुमराह किया था। फिर वह अपनी फ़न्तासी आरोपित करने दूसरी औरत के पास जाता है।

इस तरह के आरोपणों की सम्भावना से युक्त पुरुषों की अक्सर ऐसी माँएँ होती हैं, जो उनके लिए पूरी तरह उपलब्ध नहीं रही होतीं। शायद इस तरह की माँ ने बेटे से यह उम्मीद की होती है कि वह *उसकी* ओर वह ध्यान आकर्षित करेगा और उसे वह मान्यता प्रदान करेगा, जो उसे उसके पति से नहीं मिल रहे होंगे। इस विपर्यय की वजह से, जब वह लड़का मर्द बन जाता है, तो वह अपने भीतर वह भारी ख़ालीपन महसूस करता है, जिसे वह निरन्तर भरना चाहता है। वह क्या चाहता है या उसे किस चीज़ की कमी महसूस हो रही है, इसे वह शब्दों में ठीक-ठीक बयान नहीं कर सकता, इसीलिए उसकी फ़न्तासी में अस्पष्टता है। उसका अपना एनिमा थोड़ा-सा स्वप्निल, आत्मविश्लेषणात्मक, और अस्थिरचित्त है, जो वह व्यवहार है, जिसे आम तौर से प्रेम के दौरान प्रदर्शित करेगा।

इस तरह के लोगों को अपने पैटर्न की प्रकृति को पहचानना चाहिए। उन्हें असल ज़रूरत इस बात की है कि वे किसी वास्तविक स्त्री के साथ संवाद करें, उसकी अपरिहार्य कमियों को स्वीकार करें, और उसके प्रति अधिक-से-अधिक समर्पित हों। वे अपनी स्त्रैण भावना से बहुत ज़्यादा विमुख होते हैं और उन्हें अपनी विचार-प्रक्रियाओं को ढीला छोड़ देने की ज़रूरत होती है।

**प्रेम किए जाने योग्य विद्रोही :** जो स्त्री इस क़िस्म के आदमी की ओर आकर्षित होती है, उसके लिए आकर्षित करने वाले

आदमी में प्रभुत्व के प्रति एक साफ़ दिखायी देने वाला अवहेलना का भाव होता है। शैतानी रोमाण्टिक से भिन्न, यह आदमी अक्सर युवा और बहुत ज़्यादा सफल नहीं होगा। वह परिचितों की अपनी आम मण्डली से बाहर होने की कोशिश भी करेगा। उसके साथ रिश्ता बनाना थोड़ा-सा वर्जित भी होगा। लेकिन अगर कोई रिश्ता बन भी जाता है, तो स्त्री को उसका एक पूरी तरह से अलग पक्ष देखने को मिलेगा। गोदनों और मुँडे हुए सिर के बावजूद, वह काफ़ी परिपाटीबद्ध, नियन्त्रण रखने वाला और तानाशाह प्रवृत्ति का होगा। रिश्ता टूट जाएगा, लेकिन फ़न्तासी बनी रहेगी।

इस तरह का आरोपण करने वाली स्त्री का पिता अक्सर सख़्त और पितृसत्तावादी रहा होता है, जिसने उसके साथ दूरी बनाकर रखी होती है। जब वह स्त्री लड़की रही होती है, तब उसने अपने पिता के नियन्त्रण के विरुद्ध विद्रोह करने और ख़ुद को उसके समक्ष निश्चयात्मक ढंग से पेश करने के ख़्वाब देखे होते हैं, लेकिन अक्सर उसे पिता की आज्ञा का पालन करना पड़ा होता है और एक दब्बू बेटी बनकर रहना पड़ा होता है। विद्रोह करने की उसकी आकांक्षा दमित होकर रह गयी होती है और उसके एनिमस में चली गयी होती है, जोकि बहुत रोषपूर्ण और असन्तुष्ट होता है। ऐसी स्त्री ख़ुद में विद्रोही भावना विकसित करने की बजाय उसे विद्रोही मर्द में रूपायित करना चाहती है। वह अक्सर ऐसे मर्द को चुनती है जो अपेक्षाकृत युवा होता है, क्योंकि यह चीज़ उसे कम ख़तरनाक, कम पितृसत्तात्मक बनाती है। लेकिन उसकी युवावस्था और अपरिपक्वता की वजह से उसके साथ कोई टिकाऊ रिश्ता बन पाना असम्भव होता है, और जब उसका मोहभंग होता है तो उसका रौद्र पक्ष बाहर आ जाता है।

जैसे ही स्त्री को यह समझ में आ जाए कि वह इस तरह के आरोपण की सम्भावना से युक्त है, उसे इस सरल-सी चीज़ के

साथ समझौता कर लेना चाहिए कि उसे वास्तव में अपने भीतर स्वाधीनता, निश्चयात्मकता, अवज्ञा करने की शक्ति विकसित करने की ज़रूरत है।

**पतित स्त्री :** इस तरह के आदमी के लिए उसे सम्मोहित करने वाली स्त्री सारी स्त्रियों से भिन्न प्रतीत होती है। शायद वह किसी भिन्न संस्कृति या सामाजिक वर्ग से आयी होती है। वह शायद उसके बराबर शिक्षित नहीं होती। मुमकिन है कि उसके चरित्र और उसके अतीत में कोई सन्देहास्पद चीज़ रही हो। लगता है कि उसे संरक्षण, शिक्षा और पैसे की ज़रूरत है। यह आदमी ही उसका उद्धार करेगा और उसे ऊपर उठाएगा। लेकिन होता यह है कि वह उसके जितने ही क़रीब जाता है, वह उसकी उम्मीदों पर उतनी ही कम खरी उतरती है।

इस क़िस्म के आदमियों का उनके बचपन में एक शक्तिशाली माँ से पाला पड़ा होता है। वे भले, आज्ञाकारी बच्चे बन गए होते हैं, जिन्होंने स्कूली पढ़ाई में काफ़ी नाम कमाया होता है। लेकिन अपने अवचेतन में वे ऐसी स्त्री के प्रति आकर्षित होते हैं, जो दोषपूर्ण, बुरी, और सन्देहास्पद चरित्र की हो। उन्होंने बचपन के अपने खिलन्दड़े, ऐन्द्रिय और भौतिक पक्ष का दमन कर रखा होता है। वे बेहद बेलोच और सभ्य होते हैं। इन गुणों के साथ वे केवल ऐसी स्त्री के माध्यम से ही सम्बन्ध बना सकते हैं, जो उनसे बहुत भिन्न प्रतीत होती हो। वे ऐसी स्त्रियों पर कमज़ोरी और वेध्यता आरोपित कर देते हैं। वे स्वयं से कहते हैं कि उन्हें उनकी मदद करने की और उन्हें सुरक्षा प्रदान करने की ज़रूरत है। लेकिन वास्तव में वे आकर्षित होते हैं उस ख़तरे और चंचल आनन्द से जिसका आश्वासन ऐसी औरतें देती लगती हैं। इस तरह की स्त्रियों की क्षमता को कम करके आँकते हुए वे अक्सर उनके प्यादे बनकर रह जाते हैं। उनका एनिमा अकर्मक और पीड़ा में आनन्द लेने वाला होता है।

इस तरह के आरोपण में संलग्न होने वाले मर्दों को अपने चरित्र के कम पारम्परिक पक्ष को विकसित करने की ज़रूरत होती है। इस तरह की पतित स्त्रियों से जो चीज़ पाने की लालसा वे करते हैं, उसे नहीं पाकर वे अपनी तीव्र इच्छाओं को किसी भी तरह की स्त्री से सन्तुष्ट करने लग सकते हैं; वे निष्क्रिय रहकर इस बात का इन्तज़ार नहीं करते कि वह स्त्री उन्हें भटकाए, बल्कि सक्रिय रूप से आपराधिक आनन्द की पहल करते हैं।

**श्रेष्ठ पुरुष :** वह प्रतिभाशाली, कुशल, मज़बूत और स्थिर प्रतीत होता है। उससे आत्मविश्वास और ताक़त विकीरित होती है। वह कोई आला दर्जे का व्यापारी, प्रोफ़ेसर, कोई कलाकार या कोई गुरु हो सकता है। बावजूद इसके कि वह उम्र में अधिक और शारीरिक रूप से बहुत आकर्षक ना भी हो, उसका आत्मविश्वास उसे एक आकर्षक प्रभामण्डल प्रदान करता है। इस क़िस्म के व्यक्ति के प्रति आकर्षित स्त्री के लिए उसके साथ रिश्ता शक्ति और श्रेष्ठता का एक परोक्ष अहसास कराएगा।

इस क़िस्म का आरोपण औरतों में आम होता है। वह हीनता की भावना से उत्पन्न होता है। चूँकि उसने अपनी ख़ुद की शक्ति और आत्मविश्वास विकसित नहीं किया होता है, वह आम तौर से इन गुणों को पुरुषों में देखती है और उनके किन्हीं भी निशानों को बढ़ा-चढ़ा कर पेश करती है। उससे आकर्षित होने वाले बहुत-से मर्द स्त्री का भक्ति-भाव से युक्त ध्यानाकर्षण चाहते हैं। वे अक्सर अपेक्षाकृत युवा होते हैं और ऐसी स्त्री चाहते हैं, जिस पर वे अपनी श्रेष्ठता जता सकें और जिसे वे नियन्त्रित कर सकें। यह किसी उत्कृष्ट प्रोफ़ेसर का अपनी छात्रा को विमोहित करने जैसा है। चूँकि इस तरह के मर्द बहुत दुर्लभ रूप से ही उतने प्रतिभाशाली, चतुर और आत्मविश्वास से भरे होते हैं, जितने की कल्पना उसने की होती है, स्त्री का या तो मोहभंग हो जाता है और वह उसे छोड़ देती है

या फिर अपने निचले स्तर के आत्मसम्मान में फँसकर रह जाती है, और उसकी जोड़-तोड़ के सामने झुककर किसी भी समस्या के लिए ख़ुद को दोष देने लगती है।

इस तरह की स्त्री के लिए ज़रूरी होता है कि वह सबसे पहले इस बात को समझे कि उसके असुरक्षा-बोध का स्रोत दूसरे लोगों की आलोचनात्मक धारणाएँ होती हैं, जिन्हें उसने स्वीकार और आभ्यन्तरीकृत कर लिया होता है। उसे अपने कामों - जैसे कि कोई परियोजना हाथ में लेने, कोई कारोबार शुरू करने, किसी कला में माहिर होने - के माध्यम से अपनी निश्चयात्मकता और आत्मविश्वास विकसित करने के लिए सक्रिय रूप से काम करना चाहिए। सच्चे आत्मविश्वास से युक्त होकर वह जिन पुरुषों से मिलेगी, उनके चरित्र के वास्तविक मूल्य की थाह ले सकेगी।

**उसकी पूजा करने वाली स्त्री :** वह कामयाबी के निश्चय से भरा हुआ और महत्त्वाकांक्षी है, लेकिन उसका जीवन मुश्किलों से भरा हुआ है। उसे लगता है कि उसके जीवन में किसी चीज़ का अभाव है। तभी उसकी ज़िन्दगी में एक स्त्री आती है, जो उसकी ओर ध्यान देती है, वह गर्मजोशी से भरी हुई और आकर्षक है। वह उसकी इज़्ज़त करती लगती है। यह वह स्त्री है जो उसे पूर्णता प्रदान करेगी, उसे ढाँढस बँधाएगी। लेकिन फिर, जैसे ही सम्बन्ध विकसित होता है, वह उतनी भली और ध्यान रखने वाली नहीं रह जाती। अब वह निश्चय ही उसकी इज़्ज़त नहीं करती। वह इस नतीजे पर पहुँचता है कि उसने उसे धोखा दिया है या वह बदल गयी है। इस बेवफ़ाई से वह नाराज़ हो जाता है।

यह पुरुष आरोपण सामान्यत: माँ के साथ एक ख़ास क़िस्म के रिश्ते से उत्पन्न होता है - माँ अपने बेटे को बहुत प्यार करती है और उसका बेइन्तिहा ख़याल रखती है; वह लड़के को

आत्मविश्वास से भर देती है; लड़का इस देखभाल का आदी हो जाता है और उसकी स्नेहिल, आच्छादनकारी उपस्थिति के लिए लालायित रहता है और यही माँ चाहती है।

जब वह बड़ा हो जाता है, तो वह अक्सर बहुत महत्त्वाकांक्षी होता है और हमेशा अपनी माँ की अपेक्षाओं पर खरा उतरने की कोशिश करता है। वह एक ख़ास क़िस्म की स्त्री को चुनता है और फिर उसे सूक्ष्म रूप से ऐसी जगह रखता है, जहाँ से वह माँ की भूमिका निभा सके – उसे सान्त्वना दे सके, अपार स्नेह दे सके और उसके अहं को उत्तेजित कर सके। बहुत-से मामलों में उस औरत को यह बात समझ में आ जाएगी कि उसने किस तरह उससे यह भूमिका निभवाने के लिए चालाकी बरती है, और वह इस पर असन्तोष जताएगी। इससे जो सम्बन्ध टूटेगा, वह पुरुष के लिए बहुत दर्दनाक होगा, क्योंकि उसने इस सम्बन्ध के लिए अपने एकदम शुरुआती वर्षों की ऊर्जा झोंक दी है और इसलिए वह इसे इस तरह महसूस करेगा, जैसे उसे उसकी माँ ने तज दिया हो।

इस प्रकरण में पुरुष को अपने जीवन में इन रिश्तों के पैटर्न को देखना चाहिए। उसे इससे यह संकेत मिलना चाहिए कि उसे अपने भीतर से उन मातृवत गुणों को विकसित करने की ज़रूरत है, जिनका आरोपण वह स्त्रियों पर करता है। उसे ख़ुद की देखभाल करने में सक्षम होने की ज़रूरत है।

## मूल पुरुष/स्त्री

हम इन्सानों का यह एक आम तज़ुर्बा है कि जीवन के एक ख़ास मुकाम पर – अक्सर चालीस की उम्र के आसपास – हम उस संकट से गुज़रते हैं, जिसे अधेड़ावस्था के संकट के नाम से जाना जाता है। हम बदलाव की लालसा करते हैं, और हम इसे नए करियर या नए

सम्बन्ध, किसी नए अनुभव, यहाँ तक कि किसी ख़तरे की मार्फ़त खोजने की कोशिश करते हैं। इस तरह के बदलाव हमें अल्पकालिक चिकित्सकीय झटका दे सकते हैं, लेकिन वे समस्या की असली जड़ को अछूता छोड़ देते हैं, और रोग वापस लौट आता है।

हम इस चीज़ को एक भिन्न कोण से देखते हैं – पहचान के संकट के रूप में। बच्चों के रूप में स्वत्व का हमारा बोध किंचित तरल रहा होता है। लेकिन अपनी युवावस्था में हमें एक सामाजिक स्वत्व को आकार देने की ज़रूरत पड़ती है, एक ऐसा स्वत्व जो दूसरों से जोड़ने वाला हो और हमें समूह के साथ तालमेल बिठाने की अनुमति देता हो। ऐसा करने के लिए हमने अपने मुक्त-प्रवहमान स्वभाव में काट-छाँट की होती है और उसे दबाया होता है। और दबाए जाने की इस प्रक्रिया का ज़्यादातर हिस्सा लैंगिक भूमिकाओं के इर्द-गिर्द घूमता है। हमें अपने पौरुषपूर्ण या स्त्रैण पक्षों का दमन करना होता है ताकि हम एक अपेक्षाकृत अधिक सुसंगत स्वत्व को महसूस और प्रस्तुत कर सकें।

लेकिन जैसे-जैसे बरस बीतते जाते हैं, हमारे द्वारा निभायी जाने वाली लैंगिक भूमिका उत्तरोत्तर निश्चित होती जाती है, और हमें ऐसा महसूस होने लगता है मानो हमने कोई महत्त्वपूर्ण चीज़ खो दी हो, और हम अपनी युवावस्था के मुक़ाबले लगभग अजनबी हो गए हों। हम असन्तुलित हो जाते हैं, अपनी भूमिका से और उस मुखौटे से सख़्त रूप से एकात्म हो जाते हैं, जिसे हम दूसरों के सामने प्रस्तुत करते हैं। हमारे मूलभूत स्वभाव में ज़्यादातर वे गुण समाहित होते हैं, जो हमने अपनी माँ या पिता से ग्रहण किए होते हैं, और उस विपरीत लिंग के लक्षण भी उसमें समाहित होते हैं, जो जैविक रूप से हमारे अंग होते हैं।

आपके मूलभूत स्वभाव की ओर वापसी में मौलिक शक्ति निहित होती है। अपने भीतर की नैसर्गिक स्त्रैण या पौरुषपूर्ण

शक्तियों के साथ ज़्यादा-से-ज़्यादा सम्बन्ध बनाकर आप उस ऊर्जा को उन्मुक्त कर देंगे जो दमित है; आपका दिमाग़ अपनी नैसर्गिक तरलता वापस प्राप्त कर लेगा; और अपनी लैंगिक भूमिका के सन्दर्भ में आपमें जो रक्षात्मकता है, उससे छुटकारा पाकर आप उसी में सुरक्षित महसूस करने लगेंगे जो आप हैं। इस वापसी के लिए ज़रूरी है कि आप सोचने और कर्म करने की उन शैलियों से खेलें, जो आपके असन्तुलन के मुताबिक़ अधिक पौरुषपूर्ण या स्त्रैण हैं।

**चिन्तन की पौरुषपूर्ण और स्त्रैण शैलियाँ :** पौरुषपूर्ण चिन्तन उस ओर ध्यान केन्द्रित करने की ओर प्रवृत्त होता है, जो चीज़ों को एक-दूसरे से अलगाता है और उन्हें कोटियों में विभाजित करता है। वह चीज़ों को बेहतर ढंग से वर्गीकृत करने के लिए उनके बीच वैषम्य तलाशता है। वह किसी मशीन के पुर्ज़ों की तरह चीज़ों को अलगाता है और अलग-अलग हिस्सों का विश्लेषण करता है।

स्त्रैण चिन्तन भिन्न ढंग से प्रवृत्त होता है। वह समग्र पर केन्द्रित होना पसन्द करता है, यह देखता है कि विभिन्न हिस्से एक-दूसरे से किस तरह जुड़े हुए हैं। वह उनकी अखण्ड पूर्णता पर केन्द्रित होता है। लोगों के समूह की ओर देखते हुए, वह यह देखना चाहता है कि वे एक-दूसरे के साथ किस तरह सम्बन्ध बनाए हुए हैं। चीज़ों का परीक्षण करने के लिए उन्हें समय में स्थिर करने की बजाय वह स्वयं जैविक प्रक्रिया पर एकाग्र होता है, यह जानने पर कि किस तरह एक चीज़ दूसरी चीज़ में विकसित होती है।

लगभग सारे लोगों का चिन्तन की किसी एक शैली की ओर अधिक रुझान होता है। आप दूसरी दिशा की ओर अधिक झुकते हुए अपने लिए सन्तुलन रचना चाहते हैं। अगर आप पौरुषपूर्ण पक्ष की ओर अधिक झुके होते हैं, तो आप ज्ञान के विभिन्न रूपों के बीच सम्बन्ध खोजते हुए उन क्षेत्रों को विस्तृत करना चाहते हैं,

जिनकी ओर आप देखते हैं। अगर आप स्त्रैण दिशा की ओर ज़्यादा झुके होते हैं, तो आप अपनी खोज और बहुउद्यमों को विस्तृत करने के लिए अपने संवेगों को कम करते हुए विशिष्ट समस्याओं पर एकाग्र होने में और उनकी गहराई में जाने में सक्षम होना चाहते हैं।

**कार्रवाई की पौरुषपूर्ण और स्त्रैण शैलियाँ :** जब कार्रवाई करने का वक़्त आता है तो पौरुषपूर्ण प्रवृत्ति आगे बढ़ने, स्थिति की छानबीन करने, आक्रमण करने और दमन करने की होती है। अगर रास्ते में कोई रुकावटें आती हैं, तो वह उन्हें धकियाते हुए उनके बीच से रास्ता बनाने की कोशिश करती है। वह आक्रामक बने रहने और जोख़िम उठाने में आनन्द लेती है।

जब समस्याओं का सामना करने और कार्रवाई करने की बारी आती है, तो स्त्रैण शैली अक्सर तात्कालिक स्थिति से हाथ खींच लेने और विकल्पों पर और गहराई से विचार करने को प्राथमिकता देती है। वह टकराव को टालने, सम्बन्धों में नरमी लाने, और बिना झगड़े जीत हासिल करने के रास्ते तलाशती है।

आक्रामक, पौरुषपूर्ण रुझानों के मामले में सन्तुलन तब आएगा जब आप कोई भी कार्रवाई करने के पहले क़दमों को पीछे हटाना सीखेंगे। अगर आपकी शैली स्त्रैण है, तो सबसे अच्छा यह है कि आप तकरार और टकरावों के विभिन्न स्तरों की आदत डाल लें, ताकि उसका कोई भी परिहार युक्तिपरक हो, भय के कारण नहीं हो।

**अपना आकलन करने और सीखने की पौरुषपूर्ण और स्त्रैण शैलियाँ :** जैसाकि अध्ययनों ने दर्शाया है, जब पुरुष ग़लतियाँ करते हैं, तो उनकी प्रवृत्ति बाहर की ओर देखने और दोषारोपण के लिए दूसरे लोगों को तलाशने की होती है। दूसरी ओर, पुरुषों में जीवन की किसी भी कामयाबी की पूरी ज़िम्मेदारी स्वयं पर लेने की प्रवृत्ति

होती है। स्त्रियों के मामले में स्थिति इसके उलट होती है : जब वे नाकामयाब होती हैं तो वे ख़ुद पर दोषारोपण करने और अन्दर झाँकने की ओर प्रवृत्त होती हैं।

अगर आपकी शैली पौरुषपूर्ण है, तो सीखने और ख़ुद में सुधार लाने के लिए आपको सबसे अच्छा यह है कि आप क्रम को उलट दें – जब आप ग़लती करें तो अन्दर की ओर झाँकें और जब आप कामयाब हों, तो बाहर की ओर देखें। अगर आपकी शैली स्त्रैण होती है, तो नाकामयाबियों और ग़लतियों की दशा में ख़ुद को आहत करना आसान होता है। यह पुनरावलोकन बहुत दूर तक जा सकता है। आपको आनुषंगिक मूर्खता से बचते हुए अधिक-से-अधिक पौरुषपूर्ण आत्मविश्वास अपनाने की ज़रूरत है।

**लोगों से संबंध बनाने की और नेतृत्व की पौरुषपूर्ण और स्त्रैण शैलियाँ :** जैसाकि नर चिम्पांजियों के मामले में होता है, सामूहिकता की स्थिति में एक लीडर की ज़रूरत का होना पौरुषपूर्ण शैली होती है, और या तो उस भूमिका की आकांक्षा करनी होती है या अत्यन्त वफ़ादार अनुयायी होकर शक्ति हासिल करनी होती है। पुरुष अपनी हैसियत को लेकर अत्यन्त सजग होते हैं, वे समूह में अपनी जगह को लेकर अतिशय चौकन्ने होते हैं। स्पष्ट लक्ष्यों की पहचान और उन तक पहुँचना नेतृत्व की पौरुषपूर्ण शैली है। वह परिणामों पर बल देती है, उन्हें जिस किसी भी तरह हासिल किया गया हो।

स्त्रैण शैली है समूह की भावना को क़ायम रखना और व्यक्तियों के बीच बहुत कम भेदों के साथ रिश्तों को नरम बनाए रखना। परिणाम महत्त्वपूर्ण होते हैं, लेकिन उन्हें हासिल करने का ढंग, उन्हें हासिल करने की प्रक्रिया भी उतनी ही महत्त्वपूर्ण होती है।

अगर आपकी शैली पौरुषपूर्ण है, तो यह महत्त्वपूर्ण है कि आप नेतृत्व की अपनी अवधारणा को विस्तार दें। अगर आप टीम

के व्यक्तियों के बारे में अधिक गहराई से सोचें और उन्हें काम में अधिक-से-अधिक संलग्न करने की युक्तियाँ बनाएँ, तो आप समूह की ऊर्जा और रचनात्मकता का निवेश कर उत्कृष्ट नतीजे प्राप्त कर सकते हैं।

अगर आपकी शैली स्त्रैण है, तो आपको सशक्त नेतृत्व की भूमिका अपनाने को लेकर डरना नहीं चाहिए, ख़ास तौर से संकट के समय में। यद्यपि स्त्रियाँ बेहतर श्रोता होती हैं, लेकिन कभी-कभी यह जानना अच्छा होता है कि कब सुनना बन्द कर देना चाहिए और उस योजना के साथ आगे बढ़ना चाहिए जिसे आपने चुना है।

> मर्दाना पुरुषों की सबसे ख़ूबसूरत बात यह होती है कि उनमें कोई स्त्रैण तत्त्व होता है; स्त्रैण स्त्रियों की सबसे ख़ूबसूरत बात यह होती है कि उनमें कोई पौरुषपूर्ण तत्त्व होता है।
>
> *– सूज़न सोण्टाग*

# 13

# किसी ध्येय के बोध के साथ आगे बढ़िए

—— ✧ ——

## *निरुद्देश्यता का नियम*

*जानवरों से भिन्न, जिनकी सहज प्रवृत्तियाँ उन्हें ख़तरों से दूर ले जाती हैं, हम इन्सानों को सचेतन निर्णयों पर निर्भर रहना पड़ता है। जब हमारे करियर के रास्ते को चुनने का और जीवन की अपरिहार्य नाकामयाबियों से बरतने का मसला खड़ा होता है, तो हम भरसक अच्छा तरीक़ा अपनाते हैं। लेकिन अपने दिमाग़ के पिछले हिस्से में हम समग्र दिशा का एक अभाव महसूस कर सकते हैं। हम अपनी मन:स्थितियों के द्वारा और दूसरों के विकल्पों के द्वारा कभी इधर तो कभी उधर खींचे जाते रहते हैं। हम इस नौकरी में, इस जगह पर कैसे आ गए? यह भटकाव अन्धी गलियों में ले जा सकता है। इस तरह की नियति को टालने का तरीक़ा यह है कि अपने भीतर किसी ध्येय का बोध पैदा करें, इसके लिए यह पता लगाएँ कि आपके जीवन का क्या उद्देश्य है और इस समझ का उपयोग अपने निर्णयों के मार्गदर्शन के लिए करें। हम ख़ुद को – अपनी अभिरुचियों और रुझानों को – अधिक गहराई से समझने लगते हैं। हम ख़ुद पर भरोसा करने लगते हैं, यह समझने लगते हैं कि किन लड़ाइयों और चक्करदार रास्तों को*

*टालना ज़रूरी है। यहाँ तक कि जिन पलों में हम सन्देह से भरे होते हैं, उनका भी एक ध्येय होता है, यहाँ तक कि हमारी विफलताओं में भी कोई ध्येय छिपा होता है। सन्देह और विफलता के ये क्षण हमें मज़बूत बनाते हैं। जब हमारे कृत्य इस तरह की ऊर्जा और दिशा से परिचालित होते हैं, तो उनमें अबाध बल होता है।*

> जिसके पास जीने के लिए एक क्यों होता है, वह लगभग किसी को भी कैसे सह सकता है।
>
> – *फ्रै़ड्रिक नीत्शे*

## मानव–स्वभाव के रहस्य

अभी बहुत पुरानी बात नहीं है, जब लोगों के करियर और जीवन के विकल्प किंचित सीमित हुआ करते थे। उन्हें जो भी रोज़गार या भूमिका उपलब्ध होती थी, उससे सन्तुष्ट हो जाते थे और दशकों उससे चिपके रहते थे। कुछ बुज़ुर्ग लोग – सलाहकार, परिवार के सदस्य, मज़हबी लीडर – ज़रूरत पड़ने पर थोड़ी–बहुत दिशा दिखा सकते थे। लेकिन आज इस तरह का टिकाऊपन और मदद मिलना मुश्किल है, क्योंकि दुनिया अब बहुत तेज़ी–से बदल रही है। हर आदमी कामयाब होने के कठोर संघर्ष में फँसा हुआ है; पहले ऐसा कभी नहीं हुआ, जब लोग अपनी ज़रूरतों और कार्यसूचियों को लेकर इतने चिन्तामग्न रहे हों। इस नयी व्यवस्था में हमारे अभिभावकों की सलाहें पूरी तरह गए ज़माने की लग सकती हैं। इस अभूतपूर्व स्थिति का सामना करते हुए हम दो में से किसी एक तरह की प्रतिक्रिया करते हैं।

हममें से कुछ, इन तमाम परिवर्तनों से उत्साहित होकर वास्तव में इस नयी व्यवस्था को अंगीकार कर लेते हैं। हम प्रयोग कर सकते

हैं, विभिन्न क़िस्म की नौकरियाँ आज़मा सकते हैं, विभिन्न लोगों के साथ सम्बन्ध बना सकते हैं, जोख़िम उठा सकते हैं। किसी एक करियर या व्यक्ति से बँधे रहना, इस आज़ादी में अनावश्यक बाधाओं की तरह महसूस होता है।

लेकिन, हममें से कुछ, इससे विपरीत प्रतिक्रिया करते हैं : हम अराजकता से डरकर जल्दी-से कोई ऐसा करियर चुन लेते हैं, जो व्यावहारिक और लाभप्रद होता है, जो हमारे कुछ हितों से भरोसेमन्द ढंग से जुड़ा होता है, लेकिन अनिवार्यत: नहीं। हमें एक क़िस्म का ऐसा टिकाऊपन प्रेरित करता है, जिसे आज की दुनिया में पाना कठिन है।

लेकिन दोनों ही रास्ते, आगे चलकर किन्हीं-न-किन्हीं समस्याओं के कारण बनते हैं। पहले मामले में, जब हम बहुत सारी चीज़ों को आज़मा रहे होते हैं, तब हम किसी ख़ास क्षेत्र में ठोस दक्षता विकसित नहीं कर पाते। इसकी वजह से हमारे करियर की सम्भावना सिकुड़ने लगती हैं। हालाँकि हम शायद इसे स्वीकार नहीं करना चाहेंगे, लेकिन हमारी आज़ादी हमें थकाने लगती है।

दूसरे प्रकरण में, अपनी उम्र के बीस के दशक में हमने जो करियर अपनाया होता है, वह तीस के दशक तक आते-आते कुछ निर्जीव-सा लगने लग सकता है। हमने इसे व्यावहारिक उद्देश्य से चुना होता है, और उसका हमारी वास्तविक रुचियों के साथ कोई ख़ास रिश्ता नहीं होता। शायद हमें किसी नए करियर या रिश्ते या एडवेंचर की ज़रूरत होती है।

दोनों ही प्रकरणों में, हम अपनी कुण्ठा को सँभालने के लिए, जो कुछ भी कर सकते हैं, वह करते हैं। लेकिन जैसे-जैसे बरस बीतते हैं, हम पीड़ा के ऐसे आघात महसूस करने लगते हैं, जिनसे हम ना इनकार कर सकते हैं ना जिन्हें दबा सकते हैं।

यह पीड़ा कई रूपों में होती है।

हम उत्तरोत्तर *ऊब* महसूस करने लगते हैं। हम अपने काम में वास्तव में संलग्न रहने की बजाय ऐसे तरह-तरह के बहलावों की ओर मुड़ने लगते हैं, जो हमारे बेचैन दिमाग़ को व्यस्त रख सकें। ह्रासमान प्रतिफल के नियम के मुताबिक़ हमें निरन्तर मनबहलाव के नए और सशक्त रूप तलाशने होते हैं। केवल जब हम अकेले या उदास होते हैं, तभी हम वास्तव में उस स्थायी ऊब को महसूस करते हैं, जिससे हमारे ज़्यादातर कृत्य परिचालित होते हैं और जो हमें निरन्तर कुतरते रहते हैं।

हम उत्तरोत्तर *असुरक्षित* महसूस करने लगते हैं। हम सबके अपने सपने होते हैं, हम सभी को अपनी क्षमताओं का बोध होता है। अगर हम जीवन में निरुद्देश्य भटकते रहते हैं या गुमराह हो जाते हैं, तो हम अपने सपनों और वास्तविकता के बीच की असंगति के प्रति सजग हो उठते हैं। हमारे पास कोई ठोस उपलब्धि नहीं होती।

हम अक्सर *उद्विग्नता* और *तनाव* महसूस करते रहते हैं, लेकिन हमें निश्चित तौर पर उसका कारण ज्ञात नहीं होता। हम मुश्किल विकल्पों और तनावपूर्ण स्थितियों को टालते रहे होते हैं। लेकिन वे हमारे वर्तमान में सामने आ खड़ी होती हैं – हमें मजबूर होकर अन्तिम तिथि तक कोई काम पूरा करना होता है या फिर हम अचानक महत्त्वाकांक्षी हो उठते हैं और अपने सपने को साकार करना चाहते हैं। हमने अतीत में इस तरह की परिस्थितियों से निपटने की सीख नहीं ली होती है, और उद्विग्नता तथा तनाव हम पर छा जाते हैं। हमारी टालमटोल एक निम्न स्तर की निरन्तर उद्विग्नता का कारण बन जाती है।

और अन्त में, हम *अवसादग्रस्त* महसूस करने लगते हैं। हम सभी यह विश्वास करना चाहते हैं कि हमारे जीवन का कोई ध्येय

और अर्थ है, हम अपने से बड़ी किसी चीज़ से जुड़े हैं। इस दृढ़ विश्वास के बिना हम ख़ालीपन और अवसाद महसूस करते हैं, जिन्हें हम दूसरी चीज़ों के मत्थे मढ़ देते हैं।

हम मनुष्य स्वभाव से ही दिशा-बोध की अभिलाषा करते हैं। लेकिन मनुष्य का दिमाग़ अथाह गर्त होता है - वह हमें अन्तहीन मानसिक अवकाश उपलब्ध कराता है, जिसका अन्वेषण किया जा सकता है। हम किसी भी क्षण में सैकड़ों अलग-अलग दिशाओं में जाने का चुनाव कर सकते हैं। किन्हीं आस्था-पद्धतियों या परिपाटियों के अभाव में, हमारे पास कोई ऐसे दिशा-सूचक प्रतीत नहीं होते जो हमारे आचरण और निर्णयों का मार्गदर्शन कर सकें, और यह स्थिति दर्दनाक हो सकती है।

सौभाग्य से, इस दुर्दशा से बाहर निकलने का एक रास्ता है, और यह हम में से हर एक के लिए कुदरती तौर पर उपलब्ध है। किन्हीं गुरुओं की तलाश करने की या अतीत और उसकी निश्चितताओं को लेकर मोहग्रस्त होने की कोई ज़रूरत नहीं है। एक दिशासूचक और मार्गदर्शी व्यवस्था पहले से मौजूद है। यह अपने जीवन के *व्यक्तिगत* ध्येय की तलाश और उपलब्धि से आती है। यह वह मार्ग है, जिसे महानतम उपलब्धियाँ हासिल करने वालों और मानव संस्कृति की प्रगति में योगदान करने वालों ने अपनाया है। हम बताते हैं कि यह किस तरह कारगर होता है।

हर इन्सान मूलतः अनूठा है। यह अनूठापन हमारे भीतर तीन तरह से अंकित है - हमारे डी.एन.ए. का अनूठा विन्यास, हमारे मस्तिष्क की ख़ास बनावट और जीवन के हमारे अनुभव, वे अनुभव जो किसी दूसरे जैसे नहीं हैं। इस अनूठेपन को इस तरह देखिए, जैसे विकास की क्षमताओं से युक्त कोई बीज जन्म के साथ ही बो दिया गया हो। और इस अनूठेपन के पीछे एक ध्येय है।

इस अनूठेपन से जुड़ने और उसे विकसित करने का प्रयास हमें एक रास्ता, जीवन के बीच एक आन्तरिक मार्गदर्शन प्रणाली उपलब्ध कराता है। लेकिन इस प्रणाली से जुड़ना आसान नहीं होता। सामान्यत: हमारे अनूठेपन के संकेत हमारे शुरुआती बचपन में ज़्यादा स्पष्ट होते हैं। हम अपने अभिभावकों के प्रभाव के बावजूद ख़ुद को किन्हीं ख़ास विषयों और गतिविधियों की ओर आकर्षित होता हुआ पाते हैं। हम इन्हें *आद्य प्रवृत्तियों* की संज्ञा दे सकते हैं। वे हमसे बात करती हैं, जैसे कोई आवाज़। लेकिन जैसे-जैसे हमारी उम्र बढ़ती जाती है, वह आवाज़ हमारे अभिभावकों, हमारे मित्रों, अध्यापकों और व्यापक तौर पर संस्कृति के स्वरों में दब जाती है।

उस मार्गदर्शी प्रणाली तक पहुँचने के लिए, हमें अपने अनूठेपन के साथ अपने सम्बन्ध भरसक मज़बूत बनाना चाहिए, और उस आवाज़ पर भरोसा करना सीखना चाहिए।

जब हम इस आन्तरिक मार्गदर्शी प्रणाली से जुड़ जाते हैं, तो वे सारी नकारात्मक भावनाएँ, जो हमें हमारी निरुद्देश्यता में झोंकती रहती हैं, निष्प्रभावी हो जाती है और कभी-कभी सकारात्मक भावनाओं तक में बदल जाती हैं। उदाहरण के लिए, हम *ऊब* को संचयनशील दक्षताओं की प्रक्रिया में महसूस कर सकते हैं। यह अभ्यास उबाऊ हो सकता है। लेकिन हम इस उबाऊपन को इस बोध के साथ अंगीकार कर सकते हैं कि उससे हमें ज़बरदस्त फ़ायदे होने वाले हैं।

जब हमारे मन में किसी ध्येय का बोध होता है, हम कम *असुरक्षित* महसूस करते हैं। हमें कुल मिलाकर लगता है कि हम आगे बढ़ रहे हैं, अपनी कुछ सम्भावनाओं को चरितार्थ होते देख रहे हैं। हम मुड़कर छोटी या बड़ी, विभिन्न उपलब्धियों को देखना शुरू करते हैं। हम जानते हैं कि हम कौन हैं, और यह आत्मबोध हमारे जीवन का सहारा बन जाता है।

जब यह मार्गदर्शी प्रणाली कार्यरत होती है, तो हम *उद्विग्नता* और *तनाव* को फलप्रद भावनाओं में बदल सकते हैं। अपने लक्ष्यों – कोई पुस्तक, कोई कारोबार, किसी राजनैतिक मुहिम में जीत – तक पहुँचने की कोशिश में हमें बहुत सारी उद्विग्नता और अनिश्चय से बरतना होता है, और रोज़मर्रा स्तर पर फ़ैसले लेने होते हैं कि हम क्या करें। हम अपनी उद्विग्नता को नियन्त्रित करने की क़ाबिलियत विकसित कर लेते हैं – इतनी पर्याप्त कि वह हमें सक्रिय बनाए रखती है और हमें अपने काम में सुधार लाते रहने में मदद करती है, लेकिन वह इतनी ज़्यादा भी नहीं होती कि हमें पंगु बना दे।

और अन्त में, जब हमारे पास किसी ध्येय का बोध होता है, तो हमारे *अवसादग्रस्त* होने की सम्भावनाएँ बहुत कम हो जाती हैं। हाँ, गिरावट के क्षण अपरिहार्य होते हैं। लेकिन, ज़्यादातर हम उत्तेजित और उस क्षुद्रता से ऊपर उठा हुआ महसूस करते हैं, जो आधुनिक दुनिया में अक्सर देखने को मिलती है।

मानव स्वभाव के अध्येता के रूप में आपका उद्यम दोहरा है : सबसे पहले, आपको उस प्राथमिक भूमिका के प्रति सजग होना चाहिए, जो मनुष्य के जीवन में ध्येय का बोध निभाता है। अपने आसपास के लोगों को देखिए और उनके चुनावों में निहित ढंगों को देखते हुए इस बात की थाह लीजिए कि उनके आचरण को क्या चीज़ परिचालित कर रही है। क्या वे ज़्यादातर आनन्द, पैसे, ध्यानाकर्षण और ताक़त की ख़ातिर ताक़त की ओर भाग रहे हैं या वे किसी अभियान में शामिल होना चाहते हैं? ये सब वे चीज़ें हैं, जिन्हें हम *छद्म ध्येयों* की संज्ञा देंगे, और ये सनकी आचरण तथा विभिन्न अन्धी गलियों की ओर ले जाते हैं। जैसे ही आप छद्म ध्येयों से उत्प्रेरित लोगों को पहचान लें, आपको उन्हें काम पर रखने या

उनके साथ काम करने से बचना चाहिए, क्योंकि वे आपको अपनी अनुर्वर ऊर्जा की ओर घसीटने की कोशिश करेंगे।

आप ऐसे भी कुछ लोगों को लक्ष्य करेंगे जो जीवन में अपने उद्यम के रूप में अपने ध्येय को हासिल करने का संघर्ष कर रहे होंगे। मुमकिन है, आप उनकी मदद कर सकें या आप एक-दूसरे की मदद कर सकें। और अन्त में, आप ऐसे भी कुछ लागों को पहचान सकते हैं, जिनमें अपने ध्येय का अपेक्षाकृत उच्चतर बोध हो। वे आपको उन्नति की ओर ले जाएँगे।

आपका दूसरा उद्यम है, *अपने* ध्येय का बोध हासिल करना और उसके साथ अधिकतम गहरा रिश्ता बनाते हुए उसे ऊपर उठाना। अगर आप युवा हैं, तो जो कुछ भी आपके हाथ लगे उसका अपनी बेचैन ऊर्जा को एक समग्र ढाँचा देने में इस्तेमाल करें। उन्मुक्त मन से दुनिया का अन्वेषण करें, जोख़िम उठाएँ, लेकिन यह सब एक निश्चित ढाँचे के भीतर करें। सबसे महत्त्वपूर्ण है दक्षताओं का संचय करना। अगर आपकी उम्र ज़्यादा है और आप रास्ता भटक गए हैं, तो जो दक्षताएँ आपने संचित की हैं, उन्हें एक ऐसी दिशा में ले जाएँ जो अन्ततः आपकी अभिरुचियों और भावनाओं के साथ मेल खाती हों। करियर के ऐसे आकस्मिक और भीषण बदलावों से बचें, जो अव्यावहारिक हों।

किसी भी सूरत में, आपको अपने अनूठेपन को और उससे जुड़ी मौलिकता को परिष्कार देने की दिशा में ज़्यादा-से-ज़्यादा आगे बढ़ना चाहिए। आप अद्वितीय हैं। इसी में वह सच्ची स्वतन्त्रता और चरम शक्ति निहित है, जो हम इन्सानों में ही होती है।

## ध्येय के उच्च बोध को विकसित करने की रणनीतियाँ

जैसे ही आप अपने ध्येय के बोध को विकसित और मज़बूत करने का संकल्प करते हैं, वैसे ही मुश्किल काम की शुरुआत होती है। आपको कई शत्रुओं और रुकावटों का सामना करना पड़ेगा, जो आपकी प्रगति में बाधा डाल रहे होंगे – उन लोगों की भटकाने वाली आवाज़ें जो आपके संकल्प और अनूठेपन में सन्देह के बीज बो रहे होंगे; स्वयं काम को लेकर और उसकी धीमी प्रगति को लेकर आपकी अपनी ऊबें और कुण्ठाएँ; लोगों की ऐसी भरोसेमन्द आलोचना का अभाव जो आपकी मदद कर सके; उद्विग्नता के वे स्तर जिन्हें आप सँभाल सकें; और अन्त में, वह क्लान्ति जो लम्बे समय तक एकाग्र होकर काम करने की वजह से पैदा होती है। नीचे अंकित पाँच युक्तियाँ इन बाधाओं को पार करने में आपकी मदद करने के लिए आकल्पित की गयी हैं। वे अव्यवस्थित क्रम में हैं, जिनमें से पहली अनिवार्य प्रस्थान बिन्दु की तरह है। आपको इन सभी को व्यवहार में लाने की ज़रूरत होगी ताकि आप निरन्तर आगे की ओर बढ़ना सुनिश्चित कर सकें।

**अपने जीवन का लक्ष्य खोजिए :** आप इस युक्ति की शुरुआत अपने आरम्भिक वर्षों की आद्य प्रवृत्तियों के संकेतों की तलाश के साथ कर सकते हैं, जब वे अक्सर सर्वाधिक स्पष्ट थीं। आप उन क्षणों की तलाश कर रहे होंगे, जिनमें आप किसी ख़ास विषय या किन्हीं ख़ास वस्तुओं या किन्हीं विशिष्ट गतिविधियों या खेलों के प्रति असामान्य रूप से आकर्षित हुआ करते थे।

ऐसे संवेगात्मक आकर्षण के पल अभिभावकों या दोस्तों के उकसावे के बगैर अकस्मात पैदा होते हैं। वे क्यों पैदा होते हैं, इसे

शब्दों में बयान करना मुश्किल होगा; वे ऐसी किसी चीज़ के संकेत होते हैं, जो हमारे व्यक्तिगत नियन्त्रण के परे होती है।

अपने जीवन के ऐसे पलों का परीक्षण कीजिए, जब कुछ ख़ास क़िस्म के काम या गतिविधियाँ आपको स्वाभाविक और आसान लगती थीं, मानो आप प्रवाह की अनुकूल दिशा में तैर रहे हों। इस तरह की गतिविधियाँ करते हुए अभ्यास की ऊब को लेकर आप में ज़बरदस्त सहनशीलता होती है। लोगों की आलोचना आपको बहुत आसानी से हतोत्साहित नहीं करती; आप सीखना चाहते हैं। आप इसके विरुद्ध उन दूसरे विषयों या उद्यमों को रखकर देख सकते हैं, जो आपको अत्यन्त उबाऊ और असन्तोषप्रद लगते हैं, जो आपको कुण्ठित करते हैं।

इसी से जुड़ी हुई चीज़ है, आपको बुद्धिमत्ता के उस ख़ास रूप का पता लगाना होगा, जिसके लिए आपका मस्तिष्क गढ़ा गया है। यह गणित और तर्क हो सकता है, शारीरिक व्यायाम हो सकता है, शब्द हो सकते हैं, चित्र हो सकते हैं या संगीत हो सकता है। इस सामाजिक बुद्धिमत्ता में हम लोगों के प्रति उत्कृष्ट संवेदनशीलता का भी शुमार कर सकते हैं। जब आप किसी ऐसी गतिविधि में संलग्न होते हैं, जो ठीक लगती है, तो उसका सम्बन्ध उस बुद्धिमत्ता से होता है, जिसके लिए आपका मस्तिष्क सबसे ज़्यादा अनुकूल बैठता है।

इन विभिन्न चीज़ों की मदद से आप अपने उद्देश्य की रूपरेखा को पहचानने में सक्षम होंगे। संक्षेप में, इस प्रक्रिया से गुज़रते हुए आप आत्मान्वेषण कर रहे होते हैं, आप उस चीज़ को पहचान रहे होते हैं, जो आपको अलग रूप देती है, जो दूसरों की धारणाओं से पहले की होती है।

अगर आप युवा हैं और अपने करियर की शुरुआत कर रहे हैं, तो आपको अपनी प्रवृत्तियों से ताल्लुक रखने वाले अपेक्षाकृत

व्यापक क्षेत्रों की छानबीन करनी होगी। अगर आपकी उम्र ज़्यादा है और आपको ज़्यादा तज़ुर्बा है तो आपने जिन दक्षताओं को विकसित कर लिया है, उन्हें आपको अपने उद्देश्य की दिशा में निरंतर बढ़ने का तरीक़ा खोजना होगा। याद रखें कि आपके उद्देश्य में ऐसे कई क्षेत्रों का मिश्रण हो सकता है, जो आपको बहुत ज़्यादा आकर्षित करते हैं।

**प्रतिरोध और नकारात्मक प्रेरणाओं का उपयोग करें :** किसी भी क्षेत्र में सफलता की कुंजी यह है कि ऐसे विभिन्न इलाक़ों में दक्षताएँ विकसित करें, जिन्हें आप बाद में अनूठे और रचनात्मक तरीक़ों से आपस में मिला सकें। लेकिन इसकी प्रक्रिया उबाऊ और तकलीफ़देह हो सकती है, क्योंकि आप अपनी सीमाओं और दक्षता के सापेक्षिक अभाव के प्रति सजग हो जाते हैं। ज़्यादातर लोग, चेतन या अवचेतन रूप से, इस ऊब, तकलीफ़ और कठिनाई से बचने की कोशिश करते हैं। आपको विपरीत दिशा में जाने का चुनाव करना चाहिए। आपको नकारात्मक अनुभवों, सीमाओं और तकलीफ़ तक को अपनी दक्षता को विकसित करने और अपने ध्येय के बोध को पैना करने के सही साधनों के रूप में अंगीकार करने की ज़रूरत है।

जैसे-जैसे आप अपने मार्ग पर आगे बढ़ेंगे, आप ज़्यादा-से-ज़्यादा लोगों की आलोचना का विषय बनते जाएँगे। इनमें कुछ आलोचनाएँ रचनात्मक और ध्यान देने योग्य हो सकती हैं, लेकिन ज़्यादातर आलोचनाएँ ईर्ष्या की वजह से होती हैं। इस तरह की आलोचनाओं को आप सम्बन्धित व्यक्ति के उस भावनात्मक लहज़े से पहचान सकते हैं, जिसके साथ वह अपनी नकारात्मक रायें पेश करता है। वे कुछ और आगे जा सकते हैं, कुछ ज़्यादा उग्रता के साथ बात कर सकते हैं; वे उसे व्यक्तिगत रूप दे सकते हैं, आपकी

समग्र क़ाबिलियत पर सन्देह कर सकते हैं, आपके काम से ज़्यादा आपके व्यक्तित्व पर बल दे सकते हैं; उनके पास इस बात के कोई विशिष्ट विवरण नहीं होते कि सुधार लाने के लिए क्या और कैसे किया जाना चाहिए। जैसे ही आप एक बार पहचान लें, युक्ति यही है कि इन आलोचनाओं को किसी भी रूप में भीतरी न होने दें। इसकी बजाय, उनकी नकारात्मक रायों का इस्तेमाल प्रेरणा लेने और अपने ध्येय के बोध में योगदान के तौर पर करें।

**उद्देश्यपूर्ण ऊर्जा को आत्मसात करें :** हम इन्सान दूसरे लोगों के भावों और ऊर्जा के प्रति अत्यन्त संवेदनशील होते हैं। इसलिए, आपको ऐसे लोगों के बहुत ज़्यादा सम्पर्क से बचने की ज़रूरत है, जिनके पास ध्येय का बहुत क्षीण या छद्म बोध है। दूसरी ओर, आपको हमेशा ऐसे लोगों को ढूँढ़ने और उनसे जुड़ने की ज़रूरत है, जिनमें ध्येय का प्रबल बोध हो। ऐसे लोग किसी योजना के लिए एकदम सही परामर्शदाता, गुरु या सहयोगी हो सकते हैं। ऐसे लोग आपके भीतर के सर्वश्रेष्ठ को सामने लाने में मदद करेंगे, और उनकी आलोचना को स्वीकार करना आपके लिए आसान और स्फूर्तिदायक तक होगा।

आपको ऐसे लोगों को ढूँढ़ने की ज़रूरत है, जो व्यावहारिक हों ना कि महज़ ऐसे लोग, जो क़रिश्माई या सपने देखने वाले हों। अगर मुमकिन हो, अपने आसपास विभिन्न क्षेत्रों के ऐसे लोगों को, दोस्तों या सहयोगियों के रूप में एकत्र कीजिए, जिनमें आपकी तरह की ऊर्जा हो। तब आप एक-दूसरे के ध्येय के बोध को ऊपर उठाने में मदद करेंगे। आभासी रिश्तों या परामर्शदाताओं से सन्तोष मत कर लीजिए।

**नीचे की ओर जाते लक्ष्यों की सीढ़ी तैयार कीजिए :** दीर्घकालिक लक्ष्यों के साथ काम करते हुए आप ज़बरदस्त स्पष्टता और संकल्प

महसूस करेंगे। लेकिन समस्या यह है कि जब आप वर्तमान नज़रिए से उस सब कुछ की ओर देखेंगे, जो उन लक्ष्यों तक पहुँचने के लिए करना ज़रूरी है तो वे आपके भीतर उद्विग्नता पैदा करेंगे। इस तरह की उद्विग्नता से निपटने के लिए आपको छोटे-छोटे लक्ष्यों की सीढ़ी तैयार करनी चाहिए, जो नीचे की ओर उतरती हुई वर्तमान तक आती हो। इस सीढ़ी पर जितना नीचे की ओर आप जाते हैं, आपके लक्ष्य आसान होते जाते हैं, और आप उन्हें अपेक्षाकृत कम समय में पूरा कर सकते हैं, जिससे आपको सन्तोष और प्रगति का बोध होगा।

याद रखें कि आप व्यावहारिक नतीजों और उपलब्धियों की शृंखला का पीछा कर रहे हैं, ना कि साकार नहीं हो सके सपनों और विफल योजनाओं का।

**ख़ुद को काम में डुबा दें :** ध्येय के एक उच्च और स्थायी बोध को बरकरार रखने में सबसे बड़ी मुश्किल आपके सामने शायद समय के गुज़रने के साथ ज़रूरी प्रतिबद्धता के स्तर और उससे जुड़े उत्सर्गों की होगी। आपको हताशा, ऊब, और विफलता के अनेक पलों से, और अधिक-से-अधिक तात्कालिक आनन्द हासिल करने के हमारी संस्कृति के अन्तहीन प्रलोभनों से निपटना होगा। और जैसे-जैसे बरस बीतते जाएँगे, आपको ठहराव का सामना करना पड़ सकता है।

इस उबाऊपन की क्षतिपूर्ति के लिए आपको ऐसे प्रवहमान क्षणों की ज़रूरत होती है, जिनमें आपका दिमाग़ काम में इस क़दर तल्लीन हो कि आप अपने अहं के परे निकल जाएँ।

इन अनुभवों को गढ़ा नहीं जा सकता, लेकिन आप उनके लिए वातावरण तैयार कर सकते हैं और अपनी सम्भावनाओं को बड़े पैमाने पर बढ़ा सकते हैं। सबसे पहले, यह ज़रूरी है कि आप

प्रक्रिया में आगे बढ़ने तक इन्तज़ार करें – कम-से-कम आप अपनी योजना की आधी दूरी पार कर चुके हों या उस क्षेत्र का कई वर्षों तक अध्ययन कर चुके हों। दूसरे, आपको ख़ुद को काम के साथ निर्बाध वक़्त देने की योजना बनानी चाहिए – दिन के ज़्यादा-से-ज़्यादा घण्टे और सप्ताह के ज़्यादा-से-ज़्यादा दिन। इसके लिए आपको चिंता और उदासी के सामान्य स्तर को सख़्ती के साथ मिटाने की, यहाँ तक कि कुछ समय के लिए ग़ायब तक हो जाने की ज़रूरत होगी।

तीसरे, पूरा ज़ोर काम पर होना चाहिए, ख़ुद पर या मान्यता मिलने की आकांक्षा पर नहीं। आप अपने दिमाग़ को स्वयं काम के साथ एकरूप कर रहे होंगे, और आपके अहं से उत्पन्न कोई भी दख़लन्दाज़ी देने वाले विचार या अपने बारे में सन्देह या निजी ख़ब्तें प्रवाह में बाधा डालेंगे।

## छद्म प्रयोजन का प्रलोभन

किसी ध्येय को हासिल करने की दिशा में हम जो गुरुत्वाकर्षी बल महसूस करते हैं, वह मानव स्वभाव के दो तत्त्वों की देन होता है। पहला, चूँकि हम उस तरह सहज प्रवृत्तियों पर भरोसा नहीं करते जैसे कि दूसरे प्राणी करते हैं, हमें दिशा-बोध उपलब्ध कराने वाले किन्हीं साधनों की ज़रूरत होती है, ऐसे उपाय की जो हमें रास्ता दिखा सकें और हमारे व्यवहार को प्रतिबन्धित कर सकें। दूसरे, हम इन्सान व्यक्तियों के रूप में दुनिया में अपनी क्षुद्रता को लेकर सचेत होते हैं जहाँ एक विराट विश्व में अरबों अन्य व्यक्ति मौजूद हैं। हम उससे बड़ा महसूस करना चाहते हैं, जो व्यक्तियों के रूप में हम हैं, और किसी ऐसी चीज़ से जुड़ना चाहते हैं, जो हमसे परे है।

लेकिन मानव स्वभाव जैसा है, वैसा होने के नाते बहुत-से लोग बहुत कम क़ीमत पर ध्येय और उत्कर्ष अनुभव करना चाहते हैं, उन्हें ऐसे आसान और अत्यन्त सुगम तरीक़े से पाना चाहते हैं, जिसके लिए उन्हें कम-से-कम उद्यम करना पड़े। इस तरह के लोग ख़ुद को किन्हीं *छद्म ध्येयों* के हाथों में सौंप देते हैं, ऐसी चीज़ों के हाथों में जो ध्येय और उत्कर्ष का भ्रम मात्र जगाती हैं। हम वास्तविक ध्येयों को नीचे अंकित ढंग से उनके बरक्स रख सकते हैं : वास्तविक ध्येय अन्दर से पैदा होता है। वह एक विचार है, एक प्रबल संवेग, किसी ऐसी मुहिम का बोध जिससे हम व्यक्तिगत और आत्मीय स्तर पर जुड़ा हुआ महसूस करते हैं। छद्म ध्येय बाहरी स्रोतों से आते हैं - उन आस्था-पद्धतियों से जिन्हें हम आँख मूँदकर निगल लेते हैं, उस चीज़ के प्रति सहमति से जिसे दूसरे लोग कर रहे होते हैं।

यहाँ छद्म ध्येयों के पाँच सबसे आम रूप दिए जा रहे हैं, जो इन्सानों को सभ्यता की शुरुआत से ही आकर्षित करते आ रहे हैं।

**आनन्द की तलाश :** हम में से ज़्यादातर के लिए काम जीवन की खीझ से भर देने वाली अनिवार्यता की तरह होता है। हमें वास्तव में जो चीज़ प्रेरणा देती है, वह है पीड़ा को टालना, उस समय में अधिक-से-अधिक आनन्द हासिल करना जब हम काम नहीं कर रहे हों। जिस आनन्द की हम तलाश कर रहे होते हैं, वह कई रूप ले सकता है - सेक्स, उत्तेजक पदार्थ, मनोरंजन, तमाम तरह के खेल।

हमारी तलाश के विषय चाहे कुछ भी हों, वे ह्रासमान प्रतिफलों की प्रक्रिया की ओर ले जाते हैं। आनन्द के ऐसे क्षण बार-बार के दोहराव से नीरस होते जाते हैं। या तो हम वही एक चीज़ और-और चाहते हैं या फिर निरन्तर नए दिल बहलावों की आकांक्षा करते हैं।

छद्म ध्येय का यह रूप आज की दुनिया में बहुत आम है, मुख्यत: इसलिए कि ध्यान भटकाने के ऐसे साधन प्रचुर मात्रा में मौजूद हैं, जिनमें से हम चुनाव कर सकते हैं। लेकिन यह चीज़ मानव स्वभाव के एक बुनियादी तत्त्व के विपरीत जाती है : आनन्द के गहरे स्तरों को हासिल करने के लिए हमें ख़ुद को मर्यादित करना सीखना होता है।

हम सभी लोग काम से मुक्त आनन्ददायी क्षणों की ज़रूरत महसूस करते हैं, तानव को ढीला करने के साधनों की ज़रूरत महसूस करते हैं। लेकिन जब हम ध्येय के बोध के साथ काम कर रहे होते हैं, तब हम ख़ुद को मर्यादित करने के मूल्य को अनुभव करते हैं, तब हम अतिरिक्त उत्तेजना की बजाय अनुभव की गहराई में जाने का विकल्प चुनते हैं।

**पन्थ और उपासना–पद्धतियाँ :** लोग किसी चीज़ में विश्वास करने की गहरी ज़रूरत महसूस करते हैं, और एकीकृत कर सकने वाली किसी महान आस्था–पद्धति के अभाव से पैदा होने वाले शून्य को तमाम तरह के सूक्ष्म पन्थ और उपासना–पद्धतियाँ भरती रहती हैं।

हम इस तरह के सूक्ष्म पन्थों या उपासना–पद्धतियों को इनके अनुयायियों की इच्छाओं की अस्पष्टता से पहचान सकते हैं, जो इस बात का स्पष्ट संकेत होता है कि उनका समूहन महज़ भावनाओं को उन्मुक्त करने के लिए है।

किसी पन्थ से ख़ुद को जोड़ना हमारे ध्येय के बोध का महत्त्वपूर्ण हिस्सा हो सकता है। लेकिन उसे एक आन्तरिक प्रक्रिया के भीतर से आना चाहिए, जिसमें हमने सम्बन्धित विषय के बारे में गहराई से सोचा हो और हम उस पन्थ को अपने जीवन के सबसे महत्त्वपूर्ण कर्म के रूप में अपना रहे हों।

**पैसा और सफलता :** बहुत सारे लोगों के लिए पैसे और रुतबे की तलाश भरपूर उत्प्रेरणा और एकाग्रता उपलब्ध करा सकती है। इस तरह के लोग जीवन के किसी ध्येय के बारे में सोचने को समय की भारी बरबादी और गए ज़माने की चीज़ की तरह देखेंगे। लेकिन दीर्घकालिक स्तर पर इस फलसफ़े के अत्यन्त अव्यावहारिक नतीजे होते हैं।

प्रथमत: इस तरह के लोग आमतौर से ऐसे क्षेत्र में प्रवेश करते हैं, जिसमें वे बहुत तेज़ी से ज़्यादा-से-ज़्यादा पैसा बना सकें। वे अक्सर पैसे की ऐसी जुनूनी खोज में बड़ी ग़लतियाँ कर बैठते हैं, क्योंकि उनकी सोच बहुत अल्पकालिक होती है।

दूसरे, टिकाऊ पैसा और सफलता तब आती है, जब आप मौलिक बने रहें और बिना सोचे-विचारे उस रास्ते पर नहीं चलते चले जाएँ, जिस पर दूसरे लोग चल रहे हों। अगर हम पैसे को अपना प्राथमिक लक्ष्य बना लेते हैं, तो हम वास्तव में कभी अपने अनूठेपन तथा चमक को उभार नहीं पाएँगे, और अन्तत: हमसे युवा और अधिक भूखा व्यक्ति हमारी जगह हड़प लेगा।

और अन्त में, इस खोज में लोगों को अक्सर एक ही चीज़ प्रेरित करती है : दूसरे लोगों के मुक़ाबले अधिक-से-अधिक पैसा और रुतबा हासिल करना और दूसरों से श्रेष्ठ महसूस करना। इस मानक से यह जान पाना मुश्किल होता है कि उनके पास ये चीज़ें कब पर्याप्त मात्रा में आ गयी होती हैं, क्योंकि ऐसे लोग हमेशा मौजूद होते हैं, जिनके पास उनसे ज़्यादा होता है।

सर्वाधिक सफल, प्रसिद्ध और रईस लोगों में बहुतों ने पैसे और रुतबे के जुनून के साथ शुरुआत नहीं की होती है। ध्येय के प्रबल बोध को बरकरार रखने पर एकाग्रचित हों, सफलता आपके पास ख़ुद-ब-ख़ुद चली आएगी।

**ध्यानाकर्षण :** लोगों ने हमेशा बड़ा और अधिक महत्त्वपूर्ण महसूस करने के साधन के रूप में प्रसिद्धि और ध्यानाकर्षण की खोज की है। लेकिन ध्येय का यह छद्म बोध सोशल मीडिया के माध्यम से लोकतान्त्रिक और व्यापक हुआ है। आज हम में से लगभग कोई भी व्यक्ति इस क़दर ध्यानाकर्षण हासिल कर सकताहै, जितने का सपना भी अतीत में राजाओं और विजेताओं ने भी नहीं देखा होगा। हमारी आत्म-छवि और आत्म-प्रतिष्ठा उस ध्यानाकर्षण से बँध जाते हैं, जो हमें रोज़मर्रा स्तर पर हासिल होता है।

जैसाकि पैसे और सफलता के मामले में होता है, उसी तरह हम ध्येय का उच्चतर बोध विकसित कर और अपने काम के माध्यम से कहीं ज़्यादा ध्यानाकर्षण हासिल कर सकते हैं। जब ध्यानाकर्षण अनपेक्षित रूप से प्राप्त होता है, जैसे कि अचानक मिली सफलता, तब वह और भी ज़्यादा आनन्ददायी होता है।

**निराशावाद :** फ्रैड्रिक नीत्शे के अनुसार, ''आदमी किसी ध्येय से शून्य होने की बजाय शून्य को अपना ध्येय बनाना बेहतर समझेगा।'' निराशावाद, यानी यह अहसास कि जीवन का कोई ध्येय या अर्थ नहीं है, यही वह चीज़ है जिसे हम ''शून्य को ध्येय बनाना'' कहेंगे। आज की दुनिया में, राजनीति और आस्था-पद्धतियों के प्रति उत्तरोत्तर बढ़ते मोहभंग के साथ, छद्म ध्येय का यह रूप उत्तरोत्तर आम होता जा रहा है।

ध्येय और अर्थ के खोजियों के रूप में, हमें विपरीत दिशा में जाने की ज़रूरत है। वास्तविकता क्रूर और कुरूप नहीं है – उसमें ऐसा बहुत कुछ है जो उदात्त, सुन्दर और विस्मय का विषय है। इस चीज़ को हम दूसरे सफल व्यक्तियों के काम में देखते हैं। हमें उदात्त का ज़्यादा-से-ज़्यादा सामना करने की ज़रूरत है। हम उस हर चीज़ के पीछे एक ध्येय देखें, जिसे हम अनुभव करते और देखते हैं। अन्त

में, हमें उस कौतूहल और उत्तेजना को अपनी वयस्क बुद्धिमत्ता के साथ एकीकृत करने की ज़रूरत है, जो दुनिया के प्रति हम में तब हुआ करती थी, जब हम बच्चे थे, जब लगभग हर चीज़ जादुई प्रतीत होती थी।

> मानव अस्तित्व का सम्पूर्ण नियम किसी और चीज़ में नहीं, बल्कि मनुष्य के किसी अपरिमित रूप से महान सत्ता के सामने झुकने की क़ाबिलियत रखने में निहित है। अगर लोग अपरिमित रूप से महान सत्ता से वंचित होंगे, तो वे जीवित नहीं रह पाएँगे और निराशा का शिकार होकर मर जाएँगे। अपरिमित और अनन्त मनुष्य के लिए उतने ही अनिवार्य हैं, जितना वह छोटा–सा महाद्वीप है, जिसमें वह रहता है।
>
> – *फ़्योदोर दोस्तोएव्स्की*

# 14

# समूह के अधोगामी आकर्षण का प्रतिरोध करें

## *अनुकूलन का नियम*

*हमारे चरित्र का एक ऐसा पक्ष होता है, जिसके प्रति सामान्यत: हम जागरूक नहीं होते – हमारी सामाजिक शख़्सियत, वह भिन्न व्यक्तित्व जो तब उभरता है, जब हम लोगों के किसी समूह के साथ मिलकर काम करते हैं। समूह में, हम अनजाने ही दूसरों के कहने और करने की नक़ल करते हैं। हम भिन्न ढंग से सोचते हैं, हम सामंजस्य बिठाना चाहते हैं और उन चीज़ों में विश्वास करना चाहते हैं, जिनमें दूसरे लोग विश्वास करते हैं। हम समूह की मन:स्थिति से प्रभावित होकर भिन्न क़िस्म की भावनाएँ महसूस करते हैं। चूँकि हर कोई जोख़िम उठा रहा होता है, अविवेकपूर्ण ढंग का आचरण कर रहा होता है, हम भी यही सब करने की ओर प्रवृत्त होते हैं। सामाजिक शख़्सियत हमारे वास्तविक स्वरूप पर क़ाबिज़ हो सकती है। ज़रूरत से ज़्यादा दूसरों की बातें सुनते हुए और उनके अनुकूल आचरण करते हुए, हम धीरे-धीरे अपने अनूठे होने का बोध और अपने लिए सोचने की क़ाबिलियत खो देते हैं। इसका एकमात्र हल है, आत्म-सजगता विकसित करना और उन बदलावों की उत्कृष्ट*

*समझ हासिल करना, जो समूह में होने के नाते हमारे भीतर पैदा होते हैं। इस तरह की बुद्धिमत्ता के साथ हम श्रेष्ठ सामाजिक कर्मी बन सकते हैं, ऐसे कि हम दूसरों के साथ बाहरी तौर पर उच्च स्तरीय सामंजस्य स्थापित कर सकें, सहयोग कर सकें और इसी के साथ-साथ अपनी स्वाधीनता और विवेक को क़ायम रख सकें।*

> जब लोग मनमाफ़िक आचरण करने के लिए स्वतन्त्र होते हैं, तो वे सामान्यत: एक-दूसरे की नक़ल करते हैं।
>
> – *ऐरिक हॉफ़र*

## मानव-स्वभाव के रहस्य

हम मनुष्य अपने जीवन के किन्हीं ख़ास पलों में ऐसी ऊर्जा अनुभव कर सकते हैं, जो सशक्त हो, जिसकी अनुभूतियाँ किसी भी अन्य ऊर्जा से भिन्न हों, लेकिन यह वह ऊर्जा है, जिसके बारे में हम बहुत कम बात करते हैं या जिसका बहुत कम विश्लेषण करते हैं। हम इसे किसी समूह का सदस्य होने की तीव्र अनुभूति कह सकते हैं, और इसे हम नीचे अंकित स्थितियों में अक्सर अनुभव करते हैं।

मान लीजिए कि हम स्वयं को किसी संगीत-सभा, किसी खेल प्रतियोगिता या राजनैतिक जुलूस के बहुत बड़े श्रोता-दर्शक-समुदाय के बीच पाते हैं। एक ऐसा ख़ास मुकाम आता है, जब हमारे भीतर उत्तेजना, क्रोध या आनन्द की लहर दौड़ जाती है, जिसमें हज़ारों दूसरे लोग साझा कर रहे होते हैं। इसी तरह, शायद हमें किसी समूह के समक्ष व्याख्यान देने की नौबत आ सकती है। अगर हम बहुत ज़्यादा घबराए हुए नहीं हैं और भीड़ हमारे पक्ष में है, तो हम अन्दर से भावना का एक ज्वार महसूस करते हैं। या शायद हम स्वयं को किसी समूह के साथ काम करते हुए पाएँ, जहाँ एक निश्चित

समयावधि में किसी कठिन लक्ष्य तक पहुँचना ज़रूरी हो। हम ऊर्जा का ऐसा आवेश अनुभव करते हैं, जो उन दूसरे लोगों की अनुभूति से जुड़ी होती है, जो ख़ुद भी उसी ताकीदी भावना के साथ काम में जुटे हुए हैं।

ये अनुभूतियाँ विवेकपूर्ण ढंग से दर्ज़ नहीं होतीं; वे हम तक स्वचालित शारीरिक अनुभूतियों के रूप में पहुँचती हैं – रोंगटे खड़े हो जाना, दिल का तेज़ी-से धड़कने लगना, अतिरिक्त जीवन्तता और ताक़त का अहसास होना। हम इस ऊर्जा को *सामाजिक बल* की संज्ञा देते हैं, एक ऐसा बल क्षेत्र जो लोगों के एक समूह को प्रभावित करता है और उन्हें साझा अनुभूतियों के माध्यम से आपस में बाँधता है तथा लोगों में जुड़ाव की तीव्र अनुभूति उत्पन्न करता है।

हम इस सामाजिक बल के कई दिलचस्प तत्त्वों को देख सकते हैं : प्रथमतः *वह एक-साथ हमारे भीतर और हमारे बाहर मौजूद होता है।* जब हमें वे शारीरिक अनुभूतियाँ होती हैं, जिनका उल्लेख ऊपर किया गया है, तो हमें लगभग पक्के तौर पर मालूम होता है कि हमारे पक्ष के दूसरे लोगों के साथ भी वैसा ही हो रहा है।

हम कह सकते हैं कि *यह बल समूह विशेष के आकार और गुण-धर्म के मुताबिक़ बदलता रहता है।* सामान्यतः कोई भी समूह जितना ही बड़ा होता है, उसका प्रभाव भी उतना ही ज़्यादा तीव्र होता है। जब हम लोगों के ऐसे किसी बहुत बड़े समूह के बीच होते हैं, जिसके लोग विचारों और मूल्यों में आपस में साझा करते हैं, तो हम बढ़ी हुई शक्ति और जीवन्तता का तीव्र प्रवाह अनुभव करते हैं, साथ ही सामुदायिक गर्मजोशी या वह ताप जो इस अहसास से आता है कि हम उस समूह के सदस्य हैं।

और अन्त में, *हम इस बल के प्रति आकर्षित होते हैं।* हम संख्या के प्रति आकर्षित होते हैं – किसी टीम, गायक मण्डली,

परेड, उत्सव, संगीत-सभा, धार्मिक जमावड़े, और राजनैतिक सम्मेलन के कट्टर समर्थकों से भरा स्टेडियम।

यह सामाजिक बल ना तो सकारात्मक होता है ना नकारात्मक। यह हमारे स्वभाव का महज़ एक मानसिक हिस्सा होता है। सामान्यत: जिस हद तक यह सामाजिक बल स्वाधीन ढंग से सोचने की हमारी क़ाबिलियत और विवेक को कम करता है, हम कह सकते हैं कि वह व्यवहार के अधिक आदिम ढंग से हमें नीचे की ओर खींचता है, जो आधुनिक परिस्थितियों के अनुकूल नहीं बैठता।

लेकिन इस सामाजिक बल का *सकारात्मक* उद्देश्यों के लिए, उच्चस्तरीय सहयोग और संवेदना के लिए, और उस ऊर्ध्वगामी आकर्षण जिसे हम तब अनुभव करते हैं, जब समूह में साथ मिलकर कोई चीज़ तैयार करते हैं, के लिए इस्तेमाल किया जा सकता है और उसे उनके अनुरूप ढाला जा सकता है।

हमें सबसे ज़्यादा ज़रूरत है – *सामूहिक बुद्धिमत्ता* की। इस बुद्धिमत्ता में समूह द्वारा हमारे विचारों और भावनाओं पर डाले जाने वाले प्रभाव की आमूल-चूल समझ शामिल है; इस तरह की सजगता की मदद से हम अधोगामी आकर्षण का प्रतिरोध कर सकते हैं।

यह बुद्धिमत्ता अर्जित करने के लिए सामाजिक बल के दो पहलुओं का अध्ययन कर उनमें महारत हासिल करना ज़रूरी है – हमारे ऊपर पड़ने वाला समूह का वैयक्तिक प्रभाव और वे ढर्रे और गतियाँ जिनसे कोई भी समूह लगभग हमेशा गुज़रता है।

### *वैयक्तिक प्रभाव*

***सामंजस्य बिठाने की आकांक्षा :*** *किसी भी समूह में आप पर सबसे पहला और प्राथमिक प्रभाव यह होता है कि आप उसके साथ*

*सामंजस्य बिठाने की आकांक्षा करते हैं और उस समूह का सदस्य होने के अपने बोध को मज़बूत करना चाहते हैं।*

इसे करने का पहला तरीक़ा है, इसे अपनी उपस्थिति के माध्यम से सम्भव करना। आप कमोबेश उस तरह की वेशभूषा धारण कर ख़ुद को प्रस्तुत करते हैं, जिस तरह समूह के दूसरे लोग करते हैं।

जिस दूसरे और अधिक महत्त्वपूर्ण ढंग से आप अपना सामंजस्य बिठाते हैं, वह है समूह के विचारों, विश्वासों और मूल्यों को अपनाना। जितने ही ज़्यादा समय तक आप किसी समूह में रहते हैं, यह प्रभाव उतना ही अधिक मज़बूत और प्रच्छन्न होता है।

दीर्घ अवधि में, यह कहीं अधिक बेहतर है कि आप अपनी अनुकूलता के साथ समूह के लोकाचार का मुक़ाबला करें, ताकि जब वह घटित हो तो आप उसके प्रति सजग हों और किसी हद तक उस प्रक्रिया को नियन्त्रित कर सकें।

**निष्पादन की ज़रूरत :** इस पहले प्रभाव से दूसरा प्रभाव जन्म लेता है – *समूह में हम हमेशा कार्य का निष्पादन कर रहे होते हैं।* यह महज़ इतनी-सी बात नहीं है कि हम अपनी उपस्थिति और विचार से अनुकूलता दर्शाते हैं, बल्कि हम अपनी सहमति को बढ़ा-चढ़ा कर पेश करते हैं, और दूसरों को यह दर्शाते हैं कि हम समूह के सदस्य हैं। समूह में हम अभिनेता बन जाते हैं, हम जो कुछ कहते और करते हैं उसे आचरण में ढालते हैं ताकि दूसरे लोग हमें स्वीकार करें और पसन्द करें तथा हमें टीम के वफ़ादार सदस्य के रूप में देखें।

इस निष्पादन के एक अंग के रूप में हम अपनी कमज़ोरियों को न्यूनतम कर लेते हैं और उस चीज़ का प्रदर्शन करते हैं, जिसे हम अपनी शक्ति मानते हैं। आपको इस ज़रूरत को लेकर कोई शर्मिन्दगी महसूस नहीं करनी चाहिए; बेहतर है सजग रहना, उस

आन्तरिक दूरी को बरकरार रखना, और ख़ुद को एक सचेत और उत्कृष्ट कर्ता में बदलना, जो आपकी अभिव्यक्ति को इस तरह बदल दे कि आप उपसमूह के साथ सामंजस्य बिठा सकें और अपने सकारात्मक गुणों से लोगों को प्रभावित कर सकें।

**भावनात्मक संक्रमण :** तमाम सामाजिक प्राणियों की तरह हम शुरुआती उम्र से ही दूसरों की भावनाओं को महसूस करने और उन्हें अपना बना लेने के लिए तैयार कर दिए गए होते हैं, ख़ास तौर से उन लोगों की भावनाओं को जो हमारे क़रीब होते हैं। यह समूह का हमारे ऊपर तीसरा प्रभाव होता है – *भावनाओं की संक्रामकता।*

आप अपनी ख़ुद की भावनाओं की ओर देखते हुए और उन पर सम्भावित रूप से पड़े दूसरों के प्रभावों को समझने की कोशिश करते हुए इसे अपने भीतर लक्ष्य कर सकते हैं। पहचानिए कि वे कौन-सी भावनाएँ हैं, जिनकी छूत आपको सबसे ज़्यादा लगती है और किस तरह उन विभिन्न समूहों या उपसमूहों के साथ आपकी भावनाओं में बदलाव आता है, जिनसे आप गुज़रते हैं। इसकी सजगता आपको उसे नियन्त्रित करने की शक्ति देती है।

**अतिशय निश्चयात्मकता :** जब हम समूह में होते हैं, हम क्रियाशील होने की अनिवार्यता महसूस करते हैं। हम निर्णय लेने और निर्णयों को समर्थन देने का दबाव महसूस करते हैं। और इसलिए चौथा प्रभाव यह है कि *वह हमें उस काम के बारे में अधिक निश्चित महसूस करने के लिए बाध्य करता है, जो हम और हमारे साथी कर रहे होते हैं, जिसकी वजह से हम जोख़िम उठाने के लिए और भी ज़्यादा तैयार होते हैं।*

जब भी कभी आप किसी योजना को लेकर असामान्य रूप से निश्चित और उत्तेजित महसूस करें, आपको अपने पैर वापस खींचना चाहिए और इस बात की थाह लेनी चाहिए कि कहीं यह

समूह का संक्रामक प्रभाव तो नहीं है, जो आप पर काम कर रहा हो। सन्देह करने, विचार करने और अन्य विकल्पों के बारे में सोचने की अपनी क़ाबिलियत को कभी मत छोड़िए – एक व्यक्ति के रूप में आपका विवेक उस पागलपन के विरुद्ध आपका एकमात्र बचाव है, जो किसी भी समूह को अपने वशीभूत कर सकता है।

### *सामूहिक ढंग*

उपलब्ध इतिहास की शुरुआत से ही हम उन कुछ ख़ास ढर्रों को लक्ष्य कर सकते हैं, जिनके शिकार मानव समूह लगभग ख़ुद-ब-ख़ुद हो जाते हैं, मानो वे किन्हीं ख़ास गणितीय या भौतिक नियमों के अधीन हों। नीचे वे सर्वाधिक आम ढंग अंकित हैं, जिनका अध्ययन आपको उन समूहों में करना चाहिए, जिनसे आप सम्बन्ध रखते हैं या जिनसे होकर आप गुज़रते हैं।

**समूह की संस्कृति :** समूह की हमेशा कोई पहचानी जा सकने योग्य संस्कृति और विचारधारा होगी। दो चीज़ें दिमाग़ में रखने की हैं : पहली, यह संस्कृति अक्सर किसी ऐसे आदर्श पर केन्द्रित होगी, जिसकी कल्पना समूह ने अपने लिए कर रखी होगी – उदार, आधुनिक, प्रगतिशील, निर्मम रूप से प्रतिस्पर्धात्मक, रुचिकर, वगैरह, वगैरह। दूसरी, यह संस्कृति अक्सर समूह के संस्थापकों को प्रतिबिम्बित करेगी, ख़ास तौर से तब जब उन लोगों का व्यक्तित्व प्रभावशाली होगा।

**समूह के नियम और संहिताएँ :** किसी भी मानव समूह के लिए अव्यवस्था और अराजकता बहुत नुक़सानदेह होते हैं। इसलिए आचरण के मानक और काम करने के नियम जल्दी ही विकसित और निर्धारित हो जाते हैं। ये नियम और संहिताएँ लिखित नहीं होते

लेकिन अन्तर्निहित होते हैं। जब आप समूह के लिए नए हों, तो आपको इन अन्तर्निहित संहिताओं के प्रति अतिरिक्त चौकन्नापन बरतना चाहिए। देखिए कि समूह के भीतर कौन उठ रहा है और कौन गिर रहा है – सफलता या विफलता को नियन्त्रित करने वाले मानक।

**समूह का दरबारीपन :** किसी प्राणी संग्रहालय में चिम्पांज़ियों के समुदाय पर ध्यान दीजिए, और आपको वहाँ एक प्रधान नर दिखायी देगा और आप पाएँगे कि दूसरे चिम्पांज़ी उसकी तरह आचरण कर रहे होंगे, उसकी ख़ुशामद कर रहे होंगे, नक़ल कर रहे होंगे, और उसके क़रीब आने का संघर्ष कर रहे होंगे। यह दरबारीपन का पूर्वमानवीय संस्करण है। आज ये दरबारी भिन्न लग सकते हैं, लेकिन उनका आचरण और तौर-तरीक़े काफ़ी कुछ वैसे ही होते हैं। आपको आचरण के इनमें से कुछ ढर्रों पर ध्यान देना चाहिए। इस बारे में और ज़्यादा जानने के लिए नीचे देखिए।

सबसे पहले, दरबारियों को नेतृत्वकर्ताओं का ध्यानाकर्षण हासिल करना और किसी-न-किसी रूप में उनका अनुग्रह प्राप्त करना होता है। इसका सबसे तात्कालिक ढंग है चापलूसी। दूसरे, आपको अन्य दरबारियों की ओर भी बहुत ध्यान देना चाहिए। अपनी कामयाबी को कम करके बताना सीखिए, दूसरों के विचारों को गहराई से सुनिए (या सुनते हुए दिखिए), बैठकों में उन्हें श्रेय दीजिए और उनकी प्रशंसा कीजिए, उनके असुरक्षा-बोध की ओर ध्यान दीजिए। तीसरे, आपको दरबारियों की उन क़िस्मों को लेकर चौकन्ना होना चाहिए, जिन्हें आप ज़्यादातर दरबारों में पाएँगे और उनके द्वारा पैदा किए जा सकने वाले ख़तरों को लेकर जागरूक होना चाहिए।

इस बात को दिमाग़ में रखिए कि दरबारीपन की इस गति से बच निकलने का कोई उपाय नहीं है। बेहतर है कि आप मुकम्मल दरबारी बनें और दरबारीपन की युक्तियों के खेल का कुछ आनन्द उठाएँ।

**समूह के शत्रु :** अपने समूह को देखिए, और आपको वहाँ अपरिहार्य रूप से किन्हीं तरह के दुश्मन या डरावने व्यक्ति मिलेंगे। आपके लिए ज़रूरी यह है कि आप इस गतिकी से ख़ुद को अलग कर लें और ''दुश्मन'' को उसकी विकृतियों से अलग यथावत रूप में देखें। यहाँ तक कि एक क़दम और आगे बढ़कर दुश्मन से सीखिए और उसकी कुछ युक्तियों को अपनाइए।

**समूह के गुट :** पर्याप्त वक़्त गुज़रने के बाद, समूह में शामिल व्यक्ति गुटों में बँटने लगते हैं। अगर इन गुटों को इनके हाल पर छोड़ दिया गया तो वे इतने शक्तिशाली हो जा सकते हैं कि वे स्वयं समूह के नेतृत्वकर्ताओं पर क़ाबिज़ हो जाएँ और उन्हें अपदस्थ कर दें या नियन्त्रित करने लग जाएँ। बेहतर है कि एक ऐसी सकारात्मक संस्कृति रचकर समूचे समूह को बाँधकर रखा जाए, जो उसके सदस्यों को उत्साहित और एकीकृत करती हो और इस तरह गुटों को कम आकर्षक बनाती हो।

मानव स्वभाव के अध्येता के रूप में आपका उद्यम दोहरा है : सबसे पहले, किसी भी आकार के समूह के साथ काम करते हुए आपको अपना ही पक्का पर्यवेक्षक बनना चाहिए। इस धारणा के साथ शुरुआत करें कि आप वही व्यक्ति नहीं हैं, जो आप सोचते हैं। हम सब पर समूह का प्रभाव पड़ सकता है। जो चीज़ हमें और भी भेद्य बनाती है, वह हमारी असुरक्षा की भावना होती है। आपका लक्ष्य अपने आत्मसम्मान में इजाफ़ा कर अपनी भेद्यता को कम करने का होना चाहिए।

आपका दूसरा उद्यम है कि आप उस समूह के पक्के पर्यवेक्षक बनें, जिससे आपका सम्बन्ध है या जिसके साथ आप काम करते हैं। अपने आपको किसी अजनबी क़बीले के अजीबो-ग़रीब रीति-रिवाज़ों का अध्ययन कर रहे मानव-विज्ञानी के रूप में देखें। आप सामाजिक बल को समूह को एक जीव के रूप में ढलते हुए देख रहे हैं, एक ऐसा योग जो उसके हिस्सों से बड़ा है। इस दूसरे उद्यम के सन्दर्भ में आपका लक्ष्य वास्तविकता पर यथासम्भव मज़बूत पकड़ बनाए रखने का होना चाहिए। आपकी युक्तियाँ और फ़ैसले इसके लिए और भी ज़्यादा प्रभावशाली होंगे।

जिस तरह समूह हमारी भावनाओं और व्यवहार को नीचे की ओर खींचने की कोशिश करता है, उसी तरह हम इसकी विपरीत प्रक्रिया को भी अनुभव या कल्पित कर सकते हैं - ऐसा समूह जो ऊर्ध्वमुखी दिशा में खींचता है। हम इस आदर्श को *यथार्थपरक समूह* कहेंगे (इस पर और अधिक बात नीचे की गयी है)। इसमें वे सदस्य शामिल होते हैं, जो उन्मुक्त भाव से अपने विविध प्रकार के मतों का योगदान करते हैं, जिनके दिमाग़ खुले हुए होते हैं, और जिनका ध्यान कार्य के निष्पादन पर और उच्च स्तरीय सहयोग पर केन्द्रित होता है। अपने निजी उत्साह को और वास्तविकता पर अपनी पकड़ को बरकरार रखते हुए, आप लोगों के इस आदर्श समूह को रचने या उसे समृद्ध करने में मदद करेंगे।

## दरबार और उसके दरबारी

दरबारी कुछ ख़ास क़िस्म के होते हैं और उनकी ये क़िस्में उन गहरे पैटर्नों पर निर्भर करती हैं, जो बचपन से आते हैं। नीचे अंकित सात क़िस्में आम तौर से आपके देखने में आएँगी।

**षड्यन्त्रकारी :** इन व्यक्तियों को पहचानना विशेष रूप से कठिन हो सकता है। वे बॉस और समूह के प्रति अत्यन्त वफ़ादार प्रतीत होते हैं। लेकिन यह एक मुखौटा होता है, जिसे वे धारण किए रहते हैं; वे गुपचुप तौर पर अधिक-से-अधिक शक्ति बटोरने के लिए निरन्तर साजिशें रचते रहते हैं। सामान्य तौर पर बॉस के प्रति उनके मन में तिरस्कार का भाव होता है, जिसे वे सावधानीपूर्वक छिपाए रहते हैं।

इस तरह के लोगों को पहचानने के लिए आपको प्रभावशाली और वफ़ादार मुखड़े और आकर्षण के पीछे देखना चाहिए। आप उनकी जोड़-तोड़ और अन्दर से ऊपर उठने के उनके उतावलेपन पर नज़र रखें। इस बात को समझें कि जब वे आपकी ओर देख रहे होते हैं, तो वे दरअसल यह सोच रहे होते हैं कि वे कैसे एक साधन या ऊपर चढ़ने के लिए एक पत्थर के रूप में आपका इस्तेमाल कर सकते हैं। बेहतर है कि आप उनसे दूरी बनाए रखें और ना तो उनका मोहरा बनें ना ही उनके दुश्मन बनें।

**भड़काऊ :** इस तरह के लोग सामान्य तौर पर असुरक्षा-बोध से भरे होते हैं, लेकिन वे ख़ुद को दरबारी लोगों से अलगाने में पारंगत होते हैं। वे उन चीज़ों को लेकर गहरे असन्तोष और ईर्ष्या से भरे होते हैं, जिनके बारे में उन्हें लगता है कि वे चीज़ें दूसरों के पास तो हैं, लेकिन उनके पास नहीं हैं। समूह को सन्देहों और उद्विग्नताओं की छूत लगाना, और परेशानियाँ पैदा करना उनका खेल होता है। यह चीज़ उन्हें कार्रवाई के केन्द्र में ले आती है और उन्हें लीडर के और भी क़रीब जाने की गुंजाइश दे सकती है।

अगर आपको लगता है कि समूह किसी अस्पष्ट-से ख़तरे को लेकर संक्रामक उद्विग्नता का शिकार हो रहा है, तो इसके स्रोत का पता लगाने की कोशिश कीजिए - हो सकता है, आपके बीच कोई भड़काऊ व्यक्ति मौजूद हो। जब आप किसी ज्ञात भड़काऊ व्यक्ति

से निपट रहे हों, तो प्रत्यक्ष या परोक्ष तौर पर उसकी बेइज़्ज़ती मत कीजिए या उसके प्रति असम्मान प्रदर्शित मत कीजिए।

**गेटकीपर :** इस क़िस्म के लोगों का लक्ष्य नेतृत्वकर्ताओं तक अपनी विशेष पहुँच बनाना, और उन तक जानकारी पहुँचाने का एकछत्र अधिकार हासिल करना होता है। उन्होंने अक्सर नेतृत्वकर्ता की प्रतिभा और परिपूर्णता का गुणगान कर, उसका आदर्शीकरण कर अपनी हैसियत बनायी होती है। इस तरह की निकटता हासिल करने के लिए वे नेतृत्वकर्ताओं के स्याह पक्षों को भी देख लेते हैं और उनकी कमज़ोरियों के बारे में जानकारी जुटा लेते हैं; यह चीज़ नेतृत्वकर्ताओं को उनके अनजाने ही इन गेटकीपरों से सख़्ती से बाँध देती है, जिनको अलग करने को लेकर वे डरे हो सकते हैं। सम्मानित लीडर को इस तरह नियन्त्रित करना उनका चरम लक्ष्य होता है।

जब इस तरह के लोग सत्ता में स्थापित हो जाते हैं, तो वे अत्यन्त ख़तरनाक साबित होते हैं – ऐसे लोगों से किसी भी रूप में पंगा लेना सर्वाधिक ताक़तवर आदमी और दूसरे लाभों तक अपनी पहुँच से वंचित हो जाना है। ऐसे लोगों को बॉस के प्रति उनकी बेशर्मीपूर्ण चाटुकारिता से जितना जल्दी मुमकिन हो, उतनी जल्दी पहचान लें। सामान्य तौर पर, उनकी ताक़त को पहचानना और उनके चहेते बने रहना ही सबसे अच्छा है।

**छाया का सक्रियक :** सबसे ज़्यादा नेतृत्वकर्ताओं को अपनी छाया (अवचेतन पक्ष) को गुप्त रखना ज़रूरी होता है। उनके अनजाने यह छाया प्रकट होने को लालायित होती है। ऐसे समय पर ही सक्रियक अन्दर क़दम रखता है, सबसे ज़्यादा चतुर और शैतानियत से भरा दरबारी।

इस तरह के लोगों को नेतृत्वकर्ताओं समेत दूसरों की दमित इच्छाओं का पता लगा लेने में महारत हासिल होती है। लीडर की छाया से सम्पर्क विकसित कर लेने के बाद यह सक्रियक और आगे क़दम बढ़ाता है और नेतृत्वकर्ताओं को, उनकी कुण्ठाओं को निकास देने के उपाय के तौर पर उन्हें सम्भावित कार्रवाइयों के मशविरे देता है। वह ख़ुद इन सारी स्थितियों को सँभालता है और रक्षक की भूमिका निभाता है।

इस क़िस्म के लोगों के रास्ते में आना बहुत ख़तरनाक होता है। या फिर तभी उनके रास्ते में आना चाहिए, जब वे कोई ऐसी ख़तरनाक योजना बना रहे हों कि उन्हें रोकने के लिए आप अपनी स्थिति को भी दाँव पर लगा देना ठीक समझें। ख़ुशी मनाइए कि ऐसे लोगों का करियर सामान्यत: बहुत संक्षिप्त होता है। एक शालीन दूरी बनाए रखिए।

**दरबारी मसखरे :** लगभग हर दरबार के अपने मसखरे होते हैं। वे दरबारी निन्दक या दिल्लगीबाज़ हो सकते हैं, जिन्हें किसी भी व्यक्ति या चीज़ का मज़ाक़ उड़ाने की छूट मिली होती है और इन व्यक्तियों में कभी-कभी लीडर भी शामिल हो सकते हैं, जो इसे इसलिए बरदाश्त करते रहते हैं, क्योंकि इससे उनके असुरक्षा-बोध का अभाव और विनोद-वृत्ति ज़ाहिर होते हैं। इस क़िस्म के लोग ऐसी भूमिका इसलिए निभाते हैं, क्योंकि उनके मन में अन्दर-ही-अन्दर ज़िम्मेदारी का भय और नाकामयाबी की आंशका घर किए होती है। वे जानते हैं कि मसखरे के रूप में उन्हें गम्भीरता से नहीं लिया जाता और उन्हें बहुत कम वास्तविक अधिकार सौंपे गए होते हैं।

उनके वजूद को कभी भी इस बात के संकेत के तौर पर मत लें कि आप उन्मुक्त भाव से उनके आचरण की नक़ल कर सकते

हैं। ना जाने क्यों हर दरबार में एक से अधिक मसखरे होते हैं। बेहतर है कि आप अपनी अवज्ञा को अपने निजी जीवन के लिए सुरक्षित रखें, या तब तक जब तक कि आप अधिक संचित नहीं कर लें।

**प्रतिबिम्ब दिखाने वाले :** इस क़िस्म के लोग सबसे ज़्यादा कामयाब दरबारी होते हैं, क्योंकि वे पूरी तरह दोहरा खेल खेलने में सक्षम होते हैं – वे नेतृत्वकर्ताओं और अपने दरबारी साथियों, दोनों को सम्मोहित करने में माहिर होते हैं और इस तरह अवलम्ब का दोहरा आधार बरकरार रखते हैं। वे लोगों की खुल्लमखुल्ला चापलूसी करने की बजाय उनके समक्ष आईने की तरह उनकी अपनी मन:स्थितियाँ और विचार प्रतिबिम्बित करने में निपुण होते हैं, जिससे लोगों को लगता है कि उनकी बात की पुष्टि की जा रही है और उन्हें इस बात का ज़रा भी अहसास नहीं होता कि उनके साथ कोई छल किया जा रहा है।

यह वह भूमिका है, जो आप दरबार में निभाना चाह सकते हैं, क्योंकि इससे शक्ति उपलब्ध होती है, लेकिन इसमें सफल होने के लिए आपको लोगों का सशक्त पाठक बनना होगा, उनके हाव-भाव के प्रति संवेदनशील होना होगा। आपको महज़ उनके विचारों को नहीं, बल्कि उनकी मन:स्थितियों को प्रतिबिम्बित करने में सक्षम होना चाहिए। नेतृत्वकर्ताओं के मामले में, आपको उनके अपने बारे में बनायी गयी आदर्शीकृत धारणा को लेकर सजग रहना होगा और किसी-न-किसी रूप में उसकी पुष्टि करनी होगी या उन्हें उसके अनुरूप आचरण करने के लिए प्रोत्साहित करना होगा।

**कृपापात्र और पंचिंग बैग :** ये दो क़िस्म के लोग दरबार में सबसे ऊँचे और सबसे निचले पायदान पर होते हैं। हर तरह के राजा या रानी के दरबार में उनके कृपापात्र होते हैं। उन दूसरी क़िस्म के लोगों के विपरीत, जिनकी शक्ति सामान्यत: उनकी कुशलता और

आत्मसम्मान से रहित वफ़ादारी पर निर्भर करती है, कृपापात्र लोग अक्सर अधिक निजी और मित्रवत रिश्ता विकसित करके सत्ता के ऊँचे पायदान पर पहुँचते हैं।

इस हैसियत को हासिल करने के लालच से बचें। अपनी शक्ति को आपके प्रति लोगों की दोस्ताना भावनाओं पर नहीं, अपनी उपलब्धियों और अपनी उपयोगिता पर आधारित करें।

काफ़ी कुछ जिस तरह बच्चों के खेल के मैदान में होता है, दरबार में भी लगभग हमेशा एक व्यक्ति ऐसा ज़रूर होता है, जो पंचिंग बैग की भूमिका निभाता है, जिसकी हर कोई हँसी उड़ाने को प्रोत्साहित महसूस करता है और हर कोई स्वयं को उससे श्रेष्ठ महसूस करता है। उनका ज़्यादातर उपहास पीठ पीछे होता है, लेकिन वे उसे महसूस कर लेते हैं। इस चक्कर में मत फँसें। दरबार के निर्मम वातावरण में पंचिंग बैग से दोस्ती करने की कोशिश करें, उसके प्रति भिन्न तरह से व्यवहार करें और क्रूरतापूर्ण खेल से बाहर रहें।

## वास्तविकतावादी समूह

वास्तविकता के साथ मज़बूत सम्बन्ध क़ायम रखने की समूह की क़ाबिलियत ही एक व्यावहारिक और स्वस्थ वातावरण की रचना करती है। किसी समूह के सन्दर्भ में वास्तविकता यह है : उसका अस्तित्व होता ही इसलिए है कि कार्य सम्पादित हों, चीज़ें तैयार हों, समस्याएँ हल हों। उसके कुछ निश्चित संसाधन होते हैं, जिनका वह इस्तेमाल करता है – उसके सदस्यों का श्रम और सामर्थ्य, उसकी आमदनियाँ। वह एक ख़ास क़िस्म के वातावरण में काम करता है, जो लगभग हमेशा ही अत्यन्त प्रतिस्पर्धी और निरन्तर बदलते रहने वाला होता है। एक स्वस्थ समूह अपना पहला ज़ोर काम पर देता

है, वह अपने संसाधनों का अधिक-से-अधिक इस्तेमाल करना चाहता है और अपरिहार्य परिवर्तनों के अनुरूप ख़ुद को ढालता है। अन्तहीन राजनैतिक तिकड़मों में अपना वक़्त नहीं बरबाद करते हुए, इस तरह का समूह किसी निष्क्रिय समूह के मुक़ाबले दस गुनी कामयाबी हासिल कर सकता है। वह मानव स्वभाव के सर्वश्रेष्ठ तत्त्वों को बाहर लाता है - लोगों की संवेदना, उच्च स्तर पर दूसरों लोगों के साथ काम करने की उनकी क़ाबिलियत। वह हम सबके लिए आदर्श है। हम इस आदर्श को *वास्तविकतावादी समूह* की संज्ञा देंगे।

इसे हासिल करने की पाँच मुख्य युक्तियाँ नीचे अंकित हैं। इन सभी को व्यवहार में लाया जाना चाहिए।

**लोगों के मन में ध्येय का सामूहिक बोध पैदा करें।** आपको उस सामाजिक बल को थामने और उसे किसी उच्चतर ध्येय की दिशा में मोड़ने की ज़रूरत है, जो लोगों को समूह का सदस्य होने और उसके साथ सामंजस्य बिठाने के लिए बाध्य करता है। आप कोई आदर्श स्थापित कर इस कार्य को कर सकते हैं - आपके समूह का एक निश्चित ध्येय हो, उसकी कोई सकारात्मक मुहिम हो, जो उसके सदस्यों को एक रख सके। यह ध्येय अस्पष्ट या अन्तर्निहित नहीं बल्कि स्पष्ट तौर पर परिभाषित और प्रचारित होना चाहिए।

इसे कारगर बनाने के लिए, समूह को उन चीज़ों को व्यवहार में लाना ज़रूरी है, जिनका आप प्रचार करते हैं। आपको परिणामों का एक ऐसा क्रमिक रिकॉर्ड रखना ज़रूरी है, जो समूह के आदर्शों को प्रतिबिम्बित करता हो। आपको समूह को उसकी मुहिम की याद दिलाते रहने की ज़रूरत होगी, जिसके लिए ज़रूरी होने पर मेल भले बिठाते रहें, लेकिन उसके मर्म से कभी भी विचलित नहीं हों।

**सहायकों की सही टीम तैयार करें।** वास्तविकतावादी समूह के लीडर के रूपमें आप में व्यापक तसवीर पर और समग्र लक्ष्यों पर एकाग्र होने की क़ाबिलियत होनी चाहिए। आपके पास सीमित मात्रा में मानसिक ऊर्जा है और इसलिए आपको उसे अक़्लमन्दी के साथ तरतीब देनी चाहिए। इसमें आने वाली सबसे बड़ी बाधा है दूसरों को अधिकार सौंपने को लेकर आपके मन में पैदा होने वाला भय।

आपको एकदम शुरुआत से ही ऐसे सहायकों की एक टीम तैयार करनी चाहिए, जिनमें आपके जैसा उत्साह और ध्येय का सामूहिक बोध हो, जिन पर आप भरोसा कर सकें कि वे आपकी सूझों को कार्यरूप दे सकेंगे। इसे हासिल करने के लिए आपके पास सही मानक होने चाहिए – आप अपने चुनाव का आधार लोगों के व्यक्तित्व के आकर्षण को नहीं बनाएँ, और दोस्तों को कभी भी काम पर नहीं रखें। आपको काम के लिए अत्यन्त क़ाबिल व्यक्तियों की ज़रूरत है। आपको उनके चरित्र पर भी बहुत अधिक ध्यान देना चाहिए।

आप इस टीम के लिए ऐसे लोगों को चुनें, जिनमें वे दक्षताएँ हों, जिनका आप में अभाव है। टीम के हर व्यक्ति की अपनी ख़ास सामर्थ्य होनी चाहिए। उन्हें उनकी भूमिका की जानकारी हो। आपके लिए यह भी ज़रूरी है कि सहायकों की यह टीम अपने स्वभाव, पृष्ठभूमि और विचारों में विविधतापूर्ण हो। अगर ख़ुद को टीम का हिस्सा महसूस करने के साथ-साथ अपनी ख़ुद की रचनात्मक क्षमताओं को काम में लगाएँगे तो उनका सर्वश्रेष्ठ पक्ष सामने आएगा और यह भावना समूचे समूह में फैलेगी।

**सूचना और विचारों को उन्मुक्त प्रवाहित होने दें।** विचारों और – प्रतिद्वन्द्वियों के बारे में, सड़क की या अपने श्रोता-समुदाय

के बीच जारी हलचलों के बारे में – सूचना के खुले आदान-प्रदान को समूह के जीवन के आधार के रूप में देखिए।

इसे हासिल करने के लिए आपको ऊपर-से-नीचे तक सभी लोगों के बीच स्पष्ट चर्चा को प्रोत्साहित करना चाहिए और सदस्यों को इस बात का भरोसा दिलाना चाहिए कि वे वैसा कर सकते हैं। इस तरह के खुलेपन की गुंजाइश देने के लिए इन चर्चाओं के दौरान आपको इस बात के प्रति सावधान रहना चाहिए कि आप किसी ख़ास मत या निर्णय के प्रति अपनी पसन्द का संकेत नहीं दें, क्योंकि इससे टीम आपका अनुसरण करने की ओर प्रवृत्त होगी। समूह के दृष्टिकोण को विस्तार देने के लिए आप विशेषज्ञों और बाहरी लोगों तक को आमन्त्रित कर सकते हैं।

इस खुले वार्तालाप को इस हद तक ले जाएँ कि समूह, ख़ास तौर से ग़लतियों या विफलताओं के सन्दर्भ में, अपनी और अपने काम की आलोचना कर सके।

**समूह में रचनात्मक भावनाओं का संचार करें।** समूह में आपके अपने भीतर से उत्पन्न संकल्प के बोध का संचार करें। आप नाकामयाबियों से परेशान नहीं होते; आप आगे बढ़ना और समस्याओं पर काम करना जारी रखते हैं। समूह इसे महसूस करता है, और उसके सदस्य अगर भाग्य के हल्का-सा पलटा खा जाने पर बुरी तरह घबरा जाते हैं तो वे इस बात को लेकर शर्मिन्दगी महसूस करते हैं। आप समूह में आत्मविश्वास का संचार करने की कोशिश कर सकते हैं, लेकिन इस बात का ध्यान रहे कि यह चीज़ आडम्बर का रूप ना ले ले। आपका और आपके समूह का आत्मविश्वास मुख्यत: आपकी कामयाबी के रिकॉर्ड से उत्पन्न होता है।

सबसे महत्त्वपूर्ण, अगर आप निर्भीकता और नए विचारों के प्रति खुलापन दर्शाएँगे, तो इसका सबसे ज़्यादा शान्तिप्रद प्रभाव

होगा। समूह के सदस्य कम आत्मरक्षात्मक होंगे, जिससे वे स्वयं सोचने के लिए ज़्यादा प्रोत्साहित होंगे, और वे रोबोट की तरह काम नहीं करेंगे।

**ऐसा समूह तैयार करें, जो भरोसेमन्द और प्रभावशाली साबित हो चुका हो।** इसके पहले कि आप किसी संकट में धकेले जाएँ, आपको लोगों की तुलनात्मक मज़बूती का अनुमान करने में सक्षम होना ज़रूरी है। विभिन्न सदस्यों को तुलनात्मक रूप से चुनौतीपूर्ण काम सौंपिए या काम के लिए सामान्य से कम समय-सीमा निर्धारित कीजिए, और देखिए कि वे क्या करते हैं। कई लोग ख़ुद को योग्य साबित करते हैं, यहाँ तक कि जब वे दबाव की हालत में होते हैं तो और भी बेहतर ढंग से काम करते हैं; ऐसे लोगों को गुप्त ख़ज़ाना समझिए। सावधानीपूर्वक देखिए कि व्यक्ति ज़रा-सी भी अराजकता और उससे पैदा होने वाली अनिश्चितता के प्रति किस तरह प्रतिक्रिया करते हैं। हाँ, किसी संकट या नाकामयाबी के बाद, इस तरह के पलों का इस्तेमाल लोगों की आन्तरिक सामर्थ्य या उसकी कमी की समीक्षा के तौर पर कीजिए।

> विक्षिप्तता एक ऐसी चीज़ है, जो व्यक्तियों में विरले ही पायी जाती है - लेकिन समूहों में, पार्टियों में, समाजों में और युगों में यह एक आम बात है।
>
> *- फ्रैड्रिक नीत्शे*

# 15

# उन्हें बाध्य कीजिए कि वे आपका अनुसरण करें

—— ✧ ——

## *अस्थिरता का नियम*

*हालाँकि नेतृत्व की शैलियाँ समय के साथ बदलती रहती हैं, तब भी, एक चीज़ है, जो कभी नहीं बदलती : लोग हमेशा उन लोगों के प्रति दोहरा भाव रखते हैं, जो सत्ता में होते हैं। वे यह तो चाहते हैं कि उनका नेतृत्व किया जाए, लेकिन इसी के साथ-साथ वे आज़ाद भी महसूस करना चाहते हैं; वे चाहते हैं कि उन्हें सुरक्षा मिले और वे बिना कोई त्याग किए समृद्धि का आनन्द लें; वे राजा की पूजा भी करते हैं और उसकी हत्या भी करना चाहते हैं। जब आप किसी समूह के लीडर होते हैं, तो लोग निरन्तर आप पर हमला करने के लिए उस मौक़े की ताक में रहते हैं, जब आप कमज़ोर प्रतीत हो रहे हों या किसी नाकामयाबी का सामना कर रहे हों। ऐसे समय के पूर्वाग्रहों के शिकार नहीं हों, और कल्पना करें कि उनकी वफ़ादारी हासिल करने के लिए आपको उनकी बराबरी का या उनका मित्र दिखना ज़रूरी है; लोग आपकी ताक़त पर शक करेंगे, आपके इरादों पर सन्देह करेंगे, और दबे-छिपे ढंग से आपकी अवमानना करेंगे।*

*प्रभुत्व सत्ता, वैधता, और न्यायसंगति के प्रकट रूपों को रचने और इसी के साथ-साथ लोगों को आपके साथ उनकी सेवा में लगे लीडर के रूप में तादात्म्य स्थापित करने के लिए प्रेरित करने की नाज़ुक कला है। अगर आप नेतृत्व करना चाहते हैं, तो आपको इस कला में अपने जीवन की शुरुआत से ही निपुणता हासिल कर लेनी चाहिए। जैसे ही आप लोगों का भरोसा जीत लेंगे, परिस्थितियाँ कितनी ही बुरी क्यों ना हों, वे एक लीडर के रूप में आपके साथ खड़े होंगे।*

> लेकिन उच्चतर लक्ष्य तक पहुँचने का एक संक्षिप्त रास्ता भी है, इच्छाशक्ति का आज्ञा-पालन। जब मानव जाति के हित दाँव पर लगे होंगे, तो वे ख़ुशी-ख़ुशी उस आदमी की आज्ञा का पालन करेंगे, जिसे वे ख़ुद से ज़्यादा अक़्लमन्द मानते हैं। आप इसे हर तरह से साबित कर सकते हैं : आप देखेंगे कि किस तरह एक बीमार आदमी डॉक्टर से विनती करता है कि वह उसे बताए कि उसे क्या करना चाहिए या किस तरह जहाज़ पर सवार सारे लोग उसके चालक की बात सुनते हैं।
>
> – *ज़ेनोफ़ोन*

## मानव-स्वभाव के रहस्य

हम मनुष्य यह विश्वास करना पसन्द करते हैं कि जिन भावनाओं को हम अनुभव करते हैं, वे सरल और शुद्ध होती हैं : हम कुछ ख़ास लोगों को प्यार करते हैं और दूसरे लोगों से नफ़रत करते हैं, हम एक व्यक्ति की इज़्ज़त और सराहना करते हैं और दूसरे व्यक्ति का तिरस्कार करते हैं। सच्चाई यह है कि ऐसा लगभग कभी नहीं होता। *यह मानव स्वभाव का बुनियादी तथ्य है कि हमारी भावनाएँ*

*लगभग हमेशा दुमुँही होती हैं, वे विरले ही शुद्ध और सरल होती* हैं। हम एक ही समय में प्रेम और विद्वेष, या सराहना और ईर्ष्या अनुभव कर सकते हैं।

मानव स्वभाव का यह बुनियादी पक्ष जितना नेतृत्वकर्ताओं के प्रति हमारे रिश्ते में ज़ाहिर होता है, उतना और कहीं नहीं होता। नेतृत्वकर्ताओं के प्रति यह दोमुहाँपन नीचे अंकित रूपों में काम करता है।

एक ओर, हम सहज ढंग से नेतृत्वकर्ता की ज़रूरत को स्वीकार करते हैं। किसी भी समूह में लोगों की संकीर्ण कार्यसूचियाँ और प्रतिस्पर्धी हित होते हैं। ऐसे लीडर के बिना जो इन प्रतिस्पर्धी हितों से ऊपर उठा होता है और जो व्यापक तसवीर देखता है, समूह मुश्किल में पड़ जाएगा। इसीलिए हम नेतृत्व की अभिलाषा करते हैं और अगर कोई व्यक्ति इस भूमिका को नहीं निभा रहा होता है, तो हम गुमराह और यहाँ तक कि उन्मत्त महसूस करते हैं।

दूसरी ओर, हम उन लोगों से डरते हैं, यहाँ तक कि उनसे घृणा करते हैं, जो हमसे ऊपर होते हैं। यह मूलभूत दोहरापन उस वक़्त नकारात्मक दिशा में झुक जाता है, जब नेतृत्वकर्ता दुर्व्यवहार, असंवेदनशीलता या अयोग्यता के संकेत देते हैं। लीडर कितने भी शक्तिशाली क्यों नहीं हों, हम उन्हें कितना ही पसन्द क्यों नहीं करते हों, सतह के नीचे यह दोहरापन बना रहता है, और यह चीज़ लोगों की वफ़ादारी को खुले तौर पर ढुलमुल और फुर्ती से उड़ जाने वाली बना देती है।

जो लोग सत्ता में होंगे, वे कर्मचारियों की मुस्कराहट और बैठकों में बजने वाली तालियों पर ही ध्यान देंगे और इस समर्थन को वे वास्तविकता समझ बैठेंगे। उन्हें इस बात का अहसास नहीं होगा कि लोग लगभग हर वक़्त अपने से ऊपर के लोगों के प्रति

इस क़िस्म का सम्मान प्रदर्शित करते हैं, क्योंकि उनकी नियति इस तरह के नेतृत्वकर्ताओं के हाथों में होती है और वे अपनी सच्ची भावनाएँ प्रदर्शित करने का जोख़िम नहीं उठा सकते। और इसलिए नेतृत्वकर्ता विरले ही उस अन्तर्निहित द्वैधवृत्ति के प्रति सजग होते हैं, जो उस वक़्त मौजूद होता है, जब सब कुछ ठीक-ठाक ढंग से चल रहा होता है। अगर नेतृत्वकर्ता कोई ग़लती करेंगे, या अगर उनकी सत्ता कमज़ोर पड़ती लगेगी, तो वे अचानक उस अविश्वास और सम्मान के अभाव को देख पाएँगे, जो अदृश्य रूप से पकता रहा था, क्योंकि समूह के सदस्य या जनता ऐसा तीव्र हमला करेगी कि वह उनके लिए अचरज में डालने वाला और चौंका देने वाला होगा। यह जानने के लिए समाचार देखिए कि किसी भी क्षेत्र के नेतृत्वकर्ता किस फुर्ती के साथ अपना समर्थन और सम्मान खोते हैं, और कितनी फुर्ती के साथ उन्हें उनकी ताज़ा कामयाबी या नाकामयाबी के आधार पर परखा जाता है।

प्राचीन रोमनों की दृष्टि में, उन लोगों में ज़बरदस्त प्रज्ञा थी, जिन्होंने उनका गणराज्य स्थापित किया था। उनके पूर्वजों ने इस प्रज्ञा को इस बात से दर्शाया था कि उनके द्वारा स्थापित की गयी संस्थाएँ किस क़दर मज़बूत और दीर्घकाल तक टिकी रहने वाली थीं, और किस तरह उन्होंने अपने पिछड़े हुए क़स्बों को ज्ञात दुनिया के श्रेष्ठ शक्ति-केन्द्रों में बदल दिया था। इस हद तक कि रोमन सीनेटर और लीडर इस बुनियादी प्रज्ञा की ओर लौटे और उन्होंने उन संस्थापकों के आदर्शों को मूर्त रूप दिया, उनके पास *प्रभुत्व* था - संवर्धित उपस्थिति, एक बढ़ी हुई प्रतिष्ठा और साख। इस तरह के नेतृत्वकर्ताओं को भाषणों या बल का सहारा लेने की ज़रूरत नहीं थी। रोमन नागरिकों ने स्वेच्छापूर्वक उनके बताए मार्ग का अनुसरण किया और उनके विचारों और परामर्शों को स्वीकार किया। उनके हर शब्द और कृत्य में अतिरिक्त वज़न प्रतीत होता

था। इस चीज़ ने उन्हें कठोर निर्णय लेने की ज़बरदस्त गुंजाइश दी; उनको महज़ उनकी तात्कालिक सफलताओं के आधार पर नहीं परखा जाता था।

प्रभुत्व रखने वाले नेतृत्वकर्ताओं के होने से काम हो जाते थे और एकता क़ायम रहती थी। और इसके लिए ज़रूरी था कि वे नेतृत्वकर्ता उच्चतम आदर्शों को रूपायित करते हों, ऐसे आदर्श जो रोज़मर्रा राजनैतिक जीवन की छुद्रताओं से ऊपर उठे हों।

यह रोमन आदर्श, जो उच्चतर ध्येय के प्रति संसक्ति को प्रतिबिम्बित करता था, प्रभुत्व के सच्चे रूपों का अनिवार्य घटक है। और यही वह ढंग है, जो हमें अपनाना चाहिए, अगर हम आज की दुनिया में उस तरह का प्रभुत्व स्थापित करना चाहते हैं।

सबसे पहले और सबसे महत्त्वपूर्ण यह है कि हमें किसी भी लीडर के बुनियादी उद्यम को समझना चाहिए – वह दूरगामी दृष्टि उपलब्ध कराता हो, वैश्विक तसवीर पर निगाह रखता हो, समूह के उच्चतर कल्याण के लिए काम करता हो और उसकी एकता को बनाए रखता हो। भविष्य पर और व्यापक तसवीर पर एकाग्र निगाह रखने में हमारे विचारों का सबसे ज़्यादा उपयोग होना चाहिए।

लेकिन, इसी के साथ, नेतृत्व को हमें उन लोगों के साथ एक गतिशील सम्बन्ध के रूप में देखना चाहिए, जिनका नेतृत्व किया जा रहा है। हमें समूह के सदस्यों की मन:स्थितियों के साथ तालमेल बिठाए रखना ज़रूरी है। हमें यह कभी नहीं मानकर चलना चाहिए कि हमें उसका समर्थन प्राप्त है। हमारी संवेदना प्रबल भावनाओं से निकलकर आनी चाहिए – जब सदस्य हमारे प्रति अपना सम्मान खो रहे हों तो हमें इस चीज़ को *महसूस* कर सकना चाहिए। इस गतिशीलता के हिस्से के तौर पर, हमें इस बात को भी समझने की ज़रूरत है कि जब हम अपने से नीचे के लोगों के प्रति भरोसा और सम्मान दर्शाते हैं, तो इसी तरह की अनुभूतियाँ वापस हम तक लौटें।

जब लीडर प्रभुत्व के इन दो स्तम्भों – दृष्टि और संवेदना – को खड़ा करने में विफल हो जाते हैं, तो यह होता है : समूह के लोग नेतृत्व से कटा हुआ और अपने तथा नेतृत्वकर्ता के बीच फ़ासला महसूस करने लगते हैं। वे समझ जाते हैं कि कहीं गहराई में उन्हें ऐसे प्यादों के रूप में देखा जा रहा है, जिनकी जगह कोई दूसरे लोग ले सकते हैं। और इसलिए, सूक्ष्म स्तर पर, वे असन्तोष महसूस करने लगते हैं और सम्मान खोने लगते हैं। फिर वे इन नेतृत्वकर्ताओं की बात को बहुत ध्यान देकर नहीं सुनते। वे दिन का ज़्यादा समय अपने हितों और अपने भविष्य के बारे में सोचते हुए बिताते हैं। वे किन्हीं गुटों में शामिल हो जाते हैं या अपना गुट बना लेते हैं। वे आधी या तीन–चौथाई रफ़्तार से काम करने लगते हैं।

दूसरी ओर, अगर हम सहज या सजग ढंग से प्रभुत्व को स्थापित करने के रास्ते पर चलते हैं, जैसा कि ऊपर बताया गया है, तो समूह पर बहुत भिन्न क़िस्म का असर होता है। सदस्यों या जनता का द्वैधपन दूर नहीं हो जाता – वह तो मानव स्वभाव का अतिक्रमण होगा – लेकिन उसे सँभाला जा सकता है। लोग तब भी हिचकिचाएँगे और सन्देह या ईर्ष्या के पल आएँगे, लेकिन वे किसी ग़लती के लिए हमें जल्दी ही माफ़ कर देंगे और अपने सन्देह से बाहर निकल जाएँगे। इसके लिए हम पर्याप्त भरोसा विकसित कर चुके होंगे।

इस आदर्श तक पहुँचना हमेशा हमारी सामर्थ्य में होता है, और अगर सदस्य हमारे प्रति अपना सम्मान और भरोसा खो देते हैं, तो इसे हमें अपनी चूक की तरह देखना चाहिए।

मानव स्वभाव के अध्येता के रूप में आपका उद्यम तिहरा है : सबसे पहले, आपको प्रभुत्व का पक्का पर्यवेक्षक बन सकना चाहिए, जिसके लिए आपको ऐसी युक्ति का इस्तेमाल करना चाहिए कि आप लोगों पर किसी तरह के बल का या प्रेरणास्पद भाषणों का

इस्तेमाल किए बग़ैर उन पर प्रभाव डाल सकें। इसकी शुरुआत आप अपने परिवार पर नज़र डालकर और इस बात की थाह लेते हुए करें कि माँ या पिता में से किसने आप पर और आपके भाई-बहनों पर सबसे ज़्यादा प्रभुत्व का इस्तेमाल किया था। आप अपने जीवन में आए अध्यापकों और मार्गदर्शकों पर निगाह डालें और देखें कि उनमें से कौन ऐसे विशिष्ट व्यक्ति रहे हैं, जिनका आप पर सशक्त प्रभाव पड़ा था। वे कौन लोग थे, जिनके शब्द और जिनके द्वारा क़ायम की गयी मिसाल आज भी आपके दिमाग़ में गूँजती हैं। आप अपने अधिकारियों पर नज़र डालें और देखें कि ना केवल आप पर और दूसरे व्यक्तियों पर बल्कि पूरे समूह पर उनका क्या प्रभाव पड़ा। अन्त में, आप समाचारों में दिखाए जाने वाले विभिन्न नेतृत्वकर्ताओं को देखें। इन तमाम मामलों में आपको उनके प्रभुत्व के स्रोत या उसके अभाव को लेकर नतीजे पर पहुँचना ज़रूरी है।

दूसरे, आपको कुछ ऐसी आदतें और युक्तियाँ विकसित करने की ज़रूरत है, जो प्रभुत्व डालने में आपकी मदद कर सकें।

इस प्रक्रिया के अंग के तौर पर आपको लोगों पर पड़ने वाले आपके प्रभाव पर विचार करने की ज़रूरत है : क्या आप लगातार बहस करते हुए अपनी मर्ज़ी लादने की कोशिश कर रहे हैं, और इस तरह अपने मंसूबों और योजनाओं को लेकर अपेक्षा से अधिक प्रतिरोध का सामना कर रहे हैं? अगर आप अभी शुरुआत ही कर रहे हैं, तो कभी-कभी यह चीज़ मददगार नहीं भी हो सकती - लोग सामान्यतः उन लोगों के विचारों का सम्मान नहीं करते, जो सोपानक्रम में निचले पायदान पर होते हैं। लेकिन कभी जब आप ऊपर दर्शाए गए अनेक नियमों का उल्लंघन करते हैं, तो यह चीज़ आपके अपने कृत्यों से भी उत्पन्न हो सकती है।

लोगों की मुस्कराहटों और समर्थनपरक अभिव्यक्तियों को वास्तविक मत समझें। सामान्यतः आपको दूसरे लोगों के प्रति अपनी

संवेदनशीलता में बढ़ोत्तरी करने की ज़रूरत होती है, ख़ास तौर से उन पलों में झाँकने की जब आप लोगों के असम्मान को *महसूस* कर सकते हों या आपका प्रभुत्व घट रहा हो।

तीसरी और सबसे महत्त्वपूर्ण चीज़ है, हम जिस वक़्त में रह रहे हैं, जिसमें प्रभुत्व की अवधारणा मात्र को अक्सर ग़लत समझ लिया जाता है या उससे नफ़रत की जाती है, आपको उसके प्रतिकूल पूर्वाग्रहों का शिकार नहीं होना चाहिए। आज हम प्रभुत्व को नेतृत्वकर्ताओं से भ्रमित कर बैठते हैं, और चूँकि उनमें से बहुत-से नेतृत्वकर्ता अपनी सत्ता को बनाए रखने और ख़ुद को सम्पन्न बनाने में दिलचस्पी लेते दिखते हैं, इसलिए स्वाभाविक ही हमारे मन में स्वयं प्रभुत्व की अवधारणा को लेकर सन्देह जागने लगता है। हम अत्यन्त लोकतान्त्रिक समय में भी रह रहे हैं। हम ख़ुद से पूछ सकते हैं कि "हमें कभी भी किसी प्रभुत्वशाली व्यक्ति का अनुसरण क्यों करना चाहिए, और इस तरह की हीन भूमिका क्यों निभानी चाहिए?"

मानव स्वभाव के अध्येता के रूप में हमें प्रभुत्वशाली व्यक्तियों के ख़िलाफ़ अपने पूर्वाग्रहों के हज़ारों ख़तरों को पहचानना चाहिए। दुनिया में प्रभुत्वशाली लोगों को मान्यता देने का मतलब अपनी हीनता को स्वीकार करना नहीं, बल्कि मानव स्वभाव और इस तरह की शख़्सियतों की ज़रूरत को स्वीकार करना है। प्रभुत्वशाली लोगों को स्वार्थी या आततायी नहीं समझना चाहिए - वस्तुतः ये वे चीज़ें हैं जो उनके प्रभुत्व को कम करती हैं। वे अतीत के अवशेष नहीं हैं, बल्कि वे लोग हैं, जो एक ज़रूरी भूमिका निभाते हैं और जिनकी शैली समय के साथ बदलती रहती है। प्रभुत्व एक उत्कृष्ट रूप से लोकतान्त्रिक चीज़ हो सकती है।

## प्रभुत्व को स्थापित करने की युक्तियाँ

ध्यान रहे कि प्रभुत्व का सारतत्त्व इस बात में है कि लोग स्वेच्छा से आपके नेतृत्व का अनुसरण करें। वे आपके शब्दों और परामर्शों को मानने का चुनाव करते हैं। वे आपकी प्रज्ञा चाहते हैं। निश्चय ही, कभी-कभी आपको ताक़त, पुरस्कार और सज़ा का इस्तेमाल करने की और प्रेरणादायी भाषण देने की ज़रूरत पड़ सकती है। यह सिर्फ़ मात्रा का मसला है। आपको जितना ही कम इन युक्तियों का इस्तेमाल करना पड़ेगा, आपका प्रभुत्व उतना ही अधिक होगा। इसलिए आपको निरन्तर लोगों की इच्छाशक्ति को काम पर लगाने की, उनके स्वाभाविक प्रतिरोध तथा द्वैधवृत्ति को जीतने की कोशिश करते रहना चाहिए। नीचे अंकित युक्तियाँ इसी को ध्यान में रखकर प्रस्तुत की गयी हैं। उन सबको व्यवहार में लाएँ।

**प्रभुत्व की अपनी शैली खोजें : प्रामाणिकता।** जिस प्रभुत्व को आप स्थापित करते हैं, उसे स्वाभाविक रूप से आपके चरित्र से निकलकर आना चाहिए, उस विशिष्ट शक्ति से जो आप में है। प्रभुत्व के ख़ास मानकों के बारे में सोचें : उनमें से कोई एक आपके लिए सबसे ज़्यादा उपयुक्त है। ऐसा ही एक उल्लेखनीय मानक है मूसा या मार्टिन लूथर किंग जैसे *उद्धारक* का, ऐसा व्यक्ति जो लोगों को बुराई से मुक्ति दिला सके।

एक दूसरा मानक होगा *संस्थापक* का। ये वो लोग होते हैं, जो राजनीति या कारोबार की दुनिया में एक नयी व्यवस्था क़ायम करते हैं। उनमें सामान्यतः नए रुझानों की गहरी समझ और यथास्थिति के प्रति ज़बरदस्त विकर्षण होता है। इसी से जुड़ा हुआ मानक है *स्वप्नद्रष्टा कलाकार* का, जैसे कि पाब्लो पिकासो या जैज़ कलाकार जॉन कॉल्ट्रेन या फ़िल्म निर्देशक डेविड लिंच। ये कलाकार अपने

क्षेत्र की परिपाटियों में पारंगत होते हैं और फिर उन्हें सिर के बल खड़ा कर देते हैं।

*सत्य के खोजी* (वे लोग जो झूठों को और राजनैतिक षड्यन्त्रों को बर्दाश्त नहीं कर सकते); *मौन व्यावहारिकतावादी* (जो बिगड़ी हुई चीज़ों को बना देने के अलावा और कुछ नहीं चाहते, और जिनमें अनन्त धीरज होता है); *चिकित्सक* (जिनमें यह जानने का कौशल होता है कि किस चीज़ से कार्य सिद्ध होंगे और कौन-सी चीज़ लोगों को एकीकृत करेगी); *अध्यापक* (जो लोगों से पहल कराना जानते हैं और अपनी ग़लतियों से सीखते हैं) आदि दूसरे मानकों में शामिल हो सकते हैं। आपको इनमें से या संस्कृति में ध्यान देने योग्य किन्हीं अन्य मानकों में से किसी एक मानक को पहचानना चाहिए।

इनमें से जो भी शैली आपके लिए स्वाभाविक हो, उसे अपनाते हुए आप यह प्रभाव छोड़ते हैं कि यह आपसे परे की कोई चीज़ है, मानो आपका न्याय-बोध या रुझानों की पकड़ आपके डी.एन.ए. से आयी है या ईश्वर की सौगात है।

**बाहर की ओर ध्यान केन्द्रित करें : प्रवृत्ति।** हम मनुष्य स्वभाव से ही आत्मलीन होते हैं और अपना ज़्यादातर वक़्त अन्दर की ओर, अपनी भावनाओं, अपने घावों, अपने दिवास्वप्नों पर केन्द्रित रखते हुए बिताते हैं। आपको इसे यथासम्भव उलट देने की आदत डालने की ज़रूरत है। यह काम आप तीन तरह से कर सकते हैं। पहला, आप अपनी सुनने की क्षमता को पैना करें और दूसरों के शब्दों और हाव-भावों से मिलने वाले संकेतों में ख़ुद को तल्लीन करें। आप लोगों की मुस्कराहटों और प्रशंसापूर्ण भंगिमाओं को वास्तविकता के रूप में नहीं लें, बल्कि उनके पीछे के तनाव या आकर्षण को महसूस करें।

दूसरे, आप लोगों का सम्मान जीतने के लिए ख़ुद को समर्पित कर दें। आप उनकी व्यक्तिगत ज़रूरतों का सम्मान करते हुए और यह सिद्ध करते हुए कि आप उनके महत् कल्याण के लिए कार्य कर रहे हैं, उनका सम्मान हासिल करते हैं। तीसरे, आप नेतृत्वकर्ता होने को एक बहुत बड़ी ज़िम्मेदारी की तरह देखें, जहाँ समूह का कल्याण आपके हर निर्णय पर निर्भर है। आप समूह के प्रति गहरा और स्वाभाविक सम्बन्ध महसूस करें, और अपनी तथा उनकी नियति को गुँथा हुआ देखें।

अगर आप यह रवैया अपनाते हैं, तो लोग इसे महसूस करेंगे और यह चीज़ उन्हें आपके प्रभाव के अधीन लाएगी।

**तीसरी आँख पैदा करें : दृष्टि।** ज़्यादातर लोग क्षण की क़ैद में होते हैं। उनमें अतिशय प्रतिक्रिया करने या घबरा जाने की, समूह की वास्तविकता के एक छोटे-से हिस्से को देखने की प्रवृत्ति होती है। जो लोग अपनी प्रत्युत्पन्न मति को बनाए रखते हैं और अपने दृष्टिकोण को विस्तार देते हुए उसे क्षण से ऊपर उठा लेते हैं, वे मानव मस्तिष्क की स्वप्नदृष्टा शक्तियों का दोहन करते हैं और अदृश्य शक्तियों तथा प्रवृत्तियों को देखने में सक्षम तीसरी आँख विकसित कर लेते हैं। वे समूह से अलग खड़े दिखायी देते हैं, नेतृत्व की सच्ची भूमिका निभाते हैं, और अपने चारों ओर प्रभुत्व का ऐसा प्रभामण्डल रच लेते हैं, जिसे देखकर लगता है, जैसे उनके पास भविष्य को पढ़ने की ईश्वरीय शक्ति हो। और यह वह शक्ति है, जिसे किसी भी परिस्थिति में साधा जा सकता है, विकसित किया जा सकता है और उसे अमली जामा पहनाया जा सकता है।

आपको जीवन में जितनी जल्दी मुमकिन हो, उतनी जल्दी समूह के भावनात्मक विक्षोभ से ख़ुद को काट लेना चाहिए। आप अपनी दृष्टि को ऊँचा उठाने के लिए, व्यापक तसवीर की कल्पना

करने के लिए ख़ुद को बाध्य करें। आप शत्रु के दृष्टिकोण का स्वागत करें; आप बाहरी लोगों के विचारों पर कान दें; आप विभिन्न सम्भावनाओं के प्रति अपने दिमाग़ को खोलें। इस तरह आप स्थिति को उसकी समग्रता में महसूस कर सकेंगे। आप सम्भावित रुझानों को टटोलें, अनुमान लगाएँ कि स्थितियाँ भविष्य में क्या शक्ल ले सकती हैं, और ख़ास तौर से यह कि हालात ग़लत रास्ता कैसे अख़्तियार कर सकते हैं। आप में इस कवायद के लिए अनन्त धैर्य हो। आप इसमें जितनी ही गहराई में उतरेंगे, उतनी ही आप भविष्य को किसी-न-किसी रूप में पहचानने की शक्ति हासिल करेंगे।

**प्रेरक नेतृत्व : वातावरण।** नेतृत्वकर्ता के रूप में आपका कड़ी मेहनत करते हुए, बल्कि दूसरों से ज़्यादा कड़ी मेहनत करते हुए दिखना अनिवार्य है। यह चीज़ माहौल तैयार कर देती है। इससे समूह के सदस्य स्वयं को आपके स्तर तक उठाने और आपका अनुमोदन हासिल करने के लिए बाध्य होंगे। वे आपके मूल्यों को अपना बना लेंगे और सूक्ष्म ढंग से आपकी नक़ल करेंगे।

यह ज़रूरी है कि आप एकदम शुरुआत से ही यह वातावरण तैयार कर दें। शुरुआती प्रभाव निर्णायक महत्त्व के होते हैं। अगर आप बाद में यह दर्शाने की कोशिश करेंगे कि आप प्रेरक नेतृत्व चाहते हैं, तो वह आरोपित लगेगा और उसमें विश्वसनीयता की कमी होगी। उतना ही महत्त्वपूर्ण है कुछ शुरुआती सख़्ती दर्शाना; अगर लोगों को शुरू में ही यह लगने लगता है कि वे आपके साथ चालबाज़ी कर सकते हैं, तो वे निर्ममतापूर्वक वैसा करेंगे।

आप अपने करियर की शुरुआत में ही अपने काम के उच्चतम सम्भव मानक विकसित करें और स्वयं को इस तरह तैयार करें कि आप लगातार इस बात के प्रति जागरूक रह सकें कि आपका ढंग और लहज़ा किस तरह सूक्ष्मतम रूप से लोगों को प्रभावित करता है।

**परस्पर विरोधी भावनाओं को उभारें : प्रभामण्डल।** ज़्यादातर लोग सदा एक-से होते हैं। सामाजिक परिस्थितियों में अच्छी तरह घुल-मिल जाने के लिए वे एक व्यक्तित्व ओढ़ लेते हैं, जो एक-सा होता है - प्रसन्नचित्त, ख़ुशनुमा, निर्भीक, संवेदनशील। वे उन दूसरे लक्षणों को छिपाने की कोशिश करते हैं, जिन्हें सामने लाने को लेकर वे डरते हैं। एक लीडर के रूप में आपको अधिक रहस्यमय होने की ज़रूरत है, एक ऐसी मौजूदगी रचने की ज़रूरत जो लोगों को सम्मोहित कर सके। मिले-जुले संकेत छोड़ते हुए, ऐसे लक्षणों का प्रदर्शन करते हुए, जो किंचित परस्पर विरोधी हों, आप लोगों को विवश कर देते हैं कि वे आपको तुरत-फुरत किसी कोटि में नहीं डाल सकें और सोचने लग जाएँ कि वास्तव में आप क्या हैं। वे जितना ही ज़्यादा आपके बारे में सोचेंगे, उतनी ही आपकी उपस्थिति व्यापक और प्रभुत्वशाली होगी।

इसी से जुड़ी हुई चीज़ यह है कि आपको उपस्थिति और अनुपस्थिति को सन्तुलित करना सीखना चाहिए। अगर आप बहुत अधिक उपस्थित और चिरपरिचित हैं, अगर आप हर वक़्त उपलब्ध होते हैं और दिखायी देते हैं, तो आप बहुत मामूली लगने लगते हैं। आप लोगों को गुंजाइश ही नहीं छोड़ते कि वे आपको आदर्शीकृत कर सकें। लेकिन अगर आप बहुत ज़्यादा न्यारे बने रहते हैं, तो लोग आपके साथ तादात्म्य नहीं बिठा सकते। सामान्यत: सबसे अच्छा यही है कि आप अनुपस्थिति की दिशा में हल्के-से ज़्यादा झुके हों, ताकि जब आप समूह के सामने प्रकट हों, तो आप उत्तेजना पैदा कर सकें।

**लेते हुए कभी नहीं, हमेशा देते हुए दिखें : वर्जना।** अगर आप लोगों से कोई ऐसी चीज़ लेते हैं, जिसके बारे में उनका ख़याल है कि वह उनकी है - जैसे कि पैसा, अधिकार या विशेषाधिकार,

समय जोकि उनका अपना है, तो यह चीज़ एक बुनियादी असुरक्षा-भाव पैदा करेगी और आपके प्रभुत्व और आपकी सारी संचित साख को सन्देह में डालेगी। आप समूह के सदस्यों में भविष्य को लेकर अत्यन्त सहज अनिश्चय का अहसास जगाते हैं। यहाँ तक कि इसका मामूली-सा संकेत भी आपकी प्रतिष्ठा को नुक़सान पहुँचाएगा। अगर बलिदान करना अनिवार्य हो, तो आपको बलिदान करने वाला पहला व्यक्ति होना चाहिए, और ये बलिदान महज़ सांकेतिक नहीं होने चाहिए। संसाधन या सुविधा की किसी भी तरह की क्षति को तात्कालिक क्षति की तरह देखने की कोशिश कीजिए, और इस बात को एकदम स्पष्ट कर दीजिए कि आप कितनी फुर्ती के साथ उन्हें बहाल कर सकते हैं।

इसी से जुड़ी हुई चीज़ यह है कि आपको लोगों को अतिशय भरोसा दिलाने से बचना चाहिए। अगर आप लोगों से यह कहते हैं कि भविष्य में आप उनके लिए महान काम करने वाले हैं, तो तात्कालिक तौर पर तो यह अच्छा लग सकता है, लेकिन लोगों में सामान्यत: आश्वासनों की तीक्ष्ण स्मृति होती है, और अगर आप आश्वासन को पूरा करने में विफल रहे, तो यह बात उनके दिमाग़ में बैठकर रह जाएगी, भले ही आप उस विफलता के लिए दूसरों को या परिस्थितियों को ज़िम्मेदार क्यों नहीं ठहराएँ। अगर यह चीज़ दोबारा होती है, तो आपका प्रभुत्व बहुत तेज़ी के साथ घटने लगेगा। आपने जो कुछ देने का वादा किया था, उसे नहीं देना कुछ छीन लेने जैसा लगेगा। हर कोई बढ़-चढ़कर बातें कर सकता है और वादे कर सकता है, और इसलिए आप किसी भी ऐसे व्यक्ति की तरह दिखेंगे, जैसे व्यक्ति हमें आए दिन मिलते रहते हैं, और इससे जो मोहभंग होगा, वह बहुत भारी पड़ सकता है।

**अपने प्रभुत्व का नवीकरण करें : अनुकूलनीयता।** आपके प्रति भरोसा और सम्मान जगाने वाले हर कृत्य के साथ आपका प्रभुत्व बढ़ेगा। लेकिन आपकी उम्र के बढ़ने के साथ आपके द्वारा स्थापित प्रभुत्व सख़्त और घिस-पिट गया हो सकता है। आप ऐसे पिता तुल्य बन जा सकते हैं, जो लम्बे समय तक सत्ता पर क़ाबिज़ बने रहने के लिए दमनकारी लगने लगता है, भले ही अतीत में लोग उसकी कितनी ही इज़्ज़त क्यों नहीं करते रहे हों। एक नयी पीढ़ी अपरिहार्य रूप से उभरकर आती है, जिस पर आपके आकर्षण का, आपके द्वारा रचे गए प्रभामण्डल का कोई असर नहीं होता।

इस ख़तरे को टालने के लिए उठाया जाने वाला पहला क़दम है, संवेदनशीलता बनाए रखना, लोगों के शब्दों के पीछे सक्रिय उनके मिज़ाज पर ध्यान देना, और नावागन्तुकों तथा युवा लोगों पर पड़ने वाले अपने प्रभाव की थाह लेना। आपका सबसे बड़ा डर यह होना चाहिए कि आप इस संवेदना को खो नहीं दें, क्योंकि आप अपनी महान ख्याति के खोल में बन्द होना शुरू कर देंगे।

दूसरा क़दम है, उन नए बाज़ारों और श्रोता-समूह की खोज, जो आपको सामंजस्य बिठाने के लिए बाध्य करेंगे। ऐसे युवा लोगों की भीड़ जिन्हें आप वाक़ई समझ नहीं सकते, को आकर्षित करने की कोशिश में ख़ुद को मूर्ख बनाए बिना, गुज़रते वर्षों के साथ अपनी शैली में बदलाव लाने की कोशिश करें। जो लोग अपनी उम्र के छठवें दशक में या उससे परे हैं, उनमें इस तरह का लोच आपको अलौकिकता और अमरता का हल्का-सा पुट देगा - आपकी भावऊर्जा जीवन्त और उन्मुक्त बनी रहेगी, आपके प्रभुत्व में नयापन आता रहेगा।

## आन्तरिक प्रभुत्व

हम सबका एक उच्चतर और निम्नतर स्वत्व है। जीवन के किन्हीं ख़ास पलों में हम इनमें से किसी एक के मुक़ाबले दूसरे की अधिक शक्तिशाली उपस्थिति को अनुभव कर सकते हैं। जब हम किन्हीं कार्यों को पूरा कर लेते हैं, जब हम उस कार्य को सम्पन्न कर लेते हैं, जिसकी हमने शुरुआत की थी, तो हम इस उच्चतर स्वत्व की रूपरेखा को महसूस कर सकते हैं। लेकिन हम उतनी ही अच्छी तरह अपने निम्नतर स्वत्व की क्रियाशीलता को भी महसूस करते हैं, जब हम हर चीज़ को अपने दिल पर ले लेते हैं और संकीर्ण हो उठते हैं, या जब हम वक़्त बरबाद कर रहे होते हैं या जब हम सम्भ्रमित और निष्प्रयोजन महसूस करते हैं।

यद्यपि हम ज़्यादातर वक़्त इन दोनों पक्षों के बीच तैरते रहते हैं, लेकिन अगर हम ख़ुद को बारीकी से देखें, तो हमें स्वीकार करना होगा कि हमारा निम्नतर स्वत्व कहीं ज़्यादा ताक़तवर होता है। इस निम्नतर स्वत्व को क़ाबू में करने और उच्चतर पक्ष को बाहर लाने के लिए अक्सर बहुत मेहनत और सजगता की ज़रूरत पड़ती है; वह हमारा प्राथमिक संवेग नहीं है।

इन दोनों पक्षों के बीच के आपसी टकराव को कम करने और पलड़े को उच्चतर पक्ष की ओर झुका देने की कला को हम *आन्तरिक प्रभुत्व* की संज्ञा दे सकते हैं। यह प्रभुत्व हमारे उच्चतर स्वत्व की आवाज़, उसका अन्त:करण है। इस आवाज़ को इस तरह लें कि वह हमें आचरण की संहिता का निर्देश देती है, और हमें हर दिन इसे सुनना चाहिए। यह हमसे नीचे अंकित बातें कहती है।

**यह आपकी ज़िम्मेदारी है कि आप जिस संस्कृति और समय में रह रहे हो, उसमें योगदान करो।** फ़िलहाल, आप अतीत के उन लाखों लोगों द्वारा उपजाए गए फलों पर जीवित हैं, जिन्होंने अपने

संघर्षोंऔर आविष्कारों से आपकी ज़िन्दगी को अतुलनीय रूप से आसान बना दिया है। इस सबको सहज उपलब्ध मानकर चलना, यह कल्पना करना कि यह सब स्वाभाविक रूप से घटित हुआ है और आप इन सारी शक्तियों पर स्वामित्व की पात्रता रखते हैं, बहुत आसान है। यह सिर-चढ़े बच्चों का दृष्टिकोण है और अगर तुम्हें अपने भीतर इस तरह की प्रवृत्ति का कोई संकेत दिखायी देता है तो तुम्हें उसे एक शर्मनाक संकेत की तरह देखना चाहिए। तुम यहाँ महज़ अपनी लालसाओं को तृप्त करने और दूसरों के द्वारा बनाए गयी चीज़ों का उपभोग करने के लिए नहीं आए हो, बल्कि चीज़ों का निर्माण करने और उनमें योगदान करने, किसी उच्चतर ध्येय को पूरा करने आए हो।

**इस उच्चतर ध्येय की पूर्ति के लिए आपको अपने अन्दर निहित वैशिष्ट्य को विकसित करना चाहिए।** दूसरों के शब्दों और मतों पर बहुत ज़्यादा ध्यान देना बन्द करो, जो आपको बताते हैं कि आप कौन हैं और आपको क्या पसन्द और क्या नापसन्द करना चाहिए। लोगों और चीज़ों को ख़ुद परखो। हर दिन उन दक्षताओं में सुधार लाने की कोशिश करो जो तुम्हारी विशिष्ट भाव-ऊर्जा और ध्येय के साथ मेल खाती हों। आपकी विशिष्टता को प्रतिबिम्बित करने वाली कोई चीज़ गढ़कर संस्कृति के लिए ज़रूरी विविधता का योगदान करें।

**विचलनों से भरी इस दुनिया में आपको एकाग्र होने और अपनी प्राथमिकताएँ तय करने की ज़रूरत है।** कुछ गतिविधियाँ समय की बरबादी होती हैं। निम्न प्रकृति के कुछ लोग आपको नीचे की ओर घसीटेंगे, और आपको उनसे बचकर रहना चाहिए। अपनी निगाहों को दीर्घकालिक और अल्पकालिक लक्ष्यों पर केन्द्रित रखें, और एकाग्र तथा चौकन्ने बने रहें। रचनात्मक ढंग के अन्वेषणों

और खोजों में ख़ुद को व्यस्त रखें, लेकिन ध्यान रहे कि इनके पीछे हमेशा एक अन्तर्निहित ध्येय हो।

**आपको अपने काम के मामले में सर्वोच्च मापदण्डों से प्रतिबद्ध रहना चाहिए।** आपको उत्कृष्टता की आरज़ू करनी चाहिए और कोई ऐसी चीज़ गढ़नी चाहिए, जो जनता के दिमाग़ में गूँजती रहे और टिकाऊ हो। इस तरह के मापदण्डों को क़ायम रखने के लिए आपको आत्मानुशासन और काम करने की उचित आदतें विकसित करनी चाहिए। आपको अपने काम की बारीकियों पर बहुत ध्यान देना चाहिए और उद्यम को सबसे अधिक मूल्य देना चाहिए। आपके मन में जो पहला विचार या सूझ पैदा होती है, वह अक्सर अपूर्ण और अपर्याप्त होती है। अपनी सूझों पर उनकी पूर्णता और गहराई में विचार करो और उनमें से कुछ का आपको तिरस्कार कर देना चाहिए। अपने आरम्भिक विचारों से चिपके नहीं रहें, इसकी बजाय उन्हें बेरुखी के साथ बरतें। इस बात को दिमाग़ में रखें कि जीवन बहुत संक्षिप्त है और वह किसी भी दिन समाप्त हो सकता है। इस सीमित समय का अधिक-से-अधिक उपयोग करने के लिए आपके भीतर शीघ्रता का बोध होना चाहिए। आपको ना तो अन्तिम समय सीमा की ज़रूरत है और ना इस बात की कि लोग आपसे कहें कि आप क्या करें और अपना काम कब पूरा किया जाए। आपके लिए ज़रूरी कोई भी उत्प्रेरणा आपके भीतर से पैदा होनी चाहिए। आप सम्पूर्ण और आत्मनिर्भर हैं।

> चुनिन्दा मनुष्य से, उत्कृष्ट मनुष्य से, आन्तरिक अनिवार्यता के चलते, यह तकाज़ा किया गया था कि वह ख़ुद से ऐसे मापदण्डों की माँग करे, जो उससे परे, उससे श्रेष्ठ हों और जिनकी सेवा को वह उन्मुक्त ढंग से स्वीकार करे... इस उत्कृष्ट आदमी को साधारण आदमी से यह

कहते हुए अलग किया गया था कि उत्कृष्ट मनुष्य वह है, जो ख़ुद से बहुत बड़ी माँगें करता है, और साधारण आदमी वह है, जो ख़ुद से कोई माँग नहीं करता, बल्कि वह जो है उसी से सन्तुष्ट हो जाता है, और ख़ुद से आनन्दित रहता है। सामान्यत: जैसा सोचा जाता है उसके विपरीत, यह उत्कृष्ट मनुष्य है... जो मूलत: गुलामी की अवस्था में रहता है। जीवन में उसके लिए तब तक कोई स्वाद नहीं होता, जब तक कि वह उसे किसी लोकोत्तर चीज़ की सेवा में नहीं लगा देता। इसलिए वह सेवा करने की अनिवार्यता को अत्याचार के रूप में नहीं देखता। जब, संयोग से, इस तरह की ज़रूरत नहीं होती, तो वह बेचैन हो उठता है और किन्हीं नए मापदण्डों को ईजाद कर लेता है, अधिक मुश्किल, अधिक सख़्त, जिनसे वह ख़ुद को धमका सके। यही अनुशासन के साथ जिया गया जीवन है – भव्य जीवन।

*– होसे ओतेगा ई गासे*

# 16

# दोस्ताना मुखड़े के पीछे वैमनस्य को देखिए

—— ✧ ——

## *आक्रामकता का नियम*

*सतह पर, आपके आसपास के लोग बहुत विनम्र और सभ्य दीखते हैं। लेकिन इस मुखौटे के पीछे वे सब अपरिहार्यतः कुण्ठाओं के साथ बरत रहे होते हैं। वे लोगों को प्रभावित करना चाहते हैं और परिस्थितियों पर विजय पाने के लिए शक्ति हासिल करना चाहते हैं। अपने उद्यमों में अवरुद्ध महसूस करते हुए, वे अक्सर चालाकीपूर्ण तरीक़ों से ख़ुद को इतने प्रबल ढंग से पेश करते हैं, जो आपको आश्चर्य में डाल देता है। और फिर ऐसे लोग भी होते हैं, जिनकी शक्ति की ज़रूरत और उसे हासिल करने की बेताबी दूसरों से कहीं ज़्यादा होती है। ऐसे लोग विशेष रूप से आक्रामक हो उठते हैं, लोगों को डरा-धमकाकर अपना उल्लू सीधा करते हैं, और पूरी निर्ममता के साथ कुछ भी करने को तैयार होते हैं। आपको लोगों की अतृप्त आक्रामक आकांक्षाओं का सर्वश्रेष्ठ पर्यवेक्षक होना चाहिए और अपने बीच मौजूद चिरस्थायी आक्रामकों और अकर्मक आक्रामकों की ओर अतिरिक्त ध्यान देना चाहिए। आपको संकेतों*

*को पहचानना चाहिए – आचरण के पिछले पैटर्न, अपने आसपास की हर चीज़ को नियन्त्रित करने की ज़रूरत की लत – जो इन ख़तरनाक क़िस्म के लोगों की ओर इशारा करते हैं। वे आपको भावुक बनाने – डरा हुआ या नाराज़ होने – पर निर्भर करते हैं और स्पष्ट तथा शान्त ढंग से सोचने में असमर्थ होते हैं। उन्हें यह शक्ति मत दें। जब मसला आपकी अपनी आक्रामक ऊर्जा का हो, तो उसे क़ाबू करने और किन्हीं फलप्रद ध्येयों में लगाने की आदत डालिए – अपना पक्ष लीजिए, समस्याओं पर अथक ऊर्जा के साथ टूट पड़िए, बड़ी महत्त्वाकांक्षाओं को पूरा कीजिए।*

> पुरुष प्रेम की इच्छा करने वाले उस तरह के शिष्ट और दोस्ताना प्राणी नहीं होते, जो हमला किए जाने पर ख़ुद का बचाव करते हैं... आक्रामकता पर विचार करने की प्रबल इच्छा उनकी प्रतिभा का हिस्सा थी।
>
> *– सिग्मण्ड फ्रायड*

## मानव-स्वभाव के रहस्य

हम सभी इस बात को समझते हैं कि मनुष्य अतीत में और वर्तमान में अत्यन्त हिंसा और आक्रामकता में सक्षम रहे हैं। हम जानते हैं कि दुनिया में भयावह अपराधी, लालची और अनैतिक व्यापारी, आक्रामक सौदेबाज़ और यौन उत्पीड़क हैं। लेकिन हम इस तरह के लोगों और अपने बीच एक स्पष्ट विभाजन-रेखा खींचते हैं। जब मसला हमारे अपनी आक्रामकता का और दूसरे लोगों की चरम आक्रामकता का होता है, तो किसी भी तरह के नैरन्तर्य या विस्तार की कल्पना के ख़िलाफ़ हममें एक ज़बरदस्त अवरोध होता है। हम दरअसल, इस शब्द को आक्रामकता के ऐसे प्रबलतम रूप

का बयान करने के लिए परिभाषित करते हैं, जिसमें हम शामिल नहीं होते। आक्रामक हमेशा दूसरा होता है, वही शुरुआत करता है।

यह मानव स्वभाव के बारे में गम्भीर भ्रान्ति है। आक्रामकता वह प्रवृत्ति है, जो हर एक मनुष्य में छिपी हुई है। यह वह प्रवृत्ति है, जो हमारी प्रजाति में सहज रूप से अन्तर्निहित है। हम इस ग्रह के श्रेष्ठ प्राणी बने ही अपनी आक्रामक ऊर्जा के कारण हैं, जिसके साथ हमारी बुद्धिमानी और चालाकी जुड़ी है। हम जिस तरह समस्याओं पर धावा बोलते हैं, अपने जीवन को आसान बनाने के लिए पर्यावरण को बदलते हैं, अन्याय से लड़ते हैं या किसी भी चीज़ को बड़े पैमाने पर गढ़ते हैं, उससे हम अपनी आक्रामकता को प्रथक नहीं कर सकते।

आक्रामकता सकारात्मक उद्देश्यों की पूर्ति भी कर सकती है। इसी के साथ-साथ किन्हीं ख़ास परिस्थितियों में, यह ऊर्जा हमें असामाजिक आचरण की ओर, ज़रूरत से ज़्यादा हथियाने या लोगों पर हुक्म चलाने की ओर भी धकेल सकती है। ये सकारात्मक और नकारात्मक पक्ष एक ही सिक्के के दो पहलू हैं। और हालाँकि कुछ व्यक्ति साफ़ तौर पर ज़्यादा आक्रामक होते हैं, हम सभी नकारात्मक पहलू की ओर फिसलने में सक्षम हैं। मानवीय आक्रामकता में एक नैरन्तर्य है, और हम सब उसके दायरे में हैं।

इस ऊर्जा से ना तो इनकार किया जा सकता है ना उसे दबाया जा सकता है; वह किसी-न-किसी रूप में प्रकट होगी ही। लेकिन अगर हम जागरूक हों तो हम इसे नियन्त्रित करना और किन्हीं फलप्रद उद्देश्यों के लिए उसका इस्तेमाल करना शुरू कर सकते हैं। इसके लिए हमें समूची मानव आक्रामकता के स्रोत को समझना और यह जानना ज़रूरी है कि वह नकारात्मक रूप कैसे ले लेती है, और ऐसा क्यों है कि कुछ लोग दूसरों के मुक़ाबले ज़्यादा आक्रामक हो जाते हैं।

## मानव आक्रामकता के स्रोत

किसी भी दूसरे प्राणी से भिन्न, हम मनुष्य अपनी नश्वरता को लेकर और इस तथ्य को लेकर जागरूक होते हैं कि हम कभी भी मर सकते हैं। यह विचार चेतन या अवचेतन रूप से हमें पूरी ज़िन्दगी भर सताता रहता है। हम इस बात के प्रति सजग होते हैं कि जीवन में हमारी स्थिति कभी भी सुरक्षित नहीं है – हम अपना रोज़गार गवाँ सकते हैं, अपनी सामाजिक हैसियत गँवा सकते हैं, अपना पैसा गँवा सकते हैं, और यह सब ऐसी वजहों से हो सकता है जिन पर हमारा कोई वश नहीं होता। हमारे आसपास के लोग भी समान रूप से अप्रत्याशित होते हैं – हम उनके विचारों को कभी नहीं समझ सकते, उनकी गतिविधियों का पूर्वानुमान नहीं कर सकते, या उनके सहारे पर पूरी तरह निर्भर नहीं कर सकते। हम दूसरों पर निर्भर हैं और वे अक्सर हमारी अपेक्षाओं पर खरे नहीं उतरते। हममें प्रेम की, उत्तेजना की, और प्रोत्साहन की कुछ सहज आकांक्षाएँ होती हैं, और उन आकांक्षाओं को अपने ढंग से सन्तुष्ट करना अक्सर हमारे वश में नहीं होता। इसके अलावा, हम सभी की कुछ ख़ास असुरक्षा की भावनाएँ होती हैं जो हमारे बचपन के घावों से उत्पन्न हुई प्रतीत होती हैं। अगर कोई घटनाएँ या लोग इन असुरक्षा की भावनाओं को भड़का देते हैं और हमारे पुराने घावों को हरा कर देते हैं, तो हम विशेष रूप से वेध्य और कमज़ोर महसूस करने लगते हैं।

जो लोग कुछ ज़्यादा ही चिरस्थायी रूप से आक्रामक क़िस्म के होते हैं, उन्हें असहायता या हताशा की उस भावना ने कहीं ज़्यादा गहरे और अक्सर प्रभावित किया होता, जिसे हम गाहे–ब–गाहे महसूस करते हैं। वे स्थायी रूप से असुरक्षित और कमज़ोर महसूस करते हैं और उन्हें अतिरिक्त शक्ति और नियन्त्रण की मदद से इसे ढँकना ज़रूरी हो जाता है। सत्ता की उनकी ज़रूरत इतनी

तात्कालिक और प्रबल होती है कि वे सीमाओं को स्वीकार नहीं कर पाते, और किसी भी तरह के पश्चाताप या सामाजिक ज़िम्मेदारी को पीछे छोड़ देते हैं।

इसका मतलब है कि मानवीय आक्रामकता महज़ दूसरों को चोट पहुँचाने या उनकी वस्तु छीन लेने के आवेग के विपरीत अन्तर्निहित असुरक्षा की भावना से उत्पन्न होती है। आक्रामक क़दम उठाने के किसी भी संवेग के पहले, वे व्यक्ति अनजाने में असहायता और उद्विग्नता की अनुभूतियों को संसाधित कर रहे होते हैं। वे अक्सर ऐसे ख़तरों को सूँघने लगते हैं, जो वास्तव में होते ही नहीं हैं, या होते भी हैं तो उनको बहुत बढ़ा-चढ़ाकर देखने लगते हैं। उन्हें जिस हमले की भनक लग गयी होती है, वे उसे रोकने के लिए या उन चीज़ों को हड़प लेने के लिए क़दम उठाते हैं ताकि वे उस स्थिति पर अपना वर्चस्व क़ायम कर सकें, जिसके बारे में उन्हें लगता है कि वह उनके नियन्त्रण से बाहर निकल जाएगी। जब हम अपने आसपास ऐसे किसी चिरस्थायी आक्रामक को देखें, तो हमें उसकी अन्तर्निहित असुरक्षा की भावना की, किसी पुराने गहरे घाव की, या उसके जीवन के शुरुआती वर्षों की असहायता की स्पन्दनशील अनुभूति की तलाश करनी चाहिए।

हमें इस बात के प्रति भी जागरूक होना चाहिए कि आक्रामक व्यक्ति अपने आसपास के लोगों को उपयोग की वस्तुओं की तरह देखते हैं। जब वे हमारी बात सुन रहे होते हैं, तो वे हमारी इच्छा-शक्ति की थाह ले रहे होते हैं और यह देख रहे होते हैं कि हम भविष्य में किस तरह उनके उद्देश्यों को पूरा कर सकते हैं। अगर वे हमारी तारीफ़ करते हैं या हम पर कोई मेहरबानी करते हैं, तो इस तरह वे हमें और अधिक जाल में फँसाने और संकट में डालने की कोशिश कर रहे होते हैं। इस चीज़ को हम उनके हाव-भाव में, हमें भेदती उनकी निगाहों में और इस चीज़ में देख सकते हैं कि वे

हमारी बातों को उत्साहहीन ढंग से सुन रहे होते हैं। हमें हमेशा उनके बहकावे में आने से बचना चाहिए, क्योंकि वे उससे अपना कोई उल्लू सीधा करना चाहते हैं।

मानव स्वभाव के अध्येता के रूप में आपका उद्यम तिहरा है : सबसे पहले, आपको अपनी आक्रामक प्रवृत्तियों से इंकार करना बन्द कर देना चाहिए। आप हम सबकी तरह आक्रामकता के दायरे में हैं। यह निश्चयात्मक ऊर्जा किसी-न-किसी रूप में ख़र्च होगी और नीचे अंकित तीन में किसी एक दिशा में जाएगी।

एक, हम इस ऊर्जा को अपने काम में, धैर्यपूर्वक उपलब्धियाँ हासिल करने में लगा सकते हैं (नियन्त्रित आक्रामकता)। दो, हम इसे आक्रामक या अकर्मक आक्रामक आचरण में लगा सकते हैं। और अन्त में, हम इसे अपने अन्दर की ओर मोड़कर आत्मघृणा का रूप दे सकते हैं और इस तरह अपने क्रोध और आक्रामकता को अपनी विफलताओं की ओर मोड़ सकते हैं। आपको इस बात का विश्लेषण करने की ज़रूरत है कि आप अपनी निश्चयात्मक ऊर्जा को किस तरह बरतते हैं। ख़ुद को परख़ने का एक तरीक़ा यह देखना है कि आप हताशा और अनिश्चय के क्षणों में, या उन परिस्थितियों में कैसा बरताव करते हैं, जिन पर आपका बहुत कम वश होता है। क्या आप अचानक उग्र और तनावपूर्ण हो उठते हैं, और ऐसा कुछ कर बैठते हैं, जिसको लेकर आपको बाद में पछताना पड़ता है? या आप उस गुस्से को अन्दर की ओर मोड़कर अवसाद से भर उठते हैं?

आपको अपनी कुदरती निश्चयात्मक ऊर्जा क़ाबू में करने, उसे अनुशासित करने की ज़रूरत है। इसे हम *नियन्त्रित आक्रामकता* कहेंगे, और इसके नतीजे में आप बड़े-बड़े काम पूरे कर सकेंगे।

आपका दूसरा उद्यम यह होना चाहिए कि आप अपने आसपास के लोगों की आक्रामकता को लक्ष्य करने में महारत हासिल कर लें। उदाहरण के लिए, जब आप अपने काम की दुनिया को देखें, तो कल्पना करें कि आप लोगों की इच्छा-शक्ति के विभिन्न स्तरों के बीच निरन्तर युद्ध होते और इस तरह के टकरावों के एक-दूसरे को काटते बाणों को देख रहे हैं। अगर आप लोगों के शब्दों और उनके द्वारा प्रस्तुत मुखड़े पर ध्यान देना बन्द कर दें और उनकी हरक़तों तथा हाव-भाव पर ध्यान केन्द्रित करें, तो आप उनके द्वारा उत्सर्जित आक्रामकता के स्तर को महसूस कर सकते हैं।

कुछ चुग़लख़ोर संकेतों की तलाश कीजिए। सबसे पहले, अगर उनके दुश्मनों की संख्या असामान्य रूप से बड़ी हो, जिन्हें उन्होंने बरसों के दौरान एकत्र किया हो तो इसके पीछे निश्चय ही बड़ी वजह होनी चाहिए, ना कि वह जो वे आपको बताएँगे। इस पर ध्यान दीजिए कि वे दुनिया में अपनी गतिविधियों को किस तरह उचित ठहराते हैं। आक्रामक लोग ख़ुद को धर्मयोद्धाओं के रूप में प्रस्तुत करने की कोशिश करेंगे, एक ऐसे जीनियस के रूप में जिसके पास कोई चारा नहीं कि वह वैसा पेश नहीं आए जैसा आ रहा है। वे कहेंगे कि वे महान कला की रचना कर रहे हैं, या किसी साधारण आदमी की मदद कर रहे हैं। जो लोग उनके रास्ते में रोड़ा डालते हैं, वे काफ़िर या पापी हैं। उनका बयान जितना ही ज़्यादा मुखर और बड़बोला होगा, उतने ही आप निश्चित तौर पर कह सकते हैं कि आप चिरस्थायी आक्रामकों से बरत रहे हैं। उनकी गतिविधियों पर, उनके अतीत के आचरण पर ध्यान दें, क्योंकि यही चीज़ें उनके बारे में सबसे ज़्यादा बताएँगीं।

एक बार जैसे ही आपको समझ में आ जाए कि आप इस क़िस्म के आदमी से निपट रहे हैं, तो आपको दिमाग़ी तौर पर अलग

होने में, अपनी भावनात्मक प्रतिक्रियाओं को नियन्त्रित करने में अपनी ऊर्जा का एक-एक कण लगा देना चाहिए।

अन्त में, मानव स्वभाव के अध्येता के रूप में आपका तीसरा उद्यम यह है कि आप मानव स्वभाव की अत्यन्त वास्तविक आक्रामक प्रवृत्तियों से और एक प्रजाति के रूप में हमारे भविष्य के लिए उनके सम्भावित अर्थ से इंकार करना बन्द कर दें। यह इंकार उन दो में से कोई एक रूप लेने की कोशिश करता है, जिनमें आप विश्वास कर सकते हैं। पहला मिथक यह है कि बहुत पहले हम मनुष्य शान्तिप्रिय प्राणी हुआ करते थे, और हम प्रकृति तथा अन्य मनुष्यों के साथ सामंजस्यपूर्वक रहा करते थे। लेकिन, मानवविज्ञान और पुरातत्त्वशास्त्र की हाल ही की खोजों ने इस बात को पूरी तरह सिद्ध कर दिया है कि हमारे पूर्वज (हज़ारों साल पहले, सभ्यता की शुरुआत से बहुत-बहुत पहले) इस तरह के युद्धों में मुब्तिला हुआ करते थे, जो भयानक रूप से संघातक और क्रूरतापूर्ण हुआ करते थे। वे क़तई शान्तिप्रिय नहीं थे।

दूसरा मिथक, जो आज कहीं ज़्यादा प्रभावी है, यह है कि हो सकता है हम अतीत में हिंसक और आक्रामक रहे हों, अब हम विकसित होकर इससे ऊपर उठ चुके हैं और अधिक सहिष्णु और प्रबुद्ध हो चुके हैं। लेकिन मानव आक्रामकता के संकेत हमारे युग में उतने ही प्रभावी हैं, जितने वे अतीत में हुआ करते थे। प्रमाण के तौर पर हम युद्ध के अन्तहीन चक्रों को, सामूहिक नरसंहार के कृत्यों को और मुल्कों के बीच तथा मुल्कों के भीतर की प्रजातियों के बीच की शत्रुताओं को देख सकते हैं, जो इस सदी में भी जारी हैं। और पर्यावरण की जो लूट हमने मचा रखी है वह, इस समस्या के प्रति हमारी जागरूकता के बावजूद, बद-से-बदतर होती गयी है।

## निष्क्रिय आक्रामकता - उसकी युक्तियाँ और उसका प्रतिकार करने की विधियाँ

हममें से अधिकांश लोग प्रत्यक्ष टकराव से डरते हैं; हम चाहते हैं कि हम पर्याप्त विनम्र और मिलनसार दिखें। लेकिन हम जो चाहते हैं उस पर किसी-न-किसी रूप में अपनी दावेदारी ठोके बगैर उसे हासिल करना अक्सर असम्भव होता है। और इसलिए हम सभी अपरिहार्य रूप से ऐसा आचरण करते हैं, जिसमें हम परोक्ष रूप से अपना अधिकार जताते हैं, और सूक्ष्म-से-सूक्ष्म तरीक़े से नियन्त्रण या प्रभाव डालने का प्रयास करते हैं। हम लोगों के प्रति अपनी अवहेलना का हल्का-सा संकेत देने के लिए उनकी बात पर प्रतिक्रिया करने में कुछ अतिरिक्त समय लेते हैं; या हम लोगों की प्रशंसा करते तो दिखते हैं, लेकिन उस प्रशंसा में ऐसी कोई महीन-सी बात डाल देते हैं, जो उस व्यक्ति को पीड़ा पहुँचाती है और उसे सन्देह से भर देती है।

हम आक्रामकता के इस रूप को निष्क्रिय या अकर्मक आक्रामकता कह सकते हैं, क्योंकि इसमें हम ऐसा दिखने की कोशिश करते हैं कि हम तो महज़ अपना सहज रूप पेश कर रहे हैं, *सक्रिय* रूप से किसी तरह की चालाकी नहीं बरत रहे हैं या लोगों पर कोई दबाव डालने की कोशिश नहीं कर रहे हैं। तब भी, एक सन्देश तो भेज ही दिया जाता है जो ठीक वही प्रभाव डालता है जैसा हमने चाहा होता है। सामान्यत: हमें इस अकर्मक आक्रामकता के रोज़मर्रा रूप को सामाजिक जीवन की महज़ एक खीझ पैदा करने वाली चीज़ की तरह देखना चाहिए, एक ऐसी चीज़ की तरह जिसके लिए हम सभी दोषी होते हैं। एक विनम्र समाज में पनपने वाली इस निम्नस्तरीय अकर्मक आक्रामकता के प्रति भरसक सहनशील होना चाहिए।

लेकिन, कुछ लोगों को अकर्मक आक्रामकता की स्थायी बीमारी होती है। इस तरह के आक्रामक लोगों द्वारा आम तौर से अपनायी जाने वाली युक्तियाँ और उनका प्रतिकार करने के तरीक़े नीचे अंकित हैं।

**सूक्ष्म-श्रेष्ठता की युक्ति :** कोई दोस्त, सहकर्मी या कर्मचारी निरन्तर देर से आता है, लेकिन उसके पास इसके लिए हमेशा कोई-न-कोई ऐसा बहाना तैयार होता है, जो तर्कसंगत होता है, साथ ही वह बड़ी संजीदगी के साथ माफ़ी भी माँगता है। या इसी तरह, इस तरह के व्यक्ति मीटिंग के बारे में, किसी महत्त्वपूर्ण तिथि के बारे में, और निर्धारित समय-सीमा के बारे में भूल जाते हैं, और इसके लिए उनके पास हमेशा अचूक बहाना होता है। अगर यह रवैया अक्सर दोहराया जा रहा होगा, तो आपकी खीझ बढ़ेगी, लेकिन अगर आप उनका विरोध करने की कोशिश करेंगे तो वे आपको असंवेदनशील होने का अहसास कराते हुए आपको उलटे अपराध-बोध से भर देंगे।

आपको समझना चाहिए कि इसके मूल में उनके अपने लिए और आपके लिए यह स्पष्ट कर देने की आकांक्षा होती है कि वे किसी-न-किसी रूप में आपसे श्रेष्ठ हैं। आपको उनके माफ़ी माँगने से ज़्यादा इस ढर्रे पर ध्यान देना चाहिए, लेकिन इसी के साथ-साथ उनके उन हाव-भावों को भी लक्ष्य करना चाहिए, जो वे ख़ुद को उचित ठहराते समय व्यक्त करते हैं। उनका लहज़ा शिकायती होता है, जैसे उन्हें वाक़ई यह लग रहा हो कि यह आपकी समस्या है। संजीदगी की कमी को छिपाने के लिए क्षमा-याचनाएँ अतिरिक्त रूप से बढ़ा-चढ़ाकर पेश की जाती हैं; अन्त में, इस तरह के बहाने उनकी भूलने की प्रवृत्ति की बजाय जीवन में उनकी समस्याओं के बारे में ज़्यादा बताते हैं। उन्हें वास्तव में कोई अफ़सोस नहीं होता।

अगर यह स्थायी बीमारी है, तो आपको नाराज़ नहीं होना चाहिए या प्रत्यक्ष तौर पर खीझ ज़ाहिर नहीं करनी चाहिए - अकर्मक आक्रामकता आपके गुस्से पर पनपती है। इसकी बजाय, शान्त रहें और सूक्ष्म ढंग से उनके आचरण की नक़ल करें, और इस तरह उनके कृत्य की ओर उनका ध्यान खींचें और अगर मुमकिन हो तो उनके भीतर कुछ शर्मिन्दगी जगाएँ। आप तारीख़ें या मुलाक़ातें तय करके उन्हें अधर में छोड़ सकते हैं या असम्भव रूप से देर से आकर बहुत ही संजीदा ढंग से माफ़ी माँग सकते हैं, जिसमें व्यंग्य का हल्का-सा पुट हो।

अगर आपका पाला किसी बॉस से या किसी उच्च पदासीन व्यक्ति से पड़ रहा है, जो आपसे इन्तज़ार कराता है, तो श्रेष्ठता का उनका दावा उतना सूक्ष्म नहीं है। इस मामले में सबसे अच्छा यही है कि आप यथासम्भव शान्त बने रहें, और धैर्यवान तथा उदासीन बने रहकर अपनी श्रेष्ठता ज़ाहिर करें।

**सहानुभूति की युक्ति :** जिस व्यक्ति से आप बरत रहे हैं वह किसी रूप में हमेशा शिकार बना रहा है - कुतर्कपूर्ण विद्वेष का, ग़लत परिस्थितियों का, सामान्यत: समाज का शिकार। इस तरह के लोगों में आप देखेंगे कि वे अपने क़िस्सों में नाटक का आनन्द लेते हैं। उनकी तरह किसी ने भी कष्ट नहीं झेला है।

इसी का हिस्सा यह है कि अकर्मक आक्रामक कई तरह के लक्षण या बीमारियों का संकेत दे सकते हैं - बेचैनी के दौरे, अवसाद, सिरदर्द - जिससे उनकी तकलीफ़ वास्तविक प्रतीत होती है। हम सभी लोग, बचपन से ही, ध्यानाकर्षण और सहानुभूति बटोरने के लिए इस तरह के लक्षणों को प्रदर्शित करने में सक्षम रहे हैं। आप दरअसल पैटर्न की तलाश कर रहे हैं : यह चीज़ अकर्मक आक्रामकों में उस वक़्त बार-बार दिखायी देती है, जब उन्हें किसी

चीज़ की (जैसे कि अनुग्रह की) ज़रूरत होती है, जब उन्हें लगता है कि आप पीछे हट रहे हैं, जब वे विशेष रूप से असुरक्षित महसूस कर रहे होते हैं। जो भी हो, वे आपके समय और दिमाग़ी स्पेस को सोखने की कोशिश करते हैं, और आपको अपनी नकारात्मक ऊर्जा और ज़रूरतों की छूत लगाते हैं, और उनसे अलग होना बहुत मुश्किल होता है।

इस क़िस्म के लोग अक्सर उन लोगों का शिकार करते हैं, जो अपराध-बोध महसूस करने की सम्भावना से युक्त होते हैं - संवेदनशील, सुश्रुषा करने वाले लोग। इस तरह की चालबाज़ी से निपटने के लिए आपको कुछ दूरी बनाने की ज़रूरत होती है, और यह आसान नहीं होता। इसका एकमात्र तरीक़ा यह है कि आप कुछ क्रोध महसूस करें और उनकी मदद करने में जो समय और ऊर्जा आप बरबाद कर रहे हैं उसको लेकर असन्तोष महसूस करें, और इस बात पर असन्तोष महसूस करें कि बदले में वे आपको कितना कम दे रहे हैं।

**निर्भरता की युक्ति :** आप अचानक किसी ऐसे व्यक्ति के द्वारा दोस्त बना लिए जाते हैं, जो आपकी बेहतरी को लेकर असामान्य रूप से सचेत और चिन्तित हो उठा है। वे आपके काम में आपकी मदद करना चाहते हैं। लेकिन जब-तब आप उनकी ओर से कुछ उदासीनता महसूस करते हैं, और आप अपने दिमाग़ को झकझोरकर सोचते हैं कि आपने ऐसा क्या कहा या किया हो सकता है, जिसकी वजह से उनमें यह उदासीनता पैदा हुई होगी। दरअसल, आप निश्चित तौर पर नहीं कह सकते कि वे आपसे नाराज़ हैं, तब भी आप उन्हें ख़ुश करने की कोशिश करते हैं, और धीरे-धीरे, आपके अनजाने ही स्थिति उलट जाती है, और उनकी बजाय आप सहानुभूति और चिन्ता से भर उठते हैं।

यह दूसरे पर सत्ता जमाने की युक्ति है। आपको ऐसे लोगों से चौकन्ने रहना चाहिए जो रिश्ते की एकदम शुरुआत में ही ज़रूरत-से-ज़्यादा चिन्तातुर दिखायी देते हैं। यह अस्वाभाविक है, क्योंकि सामान्य तौर पर हम किसी भी रिश्ते की शुरुआत में लोगों के प्रति शंकालु होते हैं। वे आपको किसी-न-किसी रूप में अपने ऊपर निर्भर बनाने की कोशिश कर रहे हो सकते हैं, और इसलिए इसके पहले कि आप उनके इरादों की वास्तविक थाह ले सकें, आपको उनसे कुछ दूरी ही बनाए रखनी चाहिए। अगर वे अचानक-से उदासीन हो उठते हैं और आपको समझ में नहीं आता कि आपने ऐसा क्या किया है, तो आप लगभग निश्चित तौर पर यह मान सकते हैं कि वे इस युक्ति का इस्तेमाल कर रहे हैं।

सामान्य तौर पर, लोगों के आश्वासनों को लेकर सावधान रहें और उन पर कभी भी पूरी तरह भरोसा नहीं करें। जो लोग आश्वासनों को पूरा करने में विफल रहते हैं, उनके सन्दर्भ में इस बात की पूरी सम्भावना है कि यह एक पैटर्न हो, और उस सूरत में सबसे अच्छा यही है कि आप उनसे किनारा कर लें।

**सन्देह से भर देने की युक्ति :** बातचीत के दौरान, कोई व्यक्ति जो आपका दोस्त हो सकता है, कोई ऐसी टिप्पणी कर देता है, जिसकी वजह से आप अपने बारे में सोचने लग जाते हैं और आपको लगता है कि कहीं वह व्यक्ति आपका अपमान तो नहीं कर रहा है। हो सकता है कि वह आपके ताज़ा काम को लेकर आपकी सराहना कर रहा हो, और फिर एक हल्की-सी मुस्कराहट के साथ वह कहता है कि उसका ख़याल है कि इस काम से लोगों का आपकी ओर बहुत ध्यान जाएगा या आपको ढेर-सा पैसा मिलेगा, जिसके पीछे उनका आशय यह होता है कि आपका कोई सन्दिग्ध क़िस्म का प्रयोजन रहा है। या फिर वे हल्की-सी तारीफ़ के साथ आपकी

तीखी आलोचना करते लग सकते हैं : "तुमने अपनी पृष्ठभूमि के किसी व्यक्ति के लिए बहुत अच्छा किया।"

इस युक्ति के पीछे लक्ष्य आपको कुछ इस तरह बुरे अहसास से भर देना होता है कि आप खीझते रह जाएँ और उनके कटाक्ष के बारे में कई-कई दिनों तक सोचते रहें। वे आपके आत्मसम्मान को चोट पहुँचाना चाहते हैं। अक्सर वे ऐसा ईर्ष्यावश कर रहे होते हैं। इसके प्रतिकार का सबसे अच्छा तरीक़ा यह है कि आप ऐसा प्रदर्शित करें, जैसे उनके कटाक्ष का आप पर कोई असर नहीं हुआ है। आप शान्त बने रहें। आप उनकी उस बुझी हुई-सी तारीफ़ से "सहमत" हो जाएँ और उसी तरह उनकी तारीफ़ कर दें।

वे दरअसल, आपके गुस्से को भड़काना चाहते हैं और आप उन्हें इस आनन्द से वंचित कर दें। अगर आप उन्हें यह संकेत दे सकें कि आप उनकी असलियत समझ चुके हैं तो शायद आप उन्हें उन्हीं के सन्देहों से भर देंगे। यह सीख देने लायक़ होगी।

**आरोप को दूसरे के पाले में डाल देने की युक्ति :** कुछ ख़ास लोग होते हैं, जिन्होंने ऐसा कुछ किया होता है, जिससे आप खीझ और परेशानी महसूस करते हैं। इसके पहले कि आप अपनी खीझ ज़ाहिर करें, वे आपकी मानसिक स्थिति को ताड़ गए लगते हैं, और आप उनमें कुछ खीझ महसूस कर सकते हैं। और जब आप उनका सामना करते हैं, तो वे ख़ामोश हो जाते हैं; उनके चेहरे पर चोट खाए या हताश व्यक्ति का भाव होता है। उनके द्वारा माँगी गयी माफ़ी कुछ इस तरह का स्वर या चेहरे पर इस तरह का भाव लिए होती है, जो बहुत बारीक़ ढंग से इस बात पर कुछ अविश्वास जताती लगती है कि उन्होंने कोई ग़लती की है।

उनकी प्रतिक्रिया जिस किसी भी तरह की हो, आपको यही लगता रहता है कि सारी ग़लती आप ही की थी। आपको लगता

है कि शायद आपने अतिरंजित प्रतिक्रिया की है या आप सम्भ्रम के शिकार हुए हैं। अब अपराध–बोध महसूस करने वाले आप होते हैं, मानो उस तनाव के लिए आप ज़िम्मेदार रहे हों।

इस युक्ति का उद्देश्य तमाम तरह के अप्रिय आचरण को ढँकने का या किसी भी तरह की आलोचना का रुख़ मोड़ देने का होता है। वे जो कुछ कर रहे होते हैं, उसके लिए उन्हें जवाबदेह ठहराने को लेकर वे लोगों को सन्देह से भर देते हैं।

इस युक्ति का प्रतिकार करने के लिए आपको यह समझने में सक्षम होना चाहिए कि किस तरह वे उलटे आप पर दोषारोपण करते हैं और यह जान लेने के बाद उससे अप्रभावित बने रहना चाहिए। आपका लक्ष्य उन्हें नाराज़ करना नहीं है, इसलिए आप आरोप के आदान–प्रदान में नहीं फँसें। शान्त और ईमानदार बने रहें और अगर ठीक लगता हो तो समस्या का कुछ दोष ख़ुद स्वीकार कर लें।

आपके लिए ज़रूरी है कि आप उचित दूरी बनाए रखें ताकि आप उनकी असलियत को समझ सकें और ख़ुद को अलग कर सकें। अगर आप अपने अतीत की अनुभूतियों पर भरोसा करना सीख लेते हैं तो इसमें आपको मदद मिलेगी। जिन क्षणों में आप खीझ से भरे हों, वे जो कर रहे हैं उसे लिख डालिए और उनके आचरण को याद कर लीजिए। हो सकता है, ऐसा करते हुए आपको अहसास हो कि आप वाक़ई अतिरंजित प्रतिक्रिया कर रहे थे। लेकिन अगर नहीं तो आप इन नोट्स पर वापस लौट सकते हैं ताकि आप ख़ुद को यक़ीन दिला सकें कि आप पागल नहीं हैं और आरोप–प्रत्यारोप की उस प्रक्रिया को वहीं–के–वहीं रोक दें। अगर आप उस प्रक्रिया को जारी रहने की गुंजाइश नहीं देते तो वे इस युक्ति का इस्तेमाल करने को लेकर हतोत्साहित होंगे। अगर नहीं, तो सबसे अच्छा यही है कि आप इस तरह के अकर्मक आक्रामकों के साथ रिश्ता बनाना कम कर दें।

**अकर्मक आततायी की युक्ति :** आप जिस आदमी के लिए काम कर रहे हैं, वह ऊर्जा, सूझ-बूझ और चमत्कारों से भरा हुआ है। इस तरह के लोग थोड़े अव्यवस्थित होते हैं, लेकिन यह सामान्य बात है - उनको इतना कुछ करना होता है, वे इतनी ज़्यादा ज़िम्मेदारियाँ और योजनाएँ अपने सिर पर उठाए होते हैं कि वे उन सबको नियन्त्रित नहीं कर सकते। उन्हें आपकी मदद की ज़रूरत है, और उन्हें यह मदद उपलब्ध कराने में आप अपनी एड़ी-चोटी एक कर देते हैं। कभी-कभार वे आपकी तारीफ़ करते हैं, और इससे उत्साहित होकर आप अपना काम जारी रखते हैं, लेकिन कभी-कभी जब उन्हें लगता है कि आप उनकी उम्मीदों पर खरे नहीं उतरे, तो वे शिकायत करते हैं, और यह चीज़ आपके दिमाग़ में उनकी तारीफ़ के मुक़ाबले ज़्यादा अटकी रहती है।

इस युक्ति का इस्तेमाल सामान्यत: उनके द्वारा किया जाता है जो अपने मातहतों पर हुकूमत करते हैं, लेकिन इसका इस्तेमाल लोग अपने रिश्तों में भी कर सकते हैं, जिनमें एक व्यक्ति दूसरे का अत्याचार इसलिए सहता है, क्योंकि इस दूसरे व्यक्ति को ख़ुश रखना असम्भव होता है।

इस तरह के लोगों के ख़िलाफ़ कोई युक्ति इस्तेमाल करना बहुत मुश्किल होता है, क्योंकि अक्सर वे आपसे पद में ऊपर होते हैं और उनके पास आपसे ज़्यादा शक्ति होती है। इसका एकमात्र वास्तविक प्रतिकार है, आप उनसे अलग हो जाएँ और सँभल जाएँ।

## नियन्त्रित आक्रामकता

समस्या यह कभी नहीं रही कि हम इन्सान अपना अधिकार जताने वाले और आक्रामक होते हैं। असली समस्या यह है कि हम यह नहीं जानते कि इस ऊर्जा को एक वयस्क, फलदायी और

समाजोन्मुख तरीक़े से किस तरह उपयोग में लाया जाए। इस ऊर्जा को पूरी तरह से मानवीय और सशक्त रूप से सकारात्मक ऊर्जा की तरह अंगीकार किया जाना चाहिए। बजाय इसके कि हम चिरस्थायी रूप से आक्रामक, अकर्मक आक्रामक या दमित आक्रामक हों, हम इस ऊर्जा को एकाग्र और तर्कसंगत रूप दे सकते हैं।

नीचे इस ऊर्जा के चार सशक्त पक्ष अंकित हैं, जिन्हें हम अनुशासित और इस्तेमाल कर सकते हैं और विकास की प्रक्रिया ने हमें जिस चीज़ से नवाज़ा है, उसे निखार सकते हैं।

**महत्त्वाकांक्षा :** आज की दुनिया में यह कहना कि मैं महत्त्वाकांक्षी हूँ, अक्सर एक किंचित बुरी चीज़ को स्वीकार करने जैसा, और शायद अपने ज़रूरत-से-ज़्यादा आत्मलीन होने को उजागर करने जैसा है। लेकिन ज़रा अपने बचपन और युवावस्था की ओर मुड़कर देखिए – तब आपने अपने लिए बड़े-बड़े सपने और महत्त्वाकांक्षाएँ सँजोए होते हैं। अपने बचपन के उस हिस्से को अंगीकार कीजिए, अपनी एकदम शुरुआती महत्त्वाकांक्षाओं की ओर वापस लौटिए, उन्हें अपनी आज की वास्तविकता में ढालिए और उन्हें यथासम्भव वैयक्तिक रूप दीजिए।

**हठ :** अगर आप शिशुओं पर ध्यान दें, तो आप पाएँगे कि जब वे कुछ चाहते हैं, तो वे उस समय कितने बेक़ाबू और बेचैन होते हैं। इस तरह का हठ हमारे लिए स्वाभाविक है, लेकिन यह वह गुण है, जिसे हम बड़े होने और अपने आत्मविश्वास के धुँधलाने के साथ खोते जाते हैं। आत्मविश्वास की यह थोड़ी-सी गिरावट उस ऊर्जा की कमी का रूप ले लेती है, जिसकी मदद से हम समस्याओं से निपटते हैं।

जो चीज़ आपको समझने की ज़रूरत है, वह यह है : दुनिया में ऐसी लगभग कोई भी चीज़ नहीं है, जो इस ज़िद्दी मानवीय ऊर्जा

का प्रतिरोध कर सकती हो। युक्ति यही है कि आप किसी चीज़ की इतनी प्रबल चाहना करें कि दुनिया की कोई शक्ति उसे रोक नहीं सके या आपकी उस ऊर्जा को कमज़ोर नहीं कर सके। पृष्ठभूमि के सन्देहों को अलग कर दीजिए और पूरी ताक़त के साथ चोट करना जारी रखिए, इस विश्वास के साथ कि अगर आप कमज़ोर नहीं पड़ें तो कुछ भी हासिल कर सकते हैं। जैसे ही आप हमले के इस रूप में अपनी शक्ति को महसूस कर लेंगे, आप बार-बार उसकी ओर लौटेंगे।

**निर्भीकता :** हम स्वभाव से ही निर्भीक प्राणी हैं। जब हम बच्चे थे, तब हम ज़्यादा की माँग करने से या अपना अधिकार जताने से डरते नहीं थे। हम कई रूपों में कमाल के लचीले और निर्भीक हुआ करते थे।

जो निर्भीकता आप में कभी हुआ करती थी, उसे क्रमश: बहाल करने की कोशिश कीजिए। कुंजी यह है कि आप सबसे पहले ख़ुद को यह यक़ीन दिलाएँ कि आप जीवन में अच्छी और बेहतर चीज़ें हासिल करने की क़ाबिलियत रखते हैं। जैसे ही आपको इस बात का अहसास हो जाता है, और अगर लोग असंवेदनशील साबित होते हैं तो आप स्पष्ट तौर पर बात कर सकते हैं, यहाँ तक कि ज़बान चला सकते हैं। जैसे ही इन कमतर नाटकीय तकरारों के दौरान आपके अन्दर से भय जाता रहता है, आप और आगे बढ़ना शुरू कर सकते हैं। आप लोगों से माँग कर सकते हैं कि वे आपसे ठीक से पेश आएँ या आपके काम की गुणवत्ता की इज़्ज़त करें। यह आप किसी शिकायती या आत्मरक्षात्मक लहज़े के बगैर करें।

**गुस्सा :** जिस हद तक आपका गुस्सा वास्तविकता से कटा होता है, उसी हद तक वह ज़हरीला होता है। लोग अपनी स्वाभाविक कुण्ठाओं को किसी अनिश्चित शत्रु या किसी उस बलि के बकरे

पर निकालते हैं, जिसे किन्हीं दुष्प्रचारकों ने गढ़ा और प्रसारित किया होता है। उनके गुस्से के पीछे कोई सोच-विचार नहीं होता, इसलिए उसका कोई नतीजा नहीं निकलता या फिर वह विनाशकारी हो जाता है।

आपको इसका उलटा करना चाहिए। आपका गुस्सा किन्हीं विशिष्ट व्यक्तियों या शक्तियों के विरुद्ध हो। आप भावना का विश्लेषण करें – क्या आपको पक्का यक़ीन है कि आपकी कुण्ठा आपकी अपनी अपर्याप्तताओं से जन्मी नहीं है? क्या आपको वाक़ई पता है कि आपके गुस्से की वजह क्या है और उसका लक्ष्य कौन है? वह उचित है या नहीं है और उसका लक्ष्य क्या होना चाहिए, इसका निश्चय करने के अलावा आपको इस बात का विश्लेषण भी करना चाहिए कि उसे कोई सार्थक दिशा देने का सबसे अच्छा तरीक़ा क्या है, और आपके प्रतिद्वन्द्वी को पराजित करने की सबसे अच्छी युक्ति क्या हो सकती है। आपका गुस्सा नियन्त्रित, व्यावहारिक और समस्या के वास्तविक स्रोत की दिशा में मुड़ा हो, और वह चीज़ कभी आपकी दृष्टि से ओझल नहीं हो, जिसने सबसे पहले उस भावना को भड़काया था।

> शक्ति की आवश्यकता सम्प्रेषण के लिए होती है। किसी उदासीन या विद्वेषपूर्ण समूह के सामने खड़े होकर अपनी बात कहना या अपने दोस्त से पूरी ईमानदारी के साथ उन सच्चाइयों को कहना, जो दिल में उतर जाने वाली और चोट पहुँचाने वाली हों, इस सबके लिए अपने स्वत्व को जताने की और कभी-कभी आक्रामकता तक की ज़रूरत होती है।
>
> – *रोलो मे*

# 17

# ऐतिहासिक क्षण को पकड़ें

— ✧ —

## *पीढ़ियों से चली आ रही अदूरदर्शिता का नियम*

*आपका जन्म एक ऐसी पीढ़ी में हुआ है, जो आपकी कल्पना से परे जाकर इस बात को परिभाषित करती है कि आप कौन हैं। आपकी पीढ़ी ख़ुद अपने से पहले की पीढ़ी से अलग करना चाहती है और दुनिया के लिए एक नया वातावरण रचना चाहती है। इस प्रक्रिया में वह कुछ ख़ास क़िस्म की अभिरुचियाँ, मूल्य और सोच-विचार के तौर-तरीक़े विकसित करती है, जिन्हें एक व्यक्ति के रूप में आप आन्तरिक बना लेते हैं। जैसे-जैसे आपकी उम्र बढ़ती जाती है, पीढ़ी से प्राप्त हुए ये मूल्य और विचार आपको दूसरे दृष्टिकोणों से काट देने की कोशिश करते हैं, आपके दिमाग़ को अवरुद्ध कर देते हैं। आपका काम है कि आप भरसक गहराई के साथ ख़ुद पर और दुनिया को देखने के आपके ढंग पर पड़ने वाले इस शक्तिशाली प्रभाव को समझें। जिस पीढ़ी में आप जन्मे हैं और जिस समय में आप रह रहे हैं, अगर आप उसके मिज़ाज को गहराई-से समझ लेंगे, तो आप समय की प्रचलित रीति का बेहतर ढंग से दोहन कर पाने में सक्षम होंगे। आप वह व्यक्ति होंगे, जो उन प्रवृत्तियों का पूर्वानुमान*

*कर सकेंगे और उन्हें स्थापित कर सकेंगे, जिनके लिए आपकी पीढ़ी भूखी है। आपकी पीढ़ी ने आप पर जो दिमाग़ी अवरोध लाद दिए हैं, उनसे आप स्वयं को मुक्त कर लेंगे और आप वह व्यक्ति होंगे, जिसकी कल्पना आपने अपने बारे में कर रखी होगी, जिसके पास वे सारी शक्तियाँ होंगी, जो उस स्वतन्त्रता ने आपको प्रदान की होंगी।*

> हमारा युग अपने जन्म के क्षण में और संक्रमण के समय में है। पुरानी विश्व-व्यवस्था से...और सोच-विचार के पुराने तौर-तरीक़ों से आदमी का रिश्ता टूट चुका है और वह इन सारी चीज़ों को अतीत की गहराइयों में डूब जाने देना चाहता है और वह अपने ही रूपान्तरण के लिए तैयार है...वह छिछोरापन और ऊब जो स्थापित व्यवस्था को अस्थिर करते हैं, किसी अज्ञात-सी चीज़ का अनिश्चित-सा पूर्वाभास या आगामी परिवर्तन के सन्देशवाहक हैं।
>
> – *जी.डब्ल्यू.एफ़. हेगल*

## मानव-स्वभाव के रहस्य

हममें से बहुत-से लोगों को पीढ़ियों की सच्चाई के बारे में अन्तर्ज्ञान हो जाता है – उनका किस तरह का व्यक्तित्व होगा और किस तरह युवतर पीढ़ी कई सारे परिवर्तनों की शुरुआत करेगी। हममें से कुछ लोग इस चीज़ से इनकार करते रहते हैं, क्योंकि हमें यह कल्पना करना अच्छा लगता है कि व्यक्तियों के रूप में हम उसे आकार देते हैं, जो हम सोचते हैं और जिस पर विश्वास करते हैं, या यह कि वर्ग, लिंग, और प्रजाति जैसी दूसरी ताक़तें बड़ी भूमिका निभाती हैं। निश्चय ही पीढ़ियों का अध्ययन त्रुटिपूर्ण हो सकता है; यह सूक्ष्म

और भ्रामक रूप से व्यक्तिनिष्ठ होता है। और दूसरी चीज़ें भी अपनी भूमिका निभाती हैं। लेकिन इस चीज़ को गहराई-से देखने पर पता चलता है कि यह दरअसल, उससे ज़्यादा प्रभाव का मसला है जितना हम सोचते हैं, और यह अनेक तरह से उस बहुत कुछ का कारक है, जो इतिहास में घटित होता है।

और अगर हम इस पीढ़ीपरक चीज़ को समझ लेते हैं तो इसके और भी अनेक फ़ायदे हो सकते हैं : हम देख सकते हैं कि वे कौन-सी शक्तियाँ रही हैं, जिन्होंने हमारे अभिभावकों की मानसिकता को गढ़ा था, और फिर हमारी मानसिकताओं को गढ़ा है, जिसके चलते हमने अलग दिशा में जाने की कोशिश की। हम समाज के तमाम क्षेत्रों में जारी अन्दरूनी बदलावों को बेहतर ढंग से समझ सकते हैं और अनुमान लगाना शुरू कर सकते हैं कि दुनिया कहाँ जा रही है, भविष्य के रुझानों का पूर्वानुमान कर सकते हैं और उन भूमिकाओं को समझ सकते हैं, जो हम घटनाओं को आकार देने के लिए निभा सकते हैं। इससे हमें ना केवल बड़ी सामाजिक शक्ति प्राप्त होगी, बल्कि इसका हमारे ऊपर शान्तिप्रद प्रभाव होगा, क्योंकि हम अपने समय के अराजक बदलावों से ऊपर उठकर दुनिया की घटनाओं को कुछ दूरी से और धैर्य के साथ देख सकेंगे।

इस ज्ञान को हम *पीढ़ीपरक सजगता* की संज्ञा देंगे। इसे हासिल करने के लिए, सबसे पहले हमें उस वास्तविक गहरे प्रभाव को समझना अनिवार्य है, जो हमारी पीढ़ी दुनिया को देखने के हमारे ढंग पर डालती है, और दूसरे, हमें उन बड़े पीढ़ीपरक पैटर्नों को समझना होगा, जो इतिहास को आकार देते हैं और जो इस बात की शिनाख़्त करते हैं कि हमारा समय समग्र परिदृश्य में कहाँ फ़िट बैठता है।

## पीढ़ीपरक संघटना

जीवन के पहले दौर में, हम पीढ़ीपरक दृष्टिकोण को आकार देते हैं। यह एक क़िस्म की सामूहिक मानसिकता है, क्योंकि हम अपने हमउम्र लोगों के साथ-साथ बचपन और युवावस्था के दृष्टिकोण से प्रभावी संस्कृति को आत्मसात करते चलते हैं। और चूँकि इस दृष्टिकोण को समझने और उसका विश्लेषण करने के लिहाज़ से हम बहुत कम उम्र होते हैं, इसलिए हम सामान्यत: इसकी बनावट से और इस बात से अनजान होते हैं कि जो कुछ हम देखते हैं और जिस तरह हम घटनाओं की व्याख्या करते हैं उसे यह किस तरह प्रभावित करता है।

फिर, जब हम अपनी उम्र के तीसरे और चौथे दशक में पहुँचते हैं, तो हम जीवन के एक नए दौर में प्रवेश करते हैं और एक बदलाव को अनुभव करते हैं। अब हम उस स्थिति में होते हैं, जब हमारे पास कुछ शक्ति होती है, जब हम दुनिया को अपने मूल्यों और आदर्शों के मुताबिक़ बदल सकते हैं। स्वाभाविक ही हम अपरिहार्य रूप से उस पुरानी पीढ़ी के साथ जिसके हाथ में कुछ समय से शक्ति रही होती है, टकराव की स्थिति में होते हैं, क्योंकि वे आचरण और घटनाओं के मूल्यांकन करने के अपने ढंग पर बल देते हैं। उनमें से बहुत-से लोग हमें अपरिपक्व, भोला-भाला, कोमल, अनुशासनहीन, लाड़-प्यार से बिगड़ा हुआ, नासमझ मानते हैं, जो निश्चय ही सत्ता सँभालने के लिए तैयार नहीं हैं।

फिर, जब हम अपनी उम्र के पाँचवें दशक और अधेड़ावस्था में पहुँचते हैं और समाज के कई नेतृत्व सँभालने लगते हैं, तब हमारा ध्यान उस युवा पीढ़ी की ओर जाता है, जो अपनी शक्ति और हैसियत के लिए लड़ रही होती है। उसके सदस्य अब हमें परख रहे होते हैं और वे हमारी अपनी शैलियों और विचारों को अप्रासंगिक

पाते हैं। बदले में हम उन्हें परखने लगते हैं और उन्हें अपरिपक्व, कच्चा, कोमल आदि कहने लगते हैं।

जब दो पीढ़ियों के बीच के तनाव से पैदा परिवर्तन का सवाल उठता है, हम कह सकते हैं कि इन परिवर्तनों का ज़्यादा बड़ा हिस्सा युवाओं की देन होता है। वे ज़्यादा बेचैन, अपनी पहचान की खोज में लगे हुए, समूह के साथ और उसमें फ़िट होने के साथ ज़्यादा संगति बिठाए होते हैं। जब तक यह नयी पीढ़ी अपनी उम्र के चौथे और पाँचवें दशक में पहुँचती है, तब तक वे अपने परिवर्तनों के साथ दुनिया को एक आकार दे चुके होते हैं और उसे एक ऐसा रूप और अहसास दे चुके होते हैं, जो उनके अभिभावकों की दुनिया से भिन्न होता है।

यह पीढ़ीपरक मानसिकता अपरिहार्य रूप से हर किसी पर वर्चस्व क़ायम किए होती है, भले ही लोग उस पर व्यक्तिगत तौर पर कैसी ही प्रतिक्रिया क्यों नहीं करते हों। जिस ऐतिहासिक क्षण में हम पैदा हुए होते हैं, हम उसके बाहर नहीं निकल सकते।

इस मानसिकता को ध्यान में रखते हुए, हमें एक सामूहिक व्यक्तित्व या सामूहिक *भावना* की पदावली में सोचने की कोशिश करनी चाहिए। हमारी पीढ़ी ने हमारे अभिभावकों से और अतीत से कुछ बुनियादी मूल्य और दुनिया को देखने के ढंग विरासत में प्राप्त किए हैं, जो निर्विवाद हैं। लेकिन किसी भी क्षण में, एक नयी पीढ़ी के लोग किसी ऐसी चीज़ की तलाश में लगे होते हैं, जो अधिक जीवन्त और प्रासंगिक हो, कोई ऐसी चीज़ जो भिन्न हो, जो वर्तमान में बदलाव ला रही हो। अतीत से विरासत में प्राप्त की गयी चीज़ों के विपरीत, जो कुछ वर्तमान में गतिशील और विकसित हो रहा है, उसका बोध, ही अपने में *सामूहिक भावना* है, उसकी बेचैनी और खोजी प्रकृति है। यह कोई ऐसी चीज़ नहीं, जिसे हम आसानी-से शब्दों में बयान कर सकें। यह एक मन:स्थिति,

भावनात्मक रंगत है, लोगों का एक-दूसरे के साथ सम्बन्ध बनाने का एक ढंग।

अगर हमारी पीढ़ी की एक विशिष्ट भाव-ऊर्जा होती है, तो हम अपने समय के बारे में भी यही बात कह सकते हैं, जिसमें चार पीढ़ियाँ एक-साथ रहती हैं। इन पीढ़ियों का आपसी मेल-मिलाप, उनके बीच तनाव, और अक्सर होने वाले टकराव मिलकर उस चीज़ की रचना करते हैं, जिसे हम समय की समग्र भाव-ऊर्जा या वह चीज़ कहेंगे, जिसे आम तौर से युगचेतना के नाम से जाना जाता है।

इसे अपने निजी अनुभव में देखने के लिए, अतीत के उन कालखण्डों की ओर मुड़कर देखिए जिनमें आप जीवित और सचेतन थे, अगर आप उम्रदराज़ हैं तो कम-से-कम बीस साल पहले की ओर मुड़कर देखिए। उस दूरी के साथ आप इस बात पर विचार कर सकते हैं कि वह समय कितना भिन्न लगता था, उस समय का वातावरण कैसा था, लोग किस तरह आदान-प्रदान किया करते थे, उनके बीच कितना तनाव था। उस समय की भाव-ऊर्जा उन शैलियों और पहनावों में नहीं थी, जो आज के ज़माने से भिन्न हुआ करते थे, बल्कि वह उस समय की सामाजिकता और सामूहिकता में, समग्र मन:स्थिति या वातावरण में थी।

## पीढ़ीपरक सिलसिला

ज्ञात समय की शुरुआत से ही, कुछ ख़ास लेखक और चिन्तक मानव इतिहास के एक पैटर्न का अनुमान करते रहे हैं। ये शायद चौदहवीं सदी के महान इस्लामी अध्येता इब्न खल्दुन थे, जिन्होंने यह सिद्धान्त गढ़ा था कि इतिहास चार रूपों में गतिशील होता लगता है, जो चार पीढ़ियों से सम्बन्ध रखते हैं।

इनमें पहली पीढ़ी उन क्रान्तिकारियों की होती है, जो अतीत से मूलगामी ढंग से अलग होकर नए नियम स्थापित करते हैं, लेकिन साथ ही ऐसा करने के संघर्ष के दौरान कुछ अराजकता भी पैदा करते हैं। इसके बाद दूसरी पीढ़ी आती है, जो किंचित व्यवस्था की आकांक्षा करती है।

तीसरी पीढ़ी – जिसका क्रान्ति के संस्थापकों से बहुत कम सीधा रिश्ता होता है – इसके बारे में बहुत कम आवेग महसूस करती है। ये लोग विचारों में उतनी नहीं, जितनी चीज़ों को रचने में रुचि लेते हैं।

इसके बाद आती है चौथी पीढ़ी, जिसे लगता है कि समाज अपनी जीवनी-शक्ति खो चुका है, लेकिन वे यह नहीं जानते कि उसकी जगह किस चीज़ को लेना चाहिए। वे उन मूल्यों पर सवाल उठाने लगते हैं, जो उन्होंने विरासत में प्राप्त किए होते हैं, और इनमें से कुछ लोग ख़ासे निराशावादी भी हो उठते हैं। एक क़िस्म का संकट उठ खड़ा होता है। तब क्रान्तिकारी पीढ़ी आगे आती है, जो किसी नए विश्वास के इर्दगिर्द संगठित होने के नाते अन्ततः पुरानी व्यवस्था को उखाड़ फेंकती है, और इस तरह चक्र जारी रहता है।

यद्यपि इस सिलसिले में निश्चय ही फ़ेरबदल होता रहता है और यह कोई विज्ञान नहीं है, लेकिन इतिहास में हम एक समग्र सिलसिला देखने की कोशिश कर रहे हैं।

इससे हमें दो महत्त्वपूर्ण सीखें मिल सकती हैं : पहली, हमारे मूल्य अक्सर इस बात पर निर्भर करेंगे कि इस सिलसिले में हम किस जगह पर हैं और हमारी पीढ़ी पिछली पीढ़ी के ख़ास असन्तुलनों के विरुद्ध किस तरह की प्रतिक्रिया करती है। दूसरी, हम देखते हैं कि पीढ़ियाँ केवल पिछली पीढ़ी की विपरीत दिशा में जाने और प्रतिक्रिया करने में सक्षम प्रतीत होती हैं।

इस ऐतिहासिक सिलसिले को देखने के क्रम में, हमें उस चीज़ को पहचान सकना चाहिए, जो उस समग्र मानवीय भाव-ऊर्जा जैसी प्रतीत होती है, जो किसी भी ख़ास समय का अतिक्रमण कर हमें विकास-प्रक्रिया से जोड़े रखती है। अगर किसी वजह से यह चक्र थम जाता है, तो हम अभिशप्त होते हैं।

मानव स्वभाव के अध्येता के रूप में आपका उद्यम तिहरा है : सबसे पहले और सबसे महत्त्वपूर्ण यह है कि आप अपनी पीढ़ी के प्रति अपने रवैए को बदलें। आपका लक्ष्य यथासम्भव गहराई के साथ इस बात को समझना है कि आपकी पीढ़ी की भाव-ऊर्जा ने और जिस समय में आप रह रहे हैं उसने, दुनिया को देखने के आपके ढंग पर कितना गहरा असर डाला है।

आपका दूसरा उद्यम अपनी पीढ़ी के व्यक्तित्व का एक क़िस्म का खाका तैयार करना है, ताकि आप उसकी भाव-ऊर्जा को वर्तमान में समझ सकें और उसका दोहन कर सकें। आप उन सामान्य लक्षणों की तलाश में हैं, जो समग्र भाव-ऊर्जा की ओर संकेत करते हैं।

आप इसकी शुरुआत उन निर्णायक घटनाओं की ओर देखते हुए कर सकते हैं, जो वर्षों पहले तब घटित हुई थीं, जब आपने काम की दुनिया में प्रवेश किया था और जिसने इस व्यक्तित्व को गढ़ने में बड़ी भूमिका निभायी थी। उदाहरण के लिए, जो लोग 1930 के दशक के दौरान पैदा हुए थे, उनके लिए वह मन्दी का काल था और उसी दौरान दूसरे विश्व युद्ध का आगमन हुआ था। आपको इस समीकरण में किन्हीं भी ऐसी बड़ी टेक्नोलॉजिकल प्रगतियों और ईजादों को भी शामिल करना चाहिए, जो लोगों के आपसी व्यवहार के ढंग को बदल देती हैं।

इस खाके को भरते हुए उन लोगों की अभिभावकीय शैली पर नज़र डालिए, जिन्होंने आपको पाला-पोसा है। वह कैसी शैली

रही है – स्वतन्त्रता देने वाली, अतिशय नियन्त्रण करने वाली, उपेक्षापूर्ण, या समानुभूतिशील? जिन लोगों ने 1890 के दशक के दौरान बच्चों का पालन-पोषण किया था, उनकी स्वतन्त्रतादायी शैली ने 1920 के दशक की खोयी हुई पीढ़ी में एक निरंकुश और लापरवाह रवैया रचने में मदद की थी।

एक व्यक्ति की तरह किसी भी पीढ़ी के व्यक्तित्व का एक अवचेतन, छाया पक्ष होता है। इसका एक अच्छा संकेत हर पीढ़ी के हास्य में पाया जा सकता है। कोई पीढ़ी अत्यन्त संकोची और सही हो सकती है, लेकिन उसका हास्य अश्लील और अप्रासंगिक होता है। यह उसका अवचेतन पक्ष है, जो रिसकर बाहर आ रहा होता है।

आपका तीसरा उद्यम है इस ज्ञान को किसी बड़ी चीज़ तक विस्तार देना, जिसके लिए सबसे पहले उस चीज़ को एकीकृत करने की कोशिश करें, जिसे युगचेतना कहा जा सकता है। इस अर्थ में, आप दो प्रभावी पीढ़ियों – वयस्क (बाइस से चौबीस वर्ष की उम्र) और अधेड़ (पैंतालीस से छियासठ की उम्र) के सम्बन्ध को देख रहे होते हैं। इन पीढ़ियों के अभिभावकों और बच्चों के बीच का रिश्ता कितना ही क़रीबी क्यों नहीं प्रतीत होता हो, उनके बीच हमेशा एक अन्दरूनी तनाव होता है, और इसी के साथ-साथ कुछ असन्तोष और ईर्ष्या होती है। आपको इस तनाव का परीक्षण करने की और यह निर्धारित करने की ज़रूरत है कि कौन-सी पीढ़ी वर्चस्व स्थापित करने की कोशिश कर रही है और शक्ति-प्रयोग की यह प्रक्रिया वर्तमान में किस तरह स्थानान्तरित हो रही हो सकती है।

इस समग्र सजगता के कई महत्त्वपूर्ण फ़ायदे होंगे। उदाहरण के लिए आपका पीढ़ीपरक दृष्टिकोण एक ख़ास क़िस्म की अदूरदर्शिता का कारण बनता है। हर पीढ़ी पिछली पीढ़ी पर प्रतिक्रिया करते हुए एक ख़ास असन्तुलन की ओर झुकने की कोशिश करती है। अगर

आप अपने अभिभावकों या अपने बच्चों के दृष्टिकोण से दुनिया को देख सकें, यहाँ तक कि उनके कुछ मूल्यों को अपना सकें, तो इससे काफ़ी कुछ हासिल हो सकता है। आपकी सजगता आपको इन मानसिक अवरोधों और भ्रमों से मुक्त कर देगी और आपके दिमाग़ को अधिक लचीला और रचनात्मक बना देगी।

## युग की भाव-ऊर्जा का दोहन करने की युक्तियाँ

युगचेतना का अधिक-से-अधिक लाभ उठाने के लिए आपको इस सरल-सी प्रतिज्ञा के साथ शुरुआत करनी चाहिए : आप किसी भी दूसरे व्यक्ति की भाँति युग की पैदाइश हैं; जिस पीढ़ी में आपका जन्म हुआ है, उसने आपके विचारों और मूल्यों को गढ़ा है, चाहे आप इस बात के प्रति जागरूक रहे हों या न रहे हों। और इसलिए अगर आप दुनिया जैसी है, उसके वैसा होने के ढंग को लेकर या अपने से पहले की पीढ़ी को लेकर अन्दरूनी कुण्ठा महसूस करते हैं, या आपको लगता है कि संस्कृति में किसी चीज़ की कमी है, तो आप निश्चित तौर पर मानकर चल सकते हैं कि आपकी पीढ़ी के दूसरे लोग भी वैसा ही महसूस कर रहे हैं। और अगर आप इस अहसास पर प्रतिक्रिया कर रहे हैं, तो आपके काम में आपकी पीढ़ी की अनुगूँज होगी और वह युगचेतना को गढ़ने में मदद करेगा। इस बात को दिमाग़ में रखते हुए आपको आगे अंकित युक्तियों में से कुछ को या सभी को व्यवहार में लाना चाहिए।

**अतीत को धक्का दें :** आप अपनी पीढ़ी के लिए कोई नयी और अधिक प्रासंगिक चीज़ रचने की गहरी आकांक्षा महसूस करते हैं, लेकिन अतीत लगभग हमेशा आप पर ज़बरदस्त दबाव डालता

है – आपके अभिभावकों के उन मूल्यों के रूप में जिन्हें आपने युवावस्था में अपने अन्दर समा लिया था। इस वजह से, हो सकता है कि आप जो कुछ भी करते या कहते हैं, उसे पूरी गति के साथ करने या कहने में हिचकिचाते हों, और पुराने ढंग से काम करने से आपका इनकार आपको हतोत्साहित करता हो।

इसकी बजाय, आपको ख़ुद को पूरी शक्ति के साथ विपरीत दिशा में ले जाना चाहिए। अतीत और उसके मूल्यों या विचारों का इस्तेमाल एक ऐसी चीज़ की तरह कीजिए, जिसे आप पूरी ताक़त से धक्का दे सकें, और इसमें मदद के लिए अपने गुस्से का इस्तेमाल कीजिए।

**अतीत को वर्तमान की भाव–ऊर्जा के अनुरूप ढालिए।** जैसे ही आप युगचेतना के सत्त्व को पहचान लेते हैं, वैसे ही इतिहास के किसी मिलते–जुलते क्षण या कालखण्ड को खोज लेना अक्सर एक अक़्लमन्दीपूर्ण युक्ति होती है। आपकी पीढ़ी की कुण्ठाएँ और विद्रोह निश्चय ही किसी हद तक किसी पिछली पीढ़ी द्वारा महसूस किए गए होंगे और उन्हें नाटकीय ढंग से व्यक्त किया गया होगा। आप उस ऐतिहासिक कालखण्ड के किन्हीं भावनात्मक प्रतीकों और शैलियों को लीजिए और उन्हें अपना लीजिए, और ऐसा करते हुए यह प्रभाव छोड़िए कि वर्तमान में आप जिस चीज़ के लिए प्रयत्नशील हैं, वह अतीत में हुई किसी चीज़ का अधिक परिपूर्ण और प्रगतिशील संस्करण है।

**बचपन की भाव–ऊर्जा को पुनर्जीवित करें।** आप अपने जीवन के आरम्भिक वर्षों की भाव–ऊर्जा – उसके विनोद, उसके निर्णायक ऐतिहासिक क्षणों, उस समय की शैलियों और परिणामों – को जीवित करते हुए उस व्यापक वर्ग तक पहुँचेंगे, जिन्होंने उन वर्षों को आप ही की तरह अनुभव किया होगा। इस युक्ति का इस्तेमाल

आपको तभी करना चाहिए, जब आप अपने बचपन के साथ सशक्त रिश्ता महसूस करते हों।

इस बात को दिमाग़ में रखें कि आपका लक्ष्य अपने अतीत को शब्दशः दोहराना नहीं, बल्कि उसकी भाव-ऊर्जा को पकड़ना है। वह निरा अतीत-मोह नहीं होना चाहिए, बल्कि उसे वर्तमान के किन्हीं मुद्दों या समस्याओं से जुड़ना चाहिए, तभी उसकी वास्तविक शक्ति सामने आएगी।

**नया सामाजिक विन्यास रचिए।** यह मानवीय स्वभाव में है कि लोग उन लोगों के साथ अधिक सामाजिक संवाद करना चाहते हैं जिनके प्रति वे लगाव महसूस करते हैं। अगर आप संवाद के ऐसे नए तरीक़े गढ़ेंगे जो आपकी पीढ़ी को आकर्षित करते होंगे, तो आप हमेशा अधिक शक्ति हासिल करेंगे। आप ऐसे नए विचारों और मूल्यों के इर्दगिर्द समूह को संगठित कीजिए जो चलन में हों, या फिर ऐसी तरो-ताज़ा टेक्नॉलॉजी के इर्दगिर्द जो समान विचार रखने वाले लोगों को अनूठे ढंग से संगठित करने में सक्षम हो। समूह के इस नए रूप में यह हमेशा अक़्लमन्दी की बात होगी कि आप कुछ ऐसे अनुष्ठान सामने लाएँ जो उसके सदस्यों को आपस में बाँधते हों, और ऐसे कुछ प्रतीक भी शामिल करें, जिनके साथ वे सदस्य तादात्म्य महसूस करते हों।

इस युक्ति का इस्तेमाल करते हुए, अतीत के दमनकारी तत्त्वों के बारे में सोचिए जिनसे लोग आज़ाद होने को लालायित हों। इस तरह जो समूह आप खड़ा करेंगे, वह नयी भाव-ऊर्जा को पनपने की गुंजाइश देगा, यहाँ तक कि वह औचित्य पर चिपके अतीत की पाबन्दियों को तोड़ने का रोमांच भी देगा।

**भाव-ऊर्जा को उलट दें।** हो सकता है कि आप अपनी पीढ़ी या अपने समय की भाव-ऊर्जा के कुछ अंशों को अपने प्रतिकूल पाएँ।

वजह जो भी कोई हो, अपने समय की भाव-ऊर्जा का उपदेश करना, या उसका नैतिकीकरण करना या उसकी निन्दा करना कभी भी अक़्लमन्दी की बात नहीं है। ऐसा करके आप ख़ुद को ही हाशिए पर डाल देंगे। अगर आपके समय की भाव-ऊर्जा किसी लहर या प्रवाह जैसी है, तो बेहतर है कि आप उसकी दिशा के विरुद्ध हाथ-पैर मारने की बजाय उसकी दिशा को मोड़ने का कोई शालीन तरीक़ा खोजें। अगर आप युगचेतना के भीतर रहते हुए और उसे उलटते हुए काम करेंगे, तो आपको अधिक शक्ति प्राप्त होगी।

उदाहरण के लिए, आप कोई चीज़ रचें – कोई पुस्तक, कोई फ़िल्म, कोई उत्पाद – जो अपने समय की शक्ल और स्पर्श लिए हो, यहाँ तक यह शक्ल या स्पर्श अतिरंजित स्तर के क्यों ना हों। लेकिन, जो भी चीज़ आप रचते हैं उसकी विषय-वस्तु के माध्यम से आप ऐसे विचार और भाव-ऊर्जा का सन्निवेश करते हैं, जो किसी-न-किसी रूप में भिन्न है, जो अतीत के उस मूल्य की ओर संकेत करती है, जिसे आप प्राथमिकता देते हैं।

**अनुकूलन करते रहें।** यह आपकी युवावस्था का समय था, जब आपकी पीढ़ी ने एक ख़ास तरह की भाव-ऊर्जा को गढ़ा था। वह उस भावनात्मक उत्कटता का समय था, जिसे हम सभी बड़े लगाव के साथ याद करते हैं। जिस समस्या का आप सामना करते हैं, वह यह है कि जैसे-जैसे आपकी उम्र बढ़ती जाती है, आप उस कालखण्ड के मूल्यों, विचारों और शैलियों में बन्द रहे आने की कोशिश करते हैं। आपके लिए ज़रूरी है कि आप अपनी भाव-ऊर्जा का आधुनिकीकरण करें, सम्भव हो तो युवा पीढ़ी के उन कुछ मूल्यों और विचारों को अपनाएँ जो आपको आकर्षित करते हों, अपने अनुभव और दृष्टिकोण को अपने समय में जारी परिवर्तनों के साथ मिलाते हुए व्यापक श्रोतावर्ग तक पहुँचें और ख़ुद को एक असामान्य और आकर्षक मिश्रण में बदल लें।

## समय और मृत्यु के परे मनुष्य

हम इन्सान उस हर चीज़ को रूपान्तरित करने में माहिर होते हैं, जो हमारे हाथ लगती है। लेकिन एक क्षेत्र ऐसा है, जो हमारी इस रूपान्तरकारी शक्ति से अप्रभावित बना रहता प्रतीत होता है – स्वयं समय। हम जन्म लेते हैं और जीवन के प्रवाह में प्रवेश करते हैं, और हर दिन हमें मृत्यु के और भी क़रीब ले जाता है। समय एकरैखिक है, हमेशा आगे बढ़ता रहता है, और हमारे हाथ में ऐसा कुछ भी नहीं है, जिससे हम उसके सिलसिले को रोक सकें।

लेकिन, अगर हम समय के अपने निजी अनुभव को ज़्यादा क़रीब से देखें तो हमें एक अनूठी चीज़ दिखायी देगी – घण्टों और दिनों का गुज़रना हमारी मन:स्थिति और परिस्थितियों के अनुरूप बदल सकता है। बच्चा और वयस्क समय को बहुत अलग-अलग ढंग से अनुभव करते हैं – बच्चे के लिए वह बहुत धीरे-धीरे गुज़रता लगता है, तो वयस्क के लिए तेज़ी-से गुज़रता प्रतीत होता है।

सामान्य तौर पर इस बात का मतलब है कि समय मनुष्य की रचना है। अपने उद्देश्यों के लिए उसके गुज़रने को मापने का ढंग, और इस कृत्रिम रचना का हमारा अनुभव पूरी तरह आत्मपरक और परिवर्तनीय है। यद्यपि हम आयु के बढ़ने की प्रक्रिया को नहीं रोक सकते या मृत्यु की वास्तविकता की अवहेलना नहीं कर सकते, लेकिन हम उनके अनुभव को बदल सकते हैं और उसमें जो कुछ पीड़ादायी या अवसादपूर्ण है, उसे किसी नितान्त भिन्न चीज़ में बदल सकते हैं। हम समय के अहसास को एकरैखिक की बजाय चक्राकार बना सकते हैं; यहाँ तक कि हम प्रवाह से बाहर निकलकर समयहीनता के रूपों तक को अनुभव कर सकते हैं।

इस सक्रिय दृष्टिकोण को समय के चार तात्त्विक पक्षों पर लागू कर सकने की विधियाँ नीचे अंकित हैं।

**जीवन के दौर :** हम जैसे-जैसे जीवन के दौरों - युवावस्था, वयस्कावस्था, अधेड़ावस्था और बुढ़ापे - से गुज़रते हैं, हम सभी अपने भीतर कुछ ख़ास बदलावों को लक्ष्य करते हैं। युवावस्था में हम जीवन को अधिक उत्कटता से महसूस करते हैं। उस समय हम में से ज़्यादातर लोगों का ध्यान बाहर की ओर एकाग्र होता है, हमें इस बात की चिन्ता होती है कि लोग हमारे बारे में क्या सोच सकते हैं और हम उनके साथ किस तरह तालमेल बिठाएँ।

जैसे-जैसे हमारी उम्र बढ़ती है, यह उत्कटता कम होती जाती है, हमारे दिमाग़ कुछ ख़ास रूढ़ विचारों और विश्वासों के इर्दगिर्द कसने लगते हैं। इन बाद के दौरों में हम कभी-कभी जीवन से कुछ दूरी बना लेते हैं, कुछ आत्मनियन्त्रण हासिल कर लेते हैं, और शायद वह समझ भी जो अनुभवों के एकत्र होने से बनती है।

लेकिन, हमारे पास वह शक्ति होती है, जिसके सहारे हम जीवन के ख़ास दौरों के साथ आने वाले नकारात्मक लक्षणों को छोड़ सकते हैं या उनके प्रभाव को कम कर सकते हैं, कुछ इस तरह कि उससे उम्र के बढ़ने की प्रक्रिया का भी प्रतिरोध किया जा सकता है। उदाहरण के लिए, जब हम युवा होते हैं, हम अपने ऊपर समूह के प्रभाव को कम कर सकते हैं और इस तरह दूसरों के सोचने या करने से चिपके नहीं रह सकते।

जब हमारी उम्र और बढ़ जाती है, हम युवावस्था के उन सकारात्मक गुणों को क़ायम रखने का प्रयत्न कर सकते हैं, जो समय बीतने के साथ अक्सर धुँधले पड़ जाते हैं। उदाहरण के लिए, हम अपनी आत्मतुष्टि से और हम-तो-सब-कुछ जानते हैं के उस रवैए, जो उम्र बढ़ने के साथ पैदा होता है, से कुछ मुक्ति पाकर बचपन की स्वाभाविक जिज्ञासा को फिर से बहाल कर सकते हैं।

**वर्तमान पीढ़ियाँ :** यहाँ आपका लक्ष्य यह है कि आप समय की पैदाइश *कम* हों और अपनी पीढ़ी के साथ अपने सम्बन्धों को रूपान्तरित करने की योग्यता हासिल कर सकें। इसे करने का एक मुख्य तरीक़ा यह है कि आप विभिन्न पीढ़ियों के साथ सक्रिय रिश्ता बनाएँ। अगर आप अभी भी युवा हैं, तो आप पिछली पीढ़ियों के लोगों से ज़्यादा संवाद स्थापित करने की कोशिश करें।

अगर आपकी उम्र ज़्यादा हो चुकी है, तो आप अपने से आगे की पीढ़ी के साथ, अभिभावक या प्रभुता-सम्पन्न व्यक्ति की तरह नहीं, बल्कि अपने साथियों की तरह संवाद क़ायम करते हुए इस प्रक्रिया को उलट सकते हैं। आप ख़ुद उनकी भाव-ऊर्जा को, सोचने के उनके भिन्न तरीक़े को, और उनके जोश को आत्मसात करने का जोख़िम उठाएँ। विभिन्न पीढ़ियों के लोगों के साथ विश्वसनीय स्तर पर संवाद करते हुए आप एक अनूठा रिश्ता तैयार कर रहे होते हैं - उन लोगों के साथ रिश्ता जो इतिहास में उसी समय में जीवित हैं। यह चीज़ युगचेतना पर आपकी पकड़ को मज़बूत ही करेगी।

**अतीत की पीढ़ियाँ :** जब हम इतिहास के बारे में सोचते हैं, तो हम अतीत को एक क़िस्म के मृत और ऊर्जाहीन प्राणी के रूप में चित्रित करने की कोशिश करते हैं। शायद हम अतीत के युगों को लेकर आत्मतुष्ट और श्रेष्ठ महसूस करते हैं, और इसलिए हम इतिहास के उन पहलुओं पर ध्यान केन्द्रित करते हैं, जो पिछड़े हुए विचारों और मूल्यों की ओर संकेत करते हैं (हम इस बात को नहीं समझते कि भविष्य की पीढ़ी हमारे साथ भी वैसा ही करेगी)। हम वही देखते हैं, जो देखना चाहते हैं।

हमें इस तरह की बेहूदा धारणाओं और आदतों से छुटकारा पाना चाहिए। हम अतीत के लोगों की तुलना में उतने श्रेष्ठ नहीं हैं

जैसाकि हम सोचते हैं। यद्यपि मानव स्वभाव स्थिर बना रहता है, लेकिन अतीत के लोगों ने टेक्नोलॉजी के विभिन्न स्तरों के साथ अलग तरह की समस्याओं का सामना किया होता है और उनके मूल्य और विश्वास हम से बिलकुल अलग रहे होते हैं, जो ज़रूरी नहीं कि अपने में हीन रहे हों।

लेकिन सबसे महत्त्वपूर्ण बात यह है कि हमें यह समझना चाहिए कि अतीत किसी भी अर्थ में मृत नहीं होता। आज हम दुनिया के साथ जिन तरीक़ों से रिश्ता बनाते हैं उनमें से बहुत-से तरीक़े अर्से पहले सोच-विचार में आए परिवर्तनों का नतीजा हैं।

आपको इतिहास के साथ अपने सम्बन्ध को मूलगामी स्तर पर बदलना चाहिए और उसे अपने भीतर जीवित करना चाहिए। अतीत के किसी युग को लेकर शुरुआत करें, उस युग को लेकर जो जिस किसी भी वजह से आपको विशेष रूप से उत्तेजक लगता हो। उस समय की भाव-ऊर्जा फिर से रचने की कोशिश कीजिए, अपनी क्रियाशील कल्पना का इस्तेमाल करते हुए, जिन लोगों के बारे में आप पढ़ रहे हैं, उनके व्यक्तिनिष्ठ अनुभवों के भीतर पैठने की कोशिश कीजिए। दुनिया को उनकी आँखों से देखिए। पिछले एक सौ वर्षों के दौरान लिखी गयी उत्कृष्ट पुस्तकों का इस्तेमाल कीजिए, जिससे आपको उन समयों की रोज़मर्रा ज़िन्दगी को महसूस करने में मदद मिल सके। उस समय के साहित्य में आप उस समय की प्रभावी भाव-ऊर्जा को पकड़ सकेंगे। फ़ैसला या उपदेश देने की प्रवृत्तियों से छुटकारा पाइए। उस समय के लोग अपने वर्तमान को उस परिप्रेक्ष्य में अनुभव कर रहे थे, जो उन्हें समझ में आता था। आपको उसे बहुत अच्छी तरह से समझने की ज़रूरत है।

इस तरह आप अपने ही बारे में भिन्न तरह से महसूस करेंगे। समय की आपकी अवधारणा में विस्तार होगा और आपको समझ में आएगा कि अगर अतीत आपके भीतर जीवन जीता है, तो आज

आप जो कर रहे हैं, जिस दुनिया में आप रह रहे हैं, वह भविष्य में जीवित रहेगी और उसे प्रभावित करेगी, और आपको उस व्यापक मानवीय भाव-ऊर्जा से जोड़ेगी, जो हम सबके भीतर प्रवाहित हो रही है।

**भविष्य :** हम भविष्य पर अपने प्रभाव को सबसे ज़्यादा स्पष्ट ढंग से अपने बच्चों के साथ या उन युवा लोगों के साथ अपने रिश्तों से समझ सकते हैं, जिन पर हम शिक्षक या मार्गदर्शक के रूप में प्रभाव डालते हैं। यह प्रभाव हमारे इस दुनिया से चले जाने के वर्षों बाद तक बना रहेगा। लेकिन हमारा कृतित्त्व, हम जो रचते हैं और समाज में जिसका योगदान करते हैं, वह और भी ज़्यादा प्रभावशाली हो सकता है और भविष्य के लोगों के साथ संवाद स्थापित करने की सचेतन युक्ति का अंग बन सकता है और उन्हें प्रभावित कर सकता है। इस तरह सोचने का ढंग हमारी कथनी और करनी में वास्तविक बदलाव ला सकता है।

> मनुष्य की कमियाँ उसके युग की देन होती हैं; उसके सद्गुण और महानता उसकी अपनी होती है।
>
> – *जोहान वोल्फ़गांग वॉन गेटे*

# 18

# हम सबकी नश्वरता पर चिन्तन करें

—— ✧ ——

## *मृत्यु से इंकार का नियम*

*हममें से ज़्यादातर लोग मृत्यु के विचार को टालते हुए अपना जीवन जीते हैं। इसकी बजाय, मृत्यु की अपरिहार्यता हमारे दिमाग़ में निरन्तर बनी रहनी चाहिए। जीवन की लघुता की समझ हमें ध्येय और अपने लक्ष्यों को पूरा करने की तत्काल आवश्यकता के अहसास से भरती है। अगर हम ख़ुद को इस वास्तविकता का सामना करने और स्वीकारने के लिए तैयार कर लेते हैं तो इससे अपरिहार्य झटकों, विछोहों और जीवन के संकटों से निपटना आसान हो जाता है। इससे हममें अनुपात-बोध जागता है, यह बोध जागता है कि हमारे इस संक्षिप्त-से अस्तित्व में क्या चीज़ मायने रखती है। ज़्यादातर लोग दूसरों से ख़ुद को जुदा करने और श्रेष्ठ महसूस करने के रास्ते तलाशते रहते हैं। इसकी बजाय, हमें यह देख सकना चाहिए कि किस तरह हर व्यक्ति नश्वर है, और किस तरह यह चीज़ हम सब को समान बनाती है और आपस में जोड़ती है। अपनी नश्वरता के प्रति गहरे सजग होकर हम जीवन के हर पहलू के अपने अनुभव को प्रगाढ़ करते हैं।*

> जब मैं वापस मुड़कर अतीत की ओर देखता हूँ और उस सारे समय के बारे में सोचता हूँ, जिसे मैं भ्रान्ति और आलस्य में गँवाता रहा, क्योंकि मुझमें जीने के लिए ज़रूरी ज्ञान का अभाव था... जब मैं सोचता हूँ कि मैंने किस तरह अपने अन्तस और आत्मा के ख़िलाफ़ पाप किया है तो मेरा हृदय पीड़ा से भर उठता है। जीवन एक उपहार है। जीवन सुख है। जीवन का हर पल शाश्वत सुख का समय हो सकता था। काश! युवाओं को इस बात की समझ होती! अब मेरा जीवन बदल जाएगा; अब मैं पुनर्जन्म लूँगा। प्रिय बन्धु, मैं शपथ लेता हूँ कि मैं उम्मीद नहीं त्यागूँगा। मैं अपनी आत्मा को निष्कलुष और हृदय को खुला रखूँगा। मैं बेहतर बनने के लिए पुनर्जन्म लूँगा।
>
> – *फ़्योदोर दोस्तोएव्स्की*

## मानव-स्वभाव के रहस्य

हम मनुष्यों के लिए, मृत्यु ना केवल आतंक का स्रोत है, बल्कि संकट का भी स्रोत है। हम एकमात्र ऐसे प्राणी हैं, जो सच्चे अर्थों में अपनी आसन्न नश्वरता को लेकर सचेत होते हैं। सामान्य तौर पर, हम एक प्रजाति के रूप में अपनी शक्ति के लिए सोच-विचार करने की अपनी क़ाबिलियत के ऋणी हैं। लेकिन इस विशेष प्रकरण में, हमारा सोच-विचार हमें उद्विग्नता के अलावा और कुछ नहीं देता। हम केवल मरने की प्रक्रिया में निहित भौतिक पीड़ा को, अपने प्रियजनों से जुदा होने को और इस अनिश्चय को ही देख पाते हैं कि पता नहीं वह पल कब आ जाए। हम इस विचार को टालने की,

वास्तविकता से ध्यान हटाने की भरसक कोशिश करते हैं, लेकिन मृत्यु के प्रति सजगता हमारे दिमाग़ में कहीं बनी रहती है और उससे कभी भी पूरी तरह छुटकारा नहीं पाया जा सकता।

हम अपनी नश्वरता के प्रति बहुत बचपन में ही जागरूक हो चुके थे और इस सजगता ने हमें एक ऐसी बेचैनी से भर दिया था, जिसे हम भूल नहीं पाते लेकिन वह थी बहुत ही वास्तविक और स्वाभाविक। इस बेचैनी से ना तो छुटकारा पाया जा सकता है ना उससे इनकार किया जा सकता है। जब हम वयस्क हो जाते हैं, वह हमारे भीतर एक सशक्त और गुप्त रूप में विद्यमान होती है। जब हम मृत्यु के विचार को दबाना चाहते हैं, तो हमारी वह बेचैनी और भी प्रबल हो जाती है, क्योंकि हम उसके स्रोत का सामना नहीं करते। भविष्य को लेकर मामूली-सी घटना या अनिश्चय इस बेचैनी को भड़का देती है, यहाँ तक कि उसे असाध्य बना देती है। इससे जूझने के लिए हम अपने विचार और गतिविधियों के दायरे को छोटा कर लेते हैं; हम जो कुछ भी सोचते और करते हैं, उसमें अगर हम अपनी सुविधापरस्ती को नहीं छोड़ते तो हम जीवन को किंचित उबाऊ बना लेते हैं और उस बेचैनी के प्रति कम संवेदनशील महसूस करते हैं। कुछ ख़ास क़िस्म के भोजन या उत्तेजक पदार्थों या मनोरंजनों की आदतें भी इसी क़िस्म की सुस्ती का प्रभाव डालती हैं।

अगर हम इसे बहुत दूर तक ले जाते हैं, तो हम उत्तरोत्तर आत्मलीन और उन लोगों पर कम निर्भर होते जाते हैं, जो अपने अनिस्थिर व्यवहार से अक्सर हमारी बेचैनियों को भड़काते हैं। हम नीचे अंकित तरीक़े से जीवन और मृत्यु के बीच की विषमता का वर्णन कर सकते हैं : मृत्यु परम जड़ता की स्थिति है, जिसमें ना कोई गति होती है ना कोई परिवर्तन होता है; उसमें केवल क्षरण ही होता है। मृत्यु में हम दूसरों से अलग हो जाते हैं और पूरी तरह

अकेले होते हैं। दूसरी ओर, जीवन निरन्तर गति है; वह दूसरी जीवित सत्ताओं के साथ सम्बन्ध है और जीवन-रूपों की विविधता है। मृत्यु के विचार से मुँह मोड़कर और उसका दमन कर, हम अपनी उद्विग्नताओं में वृद्धि करते हैं और अन्दर से मृत-समान हो जाते हैं - दूसरे लोगों से जुदा हो जाते हैं, हमारा सोच-विचार आदतन और दोहरावपूर्ण हो जाता है, जिसमें गति और बदलाव बहुत कम होते हैं। दूसरी ओर, मृत्यु के साथ परिचय और निकटता, उसके विचार का सामना, हम पर अधिक जीवन्त महसूस करने का विरोधाभासी प्रभाव डालता है।

मृत्यु की वास्तविकता के साथ सम्बन्ध बनाकर, हम जीवन की वास्तविकता और पूर्णता के साथ अधिक गहरा रिश्ता बनाते हैं। मृत्यु को जीवन से जुदा कर और उसके प्रति अपनी जागरूकता का दमन कर हम इससे उलटा करते हैं।

आधुनिक दुनिया में हमें अपने लिए इस सकारात्मक विरोधाभासी प्रभाव को रचने के तरीक़े की ज़रूरत है। नीचे अंकित उद्यम इसी ज़रूरत को पूरा करने के लिए है, जिसके तहत हम अपनी नश्वरता की चेतना को किसी फलप्रद और जीवन का संवर्धन करने वाली चीज़ में बदलने के लिए एक व्यावहारिक फ़लसफ़ा गढ़ सकते हैं।

## मृत्यु के रास्ते जीवन का फ़लसफ़ा

जिस फ़लसफ़े को हम अपना रहे हैं, वह उसके विपरीत दिशा में जाने की हमारी क़ाबिलियत पर निर्भर करता है, जो हम सामान्य तौर पर मृत्यु के प्रति अनुभव करते हैं।

नीचे उपयुक्त अभ्यासों के साथ वे पाँच प्रमुख युक्तियाँ अंकित हैं, जो इसे हासिल करने में हमारी मदद कर सकती हैं।

सबसे अच्छा तो यही है कि इन पाँचों को व्यवहार में लाया जाए, ताकि यह फ़लसफ़ा हमारी रोज़मर्रा चेतना में प्रवेश कर सके और हमारे अनुभव को अन्दर से बदल सके।

**सजगता को स्वाभाविक बनाएँ।** सामान्यत: हम बहुत अन्यमनस्क और स्वप्ननुमा अवस्था में जीवन जीते हैं, जिसमें हमारी निगाह अन्दर की ओर मुड़ी होती है। हमारी मानसिक गतिविधि का बहुत-सा हिस्सा उन फ़न्तासियों और असन्तोषों के इर्दगिर्द घूमता है, जो पूरी तरह आन्तरिक होते हैं और जिनका वास्तविकता के साथ बहुत कम रिश्ता होता है। मृत्यु की निकटता अचानक हमें सचेत कर देती है, क्योंकि हमारा सारा शरीर उस ख़तरे पर प्रतिक्रिया करता है। हम एड्रेनलाइन का तीव्र प्रवाह महसूस करते हैं, रक्त अतिरिक्त ज़ोर के साथ मस्तिष्क में जाता है और तन्त्रिकाओं से होकर गुज़रने लगता है। यह चीज़ मस्तिष्क को बहुत उच्च स्तर पर केन्द्रित कर देती है और हमें नयी बारीकियाँ दिखायी देने लगती हैं, लोगों के चेहरों को हम नयी रोशनी में देखने लगते हैं, और अपने आसपास की हर चीज़ में अस्थायित्व महसूस करने लगते हैं, हमारी भावनात्मक प्रतिक्रियाएँ तीव्र होने लगती हैं। यह प्रभाव वर्षों, यहाँ तक कि दशकों बना रह सकता है।

इस अनुभव को हम अपने जीवन को जोख़िम में डाले बिना दोबारा पैदा नहीं कर सकते, लेकिन हम छोटे-छोटे टुकड़ों में इसके कुछ प्रभाव महसूस कर सकते हैं। हमें अपनी मृत्यु पर चिन्तन करते हुए और इसे किसी ज़्यादा वास्तविक और भौतिक चीज़ में बदलने की कोशिश करते हुए शुरुआत करनी चाहिए। मृत्यु की भौतिकता को हम अक्सर सोने से ठीक पहले के क्षणों में महसूस करते हैं - कुछ पलों के लिए हम चेतना के एक स्तर से दूसरे स्तर में जाते हुए महसूस करते हैं, और उस फिसलन में मृत्युनुमा अनुभूति होती है।

इसमें डरने जैसी कोई बात नहीं है; दरअसल, इस दिशा में बढ़ते हुए हम अपनी चिरस्थायी उद्विग्नता को कम करने की दिशा में बहुत बड़ा क़दम उठाते हैं।

हम इसमें भी अपनी कल्पना का इस्तेमाल कर सकते हैं और उस दिन की कल्पना कर सकते हैं, जिस दिन हमारी मौत आने वाली है, जहाँ हम होंगे, और वह जिस तरह आ सकती है। हम दुनिया को उस तरह देखने की कोशिश भी कर सकते हैं, जैसे हम चीज़ों को आख़िरी बार देख रहे हों - अपने आसपास के लोगों को, रोज़मर्रा के दृश्यों और आवाज़ों को, यातायात की ध्वनि को, परिन्दों के कलरव को, अपनी खिड़की से बाहर के दृश्य को।

इस अनुभव से जो उदासी हमें घेरेगी, हमें उससे डरने की ज़रूरत नहीं है। हमारी भावनाओं की कसावट, जो आम तौर से हमारी अपनी ज़रूरतों और सरोकारों के इर्दगिर्द सीमित होती है, अब दुनिया के प्रति और स्वयं जीवन की तीक्ष्णता के प्रति खुल रही होगी, और हमें इसका स्वागत करना चाहिए।

**जीवन की लघुता के प्रति सजग हों।** जब हम अवचेतन रूप से ख़ुद को मृत्यु की सजगता से काट लेते हैं, तो हम समय के साथ एक ख़ास क़िस्म का रिश्ता बनाते हैं - ऐसा रिश्ता जो किंचित ढीला और फूला हुआ होता है। हम यह कल्पना करने लगते हैं कि हमारे पास हमेशा उससे अधिक समय होता है, जितना वह वास्तव में होता है।

फिर, अगर हमारे ऊपर किसी काम की नियत तिथि आरोपित कर दी जाती है, तो समय के साथ का वह स्वप्ननुमा रिश्ता तहस-नहस हो जाता है और किन्हीं अज्ञात वजहों से हम ऐसी एकाग्रता हासिल कर लेते हैं कि जिस काम में हमें हफ़्तों या महीनों लगने

वाले थे, वह कुछ ही दिनों में हो जाता है। नियत तिथि द्वारा हम पर आरोपित इस बदलाव का एक भौतिक पक्ष है : हमारा एड्रेनलाइन ज़ोर मार रहा होता है, और हमें ऊर्जा से भरकर हमारे दिमाग़ को इस तरह एकाग्र कर रही होती है कि वह ज़्यादा रचनात्मक हो उठता है।

हमें अपनी नश्वरता को एक सतत नियत तिथि की तरह देखना चाहिए, जो जीवन के हमारे हर कृत्य पर ठीक वही प्रभाव छोड़ती है, जिसका वर्णन ऊपर किया गया है। हमें ख़ुद को बेवकूफ़ बनाना बन्द कर देना चाहिए : हम कल मर सकते हैं, और अगर हम अस्सी बरस और भी जी जाते हैं, तो वह अवधि समय के महासागर में एक बूँद के बराबर है, और वह उससे ज़्यादा फुर्ती से गुज़र जाती है, जितने की हम कल्पना करते हैं।

बेहतर होगा कि जीवन की लघुता का अहसास हमारी रोज़मर्रा गतिविधियों को स्वच्छ बनाए। हमारे सामने लक्ष्य हैं, जिन तक हमें पहुँचना है, योजनाएँ हैं, जिन्हें पूरा किया जाना है, सम्बन्ध हैं, जिनमें सुधार लाया जाना है। जीवन की अनिश्चितता को देखते हुए, यह हमारी अन्तिम कार्ययोजना हो सकती है, पृथ्वी पर हमारा आख़िरी संग्राम हो सकता है, और इसलिए हमें पूरी तरह अपने कर्म से प्रतिबद्ध होना चाहिए।

**हर किसी में नश्वरता को देखें।** 1665 में लन्दन में एक भयानक महामारी फैली थी, जिसने लगभग 100,000 लोगों की जान ले ली थी। लेखक डेनियल डेफ़ो उस समय मात्र पाँच बरस के थे, लेकिन वे इस महामारी के प्रत्यक्षदर्शी थे और उसने उनपर चिरस्थायी प्रभाव डाला था। कोई साठ साल बाद, उन्होंने एक बुज़ुर्ग बयानकर्ता की निग़ाहों से लन्दन की उस वर्ष की घटनाओं का बयान करने का निश्चय किया, जिसमें उन्होंने अपनी स्मृतियों का, काफ़ी सारे शोध

का और अपने चाचा की डायरी का इस्तेमाल किया और *अ जर्नल ऑफ़ प्लेग इयर* नामक पुस्तक का लेखन किया।

जैसे ही महामारी फैलती है, पुस्तक के बयानकर्ता का ध्यान एक ख़ास चीज़ की ओर जाता है : लोग लन्दन के अपने अन्य साथी नागरिकों के प्रति ज़्यादा संवेदना महसूस करने लगते हैं; उनके बीच के सामान्य मतभेद, ख़ास तौर पर धार्मिक मसलों से सम्बन्धित मतभेद समाप्त हो जाते हैं।

महामारी की चपेट से कोई नहीं बचता, चाहे किसी के पास कितनी ही दौलत क्यों ना हो या उसकी कोई भी हैसियत क्यों ना हो। व्यक्तिगत रूप से रोग की चपेट में आने की सम्भावना को महसूस करते हुए, और हर किसी के रोग की चपेट में आने की सम्भावना को देखते हुए, लोगों के सामान्य मतभेद और विशेष हैसियतें मिट जाती हैं, और एक असाधारण तथा व्यापक संवेदना विकसित हो जाती है।

महामारी हमें हमारी आदिम प्रवृत्तियों और सामान्य आत्मलीनता से जिस तरह शुद्ध करती है, ठीक वैसा ही प्रभाव हम अपने फ़लसफ़े से पैदा करना चाहते हैं। हम इसकी शुरुआत छोटे पैमाने पर करना चाहते हैं, जिसके लिए हम अपने आसपास के लोगों, अपने घर के और कार्यस्थल के लोगों की ओर देखना चाहते हैं, उनकी मृत्यु की कल्पना करना चाहते हैं और इस बात को दर्ज़ करना चाहते हैं कि यह कल्पना किस तरह उनके बारे में हमारी धारणा को अचानक बदल देती है। हम वर्तमान में दूसरे व्यक्ति के उस अनूठेपन को देखना चाहते हैं, उन गुणों पर बल देना चाहते हैं, जिन्हें हमने अब तक कोई महत्त्व नहीं दिया था। हम पीड़ा और मृत्यु के प्रति महज़ अपनी नहीं, बल्कि *उनकी* वेध्यता को अनुभव करना चाहते हैं।

हम इस चिन्तन को और आगे ले जा सकते हैं। हम एक व्यस्त शहर में पैदल चलने वालों की ओर देखते हैं और इस बात

को अनुभव करते हैं कि नब्बे साल बाद शायद इनमें से कोई भी जीवित नहीं बचेगा, ना हम बचेंगे।

हम अपनी नश्वरता के माध्यम से लोगों के साथ जितना ज़्यादा यह सहज सम्बन्ध बना सकते हैं, उतना ही अच्छे ढंग से हम सहिष्णुता और सौमनस्य के साथ मानव स्वभाव से उसकी विविधता में बरत सकते हैं।

**तमाम दर्दों और विविधताओं को गले लगाएँ :** जीवन में ऐसा बहुत कुछ ऐसा है, जिसे हम नियन्त्रित नहीं कर सकते, मृत्यु इसका सर्वश्रेष्ठ उदाहरण है। हम बीमारी और शारीरिक पीड़ा का अनुभव करते हैं। हमें लोगों से अलगाव झेलना पड़ता है। हमें अपनी ग़लतियों और हमारे साथियों की दुष्टता के कारण विफलता का सामना पड़ता है। और हमारा काम इन क्षणों को स्वीकारना और यहाँ तक कि उन्हें गले लगाना होना चाहिए, ना कि पीड़ा के लिए बल्कि हमें ख़ुद को सीखने और मज़बूत होने का अवसर देने के लिए। ऐसा करके हम स्वयं जीवन को स्वीकार करते हैं और इसकी संभावनाओं की पुष्टि करते हैं। और इसके मूल में हमारी मृत्यु की स्वीकार्यता है।

हम इसे निरन्तर देखकर व्यवहार में लाते हैं कि घटनाएँ सौभाग्यवश होती हैं – सबकुछ किसी न किसी कारण से घटित होता है और उनसे सबक़ सीखना हम पर निर्भर करता है।

क़िस्मत का यह लगाव वह सबकुछ बदलने की ताक़त रखता है, जिसे कि हम स्वयं पर बोझ जैसा अनुभव करते हैं और उसे हल्का करना चाहते हैं। जब वास्तव में हम देखते हैं कि घटनाएँ किसी न किसी कारण होती हैं और अंततः हमें सबक़ सिखती हैं तो हम क्यों इसकी या उसकी शिकायत करें? जब हम ज़िन्दगी की कड़वी हक़ीक़त के प्रति ज़्यादा बड़ी बात सोचते हैं तो जो चीज़ें दूसरों के पास हैं उनके प्रति ईर्ष्या क्यों महसूस करें?

**उदात्तता के प्रति खुलापन बरतें :** मृत्यु को उस दहलीज़ की तरह देखिए, जिसे हम सभी को अनिवार्यतः पार करना है। अपने आप में वह चरम रहस्य है। वह क्या है, इसे व्यक्त करने के लिए हम शायद कोई शब्द या अवधारणाएँ नहीं जुटा सकते। हम एक ऐसी चीज़ का सामना करते हैं, जो सचमुच अज्ञेय है। कितना भी विज्ञान या टेक्नोलॉजी या विशेषज्ञता इस पहेली को सुलझा नहीं सकती या उसे व्यक्त नहीं कर सकती। हम इन्सान ख़ुद को यह कहकर बेवकूफ़ बना सकते हैं कि हम सब कुछ जानते हैं, लेकिन इस दहलीज़ पर हम मूक होकर अन्धों की तरह टटोलते रह जाते हैं।

इस चीज़ को, जिसे ना हम जान सकते हैं ना शब्द दे सकते हैं, हम *उदात्त (sublime)* कहेंगे, जिसके लैटिन मूल का अर्थ है "दहलीज़ तक।" वह कोई भी चीज़ उदात्त है, जो इतनी वृहत, इतनी व्यापक, इतनी अँधेरी और इतनी रहस्यपूर्ण है कि वह हमारे शब्दों और अवधारणाओं से परे निकल जाती है। और जब हम ऐसी चीज़ का सामना करते हैं, तो हमें हल्का-सा डर महसूस होता है, लेकिन इसी के साथ-साथ विस्मय भी महसूस होता है। हमें अपनी लघुता का स्मरण हो आता है, इस बात का स्मरण हो आता है कि वह चीज़ हमारी कमज़ोर इच्छा-शक्ति के मुक़ाबले कितनी व्यापक है। इस उदात्त की अनुभूति हमारी आत्मतुष्टि का और रोज़मर्रा जीवन के हमारे उन क्षुद्र सरोकारों का सबसे अच्छा तोड़ है, जो हमें निगल सकते हैं और खोखलेपन के अहसास से भर दे सकते हैं।

उदात्त की अनुभूति का मॉडल अपनी नश्वरता पर सोचने की प्रक्रिया में आता है, लेकिन हम अपने दिमाग़ को इस तरह भी तैयार कर सकते हैं कि हम उसे दूसरे विचारों और कृत्यों की मार्फ़त भी अनुभव कर सकते हैं। उदाहरण के लिए, जब हम रात के समय में आकाश को देखते हैं, तो हम अपने दिमाग़ को आकाश

की अनन्तता की गहराई और उसमें अपने उस ग्रह की असाधारण लघुता की थाह लेने के लिए उन्मुक्त छोड़ सकते हैं, जो अँधेरे में खोया हुआ है।

हम जीवन के अन्य रूपों के बारे में चिन्तन करते हुए भी उदात्त को अनुभव कर सकते हैं। वास्तविकता को लेकर हमारे अपने विश्वास हैं, जो हमारे संवेदन और बोधात्मक तन्त्र पर आधारित हैं, लेकिन उन चमगादड़ों की वास्तविकता जोकि प्रतिध्वनि के आधार पर स्थान का निर्धारण करती हैं, बिलकुल भिन्न ही प्रणाली है। वे ऐसी चीज़ों को महसूस कर लेती हैं, जो हमारे बोध-तन्त्र से परे हैं। वे और कौन-से तत्त्व हैं, जिनका हम अनुभव नहीं कर सकते, वे अन्य वास्तविकताएँ, जो हमारे लिए अगोचर हैं?

हम इस ग्रह की उन जगहों का सामना भी कर सकते हैं जहाँ हमारे सामान्य कम्पास के बिन्दु आपस में गड्डमड्ड हो जाते हैं - व्यापक रूप से भिन्न संस्कृति या कुछ ख़ास भूदृश्य जिनके सामने मानवीय तत्त्व क्षुद्र प्रतीत होते हैं, जैसे कि समुद्र, बर्फ़ का विराट विस्तार, कोई महाकाय पर्वत। हमें बौना साबित कर देने वाली इन चीज़ों के सामने हम अपने उस सामान्य अवबोध को उलट देने पर मजबूर हो जाते हैं, जिसके हम केन्द्र में होते हैं और जहाँ से हम हर चीज़ की पैमाइश करते हैं।

उदात्त का सामना करते हुए, हम कँपकँपी महसूस करते हैं, स्वयं मृत्यु का पूर्वानुभव, किसी इतनी बड़ी चीज़ का पूर्वानुभव जिसे हमारा दिमाग़ अपने दायरे में नहीं समेट सकता। और वह पल भर के लिए हमें एक झटके के साथ हमारी आत्मतुष्टि से बाहर ले आती है और आदतों और रोज़मर्रा आदतों और तुच्छताओं की मौतनुमा जकड़बन्दी से मुक्त कर देती है।

अन्त में, इस फ़लसफ़े पर नीचे अंकित पदावली में विचार कीजिए : मानव चेतना के आरम्भ से ही मृत्यु के प्रति हमारी सजगता हमें आतंकित करती रही है। इस आतंक ने हमारे विश्वासों को, हमारे मज़हबों को, हमारी संस्थाओं को, और हमारे व्यवहार को इस तरह गढ़ा है कि हम उसे देख या समझ नहीं सकते। हम इंसान अपने डरों और टालमटोल के गुलाम बन चुके हैं।

जब हम इस पर भिन्न ढंग से विचार करते हैं, और अपनी नश्वरता के प्रति अधिक जागरूक हो जाते हैं, तो हम सच्ची स्वतन्त्रता का स्वाद चखते हैं। फिर हमें जीवन को अनुमेय बनाने के लिए ख़ुद को उन चीज़ों तक सीमित रखने की ज़रूरत नहीं रह जाती जो हम सोचते और करते हैं। हम नतीजों का डर महसूस किए बिना अधिक साहसी हो सकते हैं। हम उन तमाम भ्रमों और लतों से आज़ाद हो सकते हैं, जिन्हें हम अपनी उद्विग्नता को सुन्न कर देने के लिए इस्तेमाल करते हैं। हम पूरी तरह अपने काम से, अपने सम्बन्धों से, अपने सारे कर्मों से प्रतिबद्ध हो सकते हैं। और एकबार जैसे ही हम इस स्वतन्त्रता को अनुभव कर लेंगे, हम और अधिक की तलाश करना चाहेंगे और जिस हद तक समय हमें गुंजाइश देगा, उस हद तक अपनी सम्भावनाओं को विस्तार देना चाहेंगे।

> हमें मृत्यु को उसकी अजनबीयत से छुटकारा दिलाना चाहिए, उसे जानना चाहिए, उसके अभ्यस्त हो जाना चाहिए। हमें मृत्यु के बारे में अधिक-से-अधिक सोचना चाहिए। हमें अपनी कल्पना में हर क्षण उसे उसके तमाम पहलुओं के साथ देखना चाहिए... यह अनिश्चित है कि मृत्यु हमारा इन्तज़ार कहाँ कर रही है; बेहतर है कि हम हर कहीं उसका इन्तज़ार करें। मृत्यु का पूर्वचिन्तन

स्वतन्त्रता का पूर्वचिन्तन है... जिसने यह सीख लिया कि कैसे मरा जाए, उसने इस सीख को दिमाग़ से निकाल दिया कि गुलाम कैसे हुआ जाए। यह ज्ञान कि किस तरह मरा जाए, हमें तमाम अधीनताओं और प्रतिबन्धों से आज़ाद कर देता है।

*–मिशेल दे मॉन्तेन*

# अनुवादक के बारे में

**मदन सोनी** हिन्दी के लेखक हैं। आलोचना पर केन्द्रित उनकी अनेक पुस्तकें प्रकाशित हैं तथा उन्होंने विश्व के कई शीर्षस्थ लेखकों और चिन्तकों की एक दर्जन से अधिक पुस्तकों के अनुवाद किए हैं। मंजुल प्रकाशन के लिए, उनके द्वारा किए गए अनुवादों में हरमन हेस्स का उपन्यास *सिद्धार्थ*, डैन ब्राउन का उपन्यास *दि द विंची कोड*, पाओलो कोएलो का उपन्यास *अल्केमिस्ट*, केइगो हिगाशिनो का उपन्यास *डिवोशन ऑफ़ द सस्पेक्ट एक्स*, युवाल नोआ हरारी की पुस्तकें *सेपियन्स : मानव-जाति का संक्षिप्त इतिहास*, *होमो डेयस*, और *21वीं सदी के लिए 21 सबक़* आदि शामिल हैं। आपसे madansoni12@gmail.com पर सम्पर्क किया जा सकता है।